Les années noires

Les années noires

Roland Baudet

URTEXT
San Francisco

Photo de couverture: Printemps 1941. La ligne de démarcation. La barrière française installée au village de « Fonbonnet », limite des communes de Pian sur Garonne et Saint Pierre d'Aurillac. De gauche à droite: Mathilde Bertrand (épouse du « Petit Louis »), un soldat Francais, le gendarme Quibel, Louis Reynier dit le « Petit Louis », Christian Reynier (2 ans), Lili Reynier (sa mere), un soldat Francais prénommé Christian(?), Louisette Reynier (la fille de Mathilde et du « Petit Louis »).

Copyright ©2010 by Joël Baudet. All rights reserved. No part of this publication may be reproduced, stored in a retrieval system or transmitted in any form or by any means, electronic, mechanical, photocopying, recording, or otherwise, without the prior written permission of the copyright holder, except brief quotations used in a review.

ISBN-13: 978-0-9790573-5-9
ISBN-10: 0-9790573-4-5

Published by Urtext
San Francisco
www.urtext.us

Printed in the United States of America or the United Kingdom

Chronique d'un hameau
Pian sur Garonne (Gironde)
pendant l'occupation allemande
1940–1943

Tribulations d'un réfractaire
au STO
1943–1944

La libération de Saint Macaire
1944–1945

Récit écrit par Roland Baudet
Habitant du « Bas Pian » Pian sur Garonne

PREFACE

Mon père commença à me raconter ces histoires alors que j'avais quinze ans, d'abord de façon décousue, une suite d'histoires et d'anecdotes où se mélangeaient le tragique et le comique.

Il y a maintenant vingt ans, alors que mon père recommençait à me raconter, pour la énième fois, les mêmes récits ; je lui dis tout d'un coup : « Pourquoi tu n'écrirais pas tout cela ? Tu me racontes, c'est bien beau, mais je ne me souviendrai pas de tout, alors que si tu écris, il restera une trace. Regardes l'histoire de l'occupation de Saint Macaire par les portugais en 1814, s'il n'y avait pas eu le récit manuscrit de Ferbos, tout cela aurait été perdu. » Je reste persuadé que cet argument fut déterminant.

Bénéficiant d'une très bonne mémoire et d'un bon trait de plume, mon père se mit a écrire à la main sur un, puis deux, cahiers d'écolier cette chronique où les habitants du quartier de Bas Pian, hameau de Pian sur Garonne (Gironde), traversé par la route nationale Bordeaux–Toulouse, à proximité de la voie de chemin de fer Bordeaux–Marseille et en bordure de la Garonne, se trouvèrent brutalement pris entre deux zones, entre deux Frances.

Mon père est décédé le 22 novembre 2007. Jusqu'à la veille de sa mort, il a toujours raconté, avec lucidité et sans exagération, les anecdotes qui émaillèrent la vie des habitants de ce quartier pendant ces heures sombres.

En relisant les deux cahiers d'écolier, soigneusement recouverts de papier kraft, je me suis aperçu qu'il en avait oublié quelques unes que je me suis permis de remettre dans leur contexte, les ayants entendues maintes fois racontées pendant les quarante-trois années de travail en commun sur l'exploitation viticole familiale.

Joël Baudet

Chronique d'un hameau
Pian sur Garonne (Gironde)
pendant l'occupation allemande
1940–1943

LES ANNEES NOIRES

C'est le nom que l'on a donné à la période qui, avec la guerre vit la défaite et l'invasion de notre pays. Beaucoup de choses ont été écrites sur ces années et pas toujours de façon très exacte. Le roman a souvent remplacé l'histoire…

La fatalité a voulu que notre petit village si paisible devienne tout d'un coup le théâtre d'un drame permanent dont nous fûmes en même temps les acteurs et les témoins. Pour nous s'ajoutait aux humiliantes contraintes de l'occupation le fait d'être placés sur l'un des points de passage les plus importants de la ligne de démarcation.

Je n'ai pas voulu que disparaisse avec moi le témoignage de ce que fut chez nous et pour nous, le lent cheminement de ces années tragiques. Tous les faits racontés dans les pages qui suivent sont rigoureusement authentiques. Les noms cités sont réels, mais, dans certains cas, j'ai préféré en oublier quelques uns… La vérité n'est pas toujours très belle…

LA DECLARATION DE GUERRE (Septembre 1939)

Le temps a passé… Mais je revois comme si c'était hier ce tout début du mois de septembre 1939 où le cataclysme se déclencha.

C'est vrai qu'il faisait chaud cet après-midi là ; le ciel était un peu voilé par une brume blanchâtre. Il n'y avait pas un souffle d'air. Nous étions en train, mon père et moi, de charger une charrette de regain dans un pré, sur le coteau. Notre jument essayait tant bien que mal de se débarrasser à grands coups de queue d'un nuage de mouches. Un peu plus loin, des voisins accomplissaient le même travail que nous. Tout le monde s'activait car ce temps lourd présageait la montée subite d'un orage.

Le premier coup de cloche vint de Saint Macaire et nous frappa comme un coup de poing.

Puis Langon, Pian, Saint Pierre, d'autres cloches dans le lointain entrèrent dans la danse… Ca sonnait partout, à la même cadence rapide, il n'y avait plus de doute, le tocsin annonçait la guerre…

Mon père proféra un juron et planta d'un geste rageur sa fourche dans le sol.

Dans le pré voisin, une femme se mit à pleurer, à gémir. « Mon Dieu !

disait-elle, il va falloir revivre ce que nous avons déjà vécu, à l'autre... Les morts... Tout de suite il y a eu des morts, des tout jeunes, vingt ans... Le maire arrivait un papier à la main, s'arrêtait devant une porte... On entendait des cris... Le malheur venait de s'abattre sur une famille. Ca a duré prés de cinq ans, et ça recommence... ! »

Le travail s'était arrêté. Nous étions tous figés, jusqu'au dernier moment on avait espéré, sans trop y croire.

L'année avant l'alerte avait été chaude, mais ça s'était arrangé à Munich en donnant aux allemands ce qu'ils voulaient. Bien sûr, on ne se sentait pas tellement fiers d'avoir lâché les tchèques, mais la guerre avait été évitée. Et tout d'un coup on se rendait compte que ça n'avait rien servi à rien de soupler, la menace était passée sur la Pologne et cette fois il fallait y aller...

Le chargement du regain fut terminé, la mort dans l'âme, personne n'osait parler.

En arrivant à la grande route quelques personnes regardaient le garde champêtre de Saint Macaire qui clouait par les quatre coins l'affiche annonçant la mobilisation.

Je m'approchai ; depuis très longtemps, le vieux portail de la « Petite Louise » servait de panneau d'affichage. En allant à l'école nous regardions les grandes affiches multicolores représentant des lions rugissants, serpents ou crocodiles qui annonçaient le prochain passage du Cirque Pinder ou du Zoo Circus à Langon... Mais là, ce n'était plus du cirque... !

« Galipus », c'était le surnom du garde champêtre. Pratiquement tout le monde à Saint Macaire avait un surnom qui remplaçait le nom de famille. « Galipus » avait commencé à clouer une deuxième affiche qui concernait la réquisition de certaines catégories de voitures et de camions lorsqu'une superbe Citroën « Traction avant » 15CV flambant neuve s'arrêta devant nous, un homme en descendit, nous le connaissions c'était un gros propriétaire des environs.

« J'ai fait l'autre, dit-il, mon fils part ce soir et demain on ramasse ma voiture... A quoi ça a servi d'avoir fait les cons pendant cinq ans ! » Il remonta dans sa voiture et partit.

L'affiche annonçait en outre la réquisition de la totalité des chevaux qui devaient être présentés à Saint Macaire dès le lendemain.

Des chevaux, il y en avait partout. A cette époque il y avait beaucoup de petites exploitations et le tracteur n'avait pas encore fait son apparition. Le moteur c'était l'animal, cheval ou bœuf. La majeure partie des boulangers faisait encore leur tournée avec une carriole attelée d'un cheval. Des marchands de tissus, de vaisselle ou autres parcouraient souvent les campagnes de cette manière. De nombreux amateurs possédaient des trotteurs qu'ils attelaient à une voiture légère, doublant joyeusement les jours de marché, les lourdes charrettes des paysans qui se rendaient à Langon ou à La Réole.

LA MOBILISATION DES CHEVAUX

Tous les chevaux avaient une fiche de mobilisation, comme les hommes. Rien que dans notre petit coin il y en avait une dizaine.

Mon père avait acheté sa jument en 1937, elle était jeune, bien bâtie et il en était très fier. Moi, je n'avais pas pu mi faire, car elle ruait et m'avait plusieurs fois mordu ; elle était vicieuse.

Le soir, mon père la soigna, lui fit une abondante litière, resta un moment à la regarder sans rien dire…

Le rassemblement de tous les chevaux du canton se fit dès le lendemain à Saint Macaire.

Il était spécifié que les animaux devaient être présentés ferrés à neuf. Alors tous les maréchaux du canton travaillaient sans relâche. Cela ne nous concernait pas, la jument avait été ferrée quelques jours avant.

On voyait arriver toutes sortes de races, de gros Boulonnais, et d'autres, plus légers, des jeunes, des vieux aux jambes fatiguées. Un homme maintenait à l'écart un étalon surexcité.

Un capitaine vétérinaire et un lieutenant de cavalerie s'installèrent sur les Allées des Tilleuls en face de la petite rue de l'Hospice. Un soldat arriva avec une petite forge portative et commença à faire rougir des fers portant chacun un chiffre.

Le cheval était présenté par son propriétaire ; les officiers regardaient la fiche, on faisait faire quelques pas à l'animal. Le prix était fixé aussitôt, en fonction de l'âge, du poids, de l'aspect. Très peu étaient jugés inaptes et réformés. Seuls les aveugles, les trop vieux ou infirmes, ainsi que les juments pleines, étaient exemptés. Cela allait très vite.

A son tour, mon père présenta notre jument qui fut reconnue bonne, immatriculée et marquée aussitôt au fer rouge 40391 sur le sabot avant droit. Le prix fut fixé à trois mille huit cent francs. C'était peu, mon père l'avait payée quatre mille cinq cent deux ans avant.

Lorsqu'il attacha sa jument à coté des autres il était pâle et serrait les dents. Mais lorsque nous fûmes de retour à la maison, des larmes apparurent au coin de ses yeux.

Ma mère lui en fit la remarque : « Je ne te comprends pas… Tu disais qu'elle était méchante et dangereuse… Tu parlais de la changer, on t'en débarrasse… Alors ! »

Mon père se retourna brusquement : « Fous-moi la paix ! Tu ne sais pas… Moi je sais où elle va, ce qu'elle va endurer, ce qu'elle va souffrir avant de crever, épuisée ou éventrée par un éclat d'obus… Tous, ils vont finir comme ça ! Vous ne savez pas ! Vous ne pouvez pas comprendre… Laissez-moi tranquille ! »

Après le repas de midi nous repartîmes à Saint Macaire voir comment ça se passait. Il y avait beaucoup de monde sur les Allées, sur la place et dans les rues. Les chevaux étaient attachés à des câbles tendus entre les arbres de la place Tourny, des Allées des Tilleuls, de Savignac où des anneaux étaient fixés dans les murs, car des régiments d'artillerie ou de cavalerie faisaient souvent halte à Saint Macaire. La place du Mercadiou était elle aussi occupée, il y avait des chevaux partout.

Rien n'avait été prévu pour nourrir ces pauvres bêtes. N'ayant rien à manger les chevaux rongeaient l'écorce des arbres, les cordes. D'autres se battaient, se mordaient cruellement ; ce n'était que hennissements de rage ou de douleur. Beaucoup firent comme nous et repartirent aussitôt chez eux chercher du foin pour leurs pauvres compagnons de travail.

Enfin un officier fit son apparition et commença à organiser le départ sur Bordeaux. Des requis de quarante-cinq à cinquante ans devaient les conduire à pied, trois par trois.

Tout le monde regardait ; des groupes s'étaient formés et les commentaires allaient bon train. Avec force gestes, un quidam expliquait : « Ca va être terrible ! Le premier choc va être la rencontre des éléments blindés français et allemands ; les tanks vont se précipiter les uns contre les autres sous un feu d'enfer ! Ca va être une hécatombe pire qu'en quatorze ! Les avions avec les bombes et les mitrailleuses termineront le travail ! On aura vite fait de compter les survivants ! »

Assis sur la banquette un vieux copain de mon père, Gaston Darroman, écoutait sans rien dire. Tout d'un coup, il se leva et partit.

« Qu'est-ce qu'il a ? » demanda quelqu'un.

« Ce qu'il a, dit mon père, il a que ses deux fils ont été rappelés tout de suite et sont déjà probablement en première ligne ! »

C'est vrai que les hommes aussi partaient ; cela faisait moins de bruit que les chevaux, mais on en avait vu passer pas mal, deux musettes à l'épaule, filant vers la gare, souvent accompagnés des leurs. On voyait des gens revenir chez eux en pleurs... Moi, je n'avais que dix huit ans, et ce n'était pas encore mon tour, mais l'ombre de l'appel se dessinait à l'horizon.

On regarda partir les chevaux ; nous avions tous le cœur gros en regardant s'éloigner leur longue file sur la route de Saint Maixant.

On sut le lendemain ce qu'avait été le voyage ; certains animaux n'avaient pas tenu le parcours et étaient morts en route. A Bordeaux c'était une pagaille monstre, il arrivait des chevaux de partout et on ne savait où les mettre.

Les requis rentrèrent chez eux, ce qu'ils avaient vu les rendait assez pessimistes : « Et si c'était pareil pour les soldats ? Et s'il y avait autant de pagaille ? »

LA PROPAGANDE

Mais le doute se dissipa vite. On voyait passer de nombreux trains de troupes, bourrés d'uniformes kaki et de matériel. Des convois entiers de canons avec le classique et redoutable « 75 » et les tout nouveaux canons antichars à tir rapide, montés sur pneus.

Tous les jours, des bombardiers légers construits à Bordeaux faisaient des vols d'essai à grande vitesse. Les américains nous vendaient des « Curtis », de petits avions de chasse dont on disait le plus grand bien et qui, avec nos « Morane 406 » et le tout nouveau « Dewoitine 520 » allaient rapidement s'imposer avec l'aide de la « Royal Air Force ».

D'autant plus, disaient les gens « bien informé », car il y avait toujours quelqu'un qui avait un ami ou un cousin « bien placé et qui savait des choses » ; d'autant plus que les avions.

Allemands, certes plus nombreux « pour le moment », et un peu plus rapides que les nôtres avaient de nombreux défauts. Mal construits et trop vite, ils se brisaient lorsqu'il virait un peu sec…

Les jours passaient…

Les communiqués de l'état major, contrairement à toute attente ne signalaient aucune activité importante. Sur mer, la flotte franco-anglaise avec les porte avions et les cuirassés étaient intouchables.

D'accord ! Les allemands avaient liquidé la Pologne grâce à ces salauds de russes qui nous avaient laissé tomber pour pouvoir s'emparer d'une partie de ce malheureux pays et récupérer les Pays Baltes. Mais cela avait donné le temps à l'état major de parfaire son dispositif.

Chez nous rien ne bougeait. L'armée anglaise, très bien équipée et entièrement motorisée avait occupé une partie du front. Les soldats anglais avaient amené avec eux une chanson de marche qui devint tout de suite un grand succès populaire : « On ira pendre notre linge sur la ligne Siegfried ». La « ligne Siegfried » était la ligne fortifiée allemande qui faisait face à notre « ligne Maginot », l'infranchissable « ligne Maginot »….

Des affiches avaient fait leur apparition : « Nous vaincrons parce que nous sommes les plus forts… »

Sur un autre panneau on voyait une main qui laissait couler des pièces d'or : « Nous vaincrons parce que nous sommes les plus riches… ! »

Tout était en place. On en arrivait à se demander pourquoi ces couillons d'allemands s'étaient lancés dans cette aventure… Non ! Ils n'oseraient jamais nous attaquer, défier une telle puissance… !

Alors, nous pourrions, le moment venu aller faire un petit tour chez eux et leur faire passer l'envie d'emmerder les autres !

Telle était la façon de voir d'une grande partie de la population mise en condition par une presse et une radio débordante d'optimisme.

Au cinéma, les actualités montraient le débarquement des fameuses divisions de Marocains et de Sénégalais, les usines tournant à plein régime, l'abondance du matériel, l'armée confiante et sereine attendant le moment d'agir.

LES ANCIENS DE 14

Il y avait quand même des gens, oh ! très peu, qui pensaient différemment.

Mon père était de ceux la ; il redoutait une offensive brutale des allemands qui s'étaient rapidement débarrassés de la Pologne et étaient tranquille du coté des russes, qui, de plus les aidaient en leur fournissant de l'essence et des matières premières qui leur faisaient cruellement défaut.

« Maintenant qu'ils ont les mains libres, disait-il, ils vont nous tomber sur le dos et ça va être dur, très dur pour les arrêter. Ce sont des militaires nés, disciplinés, organisés, intelligents. Ils ont toujours eu de la guerre une vision plus réaliste et plus moderne que nous. En 18, ils ont raté la victoire de peu... Cette fois ci, ils vont faire en sorte de ne pas la louper ! »

Les allemands, ils les connaissaient bien ; il avait fait la guerre précédente avec le 7ème régiment d'infanterie coloniale, toujours en première ligne. La retraite de Belgique, la Somme, les tranchées de Champagne où furent décimés, des deux cotés, des régiments entiers. Puis, toujours avec l'infanterie coloniale, il fut intégré au corps expéditionnaire qui combattait avec l'armée d'orient, en Grèce et en Macédoine aux cotés des serbes, des italiens et des russes. Cela avait été une rude épreuve car les russes, en pleine révolution, avaient abandonné leurs positions laissant le soin aux italiens et aux français de colmater la brèche.

Mon père en était revenu nanti de plusieurs citations et de deux blessures. Son frère, mon oncle René, de deux ans plus jeune et lui aussi dans l'infanterie avait été gravement blessé par un éclat d'obus qui lui avait fracassé l'épaule.

Mes deux autres oncles, les frères de ma mère, avaient été eux aussi aux premières loges. Le plus jeune, Roland était parti en 14 avec la classe 16 à l'âge de 18 ans. Brigadier artilleur à une batterie de 75 ; il avait été fait prisonnier et avait failli mourir en Allemagne de misère et de privations. Son frère aîné, mon oncle Hector, était lui à Verdun. Sergent chef, il avait été affecté au poste de commandement auprès de celui qui devait devenir plus tard le Maréchal Pétain et pour lequel il avait une grande estime. J'en reparlerai....

Ils avaient tous été durement marqués et imprégnés par cette guerre terrible où le fait d'avoir survécu tenait du miracle. Au cours des repas de famille je les écoutais évoquer leurs souvenirs, raconter les combats, parler des copains morts...

Et puis il y avait les autres, les pauvres bougres amputés, mutilés, défigurés, aveugles, et ceux qui ayant eu les poumons brûlés par les gaz mettaient des années à mourir, enviant dans leur souffrance ceux qui avaient été foudroyés sur place.

Quand j'étais à l'école il y en avait un que nous entendions tousser, d'une toux sèche et sifflante. Avec notre inconscience d'enfants nous l'avions surnommé « l'Enrhumé de l'hospice ». Un jour, on n'entendit plus rien ; « l'Enrhumé » avait finir de souffrir, c'est à ce moment la que le maître d'école nous dit qu'il s'agissait d'un soldat aux poumons rongés par l'ypérite et qu'il avait un peu plus de trente ans.

Personne n'avait oublié la guerre précédente ; elle était ancrée dans les cœurs et souvent dans les corps.

LA « DROLE DE GUERRE »

On fit les vendanges ; on rentra dans de bonnes conditions une récolte abondante mais de qualité médiocre. Dans le village, il n'y avait que Robert Thomas qui était au front ou, du reste, rien d'important ne se passait.

Les communiqués de l'état Major étaient toujours aussi laconiques ; au début tout le monde pensait qu'on nous cachait la véritable situation. « Rien d'important à signaler sur l'ensemble du front, activité réduite de patrouilles ! »

C'était tout ; les premiers permissionnaires racontèrent qu'en certains points les allemands les regardaient à la jumelle où à l'œil nu, sans se cacher.

Les anciens de 14, stupéfaits demandaient : « Et alors vous ? Vous ne faites rien ? Vous ne tirez pas ? »

« Et non… répondaient les jeunes, nous aussi on fait pareil ! »

« Ah quelle guerre ! » entendait-on, quelle « drôle de guerre » où l'on ne se battait pas et où on se contentait de regarder…

Eh oui, c'était une drôle de guerre et pourtant il y avait déjà des morts, deux à Saint Macaire, Balans et Dubourg ; deux à Pian, le mari de la fille Lhéritier et celui de « Lulu » Cardillac.

A Saint Pierre c'était le fils Ladonne, commandant en second du sous marin « Doris » qui avait disparu en mer avec son bâtiment. D'autres aussi étaient tombés par ci, par la, au hasard d'une mine ou d'une balle perdue. Mais ce n'était pas comparable avec 1914, où dès les premiers jours, l'hécatombe avait commencé.

L'hiver arriva, avec un coup de froid assez dur ; les soldats, bien couverts, attendaient le printemps avec confiance.

Les allemands et les russes s'étaient partagé la Pologne et redessiné une nouvelle frontière.

L'équipée du numéro deux allemand Rudolf Hess en Angleterre laissait supposer que l'Allemagne n'était pas pressée de se frotter aux alliés et cherchait à se tirer de ce mauvais pas sans être obligée d'en découdre.

Un combat aérien où les chasseurs français avaient abattu dix huit

« Messerschmitt », la fin du cuirassé « Graf Spee » pourchassé et sabordé devant Rio regonflait le clan des optimistes.

Le premier contingent de la classe quarante était déjà parti, le second était sur le point de le faire. La classe 41, la mienne, devait être mobilisée d'un seul coup, à brève échéance.

Les troupes coloniales qui avaient affluée de partout étaient maintenant bien en place et l'on voyait de plus en plus d'avions. La confiance était revenue ; les anglais continuaient à garnir et à renforcer leur secteur, Mussolini, l'ami et l'allié d'Hitler, n'avait pas bougé, c'était bon signe. Et puis il y avait cette armée que la France avait envoyée en Syrie et qui, paraît-il, devait prendre les allemands à revers, au bon moment, par le « ventre mou » de l'Europe. C'était une tactique assez nébuleuse, mais sans aucun doute nécessaire…

Tout cela laissé présager une offensive franco-anglaise pour le printemps qui ferait déferler d'un seul coup sur l'Allemagne la masse de nos armées et amènerait une fin rapide de la guerre.

LA GUERRE DES ONDES

Nous écoutions tous les soirs une émission en langue française diffusée par la station allemande « Radio Stuttgart ».

Le commentaire vantait, bien évidemment, la force et la prospérité de l'Allemagne et la profonde volonté de paix de son Führer. Il exhortait sans cesse les français à faire pression sur leur gouvernement pour l'obliger à se séparer de l'Angleterre, bastion de la finance internationale et assurait que l'Allemagne était prête à faire la paix avec la France. Il terminait tous les soirs sa chronique par la formule suivante : « Les français donnent leurs poitrines… Les anglais vendent leurs machines… ! »

Cette propagande était sans effet sur la population, et l'émission n'était ni brouillée, ni interdite.

On savait que les anglais avaient, eux aussi, droit à une émission de même genre qui ne manquait pas de souligner l'appartenance de la famille royale britannique à la race germanique par sa descendance en ligne directe des Saxe-Cobourg. La propagande conseillait aussi aux anglais de laisser tomber les français, bons à rien, corrompus par le vice et les plaisirs, la France étant le repaire de la juiverie internationale.

Nous savions tout cela et cette propagande faisait plutôt sourire car, tant en France qu'en Angleterre les pouvoirs publics soulignaient de temps en temps le fait que, pour débiter de pareilles insanités il fallait que les allemands soient vraiment au bout du rouleau, car les empires français et Britanniques soudés par une alliance et une amitié à toute épreuve formaient un bloc inébranlable dont la force sans cesse croissante faisait trembler les allemands.

Un soir, le printemps approchait, le commentateur de « Radio Stuttgart » tint à peu près ce langage : « Français du Sud-Ouest et de la région bordelaise, il fait bon chez vous ce soir… Le vent léger apporte les senteurs de la forêt landaise, l'air des pins comme on dit chez vous… Les pins ces arbres magnifiques qu'il va falloir couper et débiter bientôt pour faire des planches de cercueils. Car il va falloir en faire un grand nombre pour les innombrables morts que va faire la guerre, cette guerre que l'Allemagne ne voulait pas et que vous n'avez pas voulu arrêter quand il en était encore temps, et qui va faire beaucoup de morts parmi vous français… beaucoup de morts… ! »

Sur le coup ça avait jeté un froid, puis ça avait passé… De plus, le commentateur de la radio allemande avait été identifié. C'était un comédien de troisième classe qui avait profité de sa parfaite connaissance de la langue germanique pour trouver un emploi lucratif dans les studios allemands spécialisés dans le doublage des films. La guerre l'avait propulsé dans la propagande, il s'appelait Paul Ferdonnet.

Pour mémoire, ce personnage fut arrêté à la fin de la guerre, jugé, condamné à mort et exécuté aussitôt. Il n'avait cessé de clamer son innocence, affirmant qu'il s'agissait de quelqu'un d'autre, ayant la même voix que lui ; personne ne le crut.

Une vingtaine d'années plus tard les révélations d'anciens employés de « Radio Stuttgart » permirent de penser que Ferdonnet avait dit vrai, et qu'il avait payé pour un autre.

L'affaire en resta là…

L'AN 40

Il nous fallait d'urgence remplacer la jument ; nous avions à Verdelais un cousin germain de mon père qui était marchand de chevaux ; un jour, pendant l'hiver il reçut un lot d'une vingtaine de chevaux en provenance des Ardennes. C'était des bêtes superbes mais mon père recula devant le prix qui allait de quinze à vingt mille francs. « Ca va baisser, disait-il, il va y avoir des chevaux de réforme et ces prix là ne tiendrons pas. »

Des chevaux de réforme, il n'y en eu pas, et le convoi suivant se vendit le double. Il nous fallut, comme beaucoup d'autres dans notre cas, acheter un bœuf. Cela permettait d'économiser sur le prix d'achat et sur la nourriture, l'animal se nourrissant la majeure partie du temps de pacage et de trèfle vert que l'on semait à l'automne. Mon père ne cessait de récriminer contre cet animal robuste certes, mais lent et stupide, disait-il. Il fallut bien nous habituer à lui, car lui, le bœuf ne s'habitua jamais à nous…

Heureusement, j'allais souvent aider nos voisins Labarbe ce qui me permettait de gagner un peu d'argent. C'était une exploitation importante, une vingtaine d'hectares de vigne et une quantité de poiriers. Aussitôt que mes parents pouvaient se passer de moi, j'allais chez eux. J'avais surtout appris avec eux à me servir des bœufs, à les lier au joug, les commander ; c'était nouveau pour moi, car chez nous, nous étions des « hommes de cheval ».

Mon père et mon grand-père Charles étaient de fins connaisseurs, décelant au premier coup d'œil une tare ou un défaut. L'examen des dents, indispensable pour déterminer à coup sûr l'âge réel de l'animal, n'avait pas de secret pour eux. Ils avaient eu de tout temps à jamais un souverain mépris pour les bœufs, et mon père avait bien juré que, quoiqu'il arrive, il ne se servirait jamais d'une pareille saloperie. Il lui fallut pourtant y arriver, mais c'était moi qui m'en servais ; lui ne le prenait que lorsque c'était indispensable et quand je n'étais pas là. Il souhaitait que la guerre finisse vite (mon père avait la guerre en horreur) mais avec la fin de la guerre, il attendait le moment d'avoir enfin un bon cheval entre les mains…

On disait, on chuchotait plutôt, qu'un nouvel avion ultra moderne, un bombardier futuriste, le « Jules Verne » avait été construit en secret à Mérignac et avait commencé à faire des sorties d'essai sur l'Allemagne avec des bombardements d'une précision extraordinaire. On parlait d'armes nouvelles, de canons antichars à tir rapide et obus spéciaux, qui ne feraient qu'une bouchée des blindés allemands, bardés de tôle de mauvaise qualité… On allait voir ce que l'on allait voir au printemps…

Aux premiers jours d'avril, les allemands occupèrent le Danemark et envahirent la Norvège. Les Alliés, pris de court, tentèrent une opération de dégagement qui échoua ; les forces franco-anglaise rembarquèrent sans gloire…

Le printemps arriva, ramenant avec le beau temps, l'espoir et l'appréhension. Le fiasco de l'expédition en Norvège laissait supposer que les allemands n'étaient pas aussi vulnérables que la propagande officielle l'affirmait…

LES REFUGIES

Il était arrivé chez nous des familles de réfugiés évacués « par précaution » de la zone des armés pendant l'hiver. Les mairies, prévenues en temps voulu avaient réquisitionné des logements et des maisons vacantes ; le tout fut meublé et aménagé tout de suite grâce aux dons de toute la population. Le linge, les vêtements, la vaisselle affluèrent de partout ; chacun fit le maximum pour adoucir la détresse des gens du Nord.

Nous avions accueilli au village deux familles, les Liotard et les Burry, des lorrains de vieille souche. A Saint Pierre et dans les communes autour, c'était une population en provenance d'une cité industrielle de la Meurthe-et-Moselle qui avait débarqué.

Un certain nombre de familles étaient d'origine étrangère : polonais, baltes, tchèques et italiens ; ces gens la étaient venus travailler en France dans les mines ou dans les filatures et étaient déjà des déracinés. Seuls, les italiens retrouvaient dans notre région une façon de vivre et une mentalité proches de la leur ; ils s'intégrèrent tout de suite.

Les lorrains nous disaient : « Vous avez de la chance... Dans votre coin la guerre vous touche peu alors que nous, en 14 et maintenant nous avons tout perdu. Pendant l'autre guerre nous étions occupés par les allemands, vous ne savez pas ce que c'est... C'est terrible... Des gens ont été massacrés, fusillés pour une peccadille. Il fallait travailler comme des esclaves dans leurs usines, creuser des tranchées, bâtir des fortins. Il y avait la faim, le froid, la peur et la misère... Vous ne pouvez pas imaginer ce que c'est. »

Nous les écoutions, compatissants. Mais sans l'avouer nous nous félicitions de vivre dans un coin où l'on était à l'abri de ce genre d'aventures. Et encore plus, au fond de nous mêmes nous pensions qu'il fallait être bien couillon pour habiter une région pareille après les leçons de 1870 et de 1914, d'autant plus que c'était toujours gris, froid et triste et que l'on n'y buvait que de la bière...

De toute façon et quel que soit le sort des armes il était bien évident que nous ne verrions jamais d'allemands chez nous...

Les allemands ! Pendant la dernière guerre un détachement de prisonniers avait été employé à réfection de la digue, a « Boulaballe ». Beaucoup de curieux allaient voir... Certains avaient été déconcertés en voyant qu'ils étaient faits comme nous...

LE JOLI MOIS DE MAI

Nous étions au début du mois de Mai ; il faisait un temps magnifique et tout le monde avait commencé les grands labours de printemps, quand la nouvelle éclata comme un coup de tonnerre : « Ils ont envahi la Hollande ! »

Les premiers communiqués disaient que l'armée française et les anglais se portaient rapidement à la rencontre de l'ennemi à travers la Belgique. Puis, tout alla très vite... Le piège préparé par l'état major allemand fonctionna parfaitement. La percée des Ardennes, le déferlement des divisions blindées vers la Manche, les anglais et les français bouclés dans la nasse, Dunkerque !

Je suivais le déroulement des opérations avec beaucoup d'attention, m'attendant à tout instant à être appelé avec ma classe car, il allait falloir du monde pour les arrêter.

Il n'était plus question d'aller chez eux ; on apprenait tous les jours des mots nouveaux, Panzers, Stukas, cinquième colonne. Il y avait aussi quelque chose que personne n'avait prévu et qui s'avérait une aide précieuse pour les allemands : La panique...

LA DEBACLE

La panique qui faisait fuir sur les routes des populations entières des hollandais, des belges et déjà des français.

Par la route de Sauveterre, on voyait descendre de plus en plus de véhicules, voitures, camionnettes transportant tout un tas de pauvres gens hagards et harassés. On vit aussi passer les autobus parisiens chargés de vieillards tirés rapidement de leurs hospices et convoyés par de jeunes Scouts ; ou de jeunes enfants portant une étiquette pendue au cou par une ficelle. Tout cela évacué à la hâte et envoyé Dieu sait où... Et ça arrivait toujours, il y avait de plus en plus de monde, des voitures portant sur le toit des entassements de matelas et de couvertures pour se protéger des balles des avions allemands.

Les nouvelles de sources officielles, très imprécises, essayaient de rassurer, mais l'affolement et la panique avaient crée une situation extrêmement dangereuse.

Une masse de fuyards avaient déferlé sur les routes, mitraillée par les chasseurs, épouvantée par les bombes et le sifflement des Stukas. Cette mer humaine avançait vers le sud, entraînant au passage les populations des régions traversées gagnées à leur tour par la panique.

On voyait des espions partout, qui, soit disant, sautaient la nuit en parachute...

Des espions, oui il y en avait mais très peu furent pris. Bien préparés et spécialement entraînés depuis longtemps il ne commettait pas de fautes. Mêlés au flot des réfugiés, ils racontaient des histoires terribles qui affolaient encore plus ce peuple à la dérive. Car c'était cela le but ; il fallait encombrer les routes au maximum, les rendre impraticables pour empêcher les renforts de rejoindre le front. Cette tactique réussit au delà des prévisions allemandes les plus optimistes.

Un ordre arriva dans les Mairies. Il fallait constituer d'urgence des groupes de volontaires armés de fusils de chasse pour rechercher et traquer les espions, parachutistes ou autres.

Des hollandais et des flamands ayant parfois perdu leurs papiers dans la tourmente et incapables de se faire comprendre était souvent arrêtés. Il y eut de terribles erreurs et certains de ces malheureux furent fusillés sans autre forme de procès.

Chez nous il y eut plusieurs alertes, souvent sans raison, sauf un jour où quelqu'un signala un suspect déambulant dans les hauts de Saint Martin, en bordure des bois. Tout le monde partit avec fusils et cartouchières garnies de munitions allant du plomb à grives à la balle à sanglier. On localisa rapidement le type qui, encerclé et malgré les armes braqués sur lui, refusa tout net de montrer ses papiers.

« Allez chercher les gendarmes, disait-il, je ne répondrai qu'a eux... A vous, bande de cons, je vous emmerde ! »

Roger Oriol, un macarien que tout le monde connaissait sous son surnom de « Toto » et qui était toujours au premier rang lorsqu'il fallait en découdre, avait appuyé le canon de son fusil sur le ventre du type et lui disait : « Putain de branleur ! Si tu bouges je te coupe en deux ! »

Ce à quoi l'autre répondait sans se dégonfler : « Je t'emmerde ! »

Les gendarmes enfin là, le suspect consentit à montrer ses papiers. C'était un soldat de la Légion Etrangère qui revenait de permission et s'était trompé de route ; on le laissa repartir mais avec une arrière pensée, certains n'étant pas du tout convaincus de la sincérité du monsieur…

On arriva en juin dans la confusion la plus complète. Gamelin avait été limogé et remplacé par Weygand, un vrai chef de guerre celui là, qui était capable de redresser la situation, entendait-on.

Le père Liotard me dit un jour : « Tu vois, mon gars, cette fois c'est foutu… On n'arrivera pas à les arrêter et ça va mal finir ! »

Il n'était pas le seul à penser ainsi, mais personne n'imaginait encore l'ampleur du désastre. Malgré cela, il y en avait qui arboraient un sourire méprisant pour ceux qui doutaient de la victoire. Nous autres, les paysans, étions de par notre métier plutôt fatalistes ; on avait l'habitude des coups durs et sauver la récolte passait en premier, le reste venait après…

On entendait développer d'étranges stratégies, dresser des plans subtils par « ceux qui savaient »… Il était impensable que l'armée française soit exécutée en aussi peu de temps, il y aurait une réaction c'était sûr !

« De toute façon ils vont manquer d'essence ; ici on n'est pas en Pologne et quand ils vont commencer à faiblir on va leur tomber sur le poil ! »

D'autres affirmaient : « La manœuvre est visible… C'est par la ligne Maginot qu'on va les avoir. Il faut qu'ils rentrent assez loin et lorsque le bon moment sera venu, les troupes de la ligne fortifiée vont sortir et foncer en direction de la mer pour les prendre à revers ! »

Mais le clan des optimistes fondait à vue d'œil… Rien de positif ne se produisait, les anglais avaient rembarqué, l'armée française reculait, le gouvernement siégeait à Bordeaux, le premier ministre belge et son gouvernement passèrent quelques jours à Saint Pierre d'Aurillac avant de gagner l'Angleterre.

Nous étions à travailler dans notre vigne du « Saubon », avec mes parents, quant nous vîmes passer un promeneur solitaire, qui nous salua et fit quelques remarques sur le beau temps et la pousse de la vigne ; c'était monsieur Pierlot premier ministre belge, qui devait passer en Angleterre quelques jours plus tard.

Les anciens de 14 ne comprenaient pas et disaient : « Mais qu'est-ce qu'on fout bon Dieu ! Au lieu de reculer il faut contre attaquer si on veut les avoir… ! »

BOMBARDEMENTS DE BORDEAUX

Les avoir… Ah oui, on n'allait pas tarder à les avoir, mais pas du tout comme on pensait…

Bordeaux fut bombardé et il y eut pas mal de morts bien que le bombardement fut assez clairsemé. Des bombes tombèrent par ci, par là, aux Capucins sur un immeuble qui s'écroula sur la cave où une trentaine de personnes s'étaient abritées et qui furent toutes noyées par l'eau s'échappant des conduites crevées.

Aux Allées Damour, c'est une bombe à air liquide qui était tombée sur la place, au beau milieu de la tranchée abri. Plusieurs personnes s'y trouvaient et parmi elles, nos cousins Jean et Henriette Marquette qui habitait au dernier étage d'un vieil immeuble au 51 bis. Jean était dans les « Corps Francs », en première ligne et venait tout juste d'arriver en permission pour une semaine. C'est en essayant de rattraper sa femme qui, affolée s'était précipitée dans la tranchée, qu'ils se trouvèrent tous les deux à l'impact de la bombe. Ils avaient vingt sept ans tous les deux ; ils étaient venus passer quinze jours de vacances chez ma grand-mère, pendant l'été, pleins de vie…

L'inquiétude gagnait tout le monde ; ceux qui possédaient un poste de radio, nous en avions un, écoutaient attentivement toutes les stations pour tacher de savoir où étaient les avant-gardes allemandes.

Des vieux nous demandaient en gascon : « A nuyt ? Qu'a countat lou type de la sans fil ? » (Aujourd'hui ? Qu'est-ce qu'il a dit le type de la sans fil ?)

Mais la question qui revenait toujours c'était : « Ounn souns lous boches ? » (Où sont les boches ?)

On donnait les nouvelles, toujours dans la même langue, l'interlocuteur hochait la tête… « Aïe ! Milèdiu ! Ba maoü l'affa ! » (Aïe ! Mille dieux ! Ça va mal l'affaire !)

Il arrivait de plus en plus de monde, des gens qui se souvenaient qu'ils avaient de la famille dans la bonne direction, en bas de la carte, car c'était ça le but ; aller le plus loin possible vers le sud… On retrouva des cousins perdus de vue depuis longtemps et qui étaient établis dans le nord du pays. On fit ce que l'on put pour les aider avant qu'ils ne repartent encore plus loin.

C'était continuel ; aux belges, hollandais et luxembourgeois s'était mêlés des français. Ce n'était plus seulement les gens du Nord mais aussi des champenois et déjà des parisiens. On ne réalisait pas encore que c'était la débâcle, le commencement de la fin…

Des inconnus harassés de fatigue s'arrêtaient pour demander de l'eau, pour boire et se laver rapidement, avant de repartir.

Je me souviendrai toujours de cette famille de hollandais qui avaient arrêté leur voiture sur l'accotement, en face de chez nous. Pendant que deux hommes s'affairaient près du moteur, des femmes avaient étendue sur une couverture une pauvre vieille grand-mère qui paraissait assez mal en point. Elle était très pâle et les siens s'empressaient autour d'elle ; des larmes coulaient sur son visage. Pour elle c'était la fin du voyage qui approchait ; elle n'était plus en mesure d'aller bien loin et elle le savait…

Ma mère s'approcha et demanda s'ils avaient besoin de quelque chose qui puisse les aider. Une femme fit un signe de dénégation ; au bout d'un moment ils repartirent.

Il arriva aussi à Saint Macaire, un bataillon de jeunes recrues de la classe 40, incorporés depuis peu. Vêtus d'un treillis kaki, sans armes, leurs chefs les emmenaient faire de longues marches au bord de la Garonne ou sur le coteau. Ils restèrent quatre ou cinq jours, puis furent acheminés sur Toulouse ; déjà en retraite, vaincus avant d'avoir combattu…

Les allemands entèrent dans Paris, évacué par l'armée et déclaré « Ville ouverte ».

Le désarroi régnait mais on avait confiance au Général Weygand qui avait repris les choses en main et s'efforçait de remettre de l'ordre. Il avait lancé un appel aux populations fuyant sur les routes : « Arrêtez vous, restez où vous êtes ! » et aux troupes cette proclamation : « Accrochez vous au sol de France, ne regardez qu'en avant… Le sort de notre patrie, la sauvegarde de nos libertés, l'avenir de nos fils dépendent de votre ténacité ! »

Nous sentions que nous étions en train de vivre un grand moment de l'histoire…

LES TROIS SOLDATS

On était à la mi-juin, le temps était beau, le soleil magnifique dans un ciel idéalement bleu…

Le soir, comme tous les soirs à la belle saison, tout le village allait s'asseoir au bord de la route ; les vieux amenaient leur chaise, les jeunes s'étendaient sur l'herbe du bas-côté, on « prenait le frais ». C'était une tradition, une coutume… A Saint Macaire où la route et les rues étaient bordées de trottoirs, tout le monde était devant les portes, certains avaient même le confort d'un banc de jardin que l'on sortait aux premiers beaux jours.

De loin en loin, un bec porteur d'une ampoule électrique de cinquante watts dispensait une lumière rougeâtre dans laquelle évoluaient des papillons de nuit dispersés de temps en temps par le zig zag fulgurant d'une chauve souris en chasse. De ces points lumineux, il y en avait sept du placeau de la Croix de Gabot au bout des Allées des Tilleuls.

Mais Saint Macaire c'était la ville… Dans notre petit coin il n'y avait rien, pas de lumière. Il régnait un grand silence parfois troublé par les appels d'un vacher rassemblant son troupeau ou le bruit d'un attelage attardé dans les vignes, cahotant dans un chemin défoncé et raviné par les pluies d'hiver. Parfois, lorsque le vent portait, on entendait la Fanfare de Saint Pierre qui répétait ses marches militaires ; mais, le fin du fin, le régal, c'était lorsque le père Barbier venait sonner du cor de chasse au bord de l'eau.

Le père Barbier était un employé du Château Dorat à Saint Pierre d'Aurillac, à la fois gardien et homme à tout faire. Autrefois, du temps de mon grand père, les châtelains des environs avaient tous des chiens de meute qu'ils réunissaient pour de grande chasse à courre. Il y avait toujours dans la domesticité un piqueur chargé des chiens et qui sonnait du cor. Barbier était le dernier... Il n'y avait plus de meutes, plus de chasses, plus de richesses. La guerre précédente avait ruiné et détruit beaucoup de vieilles familles ; le bourgeois s'était enrichi dans le commerce et les affaires, le « nobliau » avait sombré.

C'était peut-être la nostalgie d'une époque disparue qui poussait le père Barbier à venir, le soir, sonner du cor au bord de l'eau. Il choisissait l'endroit idéal en fonction du vent où de l'écho, et alors le récital commençait. Nous étions des auditeurs avertis autant qu'admiratifs, lorsque après l'école il nous fallait garder les bêtes jusqu'à la nuit, nous allions écouter Barbier... Il nous avait appris à reconnaître les différents moments de la chasse, le son grêle ou triomphant du « laisser courre » ou de « l'hallali ». Je n'ai jamais su si le son du cor était triste au fond des bois, mais je peux vous jurer qu'il était vraiment beau, le soir, sur le bord de la Garonne...

Ce soir la, on entendait rien et nous étions tous à nos places habituelles, discutant stratégie, espérant que Weygand allait enfin les arrêter. On commençait à parler d'un front stabilisé sur la Loire, d'une armée allemande essoufflée... On s'accrochait à toutes les formes d'espoir...

Subitement, on vit arriver de Saint Macaire, trois soldats français à vélo, le fusil attaché au cadre, le sac et le casque ficelés sur le porte bagage. Ils pédalaient vite, le nez sur le guidon, en file indienne en direction de la Réole.

Un voisin s'exclama : « Ah bé merde ! Et où ils vont ceux la ? »

Tous les hommes qui étaient la, étaient tous des survivants de la dernière, ils avaient été de tous les combats. Ils se demandaient pourquoi, au moment où il fallait que tous les hommes disponibles soient en ligne et serrent les rangs face à l'ennemi, ceux la passaient à contre sens, avec armes et bagages.

Nous étions à peine revenus de notre surprise, qu'un autre groupe de soldats, toujours à vélo, passa devant nous. Le père Chavaneau qui avait été, comme mon père, du voyage en Grèce et de l'offensive par les montagnes de Macédoine les interpella : « Eh les gars, où allez vous ? »

Aucun ne répondit et le groupe disparut, mais, un trainard s'arrêta pour regonfler une roue. « Où on va ? Le plus loin possible... C'est la fin, tout le monde fout le camp... Il n'y a plus rien à faire, avant peu les Boches seront partout... »

L'ARMEE EN DEROUTE

Nous étions atterrés, sans paroles ; ça continuait de passer par groupes de plus en plus nombreux, à pleine route. Nous regardions ces soldats fuyant devant l'ennemi, vaincus, battus, surclassés... Personne n'alla se coucher ; on donna à manger, à boire. Ils buvaient un coup, rapidement glissaient un morceau de pain ou un fruit dans leur musette et fonçaient à nouveau vers Toulouse. J'en ai vu qui avaient les larmes aux yeux, d'autres parlaient de trahison...

Au petit jour, on vit arriver à pied, en une longue colonne, les blessés légers et les malades de l'hôpital militaire du Béquet qui se trouvait à l'entrée de Bordeaux. Les plus costauds aidaient les plus faibles, certains étaient à bout de forces et étaient soutenus par deux copains.

« Arrêtez vous, on va vous donner du café ! »

« Non non ! Nous n'avons pas le temps, ils arrivent et nous ne voulons pas être faits prisonniers... Nous n'avons pas pu avoir de camions, certains plus malins sont partis avec. Nous sommes obligés de marcher sans arrêt et d'aller le plus loin possible ! »

Il passait des camions pleins de soldats repliés sur eux-mêmes, baissant la tête, comme honteux. Il y avait de tout, des français, des belges avec leur calot à pompon, des voitures avec des officiers.

Des avions passaient très bas, en direction de Toulouse ; il y en avait en quantité, de très vieux et de tout neufs. Une quarantaine d'entre eux se posa sur le petit aérodrome de La Réole ; quelques uns, à court d'essence, s'éparpillèrent dans les champs des environs.

Un train chargé de soldats anglais fut arrêté à La Réole et repassa devant nous peu de temps après ; ils purent embarquer in extremis sur un transport de troupes à Bordeaux, via l'Angleterre.

C'était la débâcle ! On trouvait des équipements, des uniformes et parfois des armes dans les fossés et au bord de la voie ferrée. Les fuyards se hâtaient de revêtir des tenues civiles quémandées ou « barbotées » sur les étendoirs à linge. Ils se changeaient en vitesse et disparaissaient dans la nature.

L'annonce de l'armistice et l'arrêt des hostilités furent accueillis avec soulagement. Les remous et les abandons qui avaient propulsé le Maréchal Pétain au pouvoir avaient rassemblé autour de lui la quasi-totalité des français. Tout le monde se félicitait de ce que ce vieillard de quatre vingt trois ans ait pu jeter dans la balance le poids de sa gloire passée pour discuter avec les allemands et arrêter le désastre.

Le comportement des anglais à Dunkerque, rapatriant leurs troupes et leurs avions sous la protection des français qui combattaient seuls, avait indisposé beaucoup de monde.

On cherchait à savoir pourquoi la France avait été si rapidement battue. On entendait dire que le Front populaire et sa politique avaient permis l'essor de l'Allemagne et la victoire de Franco en le laissant étrangler la République espagnole. D'autres prétendaient que les Officiers de droite avaient trahi et refusé le combat. Les russes et les communistes n'étaient pas non plus oubliés dans la distribution…

Mais, le fait était la, le pays était envahi… Qu'allait nous réserver l'avenir ?

Bon ! C'était fini, nous étions battus… On allait sans aucun doute rendre aux allemands l'Alsace et la Lorraine, il y aurait des accords économiques et probablement une nouvelle politique entre les deux pays. Parce que, nos braves politiciens s'étaient bien foutus de nous et nous avaient menti avec le manque d'essence, les blindés en tôle, les avions qui se brisaient tous seuls et les cuirassés « de poche » dont le pont vibrait tellement que l'Amiral Raeder n'osait pas les faire sortir. On aurait mieux fait, après l'autre guerre, d'être un peu plus réalistes et nous entendre avec eux au lieu de nous lier avec ces salauds d'anglais. Après tout, ils étaient nos ennemis de toujours, ne cessant jamais de nous emmerder dans les colonies ou ailleurs, et ne s'étant pas embarrassés de scrupules pour nous laisser tout seuls en face des allemands.

La colère et l'incompréhension devant le désastre étaient un terrain favorable pour de tels raisonnements.

Il y avait, parait-il, un général français qui était passé en Angleterre et avait, par la radio de Londres, lancé un appel à tous ceux qui le pouvaient à se joindre à lui pour refuser la défaite et continuer le combat. La France avait encore une marine intacte et des forces puissantes dans les colonies. Cet appel, très peu de gens l'avaient entendu et la masse était avec le vieux Maréchal.

Le général ? Ah oui… Un certain de Gaulle…

Les conditions d'armistice furent connues tout de suite. C'était dur, beaucoup plus dur que prévu. Contre toute attente les allemands allaient occuper une grande partie du pays avec une large bande descendant jusqu'à l'Espagne. Le journal publia une carte schématisée pour montrer ce qu'allait être la zone occupée. Aucun doute la frontière n'allait pas passer loin de chez nous.

Cela fit rigoler tout le monde dans le village… Frontaliers ! Nous allions devenir des frontaliers ! Et pourquoi pas des contrebandiers comme les basques !

Il n'y avait que les réfugiés qui ne riaient pas…

LE MARCHE DE LANGON

Le lendemain était un vendredi ; jour du marché à Langon. A cette époque les marchés comme les deux grandes foires traditionnelles de la Saint Michel et du Vendredi Saint rassemblaient une grande quantité de personnes, en grande partie des paysans venus vendre leurs produits, légumes, fruits, volailles et acheter ce qui leur était nécessaire ou, venus tout simplement « bader » (regarder en gascon).

Car il y avait de quoi se distraire... Les camelots, les bonimenteurs rassemblaient autour d'eux une foule hilare, de même que les musiciens et chanteurs de complaintes ou de rengaines. Des marchands ambulants présentaient sur leurs étalages tout un tas de marchandises d'une grande diversité. Un chimiste de Barsac avait composé une pâte empoisonnée qu'il vendait en petit flacons sous la marque : « L'exterminateur Delacour » c'était son nom, et son éventaire était décoré et surmonté d'une guirlande de gros rats empaillés et pendus par la queue. Tout cela, avec en fond sonore les piaillements de la volaille, les cris aigus des porcelets tiraillés par les acheteurs, la voix des chanteurs accompagnés à l'accordéon.

La majeure partie de cette foule grouillante s'exprimait en gascon ; on reconnaissait le Bazadais à sa façon de parler, plus traînante, légèrement différente de la notre, plus sonore.

On entendait aussi l'espagnol ; il y avait dans chaque commune de la région une ou plusieurs familles originaires de l'autre coté des Pyrénées.

La colonie espagnole de Bordeaux était nombreuse et solidement implantée. Les derniers soubresauts de l'atroce guerre civile qui avait ravagé leur pays avaient amené chez nous une masse de réfugiés aragonais et basques, les catalans étant en grande partie restés dans le Languedoc.

Si l'espagnol et surtout le dialecte aragonais étaient très proches du gascon, le basque était pour nous incompréhensible. D'ailleurs les basques repartirent très vite dans la partie française de leur pays.

On avait rassemblé ces familles de réfugiés à Verdelais, dans les bâtiments qui furent occupés par la suite par la Société Perrier. Mais leurs compatriotes se mirent tout de suite à l'œuvre pour leur trouver du travail et un logis. La population laborieuse des environs participa, elle aussi, au reclassement de tous ces pauvres gens.

Il faut bien dire que le gouvernement français n'avait pas fait grand-chose, excepté de désarmer les combattants républicains pour les boucler dans des camps avec des conditions de vie dont il vaut mieux ne pas parler... Il n'y avait pas de quoi être fier...

J'ai vu à Verdelais des enfants affolés se jeter dans le fossé et se glisser sous un pont parce qu'ils avaient entendu le bruit d'un avion : « La mosca ! La mosca verde ! » (La mouche ! La mouche verte !)

Je me souviens aussi du passage du premier train qui transportait un convoi d'enfants, orphelins pour la plupart, dans un centre d'accueil du Lot-et-Garonne. Je revois leur visage où ne brillait aucun sourire ; quelques uns saluaient, le poing levé. Des femmes disaient : « Mon Dieu ! Faites que l'on ne voie jamais ça chez nous ! »

Très peu de temps s'était écoulé et on avait vu ça... Chez nous... !

ARRIVEE DES ALLEMANDS A LANGON

Donc, ce matin là mon père et moi étions partis à vélo faire quelques achats au marché à Langon « par précaution »… Tout le monde se levait tôt et l'animation débutait au lever du jour. Nous venions de traverser le pont métallique ; il y avait le long du trottoir quelques petits acacias boule et les deux panneaux portant les affiches des deux cinémas de la ville étaient appuyés contre eux.

Ce matin là, les affiches avaient été arrachées et une curieuse inscription figurait sur l'un d'entre eux : SS avec une flèche qui indiquait la direction du cours des Fossés et la route de Bazas. C'était tout frais, la peinture n'était pas sèche.

Nous nous étions arrêtés ; d'autres personnes avaient fait comme nous, se demandant ce que signifiait cette signalisation bizarre. Une voix lança : « Ce doit être le 44ème qui fout le camp ! »

Au même moment ont vit arriver, par la route de Bordeaux, un convoi de petits camions bâchés, précédés par un side-car portant des soldats vêtus d'un drôle d'uniforme.

« Merde ! dis-je ; et d'où ils sortent ceux la ? »

Alors j'entendis mon père qui disait, la voix étranglée par l'émotion : « Ceux-là, c'est les boches ! Nom de Dieu ! Les boches !... Les boches… ! »

Une femme du quartier nous dit : « Il en passe depuis cette nuit, à pleins camions, sans arrêt ! Et on nous disait qu'ils n'avaient plus d'essence ! »

Le cœur serré nous regardions passer les soldats victorieux ; les convois se suivaient en bon ordre portant des hommes jeunes et souriant. Ils étaient assis dos à dos sur des banquettes, de chaque coté du camion, leurs sacs suspendus à une tringle derrière eux, et le fusil entre les genoux.

Il y avait tout de suite une chose qui sautait aux yeux, l'ordre. De temps en temps une voiture légère remontait les convois, et un homme debout brandissant un disque bicolore faisait ralentir ou accélérer les véhicules.

Le sentiment qui dominait parmi la foule déjà nombreuse qui regardait, c'était la stupéfaction. Jamais personne n'aurait pensé que l'armée française s'écroulerait d'un seul coup et que les allemands seraient entrés si loin dans notre pays.

Mais où allaient-ils ? Certains disaient : « C'est une question de prestige, ils vont aller jusqu'à la frontière d'Espagne, puis ils remonterons. Vous pensez bien que toute cette armée ne restera pas chez nous. Ils ont gagné, ils sont contents, ils se regrouperont plutôt dans le Nord à cause des anglais… On verra bien ! » Pour ce qui était de voir, on n'allait pas tarder à être fixés.

Et ça passait toujours, dans le calme, sans un éclat de voix. De temps en temps quelques avions à croix noire passaient au dessus de nous.

Il fallait pourtant réaliser que nous étions battus et que la loi du vainqueur serait peut-être plus dure que prévu.

Quelques camions s'étaient arrêtés sur la place Maubec, des hommes étaient déjà descendus et regardaient le marché avec curiosité, et certains étalages avec un regard où transparaissait la convoitise. L'animation, la fièvre traditionnelle du Vendredi matin, tout cela s'était arrêté tout d'un coup. Les marchands, indécis, se demandaient s'il ne valait pas mieux remballer et quitter les lieux. Mais tout le monde pressentait qu'une vie nouvelle commençait…

Nous expédiâmes rapidement les quelques achats que nous avions à faire afin de rentrer chez nous le plus vite possible.

En repassant aux Carmes, nous vîmes un attroupement devant un étalage. Il y avait deux soldats allemands qui voulaient acheter quelque chose. Le marchand ne comprenant pas, l'un des soldats se détourna et demanda autour de lui si quelqu'un pouvait servir d'interprète. Personne ne parlait allemand ; le deuxième questionna à son tour : « Polak ? »

Nous avions en face de chez nous, le domaine de « Belle Croix » où était arrivée depuis un an une famille de métayer polonais, les Bielh. La femme se trouvait là, elle s'avança et dit : « Tag, yo yès den polaka ! » (Oui, je suis polonaise.)

L'allemand lui expliqua ce qu'ils voulaient. Elle traduisit et ils purent acheter sans autre problème et payèrent recta avec de l'argent français. Notre voisine parla un moment avec son interlocuteur. Elle nous raconta peu après sa conversation.

« Vous parlez très bien le polonais, » avait-elle dit à l'allemand.

Ce dernier avait souri et expliqué : « Je suis polonais ; nous habitions avec ma famille tout près de la frontière. Nous avions de nombreux amis de l'autre coté, en Allemagne où nous étions connus. Lorsque les allemands sont entrés en Pologne, ils m'ont demandé ainsi qu'à d'autres dans le même cas de choisir. Ou nous engager tout de suite dans l'armée allemande, et ils garantissaient la sécurité de nos familles. En cas de refus, il fallait nous attendre à être traités durement. Beaucoup on fait comme moi et se sont engagés aussitôt ; de toute façon la guerre ne durera pas ; ils sont trop forts et les anglais vont être obligés de lâcher. »

Nous prîmes le chemin du retour ; on voyait des allemands partout…

Le pont, assez étroit, était encombré de véhicules et d'attelages, car tout le monde faisait comme nous et se hâtait de rentrer chez soi. Il valait mieux aller à pied, le vélo à la main, en suivant le trottoir…

Nous descendîmes la cote du pont et nous avions fait à peu près cent mètres sur le plat, nous vîmes, derrière nous, un side-car qui nous suivait lentement. Nous nous arrêtâmes pour le laisser passer ; il continua devant nous en roulant tout aussi lentement, ses deux occupants scrutaient attentivement le bord de la route, comptant les Platanes. Soudain, l'un des deux, fit un signe de la main, il sauta à terre et se mit à chercher dans l'herbe, au pied d'un arbre, avec le canon de son fusil. Il se baissa, ramassa quelque chose, ensuite le side-car fonça vers Saint Macaire.

Nous étions presque arrivés chez nous ; à la « Croix de Pian » ; sur la petite place il y avait tout un tas de soldats avec des Officiers qui leurs montraient la route de « l'Ardilla ».

Ma mère nous attendait le journal à la main, il y avait la carte de ce qui allait être la « Zone occupée » en Gironde ; aucun doute, la limite passait exactement chez nous.

Personne ne réalisait encore très bien ce qui nous arrivait. On entendait des gens qui disaient : « Ce n'est que pour quelques semaines, le temps d'en finir avec les anglais et ils s'en iront ! »

Mais la réflexion qui revenait sans cesse était celle-ci : « Alors la ! Voir les boches chez nous ! »

Pour cela aussi, il allait falloir remplacer le vocable « boches » par le mot « allemand » que l'on n'utilisait pratiquement jamais.

INSTALLATION DE LA BARRIERE

En attendant, ils avaient installé sur la route, en face du chemin de « Gabot » une chicane faite de deux piquets de vigne posés sur les croisillons d'un chevalet à scier le bois qu'ils avaient coupé en deux. Ils se mirent aussitôt à contrôler les passants. Tous ceux qui allaient vers Saint Pierre passaient librement, mais dans le sens inverse, personne n'entrait plus dans la nouvelle « Zone occupée » à moins de prouver que l'on y était domicilié.

Des gens discutaillaient essayant de convaincre les soldats de les laisser passer. Un officier intervint, rigide, il montra la direction de Saint Pierre et dit : « Frankreich ! » Puis il frappa le sol de sa botte et hurla : « Hir, Deutschland ! Nix passer ! Rauss ! » (Ici, l'Allemagne! On ne passe pas ! Foutez le camp !)

La ligne de démarcation suivait la route de Sauveterre, la cote de l'Ardilla, avec une verticale jusqu'à la Garonne par le chemin de Gabot.

L'après-midi , on vit arriver un camion et une équipe d'allemands armés de pelles, de pioches et d'outils divers ; un deuxième véhicule suivait portant plusieurs mâts qui servaient tous les ans à installer le bal de la St. Jean. On transporta le tout sur le bord de la route au coin du chai de Lecoeuvre. Tout ce monde se mit au travail, creusant le sol, sciant et ajustant les bois. Bref, en fin d'après-midi, la barrière basculante était en place, peinte aussitôt aux couleurs allemandes. Le mat le plus long avait été planté dans le sol et le drapeau à croix gammée hissé au sommet. Tout était allé très vite.

La zone non occupée n'allait pas plus loin que la limite de Saint Pierre d'Aurillac ; pour ce qui concernait notre petit village, nous trouvions donc entre les deux zones et définis comme étant en zone neutre. Les premiers problèmes commencèrent le lendemain ; le facteur de Saint Macaire ne fut pas autorisé à venir chez nous.

Les directives de la Kommandantur arrivaient, claires et précises par voie d'affiches ou de presse. Les mairies s'en faisaient tout de suite l'écho. Tous les frontaliers travaillant ou ayant à faire dans l'autre zone, les agriculteurs possédant des terres de part et d'autre de la ligne de démarcation étaient tenus de se faire établir tout de suite un laisser passer, ou ausweis, délivré par les autorités allemandes et être en possession de papiers d'identité parfaitement en règle.

Des papiers d'identité, personne n'en avait à cette époque. On ne connaissait que le livret de famille qui restait le plus souvent dans l'armoire, ou le livret militaire. Les gens voyageaient peu ; les foires et marchés de la région, Bordeaux de temps en temps et c'était tout.

La première fois que nous nous présentâmes, mon père et moi, au poste frontière pour aller de l'autre coté, en zone occupée travailler nos vignes, nous nous apprêtions à passer sous la barre. Le commandement claqua, sec comme un coup de trique : « Halt ! »

Un soldat s'avança : « Papir ? »

Mon père présenta sa carte du combattant, moi, évidemment, je n'avais rien. Le soldat appela un sous officier qui s'approcha de nous et nous salua en français. Mon père lui expliqua que nous étions des agriculteurs, que nous habitions la grande maison, là, tout près et que nous allions dans les vignes, là haut sur le flanc du coteau. Mon père lui dit aussi qu'il avait sa mère, âgée qui habitait Saint Macaire et que nous y allions tous les jours.

Le Sergent parlait très bien notre langue, il nous écoutait avec beaucoup d'attention ; il nous indiqua qu'il fallait de toute urgence nous faire délivrer des cartes d'identité et aller à la Kommandantur locale nous faire établir des ausweis. Nous y avions droit, ayant des terres de part et d'autre de la frontière.

« D'ici peu, nous dit-il, nous aurons mis en place une réglementation définitive inter zones. De toute façon, vous devrez avoir toujours sur vous vos papiers d'identité et vos laissez passer car les contrôles seront sévères et fréquents. »

Nous l'écoutions parler.... A peine arrivés, les mesures étaient prises. La remise en ordre, l'organisation, la discipline, étaient pour eux une règle absolue. A coté de la pagaille que nous avions vue chez nous, c'était le jour et la nuit. Rien n'était laissé au hasard...

« Ah les salauds, disait mon père ; on les a laissé entrer... Maintenant ils sont là, et ils vont rester, ça se voit... Et comment, et qui va les sortir ! »

Il nous fallait donc des cartes d'identité. Un réfugié, Liotard, un frère de celui qui était au Bas Pian était logé avec sa famille dans une maison vacante au Mercadiou, juste à l'angle de la rue du Thuron. Il était photographe, et avait commencé à opérer en plein air devant les arceaux. Il avait tendu une couverture grise comme toile de fond et photographiait par groupes de trois ou quatre personnes pour économiser les plaques. Les cartes d'identité étaient établies immédiatement en Mairie, légalisées et signées par le maire.

Cette façon de procéder devait, par la suite, se révéler très utile…

Depuis les vignes, on voyait remonter par la route de Sauveterre des convois de camions traînant des remorques portant des bateaux, des éléments de ponts et d'autres matériels, et de l'artillerie. Les canons, généralement des 77 montés sur pneus, étaient remorqués par les mêmes petits camions « Blitz Opel » dans lesquels étaient assis les artilleurs. Les caissons de munitions suivaient de la même manière, en remorque derrière les camions. Ceux qui avaient servi dans l'artillerie française ne cachaient pas leur admiration devant ces canons du même âge que nos 75, mais modernisés de façon à les rendre plus pratiques, rapides et maniables.

LES ARMES

Il y avait au passage à niveau du Château Fayard une famille de cheminots qui s'était installée la en 1938, les Lartigue. Le fils aîné, René, travaillait à Saint Macaire chez Gaston Callen. Il était devenu notre copain, à Jeannot Chavaneau et à moi. C'était de braves gens, les Lartigue ; le père était cantonnier sur la voie ferrée et la mère garde barrière.

René arriva en trombe un dimanche matin et nous dit : « Il faut aller tout de suite à Saint Pierre, les aviateurs sont en train de distribuer le stock de chaussures qu'ils avaient mis dans la salle des fêtes ! »

En effet, les personnels « rampants » de la base de Mérignac avaient entreposé dans la première commune de la zone libre tout ce qu'ils avaient pu sauver in extremis, juste avant l'arrivée des allemands ; ils en avaient rempli tous les locaux vastes et disponibles.

Mais, lorsque nous arrivâmes, la distribution était finie ; il ne restait plus qu'un tas d'armes de toutes sortes, dans lequel tout le monde fouillait. Certains avaient récupéré des pistolets, des appareils photos ; nous eûmes la chance de mettre la main sur plusieurs boites de pellicules 6x9 qui devaient nous être très utiles par la suite, deux gros dictionnaires français–allemands et, pour le plaisir, deux superbes sabres de cavalerie.

Il n'était pas question de rentrer chez nous avec ces armes à la vue des allemands ; on alla donc les planquer au bord de la Garonne dans l'herbe, au pied d'un peuplier. Je devais aller les chercher plus tard avec le bœuf et le tombereau, et les dissimuler sous des fagots ; mais lorsque j'arrivai avec mon attelage, quelqu'un était passé par la et les avait ramassés.

Cela valait peut-être mieux… Juste avant l'arrivée des allemands, les autorités françaises avaient obligé toutes les personnes qui détenaient des armes de chasse à les déposer en Mairie. Puis, dès leur arrivée, un des tout premiers communiqués des forces d'occupation ordonnait à tous ceux qui possédaient des armes à feu, de guerre, de chasse ou de n'importe quelle autre catégorie de les remettre immédiatement à la Kommandantur la plus proche. On prévenait gentiment que toute personne trouvée en possession d'une arme à feu ou de munitions serait condamnée à mort et immédiatement fusillée.

Mon père avait remis son fusil de chasse à la Mairie, tout le monde pensait, à ce moment la, que ce n'était que provisoire. Mais il y avait encore, à la maison, tout un petit arsenal : Un superbe fusil Mauser avec sa baïonnette, un sac allemand bourré de têtes d'obus et autres bricoles du même acabit, un pistolet 7,65, une bande de mitrailleuse, une profusion de balles de toutes sortes et un magnifique « Casque à Pointe » ramené par mon père lors d'un coup de main dans une tranchée allemande.

Il était impossible de conserver tout cela chez nous et pas question non plus de livrer tout le lot à la Kommandantur ; c'était une question de dignité et de principe... Mon père décida d'aller balancer le tout dans la Garonne ; on ne garda que la baïonnette et le 7,65 que j'enterrai dans une boite à l'Ardilla, dans un rang de vigne (que je ressorti en 1945 complètement rouillé).

Pendant ce temps le gouvernement du Maréchal Pétain essayait de mettre un peu d'ordre dans ce qui restait de la France. Beaucoup de réfugiés n'avaient pas voulu rester en zone occupée et étaient passés de l'autre coté.

La population des communes voisines de la ligne de démarcation avaient souvent plus que doublé ; les mairies, débordées, essayaient au prix de nombreux efforts, de résoudre les problèmes les plus urgents : Trouver du travail aux parents, de la place à l'école pour les enfants et à manger pour tout le monde. On recruta des employés communaux, on chercha aussi des enseignants pour remplacer les instituteurs prisonniers...

Car il y en avait des prisonniers ! On venait tout juste d'en révéler le nombre : Deux millions ! Et on commençait à comprendre qu'ils n'étaient pas près de rentrer...

Un détachement du 150ème R.I. relié à Marmande assurait la garde de la barrière française sur la route nationale 113 et sur d'autres points. Il s'en allait temps, les incursions des allemands étaient de plus en plus profondes dans la partie soi disant neutre.

PREMIERS CONTACTS

Quant aux occupants, ils avaient mis en place des sentinelles au bord de la Garonne, au carrefour du Saubon et en haut de l'Ardilla.

Nous fume les témoins, en allant à la vigne, d'une scène des plus cocasses. Une femme nommée Fabienne, qui habitait au Thuron, se présenta à la barrière du Saubon, se courba et passa sous la barre, le soldat de garde, se précipita et hurla : Halt ! Matâme ! Retour ! »

Sans s'émouvoir, Fabienne rétorqua : « Ce n'est pas la peine de gueuler comme ça, je vais voir Pierre qui travaille à la vigne un peu plus loin et après je repasse. »

Nous savions que Pierre « L'espagnol », ouvrier agricole, était l'amant de Fabienne et que celle-ci allait le retrouver dans la cabane de la propriété Labrousse.

Le soldat continua : « Matâme ! Retour ! Sinon moi sortir pistole ! »

« Toi sortir pistole ? Il doit être beau ton pistole ! Tiens regarde où tu peu le mettre ton pistole ! »

Et joignant le geste à la parole, elle se retourna et se troussa, montrant au soldat éberlué, une culotte « pichebiste » d'un beau rose délavé avec l'entre jambe passé à l'eau de Javel. Il va sans dire que nous ne pleurions pas en reprenant le chemin de l'Ardillat.

Le soldat secoua la tête en souriant, mais ne sévit pas et ne sorti pas le fameux « pistole »…

C'était encore le temps de la découverte réciproque ; mais cela n'allait pas durer…

Sur la route nationale, les soldats qui n'étaient pas de garde, étaient assis à l'ombre devant le poste. C'était pour eux une franche partie de rigolade de voir ces orgueilleux de français demander humblement la permission de passer pour aller travailler et produire ce qu'ils n'auraient plus qu'à réquisitionner plus tard.

Malgré cela, assez vite, le contact eut lieu ; nous avions affaire à un régiment d'infanterie qui était composé en grande partie de paysans comme nous. Les gens de la terre ont des affinités que n'ont peut-être pas les autres catégories sociales ; souvent les soldats s'approchaient, regardaient nos outils, nos attelages, ils essayaient de nous faire comprendre qu'eux aussi ils travaillaient la terre et qu'ils produisaient beaucoup de pommes de terre et de betteraves. Ils étaient émerveillés par les produits de chez nous, les pêches et les poires ainsi que les tomates qu'ils mangeaient à pleine bouche. Ils découvraient le vin et tout un tas de choses qui manquaient chez eux depuis la dernière guerre.

De bonnes relations s'étaient vite établies entre les soldats et les gens du village ; lorsqu'ils nous voyaient arriver, ils levaient la barrière et nous faisaient signe de passer sans montrer nos papiers. « Ia ! Ia ! Vous passer, gut ! »

Les réfugiés qui les avaient pratiqués en 14-18 en était ébahis et disaient : « Ils ont bien changé… Si vous aviez vu, en Lorraine, ce qu'ils nous ont fait endurer ! »

Gérard Perroy, le peintre, avait été tout de suite réquisitionné pour exécuter toutes affaires cessantes un assez grand nombre de panneaux de bois portant l'inscription suivante :

DEMARKATIONS LINIE
UBERSCHREITEN VERBOTEN
LIGNE DE DEMARCATION
DEFENSE DE TRAVERSER

Ces panneaux furent placés à l'entrée de tous les chemins ou passages perpendiculaires à la route de Sauveterre qui était la frontière.

En haut de la cote du château Fayard, à la limite de Pian et de Saint Pierre, les autorités françaises avaient aussi installé une barre basculante en travers de la route et amené une guérite pour abriter le soldat français de garde ; cette guérite fut rapidement remplacée par une construction un peu plus vaste qui comportait une couchette et une petite table. Les français avaient placé sur un poteau une grande pancarte qui portait cette inscription en allemand :

ATTENTION, CETTE COMMUNE NE FAIT PAS PARTIE DE LA ZONE OCCUPEE

Un drapeau, un peu de peinture à nos couleurs, le poste français était très modeste…

Juste en face du chemin qui franchit le premier passage à niveau de Saint Pierre, on réquisitionna une vaste maison vide qui servit de cantonnement aux soldats assurant la garde du poste français.

Coincé entre les deux barrières, notre petit coin n'était ni français, ni allemand. Nous étions dans le « no mans land », la zone neutre.

« Alors vous êtes suisses ? » lança quelqu'un.

Suisses et neutres, pourquoi pas… Mais nous n'allions pas le rester longtemps…

Les soldats allemands qui, en théorie tout au moins, ne devaient pas franchir la frontière et respecter la zone neutre qui dépendait de la zone libre, n'avaient pas tardés à pousser quelques pointes jusqu'au poste français.

Les premiers furent un sergent et un soldat qui allèrent tourner lentement au ras de la barrière française avec un side-car. Ils allaient, de temps en temps jusqu'à la Garonne par le chemin du cimetière, s'arrêtaient à l'ombre aux « Quatre Chemins ». Cela ne nous dérangeait pas, nous avions droit, au passage, à un petit salut cordial de la main ; qui laissait somme toute assez bien augurer de l'avenir.

Le journal avait publié un tableau portant les insignes, galons et décorations ainsi que les grades de l'armée allemande. On trouvait dans les librairies des manuels de conversation bi lingues ; la vie avait l'air de reprendre son cours normal.

TICKETS, CARTES ET RATIONNEMENT

Les commerçants qui s'étaient imaginés voir arriver une horde de pillards, s'étaient trouvés en face d'une clientèle polie et qui, atout majeur, payait recta sans discuter. Les allemands avaient à leur disposition une monnaie spéciale, un Mark d'occupation dont la parité était fixée à vingt francs. Les banques changeaient sans problème. Les boutiquiers, les magasins spécialisés vendaient sans arrêt vêtements, chaussures, lingerie fine, bijoux, objets d'art... Certains, voulant profiter un peu plus de cette manne inespérée, donnaient discrètement un petit coup de pouce aux prix...

Personne ne vit la manœuvre ; payants en « monnaie de singe » ils vidèrent les magasins en quelques jours, mais comme ils avaient saisis et ramassé tous les stocks chez les grossistes, on passa d'un seul coup de l'abondance à la pénurie. Le pillage du pays avait été préparé, réglé et exécuté de façon parfaite.

Battus à plate couture sur le plan militaire, nous commencions à nous rendre compte que la suite allait être beaucoup plus dure que prévu et que le pays allait être saigné à blanc...

Les cartes d'alimentation et les tickets avaient fait leur apparition. Dans les Mairies, au moment de la distribution, on entendait à peu près ce genre de commentaires : « Voici votre carte d'alimentation, avec vos tickets de pain, de viande, de sucre et de matières grasses. Dans quelques jours on vous remettra une feuille spéciale pour les produits textiles, vêtements et chaussures. Vous devez obligatoirement vous faire inscrire chez le commerçant qui est votre fournisseur habituel qui touchera sa répartition en fonction du nombre d'inscriptions qu'il présentera. En aucun cas vous ne pourrez vous approvisionner ailleurs. »

L'esprit gascon, fait de blagues et d'humour reprenant le dessus, on entendait alors : « Et pour aller pisser ? Où il est le ticket pour aller pisser ? Et pour baiser ma femme, il ne faut pas non plus un petit papier ? »

A l'époque, beaucoup de personnes, tous les agriculteurs, s'exprimaient en gascon ; la maîtrise de cette langue nous fut très utile par la suite...

Nous avions eu aussi la mauvaise surprise de découvrir que les allemands avaient raflé tous les pneus et chambres à air de vélo, jusque chez les plus petits mécanos. Le vélo était le moyen de locomotion le plus répandu, mais rares étaient ceux qui avaient pensé s'approvisionner avant la tuile...

C'est au moment où nous nous étions habitués à leur présence et où nos rapports étaient corrects et même cordiaux que les fantassins allemands partirent. Bon nombre d'entre eux nous serrèrent la main avant leur départ. « Guerre grand malheur, mais bientôt finir ! »

Et tous concluaient : « England bientôt kaputt ! »

Cela ne nous enchantait pas, mais nous n'étions pas loin de partager leur certitude...

LES HULANS

Ils furent aussitôt remplacés par un régiment de hulans, vestige de l'ancienne armée impériale. Cavaliers prussiens, ils étaient plein de morgue et de mépris pour les français vaincus que nous étions. L'ambiance décontractée et cordiale des premières semaines disparut d'un seul coup. Le diagnostic tomba aussitôt, sans équivoque : « Ceux-là, ce sont des cons ! »

Ils se promenaient dans les champs et les vignes sans se soucier des dégâts. On ne comptait plus les talus écroulés, les fossés comblés, les fils de fer et les piquets cassés dans les vignes par le passage des pelotons de cavaliers.

Mon père les regardait, serrant les dents ; le premier allemand qu'il avait tué, à bout portant en 14 était justement un hulan. L'histoire nous avait été racontée un jour par un copain venu lui rendre visite. Lui n'en avait jamais parlé avant.

C'était pendant la retraite de Belgique ; les armées françaises reculaient pressées par les avant-gardes allemandes, de la cavalerie, en grande partie des régiments de hulans. Mon père faisait partie d'un petit groupe de trainards qui, épuisés, s'étaient arrêtés pour se reposer un moment à la croisée de deux chemins creux, dans une forêt. Tout à coup, ils virent surgir devant eux, au galop, deux hulans, tout aussi surpris qu'eux. L'un deux réagit très vite et fonça sur les français la lance en avant. Ce fut mon père qui écopa ; la pointe de la lance lui frôla les cotes et l'épingla littéralement contre le talus. Ayant les deux bras libres et le fusil à la main, il abattit l'allemand au premier coup. Le deuxième fit volte face et s'enfuit, son sort fut réglé de la même manière par les copains. Le petit groupe rejoignit le gros de la troupe, les plus fatigués montant les chevaux des hulans. Mais, ça c'était en 14…

A présent c'était eux les vainqueurs et ils étaient chez nous. Il fallut livrer du foin pour nourrir leurs chevaux et chacun fut taxé d'un certain nombre de quintaux, selon l'importance de la propriété. Le foin, c'était pour nous un élément capital. On en rentrait le plus possible pour pouvoir soigner les bêtes convenablement pendant l'hiver. On ne pouvait pas compter à coup sûr avec les pâturages des bords de Garonne, mouillés bien souvent par les inondations.

« Mais ce n'est pas possible, entendait on ; il n'y aura jamais assez de fourrage pour faire bouffer toute cette cavalerie de malheur ! Vivement qu'ils foutent le camp ! »

Chacun rentrait aussi, en vertu du même principe, la provision de pommes de terre, les oignons, l'ail qui, avec les haricots, les choux et les carottes figurait tous les jours au menu familial. On pressentait déjà que le premier hiver de l'occupation allait être très dur à passer.

« LE GRAND SCHIPA »

Les hulans effectuaient leur surveillance et leur contrôle à la frontière, froids et muets. Mais, il était facile de passer en fraude en se cachant un peu.

Entre temps, on avait vu arriver au poste un officier des douanes allemandes ; c'était un bel homme, de quarante ans environ, pour lequel on avait réquisitionné une chambre chez Piganneau. On sut rapidement son nom, Schipa ; il devint pour nous tous au village : « le Grand Schipa ».

Dès son entrée en fonction, il arrêta une voiture chargée de valises, avec deux femmes à bord ; elles avaient essayées de discuter et, doucement avançait au ralenti avec la voiture pour passer « en douceur » de l'autre coté. Voyant cela, Schipa avait tiré un coup de pistolet dans un des pneus du véhicule...

Nous revenions du travail ; les deux femmes étaient assises sur le petit talus de l'accotement et pleuraient en se tenant enlacées. Les soldats sous les ordres du « Grand Schipa » ouvraient les valises et entassaient contre la baraque des vases, des bibelots, quelques tableaux et tout un tas d'argenterie d'où ressortaient quelques éléments en or. Un camion arriva de Langon ; on embarqua le tout, ainsi que les deux femmes.

On commençait à récupérer, par-ci, par-là, des soldats français qui, après avoir été démobilisés en zone libre, cherchaient à rentrer chez eux en zone occupée. C'était relativement facile ; nous savions où étaient les sentinelles et, au moment propice, nous les faisions traverser.

Un jour où je venais d'arriver dans notre vigne, à l'Ardilla, j'entendis appeler à voix basse, tout près. J'approchais et me trouvai en présence d'un soldat qui n'avait sur lui qu'un pantalon kaki et une chemise déchirée. « Qu'est-ce que tu fous là ? » demandai-je, surpris.

« J'étais prisonnier, dit-il ; ils sont en train de tous nous embarquer pour l'Allemagne, pour nous faire travailler dans leurs usines... Ils ne sont pas prés de nous relâcher ; alors j'ai sauté du wagon et j'ai marché la nuit, en évitant les villes. Je vais me faire démobiliser en zone libre, après je verrai... »

Nous attendîmes ensemble le moment favorable, après la relève. Pas de hulans à l'horizon ; d'un bon, nous traversâmes le chemin ; je le regardai s'éloigner, marchant à grands pas vers la liberté.

C'était mon premier évadé ; il y en eut par la suite beaucoup d'autres ; de même que tout un tas de pauvres gens qui, pour des raisons diverses fuyaient de l'autre coté. Mais je ne savais pas encore que nous, les frontaliers, allions être pris dans un contexte nouveau et de plus en plus dangereux.

Beaucoup de curieux venaient depuis la zone libre jeter un coup d'œil pour voir cette fameuse frontière et ceux qui la gardaient. Ils ne s'approchaient pas trop et restaient près des maisons, observant et posant des questions.

Ce jour la, mon père était au bord de la route, le père Chavaneau était venu le rejoindre et ils regardaient eux aussi cette satanée barrière et les soldats allemands. Pour eux, c'était toujours nouveau ; ils ressentaient, plus que nous les jeunes, la honte et l'humiliation de cette présence. Ils avaient été ulcérés par la vue de l'armée française en déroute, eux qui s'étaient battus pied à pied pendant prés de cinq ans, voyant tomber les copains les uns après les autres, et encore étonnés d'en être revenus vivants et entiers.

Avec son accent « Gavache », le père Chavaneau disait : « Nous autes, qu'avouns tant souffert, cinq ans, voir lous boches, aici, à Pian, debant la porte… ! »

Un jeune homme s'approcha, le vélo à la main ; il portait un pantalon bleu de l'armée de l'air et une chemise de la même provenance.

« Alors les voilà, ces salauds, dit-il. Quand je les vois, je peux à peine me retenir ! Je leur rentrerai dedans à ces fumiers… Ah si j'avais mon zinc ! Je ferai deux ou trois passages et je les aurai vite nettoyés… Et vous, vous êtes là a regardé, et vous supportez ça sans rien dire ! Moi je ne pourrai pas… Ah non, je ne pourrai pas ! »

« Dis donc, lui dit Emile Chavaneau, quand tu l'avais ton zinc, comme tu dis, qu'est-ce que tu foutais ? C'est à ce moment-là qu'il fallait la faire marcher ta mitrailleuse et ils ne seraient peut-être pas là, ni toi non plus à nous emmerder avec tes réflexions, espèce de grand couillon ! »

« Oui, renchérit mon père, des types comme toi il parait qu'on n'en voyait pas beaucoup là où ça chauffait. Et s'ils sont là, c'est plutôt de ta faute que de la notre… Alors remonte sur ton vélo et fous le camp ! »

L'aviateur frustré fit demi-tour en maugréant et s'en alla vers la sécurité de la zone libre…

LES « CONTACTS » AVEC L'OCCUPANT

Il y avait une autre catégorie de la population qui n'avait pas tardé à trouver le contact avec l'occupant, c'étaient les femmes. Pas toutes, bien sur ; celles qui étaient déjà connues pour la légèreté de leurs mœurs, et puis d'autres, plus discrètes. Evidemment, les filles qui avaient l'habitude de « cavaler » comme on dit chez nous, avaient été comblées par cette arrivée d'hommes jeunes, ne reculant pas devant la dépense pour promener « Mamazel », comme il disait. Et des « Mamazel », on commençait à en voir pas mal aller au cinéma en compagnie de ces messieurs.

On avait repéré aussi certaines réfugiées dont on s'aperçut très vite qu'elles parlaient l'allemand comme leur langue maternelle. Il y en eut peu, mais de redoutables; je me souviens de l'une d'entre elles, une jolie blonde de dix huit ans au visage d'ange. Elle s'appelait Greta Swarsouloff et se disait d'origine Lithuanienne ; je l'avais connue chez nos voisins polonais où elle venait souvent. Nous comprimes rapidement qu'elle mouchardait et rapportait aux allemands. Un jour, je la surpris entrant à la Kommandantur de Langon comme chez elle, par une petite porte latérale. Elle réalisa tout de suite que nous nous méfions d'elle ; on ne la vit plus au village.

Il y en avait d'autres encore, les « cas spéciaux »…

En 1938, ma grand-mère paternelle, ma pauvre et chère mémé Mathilde, habitait tout près du lavoir du Thuron. Elle avait loué une maison contiguë à la sienne à une certaine famille P——— qui, à première vue, paraissait composée de gens tranquilles et sans histoires.

Le mari, une trentaine d'années, était marchand ambulant et parcourait la campagne dans une antique Ford ; vendant aussi bien du poisson que des légumes, du fil ou du cirage. Il y avait trois enfants, un garçon de huit ans et deux fillettes plus jeunes. La femme, car c'est d'elle qu'il s'agit, était une blonde de vingt sept ans, pas mal du tout, au formes provocantes.

Les gens du quartier, n'avaient pas tardé à remarquer qu'elle avait un amant, un gars de Caudrot, qui venait la voir assez souvent quand le mari était en tournée. Lorsque ce dernier survenait à l'improviste, cela ne changeait rien, les deux hommes étaient les meilleurs amis du monde, paraissant trouver tout naturel cet état de choses. Pendant la « drôle de guerre », ils avaient été mobilisés tous les deux, mais avaient eu la chance de rentrer au bercail sans problèmes, à la débâcle.

La femme avait été, durant cette courte période, d'une sagesse exemplaire ; mais l'arrivée des allemands changea tout. Elle ne tarda pas d'en avoir une kyrielle à ses trousses : « Matâme cholie ! Oh la la ! »

Le mari qui avait cessé son commerce faute d'essence et de marchandise, comprit tout de suite le parti qu'il pouvait tirer de la situation. Sa moralité très souple, lui permettait de se reconvertir dans une profession pour laquelle il était fait, et d'en tirer de substantiels avantages. Il devint « monsieur R——— » qui canalisait et faisait patienter les amateurs au rez de chaussée en jouant des rengaines sur un vieil accordéon diatonique, avec un talent qui, par moment, arrachait des larmes de souffrance. Il gérait son affaire avec sérieux et organisation.

Pendant ce temps, la belle S——— « épongeait », courageusement au premier étage, une clientèle sans cesse renouvelée. Très vite, elle fut débordée ; le couple appela en renfort une pauvre fille nommée P——— pas très dégourdie, mais assez jolie et bien balancée.

Des badauds s'arrangeaient pour passer sur le chemin aux heures d'affluence, lorgnant du coin de l'œil, tachant de saisir une vision furtive du commerce des P———. Les gens du quartier avaient surnommée la femme « La Pendante ». Peu de temps après, ce « Chaffre » était connu très loin à la ronde. Il fallait tout de même faire attention en passant, le risque étant de recevoir sur la tête un préservatif balancé rapidement par la fenêtre pour éviter les pertes de temps.

Ma grand-mère était folle de rage de voir sa maison transformée en bobinard. Elle prévint sèchement les P——— qu'elle allait les foutre à la porte, et qu'ils pourraient aller pratiquer leurs cochonneries ailleurs.

La belle S——— éclata de rire et dit : « Essayez donc, pour voir ! Les allemands me connaissent et, si j'étais méchante je n'aurai qu'un mot à dire pour que vous ayez des tas d'emmerdements. Et, puisque vous le prenez comme ça, non seulement ça va continuer mais, à partir d'aujourd'hui je ne paierai plus le loyer. Vous ne pouvez rien nous faire… ! »

Ma grand-mère rentra chez elle ; à sa demande, pour la calmer un peu et lui faire plaisir, je partis à la gendarme raconter l'histoire et demander conseil. Le brigadier, que nous connaissions bien ainsi que les gendarmes, leva les bras au ciel et dit : « Que voulez vous que nous fassions, nous n'avons plus aucun pouvoir, ils font ce qu'ils veulent. Recommandez bien à votre grand-mère de fermer sa porte, de ne rien voir et surtout de ne rien dire. Un jour tout cela finira ; mais en attendant il faut la raisonner et lui faire comprendre qu'elle ne pourrait s'attirer que des ennuis ! »

Toute la famille s'employa à la calmer… A plus de quatre vingt ans, ça n'était pas facile.

Malgré cela, je n'étais pas en mauvais terme avec S—— ; elle voulait surtout profiter de la passe, et exercer en paix sa « coupable industrie ». Un jour, elle m'avait demandé de lui passer une lettre pour son amant de cœur qui ne venait plus la voir. Grâce à cela, le lien fut renoué et elle m'en sut gré.

Ce n'était pas une mauvaise fille ; elle ne dénonça jamais personne et me prévint à plusieurs reprises de l'arrivée de nouveaux douaniers, ou de contrôles plus sévères.

ECHANGES DE PRISONNIERS

Ce dimanche-là, j'étais allé faire un tour à Saint Pierre et je me trouvais avec les copains à la terrasse du bistrot quand, vers les cinq heures de l'après-midi, nous vîmes arriver un convoi d'une vingtaine de camions chargés d'allemands et venant du coté de la Réole. Des soldats français conduisaient les camions et il y avait à coté du chauffeur un homme casqué et armé. Le convoi roulait lentement ; la curiosité nous poussa à le suivre. Les camions s'arrêtèrent sur le plateau, bien avant le poste français.

Les militaires français discutaient dur ; un lieutenant qui commandait le convoi me demanda où était la ligne de démarcation. Les allemands étaient tous des officiers faits prisonniers pendant la bataille de France ; ils exigeaient d'être transportés jusqu'en zone occupée ce que les français ne voulaient pas.

« Vous comprenez, nous dit le lieutenant, on nous à recommandé de ne pas dépasser Saint Pierre d'Aurillac. Nous avons été prévenus, ils ont fait le coup ailleurs ; lorsque le convoi est arrivé en zone occupée, ils ont gardé les camions et les français sont partis vers un camp de prisonniers. Le convoi n'ira pas plus loin, ils feront le reste du parcours à pied ! »

Les allemands se formèrent en colonne, et, raides, au pas cadencé et sous le commandement d'un officier supérieur, ils firent les quelques centaines de mètres qui les séparaient de leurs compatriotes. Accueillis assez froidement, saluts, claquements de talons, quelques poignées de mains. Ils étaient peu démonstratifs. Des camions vinrent les chercher dans les minutes qui suivirent.

Combien parmi cette centaine d'officiers qui venaient de retrouver la liberté étaient encore vivants après la guerre… Certainement très peu. Cette courte captivité dans les camps français n'avait été pour eux qu'une accalmie dans la tempête.

LES SS A SAINT MACAIRE

Nous avions pris le pli, et commencions à nous accoutumer à notre nouvelle vie. Certes, il y avait ces satanés hulans et leur arrogance imbécile mais, ils seraient relevés un jour, et peut-être aurions nous la chance de voir arriver une unité différente, avec des soldats plus sociables.

Et ce jour arriva, plus vite que prévu. Les régiments de cavalerie qui étaient dans la région partirent. Une division entière de SS prit position au nord et au sud de Langon, le long de la ligne de démarcation.

Un bataillon fut donc cantonné à Saint Macaire. C'était de très beaux hommes, d'une politesse et d'une correction parfaite. Toutes les personnes qui disposaient d'une chambre vacante devaient loger un SS. Il y en avait partout, et un carton avec le nom et le grade, fixé à la porte d'entrée permettait d'identifier le locataire. Bien équipés, élégants dans leur uniforme, ne buvant pas, calmes, propres, ordonnés et disciplinés, la première impression fut très bonne.

Il y avait bien cette grande bannière noire à tête de mort qui pendait au balcon de la Mairie et faisait tressaillir bon nombre de ceux qui passaient dessous. Cet emblème macabre ils le portaient aussi sur le col noir de leur veste, sur leur calot ou leur casquette.

Nous apprîmes que nous avions affaire à la division d'élite SS « Totenkopf » (Têtes de mort). Ils s'étaient battus à Dunkerque contre les anglais et avaient décoré certains de leurs camions avec des trophées, armes et casques Britanniques. Mais, après tout, on se foutait pas mal de leur emblème, car, tout compte fait, ça valait encore mieux que les hulans et leurs saloperies de canassons.

Le vieux magasin de vêtements et de tissus qui était tout en haut de la place du Mercadiou avait été fondé par le frère de ma grand-mère maternelle, Jean Boirac. En 1940, ce magasin était encore tenu par sa veuve, la tante Coralie et sa dernière fille, Edith quarante cinq ans et célibataire. Les deux femmes vivotaient tant bien que mal dans ce vaste magasin où ne venaient plus que de rares clients.

Lorsque les SS arrivèrent à Saint Macaire, elles eurent une chambre réquisitionnée et reçurent un « pensionnaire ». Il était d'une politesse extrême avec ces deux femmes seules et leur apportait souvent un morceau de pain ou de margarine. Il leur donnait aussi des vivres que nous ne connaissions pas et qui étaient des produits de remplacement, des « ersatz ». Il prenait soin de retirer ses bottes pour prendre le vieil escalier de chêne ciré qui menait à sa chambre. C'était un caporal d'une trentaine d'années, bien bâti et costaud comme tous ses copains, et parlant assez bien notre langue.

Il s'étonnait de ce que ma cousine Edith ne soit pas mariée. Il lui en fit un jour la remarque…

« Il y a eu beaucoup de morts à la dernière guerre, lui dit-elle. Sur la plaque du monument devant l'église, il y a un nom qui aurait du être le mien… Je ne suis malheureusement pas la seule dans ce cas… ! »

« Je comprends… Chez nous aussi, en Allemagne la mort est passée… La guerre est une chose terrible. Notre Führer ne voulait pas la guerre ! Elle nous a été imposée, mais nous battrons l'Angleterre et la paix reviendra ! »

Les deux femmes approuvaient : « Bien sûr… Que le bon Dieu fasse que tout cela finisse vite… »

Un jour où il avait été particulièrement attentionné, elles le remercièrent et le félicitèrent pour la politesse, la gentillesse et la parfaite correction dont il faisait preuve, ainsi que ses camarades. Il se figea et leur dit : « C'est parce que nous sommes allemands. Lorsque les français sont entrés chez nous, après l'Armistice de 1918, ils ont lâché à travers les régions occupées des hordes de nègres et d'arabes qui ont terrorisé la population, tuant, volant, violant et souillant nos femmes… Nous n'avons pas fait chez vous la même chose ; les français peuvent maintenant voir la différence, reconnaître et apprécier la supériorité de notre civilisation et de notre culture… »

Chez Lucien Guillaume, le coiffeur de Tourny où j'avais l'habitude d'aller, il y en avait un qui mesurait 1m96. Il était caporal ou caporal-chef, je ne me souviens plus très bien ; mais son nom nous était familier grâce au petit carton fixé au dessus de la porte. Il s'appelait Willy Wartmann. La première fois qu'il descendit de sa chambre et traversa le salon de coiffure, il n'avait pas de bottes et son pantalon trop court lui arrivait à mi-mollet.

Un des clients familiers qui était assis comme nous pour attendre son tour s'écria en le voyant : « Oh ! putain, qu'il est grand celui-là ! » Et montrant le bas du pantalon : « Et en plus, chez lui, il y a eu le feu au plancher ! »

Tout le monde s'esclaffa ; l'allemand s'arrêta étonné, réagissant au fait que des français ait l'air de se foutre de lui. Lucien lui expliqua très vite pour dissiper le malentendu que, chez nous, lorsqu'on voyait quelqu'un affublé d'un pantalon trop court on disait que chez lui il y avait « le feu au plancher ». L'expression le fit tordre de rire ; il baragouina une plaisanterie.

Le salon de Lucien était un lieu où l'on se retrouvait régulièrement ; rapidement le grand SS nous connut tous, et souvent, lorsqu'il traversait le salon sans ses bottes, il n'attendait pas et nous lançait au passage : « Ponchour ! Ia, ia, feüer plancher ! » Il était content de sa plaisanterie, tout le monde se marrait et c'était très bien. Lui aussi ravitaillait discrètement le coiffeur et sa femme par quelques petits suppléments en pain et en margarine.

Les SS étaient bien acceptés par les macariens et la cohabitation ne soulevait aucun problème majeur.

Si je m'attarde sur ces petits détails c'est qu'ils illustrent le joli coté de la médaille. Mais il y avait l'autre, celui que nous commencions à découvrir tous les jours, nous les frontaliers, et qui n'allait pas tarder à nous faire regretter les hulans.

Le contrôle de la frontière fut repris en main ; tous les points de passage furent pourvus d'une sentinelle. Ils installèrent une barrière basculante au croisement de la route de l'Ardilla et du chemin de bas qui allait à Saint Pierre d'Aurillac. La barrière était bloquée par une chaîne et un cadenas que le soldat de garde n'ouvrait qu'aux attelages des paysans du coin, après avoir soigneusement vérifié le chargement et les ausweis. Pour aller de chez nous à notre vigne du Saubon il nous fallait déballer nos papiers huit fois pour une simple journée de travail ; sans parler des contrôles surprises dans les vignes.

Cela ne dura pas longtemps, un jour le SS de garde déclara, que la clef du cadenas était perdue et qu'il nous faudrait passer dorénavant sur l'allée de vigne qui flanquait le chemin. Cette allée fut rapidement défoncée et transformée en bourbier par le passage des lourdes charrettes aux roues ferrées. Les SS regardaient froidement les bêtes s'épuiser à tirer leur charge hors de ce cloaque ; mais le cadenas ne fut pas changé pour autant et la barrière demeura fermée.

En haut de l'Ardilla, à l'embranchement des deux routes, il y avait une sentinelle très bien placée, qui pouvait surveiller et déceler une approche suspecte très loin en zone libre. Plus haut d'autres SS surveillaient le bourg de Pian. C'était comme ça tout le long de la route, vers Sauveterre.

Les SS agissaient en techniciens compétents, efficaces, sûrs d'eux. Rien n'était improvisé, tout était réglé d'une façon parfaite, ils n'étaient jamais pris au dépourvu. Les papiers étaient vérifiés avec les cartes d'identité ; nous étions dévisagés, les photos examinées avec soin. Nous avions la sensation déjà bien nette d'être pris dans une sorte d'étau que les SS serreraient chaque jour un peu plus, mais nous étions les seuls, nous les frontaliers, à nous en rendre compte.

Ils n'avaient pas tardé d'investir notre petit coin, soit disant zone neutre. Le chemin de Gabot n'allant pas jusqu'à la Garonne, ils trouvaient plus simple d'enrouler par le chemin qui longe le cimetière, suivre le chemin de halage et revenir par celui du quai.

Nous nous étions aperçus que la nuit, ils faisaient des rondes dans le quartier, qu'ils surveillaient les maisons et les passages. Nous trouvions le matin les traces de leurs pas dans la terre labourée, les mégots de cigarettes près des maisons. Une nuit où il pleuvait, ils s'étaient plaqués contre la porte d'entrée de la maison, le temps de laisser tomber l'averse ; nous les entendions converser à voix basse, lorsque la pluie cessa ils reprirent leur patrouille. Toutes les nuits ils recommençaient ; ils opéraient par deux, et pas un recoin de notre petit village n'échappait à leurs investigations. Dès que l'heure du couvre feu avait sonné, plus personne ne se risquait dehors.

Nous nous sentions épiés, surveillés ; mais nous n'étions l'objet d'aucune brimade, contrairement aux hulans qui ne pouvaient dissimuler le mépris qu'ils avaient pour nous, les SS s'en tenaient aux ordres et au règlement. Ils étaient polis et nous contrôlaient chaque fois sans montrer un signe d'impatience. Calmes et froids, ils étaient la pour faire ce travail et ils le faisaient bien.

La ligne de démarcation ne traversait pas le fleuve en ligne droite ; en face, à Saint Pierre de Mons c'était la zone libre. La frontière suivait la limite de Langon et le ruisseau du Brion jusqu'à la route de Bazas.

De nombreux soldats français cantonnés provisoirement dans les communes riveraines, se baignaient et venaient à la nage narguer les allemands. Ces derniers surveillaient particulièrement cette berge de la Garonne, jour et nuit, deux sentinelles patrouillaient et des side-cars ou des véhicules tout terrain suivaient le chemin de halage. A plusieurs reprises les SS mirent en joue et visèrent des nageurs qui s'approchaient un peu trop près de la rive. Heureusement le commandement français prit conscience du risque, les soldats furent sagement éloignés et rassemblés à Marmande, il s'en allait temps.

Nous avions signalé l'intrusion et la main mise des SS sur notre quartier au lieutenant qui venait très souvent inspecter le poste de garde de Saint Pierre. Il n'y pouvait rien ; seule la commune de Saint Pierre d'Aurillac était garantie en zone non occupée. Pour Pian, cette partie non occupée était définie comme une zone neutre dépendant en droit tout au moins de la zone libre et des autorités de Vichy. Le lieutenant nous expliqua tout ça ; en clair il s'avérait que les allemands n'avaient pas le droit de venir en zone neutre, mais la raison du plus fort pesait trop lourd dans la balance…

Alors la zone neutre devint le terrain de chasse idéal pour les SS et je ne peux dire combien de malheureux se trouvèrent nez à nez avec un side-car et embarqués pour la prison alors qu'ils se croyaient déjà hors d'atteinte ; certains d'entre eux devaient y perdre la vie.

Chaque jour qui passait amenait un nouveau petit tour de vis, la suppression progressive du peu de liberté qui nous restait. Ils avaient poussé le raffinement et avaient installé une plateforme sur la toiture, entre les deux maisonnettes où logeaient la garde barrière et sa famille, à coté du passage à niveau. Jour et nuit, un guetteur doté de jumelles spéciales, surveillait sans relâche le coteau. Tout ceux qui, d'un coté ou de l'autre, approchaient de la frontière étaient rapidement localisés, signalés et ramassés aussitôt.

La pauvre madame Bordes, la garde barrière, était au bord de la crise de nerfs, la tête martelée sans trêve ni repos par le bruit des bottes infatigables de l'allemand sur le toit de sa demeure.

Il y avait à peu près une semaine qu'ils étaient là et déjà le travail accompli était énorme ; on était bien loin de la gentillesse des fantassins Bavarois, et la morgue hautaine et distante des hulans nous paraissait soudain presque sympathique.

Pourtant, à Saint Macaire, les SS étaient bien vus par ceux qui les logeaient et, le reste de la population s'accommodait très bien de leur présence. Le piège s'était seulement refermé sur nous ; coincés entre les deux zones nous étions les seuls à nous rendre compte de la terrible efficacité des méthodes SS.

Un marchand de Saint Pierre à qui nous avions l'habitude de vendre du fruit, poires et pêches, me dit un jour où j'étais allé faire un tour « de l'autre coté » qu'il venait d'acheter et de rentrer un wagon de paille en provenance du Lot-et-Garonne et qu'il pouvait nous en céder une dizaine de bottes. C'était inespéré ; la présence des régiments de cavalerie allemands dans notre secteur avait absorbé tous les stocks de pailles et de fourrage et on ne trouvait absolument plus rien.

Je partis donc avec le bœuf et la charrette sur laquelle je chargeai une quinzaine de bottes de paille, ce qui nous assurait une certaine sécurité en cas d'hiver très froid. J'étais en train de traverser le Bourg avec mon chargement lorsque je fus arrêté par un autre marchand qui me tint ce langage : « Les provisions des français ne sont pas pour les boches ; ici nous ne sommes pas boches et tu n'as pas le droit de venir te ravitailler en France ! »

Je fit remarquer à mon interlocuteur que, jusqu'à preuve du contraire, moi non plus je n'étais pas boche et que si le malheur avait fait qu'une bonne partie du pays soit sous la botte allemande, ceux qui avait la chance d'y échapper feraient aussi bien de ne pas emmerder les autres. L'homme répliqua par une injure.

Je continuai mon chemin ; j'arrivai au poste français qui depuis peu avait été pourvu d'un douanier. Il m'arrêta et me demanda d'un air soupçonneux si j'allais en zone occupée et me fit sortir mes papiers. Etant en deçà de la barrière allemande, donc en zone neutre, le douanier ne pouvait pas m'empêcher de rentrer chez nous, il finit par lever la barrière mais presque à contrecœur.

Nous nagions dans une situation assez paradoxale qui faisait que chaque coté nous considérait comme faisant partie de l'autre… Malheureusement, cette équivoque n'allait que croître et embellir.

LE PERE LARTIGUE

Le premier incident se produisit très vite ; nous revenions de la vigne mon père et moi ; il était tout juste midi, et nous avions donné nos papiers aux SS qui les contrôlaient avec leur méticulosité habituelle.

Sur la petite piste qui longe la voie ferrée, le père Lartigue rentrait chez lui comme à l'habitude, à vélo, comme la majeure partie de ceux qui travaillaient à l'entretien des rails.

Une sentinelle l'aperçut et hurla un ordre que Lartigue n'entendit pas ; alors posément, le SS appuya son fusil sur la barre, visa avec soin et tira.

Nous vîmes le pauvre Lartigue tomber puis se relever aussitôt, les mains en l'air. Il nous révéla par la suite qu'il avait senti la balle lui frôler le visage... Conduit au poste sans ménagement, ses sabots expédiés à l'extérieur à coups de bottes, on lui expliqua qu'il devrait dorénavant passer par le grand poste où son ausweis de cheminot serait contrôlé comme les autres. Pendant ce temps, un feldwebel engueulait le SS pour avoir raté, de très peu il est vrai, une cible immanquable.

Nous comprîmes alors que l'ambiance décontractée du début de l'occupation était bien finie et qu'il nous allait falloir faire très, très attention si nous voulions rester en vie ; ceux là, c'était des tueurs. C'était de véritables robots, froids, précis et efficaces comme une mécanique bien réglée, ne connaissant rien d'autre que les ordres. Nous n'avions jamais vu une semblable formation dans l'armée française ; seule la Légion aurait pu espérer leur tenir tête, et encore...

Tous les jours ceux qui n'étaient pas de garde avaient exercice avec combat simulé. Jamais leurs chefs ne les laissaient inactifs et la formation théorique était accompagnée d'une mise en condition sans égale.

Ils organisaient des combats de boxe, des compétitions d'athlétisme entre les différentes formations SS. Mais le plus haut point était l'entraînement au combat, avec armes et équipement complet. On les voyait monter ou descendre le long des remparts, patauger dans l'eau croupie de ce qui restait du canal, courir, ramper, sauter et franchir les obstacles les plus divers en portant pour certains des charges très lourdes, des rouleaux de fils, téléphones, dynamos à manivelles ; des armes aussi comme les mitrailleuses démontées et les étuis de munitions et grenades.

Ils étaient des athlètes de premier ordre et de redoutables combattants ; les armes et les véhicules étaient toujours impeccables et prêts à servir au premier appel. Ils étaient sans pitié ni faiblesse autant pour eux qu'envers les autres.

Les jeunes gens si correct et affable qui avaient conquis d'emblée la sympathie des personnes qui les logeaient n'étaient en fait que des machines à semer la mort. Ils avaient été formés pour cela en suivant un entraînement, un conditionnement terrible tant physique que psychologique qui en avait fait ce à quoi ils étaient destinés.

Le soir plus personne n'allait prendre le frais au bord de la route ; chacun rentrait chez soi et fermait la porte. Depuis le jour où le père Lartigue avait failli se faire descendre ils avaient encore tiré à plusieurs reprises de jour ou de nuit, sur la cote où au bord de la Garonne. On entendait des appels, des commandements, le side-car démarrait et revenait peu après avec sa moisson de transfuges.

Un soir, après le couvre feu, nous étions prêts à nous coucher lorsqu'on frappa doucement à la porte. « Qui est là ? »

« C'est Raymond, Raymond Philip, ouvrez moi vite, je n'en peux plus... »

On éteignit la lumière avant d'ouvrir la porte ; seul le noir absolu garantissait notre sécurité. Raymond entra et s'écroula sur une chaise. Je sortis pour voir s'il n'y avait pas de remue-ménage du coté du poste ; rien ne bougeait, nous avions de la chance...

Raymond était le mari de Jeanne Boirac, la sœur d'Edith ; il exploitait avec sa femme la petite propriété familiale à Loupiac. Bien qu'ayant fait avec sa classe une partie de la guerre de 14, il avait été mobilisé et affecté à une unité chargée de ramener en zone libre tout un stock de fusils neufs, en tout 80.000. Sur le point d'être rattrapés, ils avaient jeté les fusils dans une rivière et étaient partis à pied se faire démobiliser à Toulouse.

Je ne sais combien de dizaines ou de centaines de kilomètres le pauvre Raymond avait fait avant d'arriver chez nous, épuisé et les pieds en sang. Il mangea et dormit tant qu'il voulut. Le lendemain, j'allais prévenir sa famille, au Mercadiou, et partis à Loupiac chez sa femme, la cousine Jeanne ; elle me donna pour lui des vêtements civils et du linge pour qu'il puisse se changer.

Il resta chez nous trois ou quatre jours et je le « traversai » par le ruisseau de Gabot, sans encombre mais pas sans précautions. Il n'oublia jamais cet épisode de sa vie, il avait à ce moment la plus de quarante ans et avait échappé de peu à la captivité.

Les allemands avaient imposé leur heure, celle de l'Europe centrale, qui avait un décalage de deux heures avec la notre, celle du méridien de Greenwich. C'était assez désagréable et gênant pour tout le monde. Midi sonnait à dix heures, nous les paysans n'en tenions pas compte ; mais le soir, la frontière fermant a 19 heures, il nous fallait en fait rentrer à cinq heures de l'après-midi.

Un soir où nous nous étions attardés à la vigne pour finir un travail nous nous présentâmes à la frontière une demi-heure après la fermeture. Un SS prit nos papiers et nous fit signe de rester sur place ; un interprète nous expliqua calmement et clairement que le franchissement de la frontière était interdit après 19 heures mais étant donné notre domiciliation tout près en zone neutre, et que c'était la première fois, nous ne serions punis que d'une attente de deux heures. La sanction en cas de récidive serait d'attendre, debout contre la baraque, l'ouverture du lendemain matin.

Le douanier, le Grand Schipa, nous fit un signe d'impuissance, lui n'y était pour rien.

Deux heures après un SS nous fit entrer dans la baraque et nous remit nos papiers ; nous rentrâmes enfin chez nous. La leçon porta et nous fûmes désormais toujours dans les délais.

LES JUIFS ALLEMANDS

L'épisode que je vais raconter maintenant se passa une dizaine de jours après l'arrivée des SS. Comme tous les jours nous revenions du travail mon père et moi, à midi, et nous venions de franchir la barrière après avoir été dûment contrôlés et dévisagés par les SS de garde. A une trentaine de mètres, vers chez nous, quatre hommes étaient assis dans le fossé. Nous avions vu passer beaucoup de pauvres gens à la dérive mais, chaque fois, nous avions le même serrement de cœur en les voyant traîner avec eux leur détresse et leur misère.

L'un d'entre eux avait cueilli dans la vigne voisine une grappe de raisin aux grains à demi formés ; à ce stade c'est de l'acide pur et le pauvre bougre picorait les raisins minuscules en faisant la grimace.

« Bon Dieu, chuchotai-je, faut les aimer les raisins pour les bouffer tout verts ! »

« Ou crever de faim ! » dit mon père.

La soupe était sur la table ; nous commencions à manger lorsqu'on frappa à la porte. J'ouvris, les quatre hommes du bord de la route étaient là ; l'un deux s'avança et demanda dans un excellent français mais, avec une pointe d'accent qui révélait son origine étrangère, s'il était possible d'acheter quelques fruits. Exceptionnellement, ce jour là, nous n'en avions pas.

L'homme paru déçu ; il eut un regard vers ses camarades et nous dit : « Il y a deux jours que nous n'avons rien mangé et il ne nous reste que très peu d'argent... ! »

Nous avions encore assez de pain que nous nous procurions en zone libre ; les faire manger ne posait pas un très gros problème. Ma mère leur dit d'entrer et les invita à partager notre repas.

« Madame, dit l'homme, avant d'entrer chez vous et d'accepter votre offre, je dois vous dire que nous sommes allemands... »

Devant notre surprise il précisa : « Nous sommes tous les quatre juifs... Nous étions professeur en Allemagne lorsque les Nationaux socialistes prirent le pouvoir et commencèrent à persécuter les gens de notre religion. La vie devint impossible et nous fûmes obligés de fuir en Hollande avec nos familles. Moi je suis professeur de français ; nous avions trouvé du travail et commencé une nouvelle vie lorsque la guerre, l'invasion nous obligèrent à fuir de nouveau. Nos femmes et nos enfants qui ne sont pas juifs sont restés sur place. Et maintenant nous sommes ici, sans ressources et sans nouvelles des nôtres ; il nous faut à tout prix retourner en Hollande près de nos familles. Après nous aviserons... Nous avons pas eu de chance... A quelques jours près nous aurions eu affaire à l'armée et ils nous auraient laissé passer, mais avec ceux là il n'y a rien à faire. »

Ils se mirent à table et mangèrent la soupe avidement ; ironie du sort nous n'avions ce jour la à leur offrir que du porc. Lorsqu'ils virent les tranches d'épaule dans le plat, dorées et bien cuites dans leur jus ils tiquèrent et eurent un bref conciliabule.

Celui qui parlait français dit : « Dieu nous pardonnera car nous avons trop faim ; pour la première fois de notre vie nous allons manger du porc... ! » Il nous demanda comment cela se passait pour nous, quels étaient nos rapports avec les troupes d'occupation.

Nous lui expliquâmes que notre position de frontalier nous obligeait d'être porteurs en permanence de nos papiers, ausweis et carte d'identité. Les SS étaient très méticuleux dans leurs contrôles mais très corrects ; jusqu'à maintenant nous n'avions pas eu de gros problèmes, à condition toutefois d'obéir et de suivre les consignes à la lettre.

« Vous ne les connaissez pas, dit l'homme ; vous n'allez pas tarder à voir de quoi il sont capables. Ceux là, ce sont des loups ; soyez très, très prudents, il va de votre liberté et peut-être de votre vie ! »

Mon père était à table en face d'eux, il avait en 1940 cinquante trois ans. L'un des quatre hommes, le plus âgé, paraissait avoir à peu près le même nombre d'années.

Le professeur de français parlait toujours : « Nous allons revenir en zone libre et tacher de traverser ailleurs ; lorsque nous aurons retrouvé nos familles nous verrons ce qu'il y a lieu de faire ! »

Il y avait à Saint Pierre un marchand juif, Samuel Torrès, que tout le monde connaissait par son surnom : « le Prince Noir ». C'était un personnage particulier et d'une grande habileté commerçante qui parcourait sans trêve toute la région, de foires en marchés ; il était connu de tous et connaissait tout le monde ; nous leur conseillâmes de s'adresser à lui. Il pourrait sans aucun doute les prendre en charge en zone libre, à l'abri, et le moment venu les amener sur un point de la ligne moins surveillé et plus facile à franchir. Il pouvait y aller, « le Prince Noir » était un brave type.

Le repas continuait, l'homme parlait toujours : « Nous avons fait tous les quatre la dernière guerre dans l'infanterie, toujours en première ligne ce qui nous a, un certain temps, valu un peu de considération, sans quoi nous aurions été arrêtés… Vous aussi, monsieur, demanda-t-il à mon père, vous avez dû la faire la guerre ? »

« Eh oui, répondit ce dernier ; j'étais moi aussi dans un Régiment d'Infanterie Coloniale, le 7ème… J'ai fait la retraite de Belgique, la Somme, puis les tranchées de Champagne… »

Le plus âgé des quatre écoutait attentivement et s'exclama : « Ia ! Ia ! Champagne… Mich (moi) Champagne ! »

Mon père énuméra le nom des villages où les combats avaient été acharnés : Tahure, Massiges, Ville sur Tourbe, les tranchées perdues, puis reprises aux prix de pertes terribles.

L'évocation devenait plus de plus en plus précise ; la mine allemande qui avait sauté sous une tranchée française et anéanti une compagnie entière ; le cimetière où les français s'étaient retranchés, vidant les caveaux voûtés pour occuper à la place des morts ces abris providentiels.

Mon père montra une photo où l'on voit un cimetière dévasté par les obus avec au milieu, ce qui restait d'une grande croix, une sorte de mât portant un Christ doublement manchot, qui oscillait à chaque frôlement d'obus et ne tomba jamais. (L'écrivain Roland Dorgelès, qui était dans le même secteur a décrit ces combats et ces lieux dans son livre « Les croix de bois ».)

L'allemand précisait lui aussi, les numéros des cotes, le nom des boyaux, les attaques précédées d'émissions de gaz asphyxiants…

Les deux hommes étaient face à face ; ils s'étaient arrêtés de parler et se regardaient ; ils venaient tous les deux de comprendre que, pendant des mois, ils s'étaient tiré dessus souvent à quelques mètres de distance.

Tout à coup l'allemand s'effondra ; il pleurait ; il parlait, la voix entrecoupée de sanglots dans sa langue gutturale. Les trois autres s'étaient levés et tentaient de le réconforter.

Celui qui parlait français se tourna vers nous : « Notre camarade dit que la guerre est une chose terrible, que nous avons connu les uns et les autres la même boue, les mêmes poux, la même peur et la même souffrance… Que pendant de longs mois nous avons cherché à nous entre tuer avec la même haine. Notre camarade dit qu'aujourd'hui nous avons partagé le même pain, que nous sommes semblables et que la guerre qui, il y a quelques années a broyé des millions d'hommes comme nous a recommencé… »

Ma mère pleurait ; mon père, très ému lui aussi dit aux quatre hommes : « Mais non, c'est fini ; la Pologne a été conquise, la France vaincue, l'Angleterre ne tiendra pas et sera amenée à discuter. Petit à petit la paix reviendra et on pourra vivre de nouveau de façon normale. »

« Ne croyez pas ça, répondit l'allemand vous ne connaissez pas Hitler ; il attaquera d'autres pays et le monde entier sera pris dans une conflagration terrible ! » L'autre pauvre diable pleurait et parlait toujours : « Notre camarade dit qu'il voudrait mourir ici, maintenant… Il dit que nous venons tous de vivre ensemble pour la dernière fois un moment de paix et d'amitié… Il dit que nous allons repartir vers le malheur et vers la mort… Notre camarade… »

Nous avions à peine entendu le bruit du side-car que trois SS était déjà dans la cuisine… Un feldwebel pistolet au poing, un SS fusil braqué et un interprète. Le feldwebel hurla un ordre aux quatre hommes qui se levèrent, figés dans un garde à vous instinctif : le soldat nous poussa rudement contre le mur avec le canon de son fusil.

L'interprète s'adressa à nous : « Vous êtes juifs ? »

« Mais non, répondit mon père, nous ne sommes pas juifs, il n'y a pas de juifs à Saint Macaire ! »

On sortit les papiers, cartes d'identité, ausweis ; mon père en profita pour lui mettre sous le nez son livret militaire, ça faisait toujours son petit effet. Ils respectaient les anciens de 14-18 qui s'étaient battus vaillamment, comme leurs pères.

« Bon, dit l'interprète en me regardant, vous n'êtes pas juifs ! » J'étais blond, résultat d'une lointaine ascendance nordique... « Pourquoi avez-vous aidé des juifs ? »

Ce fut ma mère qui trouva les mots qu'il fallait : « Vous savez, monsieur, dit-elle en s'adressant à l'interprète, pendant ces dernières semaines nous avons aidés, recueillis, secouru tout un tas de pauvres gens poussés sur les routes, loin de chez eux par la guerre. Nous avons aidés, comme tout le village, des hollandais, des belges, des français. Nous n'avons demandé à aucun quelle était sa religion... Ceux là nous ont dit qu'ils étaient allemands et juifs... Nous ne leur avions pas demandé ; ils avaient très faim, nous avons fait ce que nous avons pu, pas grand-chose hélas ! »

L'interprète se lança alors dans une longue diatribe : « Ces gens-là, dit-il, ne sont pas des allemands ; ce sont des juifs ; la race juive s'installe partout et les juifs vivent aux dépens du pays qu'ils ont choisi. Il ne faut pas les aider, mais les chasser comme des bêtes malfaisantes ; c'est ce que nous faisons en Allemagne. Quant à vous, si vous continuez à aider des juifs vous serez arrêtés et sévèrement punis ! »

Les SS poussèrent rudement les quatre hommes dehors, en leur ordonnant de passer au plus vite la frontière française. L'un d'eux glissa furtivement le reste de son pain dans sa poche. Tout doucement, au milieu des vociférations du feldwebel nous pûmes leur rappeler : « A Saint Pierre, le Prince Noir ! »

Quelques jours après, je rencontrai Samuel qui me confirma qu'il avait pu faire traverser les quatre hommes à Saint André du Bois. Je compris qu'il leur avait aussi donné de l'argent... Le Prince Noir était un brave type... !

Que sont-ils devenus ? Probablement comme ils le pressentaient, ont-ils trouvé au bout de leur périple le malheur et certainement la mort.

Quant à nous, nous eûmes droit le soir même à une visite surprise du sidecar. Des SS vinrent ensuite à plusieurs reprises, de jour ou de nuit, patrouiller autour de la maison. Cette surveillance nous rendit encore plus prudents ; nous commencions à découvrir ce qu'allait être notre nouvelle vie et la fragilité de ce qui nous restait de liberté.

Il nous fallut en tenir compte et être constamment sur nos gardes. Au bout de quelques jours, la surveillance dont nous étions l'objet se relâcha ; ils savaient que nous n'étions pas dangereux. Mais la leçon reçue ce jour-là ne fut jamais oubliée...

ARRETES PAR LES SS

Avec mes deux copains, Jeannot Chavaneau et René Lartigue, nous avions décidé ce dimanche-là d'aller passer la soirée au cinéma à Langon. Suivant un horaire bien établi, les séances se terminaient toujours assez tôt afin que les spectateurs aient le temps de rentrer chez eux avant le couvre-feu. Jusque-là nous n'avions jamais eu d'histoires, même avec les hulans.

Ce soir-là, il y avait à la barrière un SS qui parlait parfaitement le français : « Où allez-vous ? Nous demanda-t'il ; vos laissez passer ne sont valables que les jours de travail. Où habitez-vous ? Où sont vos maisons ? »

Je montrai ma maison : « J'habite là, et mes camarades un peu plus loin ; le dimanche nous avons l'habitude d'aller au cinéma à Langon ; nous rentrons toujours avant le couvre-feu. Jusqu'à maintenant, on nous a toujours laissé passer. »

Le SS réfléchit et nous dit : « Je vous pose ces questions car je suis chargé d'établir une statistique ; vos ausweis ne sont valables que les jours de travail ou d'école, et non le dimanche pour aller au cinéma. Mais puisque vous habitez tout près et que vous rentrez avant le couvre-feu, vous pouvez passer. »

Peut-être la séance avait elle été un peu plus longue que d'habitude, toujours est il que nous étions sur le pont à 22 heures pile. Il fallait faire vite ; quelques minutes plus tard après avoir traversé Saint Macaire nous nous trouvions en face de la Maison Domec quant une lampe électrique s'alluma devant nous, en plein milieu de la route et une voix hurla : « Halt ! »

Bien évidemment on s'arrêta ; dans le halo de la lampe je vis briller les galons argentés du col et des épaulettes d'un feldwebel. Il avait sorti son pistolet et l'avait au poing, braqué vers nous. « Papir ! » Il ramassa nos papiers et sans les regarder les mit dans sa poche.

Jeannot dit à voix basse : « Merde, il va nous ramasser ce con ! »

J'essayai de discuter ce qui me valut tout de suite le canon du pistolet sur la poitrine, accompagné d'un ordre bref.

Bien que ne parlant pas l'allemand, nous comprimes de suite ; il nous fit passer devant lui et, le pistolet toujours braqué dans mon dos, tout le monde partit vers le poste de garde.

Ils occupaient l'ancienne Maison Olivier, vaste demeure paysanne, avec enclos et dépendances, le tout fermé coté route par une grille et un portail en fer forgé.

Au moment de franchir le portail, je m'arrêtai et tentai d'expliquer… Je n'ai jamais été blessé par balle, je ne sais pas comment ça fait, mais croyez moi… Le canon d'un pistolet enfoncé dans les cotes, à grands coups, par un poing rageur, ça fait mal…

Il nous fit aligner debout, contre le mur, dans la première pièce au bord de la route. Des SS et un interprète étaient là. On commença par nous fouiller ; avec nos papiers d'identité nous n'avions sur nous qu'un peu d'argent, en tout cas rien d'illicite.

L'interprète nous interrogea ; à son coté, le feldwebel se faisait traduire : « Vous êtes venus de la zone libre, vos ausweis ne sont valables que les jours ouvrables. Aucune sentinelle ne vous a permis de passer la frontière avec ces papiers là. Vous allez me dire tout de suite où vous êtes passés ! »

Les coups dans les cotes avaient fortement tempéré mon éloquence, mais comme il fallait tout de même nous justifier, nous expliquâmes que nous étions passés par la barrière de la grande route et que nous avions été contrôlés par les SS de garde, dont un qui parlait très bien le français.

Le feldwebel donna un ordre ; on alla chercher les hommes qui se reposaient dans la pièce voisine après avoir été relevés. Je reconnus tout de suite celui qui parlait français.

« C'est vous, monsieur, qui nous avez laissé passer. Rappelez vous, nous avons dit que nous allions au cinéma à Langon, que c'était notre sortie du dimanche soir ! »

Le SS commença à nier, en allemand, sans nous répondre directement ; le feldwebel le regardait fixement, il commençait à se rendre compte que nous avions dit la vérité.

Je continuai : « Rappelez vous, monsieur, vous nous avez dit que vous étiez chargé d'établir une statistique ! »

C'était le dernier argument, mais il porta ; le feldwebel se faisait traduire nos propos à mesure ; il explosa et hurla.

Le soldat se dégonfla tout d'un coup et reconnut les faits ; mais c'était sur lui que ça retombait. C'était visiblement un type intelligent, il expliquait calmement pour essayer de s'en tirer. Nous suivions tant bien que mal ses explications au feldwebel, où revenaient souvent les mots « Frankreich » et « zone neutre ».

On nous amena devant une carte fixée au mur par des punaises : « Où sont vos maisons ? »

Et là, tout les trois, nous découvrîmes avec stupeur qu'ils avaient levé un plan de notre quartier, avec les passages ainsi que les maisons avec le nom des familles et numéro, le nombre des personnes la composant. Je compris lorsque je lus : « BAUDET III ». Notre quartier figurait en zone occupée ; la ligne de démarcation suivait la route nationale et descendait jusqu'à la Garonne par le chemin du cimetière.

Mis à part le fait que nous n'avions pas menti, ça changeait tout ; Jeannot et moi habitions en zone occupée, Lartigue en zone neutre. Le soldat joua la dessus, il expliqua qu'il nous avait laissé passer lorsqu'il avait vu que deux d'entre nous étaient en zone occupée, l'autre un peu plus loin, en zone neutre. Personne n'arrivait de la frontière « Frankreich ».

Notre cas se simplifiait ; il n'y avait pas franchissement de la ligne en fraude, mais seulement circulation quelques minutes après le couvre feu ; le tarif n'était pas le même. Dans le premier cas, c'était quinze jours de prison à Langon ou au Fort du Ha, à Bordeaux ; dans le second, nous étions consignés au poste jusqu'à cinq heures du matin, à la fin du couvre feu. Car, c'était comme ça avec les SS ; nous avions commis une infraction en circulant après l'heure ; nous étions punis en conséquence ; pas plus ; nous avions dit la vérité, ils en tenaient compte.

L'interprète nous expliqua tout ça ; il y avait des chaises, il nous dit que nous pouvions nous asseoir.

Le feldwebel était parti faire sa tournée aux barrières ; l'interprète avait l'air assez réceptif, nous en profitâmes pour lui expliquer que nous avions été retardés car la séance de cinéma s'était terminée juste avant le couvre feu, que nous ne faisions que rentrer chez nous, et que nous passions la frontière tous les jours pour aller à notre travail. Il regarda à nouveau nos papiers : « Vous, dit-il à Jeannot, vous travaillez au chemin de fer, votre ausweis vous permet de circuler la nuit. Lorsque notre chef va revenir, je lui expliquerai et il vous laissera partir ! »

Il nous laissa seuls ; la pièce où nous nous trouvions avait été repeinte, et une frise composée d'aigles et de croix gammées en décorait le pourtour. Un superbe poste de radio diffusait en permanence de la musique provenant d'une station espagnole « Radio la Corogna ». Sur la table, à portée de notre main, il y avait une corbeille d'osier pleine de paquets de cigarettes allemandes. Deux grands plats, garnis de tranches de jambon d'York, étaient aussi à notre portée. René Lartigue rigolait et parlait de se servir, mais moi, placé comme je l'étais je voyais la porte de communication avec l'autre pièce presque fermée, mais par l'étroite fente il y avait un œil qui nous surveillait.

Entre les dents je murmurai en gascon : « Ne touchez à rien, nom de Dieu ; il y a l'autre con qui nous regarde par la fente de la porte ! »

Cela aussi, c'était les SS ; si l'un d'entre nous avait eu le malheur de toucher à quoi que ce soit nous étions passibles de la peine de mort pour vol au préjudice de l'armée allemande.

Le feldwebel revint ; l'interprète lui montra le laissez passer de Jeannot : « Vous, vous pouvez partir ! »

« Et mes copains ? »

« Pas eux, ils sont en faute, leur ausweis n'est pas valable la nuit ! »

Je dis à Jeannot de laisser tomber et de passer chez nous dire de ne pas s'inquiéter. A cinq heures, on nous lâcha...

La aussi, la leçon porta ; le dimanche après nous déplaçâmes les opérations en zone libre, cela devenait trop dangereux.

On entendait les SS tirer fréquemment, de jour comme de nuit, le plus souvent au petit jour où les tentatives de franchissement clandestin de la frontière étaient les plus nombreuses, les gens croyant que la surveillance était un plus relâchée à ce moment là. C'était une erreur ; jamais la surveillance ne faiblissait et c'était au petit matin que les captures étaient les plus nombreuses.

Un matin, en arrivant au travail à notre vigne de l'Ardilla il y avait sur l'allée des traces très éloquentes. L'herbe était piétinée et on trouva par terre une paire de lunettes. Quelques jours après, à peu près au même endroit on retrouva l'herbe piétinée, mais c'était du sang qu'il y avait à la place des lunettes...

Les relèves ramenaient de temps en temps le grand SS qui était chez le coiffeur et celui qui logeait au Mercadiou dans la vieille maison Boirac. Allant souvent chez le coiffeur et rendre visite à la famille je les connaissais bien tous les deux ; nous échangions quelques mots, une poignée de main. A la barrière, ce n'était plus les mêmes hommes ; froids et lucides, ils m'auraient abattu sans la moindre hésitation si j'avais fait un pas de coté.

Nous avions appris à connaître les allemands et surtout les SS ; tout le monde au village savait ce qu'il fallait faire, et encore plus ce qu'il ne fallait pas faire.

Nous faisions passer des clandestins, que l'on trouvait cachés dans les vignes, et d'autres aussi envoyés par la famille ou les amis. Chaque fois, en ce qui me concernait tout au moins, je ressentais un petit quelque chose qui me serrait les tripes ; je n'étais sûrement pas le seul mais personne ne restait indifférent devant la détresse des autres.

Nous devions découvrir un peu plus tard l'existence de passeurs professionnels venus d'ailleurs, personnages sordides qui rançonnaient les malheureux tombés entre leurs mains. J'eus la preuve plus tard qu'au moins l'un d'entre eux était de mèche avec les allemands... J'en reparlerai...

Quant à nous, nous avions calqué notre façon de faire sur la surveillance méticuleuse des SS ; il fallait passer à des endroits précis que nous n'utilisions que peu de temps pour éviter l'accumulation des traces. Il fallait traverser au moment des relèves, lorsque la sentinelle qui avait fini son tour de garde allait au devant de l'autre et où les deux hommes avaient toujours une brève conversation. Il fallait aussi, avant de se lancer, bien s'assurer que le transfuge n'était pas un « mouchard », car on commençait à trouver quelques échantillons de cette espèce là.

Nous savions aussi qu'aux yeux des SS nous n'étions rien ; nous faisions partie du paysage et notre travail était utile à la grande Allemagne, pour l'instant du moins...

« IL VOUS FAUDRA PARTIR ! »

Un jour, je me rendais à la vigne à pied, la bêche sur l'épaule et je venais de traverser le passage à niveau ; un peu après les « Quatre chemins » je tombai sur un lieutenant SS qui avait arrêté sa voiture au bord de la route. Il avait fait quelques pas et regardait attentivement le coteau ; très élégant, appareil photo et jumelles en bandoulière, il avait l'air très intéressé par le paysage.

En passant à sa hauteur je le saluai ; il répondit à mon salut et m'arrêta d'un geste : « Monsieur, où allez vous ? »

Je sortis mes papiers et expliquai une fois de plus que j'allai travailler à la vigne, un peu plus loin et que je passais là tous les jours. Il regarda mes papiers et vit que j'étais bien du coin ; il me dit qu'il commandait une nouvelle relève et qu'il se familiarisait avec le pays. Peut-être aussi voulait-il faire un peu de conversation pour perfectionner son français qu'il parlait du reste très bien.

Il me rendit mes papiers et me dit : « Vous habitez un bien beau pays... Bon climat, bon soleil, belles récoltes, bon vin, beaux fruits... Après la guerre, il vous faudra partir, et des familles allemandes viendront s'installer ici, à votre place. »

« Partir, demandai-je stupéfait ; et partir où ? »

« Ah, on verra, Pologne, peut-être plus loin ! »

Je poursuivis mon chemin sans mot dire ; cela aussi, beaucoup ne le savait pas. S'ils gagnaient la guerre, c'en était fait de nous, les paysans...

L'étalage journalier de leur force, la précision et l'efficacité de leur organisation ; nous avions sous les yeux le spectacle de leur entraînement, le gymkhana dans les vignes par les side-car et les véhicules tout terrain sautant fossés et talus, les manœuvres et exercices des hommes poussés à l'extrême, tout cela ne nous incitait pas à l'optimisme.

Les clairons, tambours et fifres répétaient tous les jours dans un pré, en haut de la butte de « la gravette ». Mais l'apothéose était le défilé quasi-journalier du Bataillon SS dans les rues de Saint Macaire, uniformes, casques et armes impeccables. Les vieux murs de la petite ville répercutaient leurs chants à la fois terribles et beaux. Un ordre sec, et ils passaient au pas de parade, « le pas de l'oie », rythmé par les chants et les claquements des talons sur le sol. C'eut été admirable s'il ne s'était agi d'une machine à semer la mort...

LES RESTRICTIONS ALIMENTAIRES

Les restrictions alimentaires devenaient de plus en plus sévères ; on commençait à voir venir vers nous, les paysans, des gens qui auparavant nous écrasaient de leur orgueil, généralement des rentiers aisés, des fonctionnaire ou militaires retraités.

Jusque-là, ils avaient bien vécu, recevant une retraite ou un traitement qui leur assurait une certaine aisance, sans aucun souci matériel. Tout d'un coup, c'était eux les plus touchés ; certes, ils avaient de l'argent, mais l'argent n'avait plus qu'une valeur symbolique...

Une nouvelle économie avait vu le jour ; un système basé sur le troc avait remplacé le commerce traditionnel réduit à l'achat de quotités infimes de denrées attribuées contre les tickets. On échangeait du vin contre de la farine, du sucre contre du tabac, des œufs, des pommes de terre. Tout s'échangeait contre tout ; celui qui n'avait que de l'argent se voyait rire au nez et repartait sans rien.

Alors, on les voyait arriver... « Bonjour, mes bons amis... Nous n'avions pas l'occasion de nous voir souvent, avant cette maudite guerre. Mais maintenant il faut tenir le coup et se serrer les coudes... »

Suivait une tirade hautement patriotique, puis on arrivait au principal :

« Dites donc, vous n'auriez pas quelques patates de reste ? »

Evidemment on donnait dans la mesure où l'on pouvait, mais pas à tout le monde ; la famille d'abord...

On avait l'habitude chez nous d'économiser et de se serrer la ceinture ; nous étions pauvres et quelquefois très pauvres les années de gel où il n'y avait pas de récolte à vendre. Alors on avait l'habitude de prévoir et l'on rentrait pour l'hiver tout ce que l'on pouvait. La provision de patates bien à l'abri sous de la paille, les haricots secs, les fèves ; on suspendait aux poutres du grenier les paquets d'ails et d'oignons...

Nous commencions à nous rendre compte que l'hiver à venir, le premier hiver des français vaincus allait être terrible.

Il y avait à Saint Macaire, rue de la Sainte, un certain Mauricet, adjudant en retraite qui occupait l'emploi d'agent local des contributions indirectes, la recette buraliste. C'était un type hargneux, infect, physiquement à la limite de l'avorton ; il terrorisait sa femme, une pauvre malheureuse que nul n'avait jamais entendue ouvrir la bouche. Chaque fois que mon père vendait un peu de vin, j'allais chercher l'acquit, souvent avant d'aller à l'école. J'étais vert de peur rien qu'à l'idée d'affronter le terrible Mauricet.

« Restes dehors, dégoûtant, avec tes sabots pleins de terre ! Vous êtes tous pareils, vous les paysans ! On peut nettoyer à fond derrière vous quand vous passez quelque part... ! Et cette soumission, c'est ton père qui l'a écrite ? Tu lui demanderas s'il veut que je lui prête deux sous pour acheter une plume neuve, au lieu de faire ce sale gribouillis ! » Il n'arrêtait jamais de râler et de vitupérer contre tout et tous.

Ce jour-là, nous étions en train d'emballer et de préparer des pêches que nous devions porter chez un marchand de fruits de Saint Macaire, un nommé Barraud, lorsque nous vîmes arriver Mauricet suivi de sa femme, silencieuse et hébétée. Tout le monde savait qu'il ne s'embarrassait d'aucun scrupule pour dévorer la maigre ration de sa femme, et que cette dernière n'avait pour survivre que ce qu'elle pouvait trouver au hasard des promenades que le couple faisait chaque jour dans la campagne environnante.

« Bonjour, bonjour, dit-il avec un bon sourire, alors toujours au travail à préparer ces beaux fruits ! Vous permettez qu'elle en mange un de ceux là, des mâchés qui ne sont pas vendables... La pauvre supporte très mal les privations... Nous les hommes, nous sommes plus durs, nous avons fait la guerre précédente... Manges, manges, disait-il à sa femme, mange, ça te fera du bien... »

La pauvre femme affamée engloutissait les pêches les unes après les autres, les yeux rivés sur le cageot de fruits. Lorsqu'elle fut rassasiée, Mauricet nous dit avec un signe de la main : « Vous permettez que j'emporte ceux là ? »

« Non ! »

C'était parti instinctivement, avec les rancunes et les humiliations dont il m'avait accablé dans mon enfance, petit paysan, enfant de cette race qu'il n'aimait pas, tremblant et apeuré sur le seuil de la porte.

Mais là, j'avais dix-neuf ans et c'était moi qui tenais le bon bout. « Maintenant que cette pauvre femme a bouffé, foutez le camp, il n'y a rien pour vous ici ! »

« Viens » dit-il à sa femme en la prenant par le bras ; il tourna le dos et s'en fut sans mot dire. Mes parents, stupéfaits, n'avaient pas réagi…

J'ai toujours regretté de l'avoir traité de cette façon ; lui aussi avait certainement très faim. Les fruits permettaient de compenser en partie la pénurie de vivres.

Les Mauricet ne revinrent jamais chez nous ; peu de temps après on arrêta sa femme qu'il avait envoyée voler des pommes de terre dans un champ. Lui s'était caché ; il affirma n'être pour rien dans cette affaire et la malheureuse fut condamnée à un mois de prison car ce n'était pas la première fois et on ne badinait pas avec les voleurs de denrées alimentaires. Quelqu'un avait prévenu leur fils, fonctionnaire quelque part en zone libre ; il vint chercher sa mère à sa sortie de prison et l'emmena avec lui. Mauricet resta seul ; il devait mourir pendant l'hiver de sous alimentation, comme beaucoup d'autres…

MARCEL ROCHET

Notre voisin, Marcel Rochet, était de l'âge de mon père et descendait d'une vieille famille du village. Célibataire, il était resté seul dans sa maison après la mort de sa mère. Il vivait comme il pouvait, donnant un coup de main par ci, par là, au hasard des saisons et des besoins. Sans exigences et sans-souci, c'était plutôt un marginal et un solitaire ; peu à peu il s'était mis à boire ; souvent le soir, il soliloquait fermé dans sa maison, assis à table devant la bouteille.

La première personne qui passait devant chez lui avertissait les autres : « Venez vite écouter, il y a Rochet qui prêche ! » On approchait sans bruit, pour ne rien perdre de son monologue.

Mais personne ne savait comme lui piéger les oiseaux, trouver les champignons, nous ramasser en peu de temps plusieurs centaines d'escargots. Enfant, je partais avec lui dénicher les jeunes moineaux dans le vieux pigeonnier du Château Fayard ; nous approchions sans faire de bruit, courbés en deux derrière les rangs de vigne pour ne pas être vus des châtelains. Mon rôle était de grimper le long du mur à l'intérieur et de fouiller les anciennes niches à pigeons ou les moineaux avaient élu domicile. Rochet se servait des jeunes oisillons comme appeaux qu'il mettait dans une « cage ronde », une sorte de nasse extrêmement efficace. A la saison, il faisait la tournée des cages et des pièges et les brochettes de petits oiseaux étaient le plus clair de sa nourriture.

Il pêchait aussi, surtout l'hiver lorsque la Garonne en crue par les fossés envahit les « palus », avec un « coul » sorte de grand filet rond au bout d'un manche de trois mètres. A la décrue, il suffisait de « parer » le « coul » à la sortie des fossés et d'attraper le poisson qui voulait regagner le lit de la rivière. Quand la pêche était bonne il faisait la distribution dans le village. On le remerciait avec du vin, c'était l'usage...

C'était un cas, un personnage pas facile à comprendre ; mais je l'aimais bien et j'étais un des quelques uns qu'il consentait à écouter...

Ce soir-là, nous revenions du travail, mon père et moi ; nous étions à la barrière ou, une fois de plus les SS examinaient soigneusement nos papiers, lorsque nous vîmes arriver Rochet, sa bouteille vide à la main. Bien évidemment il n'avait pas d'ausweis, pas plus que de carte d'identité ; il avait toujours eu une vision de la liberté qui lui interdisait l'obligation d'avoir un permis de chasse ou de pêche.

Il avait décidé ce soir la d'aller faire remplir sa bouteille chez l'épicière dont le petit magasin se trouvait à cent cinquante mètres en zone occupée. Sans rien dire, il se courba, passa sous la barre et continua son chemin, très digne, sa bouteille à la main.

En deux sauts, un gigantesque SS fut sur lui et le prit au collet : « Halt ! Mossié, papir ! Ausweis ! »

« Tu vois bien que je vais me chercher du vin, espèce de couillon ! J'habite là et je vais là ! Mais lâches-moi donc, nom de Dieu ! » criait-il en essayant de se dégager.

Les autres SS du poste étaient sortis de la baraque et se tordaient de rire ; le soldat ne mesurait pas loin de deux mètres, avec une carrure impressionnante et le pauvre Rochet, un mètre soixante et sec comme une allumette. Fier de sa force, l'allemand le soulevait de terre en riant ; l'autre pauvre bougre gigotait en hurlant : « Lâches-moi, grand con ! Je suis Rochet, je suis français, je suis chez moi et je t'emmerde ! »

Heureusement, jusque-là tout au moins, c'était une franche rigolade ; le douanier, le Grand Schipa était sorti, lui aussi riait comme les autres. Cela n'allait pas durer longtemps ; immanquablement ça allait tourner au tragique. Mon père s'approcha de Schipa et lui expliqua qu'il s'agissait d'un pauvre malheureux, inoffensif, qu'il avait probablement un peu bu, et que nous allions le ramener chez lui.

Le douanier traduisit ces paroles aux SS ; mon père s'adressa alors à Rochet qui criait et gigotait toujours soulevé par le SS hilare. Notre bonne vieille langue gasconne nous était bien utile, et c'est de cette manière que mon père essaya de le convaincre d'arrêter de gueuler : « Tu vas t'en revenir avec nous et je vais t'en donner du vin ; mais tais toi, nom de Dieu, ils vont finir par te foutre un coup de pistolet ! »

« Je m'en fous ! Hurlait-il ; ce sont des cons ! Le fils Rochet n'a pas peur des cons ! Je les emmerde ! A tous, je les emmerde ! »

Mon père fit un signe au SS et prit Rochet par le bras : « C'est assez... Viens t'en... Tu vois, il te lâche... »

Je le pris aussitôt par l'autre bras et il fut bien obligé de nous suivre, mais de temps en temps il se retournait et gueulait : « Je vous emmerde, bande de cons, je vous emmerde tous ! »

On le traîna rapidement au chai où il se calma en buvant un coup. Mon père lui remplit sa bouteille et lui en donna une deuxième pour qu'il ne soit pas tenté de repartir braver l'occupant...

Rochet est le seul que j'ai vu et entendu traiter les « Têtes de mort » de cons... Je ne pense pas qu'il y en a eu beaucoup d'autres...

La belle saison finissante ramena les vendanges ; il nous fallait le soir impérativement rentrer avant dix neuf heures, de leur heure bien sûr. Après la frontière était fermée et cela nous faisait perdre beaucoup de temps le soir.

Tous les attelages étaient arrêtés devant la barrière, les papiers contrôlés avec minutie et les charrettes chargées de vendange inspectée dessus et dessous au cas où nous aurions profité de l'occasion pour passer quelque chose d'illicite, ou qu'un clandestin soit couché à plat ventre parmi les bastes.

Il y avait tout juste un an, tout le monde se demandait quand on allait enfin rentrer « dans le chou » aux allemands et faire comprendre à Hitler qu'il aurait mieux fait de rester tranquille.

Et un an après nous coupions les raisins surveillés en permanence par des jumelles balayant le coteau au son des fifres et des tambours qui répétaient leurs marches dans un pré pendant qu'un side-car se baladait sur les allées des vignes.

Il y avait aussi, de temps en temps, des exercices d'alerte générale ; alors brusquement, la ligne était mise en état de défense, les trous d'homme hâtivement creusés dans le sol, emplacements de mitrailleuses et de mortiers, créneaux percés rapidement dans les murs de clôture, le tout exécuté rapidement de façon parfaite sous le claquement sec des ordres. Les hommes occupaient les positions, cachés, couchés, dissimulés, le casque entouré de feuillage pratiquement invisible, ils attendaient à l'affût, les armes braquées en direction de la zone libre. Puis deux ou trois heures après, l'ordre de fin d'alerte était donné et les soldats quittaient les positions.

LE POSTE FRANCAIS

Pendant ce temps, les soldats français qui gardaient leur barrière à l'entrée de Saint Pierre d'Aurillac attendaient placidement non pas l'ennemi, mais leur démobilisation.

La petite guitoune du poste français était placée contre le mur de la métairie Reynier. Louis Reynier, dit le « Petit Louis », avait à ce moment là une cinquantaine d'années ; c'était un homme de petite taille, fier comme Artaban, toujours vêtu d'un pantalon et d'une veste militaire « bleu horizon », les godillots surmontés de bandes molletières, le béret toujours vissé sur la tête. Il vivotait avec sa famille sur cette métairie d'un faible rapport.

Un soir, à la tombée de la nuit, le « Petit Louis » se présenta devant la guitoune du poste français et se mit à hurler : « N'y a-t-il donc personne pour rendre les honneurs au colonel Reynier ? »

Trompés par cette silhouette vaguement militaire, les soldats présents sortirent et se mirent en rang.

« Bien, très bien ! dit le « Petit Louis », maintenant venez boire un coup ! »

Il aurait mieux valu pour la famille que le poste français fut implanté ailleurs ; dès qu'elles étaient relevées, les sentinelles allaient boire un coup chez le « Petit Louis » ; en peu de temps toute la récolte de vin y passa...

Nous allions souvent, Jeannot et moi chez les Reynier récupérer René Lartigue qui roucoulait après la fille de la maison Louisette. Il y avait toujours une grande tablée de convives, soldats ou gendarmes, écoutant le récit des faits d'armes du « Petit Louis » pendant la guerre de quatorze. Cela se terminait toujours par un chant patriotique, viril et guerrier, du genre « Sambre et Meuse » ou, et là c'était l'apothéose, « Vous n'aurez pas l'Alsace et la Lorraine », entonné par le « Petit Louis » et repris en chœur par une assistance passablement éméchée et se foutant royalement des SS et de leurs exercices...

Depuis que nous nous étions fait coincer par le feldwebel après le couvre feu, nous n'étions pas revenus en zone occupée le dimanche. De toute façon le cinéma ne nous attirait plus ; les films français produits par des juifs avaient été retirés ou détruits, même les passages où des acteurs de complément israélites figuraient, avaient été coupés.

On ne voyait évidemment plus de films anglais et très peu d'américains. Ils avaient été remplacés par des productions allemandes hâtivement doublées et imprégnées d'une philosophie et d'une propagande outrancière et difficile à digérer.

Le dancing des « Grottes » bourré de SS n'avait plus aucun attrait pour nous ; par contre la zone libre en avait de nombreux. Comme je l'ai déjà dit, la population des communes voisines avait souvent plus que doublé, augmentée par la masse des personnes déplacées, réfugiées, soldats démobilisés ou prisonniers évadés ne pouvant rentrer chez eux, et tous les soldats du 150ème R.I. qui assuraient la garde tout le long de la frontière française.

Dans les cafés qui le soir étaient archipleins, on entendait parler polonais, flamand, tchèques, sans oublier l'alsacien et le « chtimi ».

LE THEATRE FERRANTI

Il y avait sur la place publique de Caudrot un théâtre ambulant qui s'était trouvé de faire halte le jour de la mobilisation générale. Les hommes mobilisés et partis, les femmes, les enfants et les vieux s'étaient retrouvés bloqués dans leurs roulottes immobiles. L'armistice signé, les hommes rentrèrent à l'exception d'un seul ; pas question de reprendre ne la route dans ces conditions sans essence pour les camions. Il leur fallut donc se débrouiller sur place ; ils montèrent leur théâtre, une sorte de grands baraquements en bois avec des bancs et des gradins, un balcon soutenu par des poteaux et une vaste scène aux décors de toile peinte. Dès la première représentation la clientèle afflua de toutes parts, et quelle que soit la pièce la salle était pleine et l'ambiance extraordinaire.

Souvent, au beau milieu d'une scène pathétique, on entendait soudain un concert de hurlements où dominaient les glapissements suraigus d'une femme déchaînée qui se trouvait sous le balcon pendant qu'au dessus un soldat ivre soulageait sa vessie en pissant à travers les planches à claire voie, ou en expédiant ses vomissures par le même chemin.

Le dimanche, soirée de gala avec tout le répertoire des grands drames populaires : « La dame aux camélias », « Le maître de forges », « Les deux orphelines » et l'inusable « Bossu » avec tout un tas d'autres pièces riches en tirades épiques et bouleversantes. On entendait parfois la voix d'une « Mémé » prise à fond dans le feu de l'action s'écrier : « Ah la carugne, l'a tuade ! » (Ah la charogne, il l'a tuée !) Ce qui bien évidemment déclenchait l'hilarité de la salle.

Le jeudi soir la troupe interprétait des comédies légères comme « Les dragées d'hercule » ou « Mon gendre est un satyre ». La salle croulait sous les rires, pour la plus grande joie des acteurs qui se donnaient à fond.

D'autres pièces de ce répertoire, avaient trait à la guerre de 14, je me souviens de la fin de l'une d'elle où le père Porte incarnait le « retour du poilu », il rentrait chez lui habillé en « bleu horizon » avec un casque allemand pendu à son ceinturon ; inutile de décrire le délire de la salle…

Tel était le théâtre Porte-Ferranti ; le grand père Ferranti dirigeait l'affaire avec son gendre, un nommé Portefaix, qui avait amputé son nom d'une syllabe pour les besoins de la cause ; il avait deux fils qui avaient à peu près mon âge. Des cousins, eux aussi comédiens ambulants, les Falk, les Du Rosier avaient rejoint les Ferranti. Les affaires marchaient bien, et la troupe fignolait le spectacle. Tous étaient des artistes nés, très à l'aise sur scène et au dehors d'une très grande gentillesse ; ils avaient été adoptés par la population de Caudrot qui ne jurait que par eux.

Mais surtout, il y avait dans la salle ce public pittoresque et cosmopolite où les filles ne manquaient pas. Nous formions avec les copains de Saint Pierre une bande où l'on ne s'ennuyait jamais.

Il y avait Robert Soucaret, un rouquin fort comme un cric, les frères Campanelli, deux réfugiés que leur origine italienne avait rapproché tout de suite des méridionaux que nous étions. L'attraction permanente était le grand Jugean dont la spécialité était d'avaler en public des choses aussi répugnantes qu'innombrables.

Nous avions rapidement trouvé des filles ; la mienne était une italienne, Marghérita. Soucaret en avait levé une autre, superbe, Louise Archangéli. Tout le monde était équipé, les amours marchaient bien, loin du couvre feu et de la zone occupée.

Certes, la zone libre connaissait aussi des restrictions mais cela n'avait rien de comparable avec la quasi-famine qui tenaillait la zone occupée. Le Réolais était le début d'une vaste région de polyculture où l'on trouvait de tout, de la viande, du lait, des œufs, du beurre et du fromage, sans oublier les légumes secs, la volaille et les fruits dans les vastes fermes d'élevage entre le canal et la Garonne, aux portes du Marmandais. La réglementation aussi, était assez souple et le troc et les combines fleurissaient pratiquement au grand jour.

La mentalité aussi n'était pas la même ; les habitants de la zone libre ne connaissaient pas la pression du formidable appareil administratif allemand qui contrôlait et dirigeait tout : La police et la gendarmerie, les chemins de fer, l'électricité, l'industrie et l'agriculture, tout le monde était soumis aux ordres et aux directives allemandes. L'administration française n'était plus que l'agent d'exécution et n'avait plus d'initiative ni de pouvoir, rien n'échappait à la main de fer allemande.

Le gouvernement du Maréchal Pétain avait jeté les bases d'un système qui ne parvenait pas à effacer les anciennes structures. On tentait de motiver les gens en leur promettant une France renaissante, droite et forte, galvanisée par l'idéal Pétainiste, basé sur la réconciliation et la collaboration franco-allemande. Beaucoup le croyaient ; on entendait aussi dire que le Maréchal et son gouvernement avaient partie liée avec les anglais et surtout avec les américains, ces derniers ayant accrédité un ambassadeur à Vichy.

La soi-disant « Révolution nationale » de Vichy n'aurait été qu'un mythe destiné à masquer la reconstitution de l'armée française, laquelle serait prête à tomber sur le dos des allemands le moment venu et les foutre hors de chez nous.

J'avais essayé à plusieurs reprises, au hasard des conversations, de mettre mes interlocuteurs en garde contre cette façon de voir les choses, car l'armée allemande était une formidable machine de guerre, bien équipée, bien commandée et que peu de pays au monde pouvaient espérer leur tenir tête, dans l'immédiat tout au moins. Mal m'en prit ; c'est tout juste si l'on ne me fit pas un mauvais parti. On me fit comprendre qu'on n'aimait ni les défaitistes, ni les admirateurs des allemands et que c'était à cause de dégonflés comme nous que la France avait été battue.

« Qu'ils essaient de venir de ce coté, les allemands et tu verras comme ils seront reçus ! Nous ne sommes pas des trouillards nous ! »

J'arrêtai ces discussions qui ne menaient à rien… C'était la même façon de raisonner, avec les mêmes erreurs et les mêmes illusions qu'avant la débâcle. N'ayant pas connu la douche glacée et démoralisante de l'occupation, ils vivaient dans une fausse quiétude, une sécurité qui n'était qu'apparente et ne tenait qu'à un fil. Mais cela, ils ne le savaient pas...

Il nous fallait pourtant rentrer chez nous, sans nous faire ramasser à l'arrivée par les SS.

Nous connaissions l'heure des relèves, minuit ou deux heures du matin ; nous attendions, Jeannot et moi devant les écuries du Château Fayard, appuyés sur nos vélos, dans le noir absolu. Nous entendions le bruit des bottes qui s'éloignaient vers la Garonne, pendant que la sentinelle relevée rentrait allègrement au poste. Nous attendions quelques minutes et nous foncions vers la maison Chavaneau ; la porte n'était pas fermée à clef et nous rentrions en vitesse. Je laissais mon vélo et passais par les jardins, sans bruit et l'oreille tendue.

Il nous fallait être aussi attentif et prudents que les SS étaient vigilants, l'enjeu pouvait être notre peau.

On avait vu apparaître de petites affiches rouges imprimées en lettres noires, un coté en français, l'autre en allemand, qui disaient toutes la même chose : « Pour avoir commis des actes de nature à nuire à l'armée allemande, un tel, suivi de l'âge et de l'adresse, a été fusillé. »

Il y avait dans le Sud-Ouest plusieurs divisions de SS et les condamnations à la peine de mort commençaient à tomber. Le premier fusillé fut un juif polonais qui avait brandi un bâton au passage d'une fanfare allemande à Bordeaux. Arrêté aussitôt, il fut jugé, condamné et fusillé dans l'heure qui suivit ; le malheureux eut quand même de la chance, pour la même faute, deux ans plus tard il eut été charcuté vivant...

Chez nous, ils tiraient toujours sur les rares imprudents qui se risquaient à tenter le passage quand de graves motivations en étaient le mobile.

Mais si de jour on pouvait voir ce qui se passait, il n'en était pas de même la nuit et ce n'est qu'au matin en passant pour aller au travail que l'on voyait les personnes arrêtées pendant la nuit, attendant debout contre la baraque que le camion vienne les chercher pour les conduire à Langon, où ils seraient interrogés à fond, fouillés et dirigés selon le cas sur la prison locale où, pendant quinze jours les condamnés étaient astreints à des divers travaux ou corvées. Les autres étaient envoyés au Fort du Hâ, à Bordeaux, en cellule, pour un temps indéterminé ; certains n'en sortirent que pour aller en déportation dans les camps allemands, ou au poteau, fusillés comme otages.

LOUIS RACOIS

Le mois d'octobre finissait, la Toussaint était là ; un matin, on entendit au petit jour la sentinelle du haut de l'Ardilla qui tirait ; un premier chargeur, cinq coups puis quatre autres.

En bas, au poste, ça s'agitait ; un side-car puis une voiture étaient montés très vite. On ne tarda pas à être fixés.

« Ils viennent de tuer un jeune homme qui essayait de passer en zone libre ! »

Dans la matinée on eut d'autres détails ; il s'agissait d'un soldat français qui avait traversé clandestinement une première fois, profitant d'une permission pour aller voir sa famille quelque part en zone occupée et c'est en revenant qu'il s'était fait descendre. La sentinelle l'avait vu et interpellé ; il s'était mis à courir et était déjà loin après la ligne lorsque la neuvième balle tirée par le SS l'avait atteint. Il courait courber en équerre, la balle le prit en haut de la cuisse, lui traversa le tronc et ressortit à la base du cou... Il tomba raide mort.

Au poste français où se trouvait justement un lieutenant, on avait vu ce qui s'était passé. Le lieutenant sauta sur une moto, emmena un soldat avec lui. Les deux hommes arrivèrent tout de suite sur les lieux ; des gens qui étaient dans les vignes étaient prévenir le maire qui était là lui aussi.

Les SS s'apprêtaient à enlever le corps lorsque le lieutenant français leur intima, en allemand, l'ordre de le reposer. Les SS n'en tenant aucun compte, il sortit son pistolet et détailla sèchement les raisons pour lesquelles les allemands n'avaient pas à toucher au corps.

L'homme avait été tué en zone neutre après avoir franchi la ligne de démarcation en fraude ; la sentinelle avait le droit et le devoir de lui tirer dessus, c'était la règle.

Mais le mort étant un soldat français, tué en zone neutre donc en territoire français, c'était aux autorités françaises qu'incombait l'obligation de prendre les dispositions nécessaires. L'argumentation étant d'une logique indiscutable les SS se retirèrent.

Un habitant, résidant dans une maison proche offrit de prendre le corps chez lui en attendant que soient organisés les obsèques. La maison étant en zone neutre et tout près de l'église, il n'y eut aucun problème ; des volontaires transportèrent donc le mort chez Jean Durand sous le regard goguenard et les rires des SS qui suivaient les opérations depuis la route.

C'était notre cousin René Rouaud qui était maire de Pian ; il vint à la maison en fin d'après-midi et nous raconta comment les choses s'étaient passées ; il nous dit aussi que des tractations avaient eu lieu et avaient abouti à un accord pour le déroulement des obsèques. Les allemands avaient promis de laisser passer librement les habitants de Pian ou de Saint Macaire qui voudraient assister à l'enterrement sous réserve qu'il n'y eut ni manifestation, ni cris d'hostilité à leur égard.

Le cousin Rouaud me demanda de dire à tous ceux que je pourrai toucher à Saint Macaire, et qui avaient l'intention de suivre l'enterrement de rester absolument silencieux et calmes ; c'était la recommandation formelle du maire de Pian.

La nouvelle de la mort de ce pauvre garçon avait stupéfié et atterré tout le monde à Saint Macaire ; il fallait être comme nous sur la frontière pour savoir ce dont ils étaient capables.

J'allai faire un tour au café, au coiffeur pour faire passer le message.

Sur la place, la marchande de poisson, Marthe Sentieys que tout le monde connaissait sous son surnom de Marthe « Galette », me fit signe d'approcher et me demanda à voix basse : « Dis, le mort, tu sais comment il s'appelle ? »

Le maire nous avait dit son nom : Louis Racois.

Marthe tira de sa poche une feuille de carnet et me la montra. « C'est moi qui l'ai envoyé là-haut... Je lui ai conseillé de ne pas tenter le coup ici, que c'était trop surveillé, qu'il valait mieux aller en haut, au village et demander à quelqu'un du coin de l'aider mais, surtout, de ne pas se lancer tout seul... Le malheureux ne m'a pas écoutée... Tu vois, peut-être avait-il un mauvais pressentiment, il m'a laissé sur ce papier son nom et l'adresse de ses parents. Je m'en veux de l'avoir laissé partir ! »

La pauvre Marthe était désespérée ; je la réconfortai du mieux que je pus. Ce n'était pas de sa faute, des morts il y en avait eu d'autres, certainement la nuit, mais nous ne pouvions nous en rendre compte. Et il y en aurait sûrement d'autres tant que les SS étaient là.

L'enterrement eut lieu le surlendemain après-midi ; nous n'étions pas montés à l'église de Pian, avec les frères Chavaneau, les Lartigue et quelques autres, nous attendions le cortège chez nous, au cimetière.

On voyait passer de petits groupes de SS qui, tout doucement prenaient position tout autour du cimetière. Il y en avait dans les terres de Labarbe et de Chavaneau et aussi dans le fossé ; ils étaient fortement armés : pistolet mitrailleur, grenades à la ceinture et dans les bottes. D'autres se dissimulaient plus en retrait derrière les haies ou les buissons avec des fusils mitrailleurs. Ils n'avaient pas du tout l'air « d'avoir peur » comme certains, après la guerre, ont pu le laisser entendre.

La cérémonie terminée à l'église, le cortège descendit en direction de Saint Pierre pour rejoindre la route nationale et revenir chez nous en passant par la zone libre et le poste français.

Depuis en bas nous regardions descendre le corbillard traîné par un cheval, et derrière lui un interminable ruban humain qui n'en finissait pas de se dérouler. Un moment après, le convoi était là ; le cercueil était recouvert d'un drapeau tricolore et quatre soldats français marchaient de chaque coté, en tenue de combat, le fusil sous le bras, canon en bas. On ne voyait pas d'allemands, il n'y en avait pas dans le cimetière ; mais de la où ils étaient ils voyaient tout.

A l'entrée du cimetière, les huit soldats présentèrent les armes, il n'y eut pas bien évidemment de salve d'honneur, et repartirent vers Saint Pierre. On porta le cercueil près de la fosse, le curé de Pian, l'abbé Deysson bénit le corps et se retournant vers l'assistance s'écria d'une voix forte dont l'émotion n'altérait pas la puissance : « Mes frères, devant cette tombe ouverte qui va se refermer sur le corps d'un soldat français, je ne vous dirai que ces mots : Courage et confiance ! »

Beaucoup de gens pleuraient ; devant moi était une antillaise qui tenait l'un de ses enfants par la main, je voyais les larmes couler sur ses joues brunes.

Tout le monde quitta le cimetière sans un mot ; comme convenu les allemands avaient levé la barrière sur la route nationale et regardaient passer les gens, imperturbables.

Lorsque les derniers furent passés, la barrière retomba et le contrôle reprit.

Cela s'était bien déroulé ; il n'y avait pas d'incidents et personne ne s'était aperçu de la présence des SS autour du cimetière, mais nous étions quelques uns à savoir qu'ils étaient là, en force et prêts à tout.

Il était arrivé d'autres douaniers ; d'abord un grand brun, beau type, qui s'appelait Karl Lawa. C'était « La Pendante » qui m'avait dit son nom car il était allé aussitôt lui faire une petite visite.

Quelques jours après on en avait vu arriver un autre, un petit gros trapu, dont le nom était Shoop. Si Karl Lawa était enclin à nous faciliter les choses, comme le Grand Schipa, il n'en était pas de même du « Gros Shoop » c'est ainsi qu'on le surnommait dans le village, et qui prenait un malin plaisir à nous emmerder.

Lorsque nous partions et revenions du travail, nous présentions nos ausweis barrés d'une diagonale rouge et nos cartes d'identité ; c'était devenu de l'automatisme. Les SS regardaient attentivement nos papiers, nous dévisageaient pour voir si nous étions bien les mêmes que sur les photos ; jamais le Grand Schipa ou Karl ne s'approchaient, ils nous faisaient un signe de tête ou un geste de la main, et nous saluaient d'un « Ponchour » presque amical… Nous étions des voisins et des habitués.

Mais ce salaud de Shoop s'approchait tout doucement : « Halt ! Un moment ! »

Il nous palpait, fouillait nos poches, tripotait les doublures. « Nix lettres, nix argent ? »

Bien évidemment nous n'avions rien ; quand nous avions des lettres à passer, on commençait par regarder si le Gros Shoop n'était pas de service.

LA LIVRAISON DES CAMIONS FRANCAIS

C'est dans cette ambiance-là, qu'un jour, ou plutôt un matin on vit arriver de la zone libre une trentaine de camions de l'armée française, menés chacun par un soldat. Un vieil autobus parisien, un de ceux qui avaient évacué vers le sud les enfants et les vieillards de la capitale les suivait.

Un lieutenant français descendit du premier camion ; une voiture allemande était là avec des officiers ; saluts, discussion rapide, la barrière se leva et le convoi partit vers Saint Macaire, l'autobus resta devant chez nous à attendre ; on questionna le chauffeur : « Ah, dit-il, vous n'avez pas fini d'en voir des camions ; on va livrer aux allemands la plus grosse partie des véhicules de l'armée française, il y aura un ou deux convois par jour, tout va se faire ici. »

Les premiers camions avaient été conduits à Saint Macaire, sur la place de l'horloge, et les soldats français revinrent à pied, en colonne, vers la frontière. Beaucoup de personnes étaient sur le pas de leurs portes ; on applaudissait, certains allaient leur serrer la main au passage, les embrasser. Les allemands regardaient passer ces soldats sans armes, vêtus d'un uniforme dont seule la couleur avait changé depuis la guerre de 14.

Le lendemain, un autre convoi plus important arriva, mais ne franchit pas la frontière ; je pense que, de part et d'autre, on ne tenait pas à faire défiler tous les jours des soldats français dans une petite ville occupée par les SS ; tôt ou tard, sans aucun doute, il y aurait eu des incidents.

La remise des véhicules s'effectuait de la façon suivante : Le convoi s'arrêtait devant chez nous, et aussitôt le lieutenant français prenait contact avec l'officier allemand chargé de la réception ; les deux hommes remontaient la file des camions, comptaient, regardaient les fiches.

L'officier français était un lieutenant de cavalerie, arme qui était devenue cavalerie motorisée. Elégant dans son uniforme et ses bottes vernies, beau jeune homme au demeurant, il ne paraissait pas inférieur à ses homologues SS, qui du reste ne s'occupaient pas de cette opération ; c'était une unité de l'armée qui fournissait les chauffeurs et les mécaniciens.

L'officier allemand était un petit être brun, à la moustache noire, qui trottinait au coté du français. Pour une fois, l'avantage était de notre coté... Ce fut le seul point cocasse de cette opération plutôt déprimante par ailleurs.

Quelques années après la guerre, Brigitte Bardot tourna dans le film « Babette s'en va-t'en guerre », l'acteur Francis Blanche y interprétait le rôle d'un officier de police allemand « Papa Schültz » qui était la réplique stupéfiante de vérité du lieutenant allemand qui réceptionnait les camions en 1940.

Un soldat allemand suivait avec un pot de peinture blanche et un pinceau ; il peignait rapidement sur la portière avant du véhicule un numéro provisoire. Il avait commencé bien sûr par le numéro un ; mais lorsque, environ trois mois après la livraison fut terminée, on en était dans les quatorze mille...

C'est la mort dans l'âme que nous regardions les allemands prendre possession de ce magnifique matériel ; il y avait une grosse quantité de camions américains : Chevrolet, Dodge et Studebaker tout neufs qui n'avaient pas encore été mis en service. La France, on se demandait bien pourquoi, avait aussi acheté à l'Italie une quantité de petits camions plus légers : Fiat et SPA qui eux non plus n'avaient jamais roulé.

L'officier allemand n'était pas convaincu par la fiabilité de ce matériel : « Ach ! Italian, nix gut ! »

Ce à quoi l'officier français répondait : « Mais si, je vous assure, ils sont excellent, je m'en suis servi au Maroc, c'est du matériel très solide ! »

Il y avait aussi les nôtres : Berliet, Renault, Panhard et Citroën.

Les allemands regardaient avec admiration le matériel américain : « Ach ! Gut ! Bon, très bon ! »

Les chauffeurs français laissaient les camions entre les barrières françaises et allemandes, les chauffeurs allemands embarquaient et amenaient les véhicules dans un immense parc, à Langon, où ils étaient vérifiés, réparés, repeints en « feldgrau » et acheminés vers une unité d'affectation, le tout très vite.

Il n'y eut pas d'incidents, sauf un jour où un allemand trouva une vipère rouge dans la cabine, hurlements, palabres, on tua la vipère et tout s'arrangea ; caché derrière les camions, un soldat français se tordait de rire.

Nous aussi nous regardions, tout le village regardait ; c'était un triste spectacle, mais un spectacle tout de même. Les soldats français n'avaient pas tardé à s'approcher, on alla au chai boire un coup de vin blanc ; l'un d'entre eux nous dit : « Vous vous rendez compte si j'ai de la veine ! Je suis de Toulenne, mes parents sont à quatre kilomètres et je n'ai pas vus depuis la Noël dernière ! »

Il écrivit rapidement un mot que j'allai d'un coup de vélo porter à ses parents ; ces braves gens étaient très heureux d'avoir des nouvelles de leur fils mais il était hors de question de les faire venir avec tout ce remue ménage et je ne tenais pas à revenir avec une autre lettre, je me bornai à lui transmettre verbalement ce que m'avaient dit ses parents.

Tous ses copains me tapèrent : « Dis, tu ne pourrais pas me passer une lettre ? Je te l'apporterai demain... »

SOIXANTES LETTRES

Le lendemain, j'étais en possession d'exactement soixante lettres ; la trouille me prit et je n'en dormis pas de la nuit. Je connaissais le tarif ; pris avec une lettre ou deux, c'était quinze jours de prison, mais avec soixante je partais directement au Fort du Hâ, la vieille prison de Bordeaux ; toutes les lettres auraient été soigneusement examinées, et malheur à moi si le contenu de l'une ou plusieurs d'entre elles se révélait suspect ou injurieux pour les allemands. A ce moment là je n'étais pas prêt de revoir le soleil !

A plusieurs reprises ils avaient arrêté la factrice de Saint Macaire lorsqu'elle terminait sa tournée avec le courrier des quartiers de la Croix et de Gabot. Ils se doutaient que des lettres pour nous étaient adressées à nos voisins de la zone occupée ; ce fut vrai jusqu'à l'arrivée des SS et des douaniers, après tout le monde arrêta, il y avait trop de risques.

Si je me faisais ramasser avec mes soixante lettres, et même en leur disant la vérité sur leur provenance, j'étais sur d'écoper d'une lourde peine de prison.

Je décidai de tenter le coup le lendemain matin à l'heure où nous partions habituellement au travail ; il ne fallait surtout pas que le « Gros Shoop » soit de service, je risquai un œil, c'était Karl qui contrôlait à la barrière, ça pouvait marcher.

J'avais ce jour la une chemise kaki de l'armée française récupérée pendant la débâcle et qui portait deux larges poches sur la poitrine ; je plaçai les lettres dans les poches, trente de chaque coté, j'enfilai la chemise à l' envers, les poches bien boutonnées sur la poitrine ; un gros chandail par-dessus et mon blouson qui lui aussi portait deux poches sur la poitrine, et où se trouvait en permanence mes papiers dans mon portefeuille.

Je pris ma bêche sur l'épaule, sautai sur mon vélo ; à la barrière les SS s'approchèrent, je commençais à sortir mes papiers quand le « Gros Shoop » surgit de la baraque comme un diable de sa boite : « Papir ! Moment ! »

J'étais comme paralysé ; je sentais les soixante lettres qui, tout d'un coup, paraissaient s'être mises à gonfler sur ma poitrine... D'une main preste le « Gros Shoop » m'enleva le portefeuille des mains et partit à l'intérieur de la baraque. Outre mes papiers, il y avait dans mon portefeuille des photos que nous avions faites à Caudrot avec les filles grâce aux pellicules des aviateurs de Mérignac.

Il y avait d'autres allemands dans la baraque, je les entendais rire avec le « Gros Shoop », il me semblait que mon sang ne circulait plus ; j'avais peur et ça devait se voir ; même quand le feldwebel SS nous avait arrêtés après le couvre feu je n'avais pas ressenti une telle trouille.

Shoop sortit enfin mon portefeuille à la main ; en me le rendant il me dit en riant : « Ach ! Franzoze grand filou ! Touchour mamazel, touchour amour ! Ha ! Ha ! »

Il me signe de partir ; je filai comme un trait chez ma grand-mère, au Thuron, en passant par Mauhargat où nous avions de la vigne ; si j'avais pris la route nationale, il m'aurait sûrement rappelé.

Je m'effondrai sur une chaise et déballai mon histoire ; ma grand-mère était une maîtresse femme, au raisonnement plein de lucidité et de sagesse.

« Ne poste pas ces lettres a Saint Macaire, me dit-elle, il peut y avoir des allemands dans le bureau, de toute façon on te verra il y en a trop. Il vaut mieux que tu ailles à Langon, au besoin, fais plusieurs boites aux lettres. »

J'enlevai les lettres de ma chemise et les mis dans un petit cabas d'ou il serait plus facile de les sortir.

Devant la poste de Langon il n'y avait personne ; je glissai les lettres dans la boite par petits paquets, je fis très vite... C'était fini.

« CUCUCHE » ET LE BOEUF

Une fois de plus j'étais allé donner un coup de main chez nos voisins Labarbe pour labourer les vignes. Il y en avait grand, et nous partions à trois ; je me servais de notre bœuf, ce qui me permettait de finir de le dresser et, pour moi aussi, d'apprendre à m'en servir, grâce aux conseils du père Labarbe et du domestique de la maison, Ernest Dupiol. Tous les deux avaient une grande habitude de ces animaux et je bénéficiais de leur expérience tout en gagnant un peu d'argent.

Le père Labarbe, Léonce, était lui aussi un rescapé de la guerre précédente d'ou il était revenu avec une jambe esquintée ; il se servait d'un grand bœuf haut sur pattes qui pesait quand même une tonne.

Le domestique, Ernest, était un célibataire d'une quarantaine d'année dont la classe avait échappé à la mobilisation car elle figurait dans ce que l'on appelait la deuxième réserve, réserve qui bien évidemment ne fut jamais appelée. Il était de petite taille, mais les épaules carrées et solide comme un roc ; original, farceur, blagueur, roublard et rusé comme un renard.

Il avait en outre une spécialité, doté d'une dentition magnifique, il pariait souvent au bistrot ou ailleurs, d'exécuter des trucs invraisemblables : arracher des clous, lever des poids ou sectionner en les rongeant des morceaux de bois ou de cuirs.

Il souriait, montrant ses dents dont il était très fier et disait : « Si elles sont comme ça, c'est parce que je ne les ai jamais lavées... Il ne faut jamais employer de dentifrice, ça les use... Je les lave quand je bois, le vin les fortifie, c'est pour ça que je suis obligé de boire souvent ! »

Il n'avait pas de liaison féminine : « Ça coûte trop cher une femme, expliquait-il, c'est une ruine... Je préfère aller au bordel quand j'en ai envie ! » Il y allait souvent le dimanche soir et, avec les stations au bistrot, c'était sa sortie habituelle ; travaillant ensemble, j'avais son amitié et droit à ses confidences.

Comme beaucoup chez nous, il avait un sobriquet ; c'était « Cucuche », variante gasconne de « petite cuisse » ou « court sur pattes », ça n'avait rien de péjoratif, seule sa petite taille en était la cause ; en tout cas ça lui allait très bien et beaucoup ne le connaissaient que sous ce nom.

Le bœuf dont il se servait était un mastodonte de plus de douze cent kilos, de cette race Garonnaise qui fut homologuée plus tard sous le nom de « race blonde d'Aquitaine » ; c'était un animal d'une force extraordinaire, mais très lent. Ernest en était très fier ; il l'avait baptisé « Pierre », le choyait, le chouchoutait et ne cessait de vanter sa force et ses mérites.

Chaque fois que nous nous présentions à la barrière avec les bœufs et que nous déballions cartes et ausweis, « Pierre » en profitait pour pisser ; il déversait lentement une énorme quantité d'urine qui se répandait devant la baraque. L'odeur dégagée à cet endroit imprégné tous les jours et chauffé par le soleil ne gênait pas les sentinelles qui allaient et venaient à l'extérieur. Mais les douaniers qui eux, étaient là en permanence étaient obligés de renifler cette puanteur qui, peu à peu, avait envahi la baraque.

Un matin où nous nous présentions à la barrière pour suivre le processus habituel, le Grand Schipa sortit comme une bombe de la baraque en gueulant : « Nein ! Nein ! Nix Pipi ! Raüss ! Raüss ! »

Nous étions arrêtés; les soldats interloqués se demandaient ce qu'il y avait; les autres douaniers étaient eux aussi sortis de la baraque; le Grand Schipa expliquait à Ernest avec force gestes: « Nix gut ! Pas bon ! Toi pas faire pisser bœuf, pas bon ! Sentir pareil merde ! »

Calme et méthodique Ernest expliqua : « Tu pisses, toi quant tu en as envie... Eh bé lui, c'est pareil... S'il ne pisse pas, mon pauvre Pierre, il est malade. »

Indifférent à la gravité de la conférence internationale dont il était le sujet, le bœuf continuait à se soulager malgré les vociférations du Grand Schipa, exaspéré par le fou rire des SS qui se marraient franchement.

Ernest continua : « Tu vois s'il en avait besoin, le pauvre ; il va en pisser au moins deux ou trois arrosoirs... Et il ne faut surtout pas lui couper le sifflet, autrement il va être mal foutu toute la journée ! »

On trouva quand même un arrangement ; lorsque les douaniers voyaient arriver Ernest et son bœuf, ils levaient la barre : « Toi passer, vite, vite ! » On s'arrêtait un peu plus loin sur le placeau, où les sentinelles prévenues, venaient nous contrôler pendant que le bœuf pissait tranquillement loin de la baraque.

ERNEST ET SCHIPA

Un lundi matin, nous étions tous les deux, Ernest et moi montés sur la charrette que tirait le bœuf ; nous allions sur le coteau chercher un chargement de bois de chauffage, lorsque les SS s'approchèrent, le Grand Schipa leur dit quelques mots, leva la barrière et nous fit signe de continuer. Ernest eut droit à un petit signe amical et à un clin d'œil non moins significatif.

« Tu es bien copain avec Schipa, » lui dis-je.

Selon son habitude, il ricana doucement : « On s'est trouvé ensemble au bordel, hier soir... »

Il raconta... Le Grand Schipa était allé lui aussi à « maison plaisir » comme ils disaient ; il était seul et après avoir honoré « mamazel », était resté à boire à une table. Ernest ayant lui aussi suivi le même programme, ils avaient trinqué en bon voisins qu'ils étaient ; un certain nombre de tournées avaient suivi : « Il était plein comme un boudin, me dit Ernest, on a été obligés de rentrer à pied ; à vélo on se serait foutu par terre ! »

« Et toi ? » demandai-je.

« J'avais mon compte moi aussi… On a quand même réussi à revenir… Maintenant on est copains ! »

Je devais apprendre dans la semaine la suite de l'histoire ; j'étais allé à Saint Macaire faire un tour au Café de l'Eldorado lorsque Louise, la patronne, me dit : « Et Ernest ? Il va bien ? »

« Pourquoi ? » demandai-je.

Elle eut un petit sourire et raconta : « C'est ici qu'elle s'est terminée la virée avec Schipa, et les quelques clients qui étaient encore la ne sont pas prêts d'oublier ce qu'ils ont vu ! »

La porte du café s'était ouverte brusquement, et Ernest avait fait une entrée fracassante coiffé de la casquette de Schipa qui, trop grande, lui descendait jusqu'aux oreilles, il s'était mis à gueuler : « Achtung ! Papir ! Control ! Raüss ! Raüss ! »

Le grand douanier suivait tant bien que mal, hilare et trébuchant, il portait sur le sommet du crâne le petit béret de « Cucuche » sur lequel étaient collés de loin en loin les poils roux du « Pierre », qu'Ernest n'oubliait jamais d'aller caresser et embrasser avant de partir en java.

Les deux hommes s'effondrèrent sur la banquette, et les libations reprirent jusqu'après le couvre feu. Ernest attendit le matin couché sur la banquette, le Grand Schipa avait réussi à regagner sa chambre en louvoyant entre les tilleuls.

Cette soirée fut le début d'une amitié profonde et complice entre Schipa et Ernest, amitié renforcée chaque fin de semaine par les virées au bordel et les stations au bistrot.

LES PRESTATIONS

L'hiver approchait ; souvent chez nous l'arrière-saison est très belle et le ciel clair et le soleil d'automne sont magnifiques. Les premières gelées avaient fait tomber les dernières feuilles et la vue était dégagée ; les SS se régalaient et il était impossible d'échapper à leur surveillance ; rares étaient les jours où l'on n'entendait pas de coups de feu et où ils ne faisaient pas leur moisson de transfuges.

Depuis bien longtemps, chez nous, on s'acquittait des impôts communaux ou taxe vicinale en exécutant des travaux divers pour la commune : Curage des fossés, épandage de graves rouge sur les chemins, entretien des accotements, tout ce travail était fait pendant l'hiver par ceux qui avaient opté pour cette manière de payer leurs impôts. On appelait cela faire « les prestations ».

Cette coutume se pratiquait encore pendant la guerre et la tradition rejoignait la nécessité ; cela évitait une sortie d'argent à une saison où l'on avait du temps de reste. Après les vendanges, le cantonnier de la commune convoquait les intéressés selon un ordre établi et formait les équipes. J'étais souvent avec

Gaston Thomas, Louis Ducos et Marcel Rochet ; ensemble nous parcourions tous les recoins de notre vieille commune de Pian, pelle, faux ou pioche à la main.

Il se trouvait toujours quelqu'un pour nous appeler : « Ho ! Venez boire un petit coup de vin blanc ! »

Le petit coup de vin blanc était le plus souvent un bon verre de grand liquoreux qui, pour les non initiés était un petit vin blanc au goût de miel, qui descendait dans le gosier avec délice.

Nous, les autochtones, nous savions que si nous dépassions une certaine dose, très petite, c'était la « cuite » foudroyante et sans remède.

« Non, merci ! Ou alors juste un peu pour goûter… »

Il y avait avec nous des réfugiés, des gars du Nord, embauchés par la commune qui, bien que se disant fins connaisseurs et amateurs de bière était passés au vin sans aucune difficulté. C'était devenu une distraction pour nous ; quand un vigneron nous appelait ça ne ratait pas : « L'est pas mauvais ce p'tit vin là ! A s'laiss ben boire ! »

Deux verres suffisaient ; le « p'tit vin » en question titrait une quinzaine de degrés d'alcool, masqués par trois ou quatre degrés de sucre au goût de miel, recuit au soleil.

Nous faisions tout de même en sorte d'arrêter les frais avant que l'intéressé ne soit pas trop éméché, mais souvent la « victime » finissait la journée à ronfler sur le foin au fond d'une grange. Tout le monde se retrouvait le lendemain, riant de l'aventure.

L'ambiance était toujours très bonne, on parlait beaucoup ; les vieux racontaient leurs souvenirs, leurs histoires de jeunesse en gascon, bien sûr, au grand désespoir des gars du Nord qui n'y comprenaient rien.

DEUX COUPS DE FUSIL

Ce jour-là, je m'étais rendu seul, à vélo, chez le cantonnier, le père Sauboy, qui habitait une des premières maisons du Bourg juste en face de l'arrivée du chemin du Courbet, une centaine de mètres avant l'église. J'avais laissé mon vélo chez lui et nous étions partis travailler à pied, dans le fond d'un vallon à l'autre bout de la commune, en zone occupée.

Le soir venu, je repris mon vélo chez le cantonnier, l'envie subite d'aller faire un petit tour à Saint Pierre me prit ; j'avais bien mes papiers, mais il aurait fallu que j'aille passer par le grand poste en bas, ou que j'aille discutailler avec le SS qui faisait les cent pas sur la route, un peu plus loin. Je jetai un coup d'œil, il était à cinquante mètres et me tournait le dos ; je sautai sur mon vélo et filai comme une flèche, le chemin du Courbet étant tout de suite en forte pente, j'étais assez loin lorsque j'entendis les hurlements et le premier coup de fusil.

Sans m'arrêter, je regardai derrière moi et je vis le SS qui, monté sur le talus faisait de grands gestes en gueulant toujours ; mais je voyais aussi la sentinelle du haut de l'Ardilla qui courait vers moi, cherchant un endroit propice pour m'aligner et me descendre.

Je n'avais plus qu'une cinquantaine de mètres à faire pour attendre la deuxième déclivité bordée par deux hauts talus ; j'étais devant la cabane en bois de Fermis quand le second coup de fusil claqua, la balle passa tout près de moi et percuta les planches avec un bruit sec. Tête baissée, je fonçai et atteignis la descente salvatrice ; à l'abri, protégé par les talus, je coupai à angle droit par les allées de vigne et filai sur Saint Pierre.

Du poste, en bas, ils avaient certainement envoyé un side-car qui, remontant, m'aurait délicatement cueilli à l'autre bout du chemin ; en coupant en travers j'avais évité la tuile.

Hors d'atteinte, je m'arrêtai enfin pour souffler un peu ; je laissai tomber mon vélo et m'assis sur une pierre. Jusque-là, je n'avais pas eu le temps d'avoir peur ; mais le danger passé, les sueurs froides montèrent, je m'étais conduit comme le roi des cons...

Averti comme je l'étais et comme nous l'étions tous de la façon de faire des SS et du peu de cas qu'ils faisaient de notre peau, j'aurai du être le dernier à commettre une telle faute. Il s'en était fallu de très peu qu'elle me soit fatale, et tout ça avec en poche des papiers parfaitement en règle, un ausweis, et en plus, à quelques dizaines de mètres de l'endroit où s'était fait descendre le malheureux Louis Racois.

J'avais les jambes coupées... L'envie d'aller faire un tour au bistrot de Lafourcade à Saint Pierre m'avait passé ; je fis un large détour pour rentrer chez moi par le poste français ; mon père m'attendait sur le bord de la route : « Tu n'as rien vu ? Ils ont tiré deux fois en haut de Pian... Un side-car est parti de suite, mais ils viennent de revenir sans rien. »

Je répondis évasivement que moi aussi j'avais entendu, mais que je n'avais rien remarqué d'anormal ; comme ils tiraient tous les jours, nous étions habitués à ce genre de musique...

Le repas du soir étant de plus en plus frugal, patates bouillies avec un peu de sel et pas de pain ; je partis au lit assez vite, ça commençait à me travailler, en haut, dans le Bourg, tout le monde devait savoir que c'était sur moi que les SS avaient tiré.

Si quelqu'un parlait j'étais bon pour un séjour en prison et sûrement à Bordeaux, du fait que je m'étais enfui. Des idées de plus en plus précises amenaient de plus en plus de craintes ; le fait que je me sois enfui avec des papiers en règle, il devenait évident que je passais des lettres ou autre chose de compromettant. Je me maudissais d'avoir été aussi inconscient et je m'attendais à voir arriver le side-car au petit matin.

Nous avons été toujours des lèves tôt chez nous, on ne flemmardait pas au lit ; nous étions à peine descendus dans la cuisine pour boire la tisane d'orge grillée qui tenait lieu de café, légèrement édulcorée par un demi-comprimé de saccharine, lorsqu'on frappa à la porte. Mon père alla ouvrir ; c'était le cantonnier, le père Sauboy qui était là, essoufflé et tremblant : « Roland ? où est-il ? »

Mes parents ne furent pas longs à comprendre…

Le pauvre Sauboy avait tout vu ; il n'était pas le seul d'ailleurs. Pierre Arlot, lui aussi avait été témoin de la scène avec quelques autres, par ci par la, dans les vignes.

Le SS s'était retourné et m'avait vu traverser ; il avait couru et m'avait tout de suite aligné ; au second coup de fusil on m'avait vu disparaître dans le chemin creux et surtout ne pas reparaître plus bas. Le side-car avait suivi le chemin de bout en bout sans rien trouver ; tout le monde pensait que j'avais été touché et que j'étais resté étendu, blessé, caché dans une vigne.

En dehors des reproches mérités que me firent mes parents, personne ne parla et il n'y eut pas de suite. Mais, la aussi, la leçon fut salutaire et je ne recommençai jamais.

Beaucoup de réfugiés qui avaient débarqué à Saint Macaire étaient des belges et des hollandais ; ils avaient été rapatriés quelques semaines après l'arrivée des allemands.

Il y avait aussi une famille d'américains qui logeait aux Cordeliers ; je ne sais pas s'ils étaient partis ailleurs car on les voyait peu, j'avais appris leur existence pendant l'été, un jour où j'attendais mon tour devant chez le coiffeur. Une fille superbe était passée et nous avait gratifiés d'un souriant bonjour. Quelqu'un avait dit : « C'est la fille des américains qui sont aux Cordeliers. »

Depuis, je n'en avais plus entendu parler. Seules étaient restées quelques familles françaises aux noms typiques de leur région, les Schiltz, Kirsch ou Kaufmann ; ils avaient tous trouvé du travail et s'étaient bien intégrés à la vie locale. Ils s'étaient débrouillés pour trouver de la terre, jardin ou autre où ils avaient semé et planté en prévision des mauvais jours. C'était tous des vaillants et de rudes travailleurs ; ils avaient aussi l'expérience de la guerre précédente et savaient ce qui nous attendait.

LA FAMINE

Et l'hiver arriva, le premier hiver de l'occupation ; tout de suite, il y eut un impératif absolu qui passait avant tout, trouver chaque jour à manger.

Nous avions rentré la petite récolte de pommes de terre, avec quelques kilos de fèves et de haricots ; le seul ravitaillement assuré tous les jours était la maigre ration de pain, trois cent grammes pour les agriculteurs et les travailleurs manuels, deux cent cinquante ou encore moins pour les autres catégories. Les quelques denrées qui n'avaient pas totalement disparu étaient distribuées une fois par mois contre tickets selon les arrivages, par quantités infimes se chiffrant par quelques dizaines de grammes. Le sucre depuis longtemps remplacé par la saccharine, était réservé aux très jeunes enfants. Alors, commença le combat journalier de tous ceux qui ne voulaient pas mourir, la lutte pour la vie contre la faim et la misère.

Les premières victimes furent ceux qui, avant la guerre, étaient les plus heureux, privilégiés dans un monde où il fallait travailler durement pour assurer l'existence d'une famille. C'était la catégorie des fonctionnaires, de tous ceux dont on disait qu'ils avaient une belle situation dans un quelconque bureau, les rentiers et les retraités ; n'ayant jamais bataillé pour vivre, incapables de travailler un bout de terre, déjà résignés, ils avaient pour la plupart sombré dans un morne désespoir. La mortalité chez eux fut énorme ; les personnages replets et bedonnants étaient devenus des êtres fantomatiques, décharnés et hagards, engoncés dans des vêtements devenus trois fois trop grands pour eux. Dans une autre circonstance cela aurait été du plus haut comique ; mais là, personne ne riait.

On entendait toujours quelqu'un qui disait : « Vous ne savez pas qui est mort ? Un tel… ! »

« Ah oui, ça ne m'étonne pas… Il avait bien maigri et la foutait vraiment mal ! »

Et puis on l'oubliait… Jusqu'au suivant.

Les ouvriers se débrouillaient mieux ; ceux qui étaient en ville, dans l'agglomération bordelaise, partaient toutes les fins de semaine, à vélo, souvent avec leur femme courir la campagne. Beaucoup étant d'origine paysanne, ils allaient voir la famille ou les copains restés à la terre.

Dans beaucoup d'exploitations l'absence des hommes prisonniers en Allemagne se faisait cruellement sentir. « Ne vous en faites pas… La semaine prochaine on arrivera assez tôt et tous ensemble on mettra le travail à jour ! »

Cette entraide était salutaire et bénéfique pour tout le monde ; c'était en outre un stimulant moral et évitait aux uns et aux autres les affres de la faim et de la solitude.

Les ouvriers habitant la campagne avaient tout de suite trouvé de la terre pour planter et semer tout ce qu'ils pouvaient, entre les rangs de vigne ou dans les petits champs délaissés pour différentes raisons. Avant de partir à l'usine et après leur journée de travail on les voyait, ayant pour la plupart retrouvé les gestes de leur jeunesse, peiner, courbés sur cette terre de laquelle il leur allait falloir tirer de quoi survivre.

Nous les paysans étions un peu mieux lotis ; il y avait sur chaque exploitation un ou deux cochons, quelques poules, des lapins. Mais nous étions surtout des vignerons, avec des arbres fruitiers en culture d'appoint et d'un assez faible rapport. Nos terres argileuses, idéales pour la vigne ne valaient pas grand-chose pour les céréales et les légumes secs ; seules les pommes de terre venaient bien dans les terres douces au pied du coteau.

Le manque de pain nous avait fait dévorer les patates, y compris les petites, celles que l'on gardait d'habitude pour engraisser le cochon pendant l'hiver. Lui aussi souffrait des restrictions ; nourri avec de l'herbe, avec les rognures des pousses de vigne lors des écimages ramassées avec soin.

Au lieu de tuer comme tous les ans une bête de deux cent kilos ou plus, on exécuta un pauvre petit cochon tout maigre qui arrivait à peine à soixante kilos ; c'était peu, une bien petite provision qui ne fit pas long feu, même en l'économisant à l'extrême, un petit bout de couenne dans la soupe était déjà un extra...

Nous avions semé les pois et les fèves, tout le monde attendait le printemps pour ensemencer en maïs et en blé, avec aussi de l'orge qui, grillée, remplaçait le café.

Mais le printemps, il fallait y arriver...

On enviait les paysans de la zone libre, axés sur la polyculture et l'élevage qui, bien que contraints à des réquisitions, planquaient ou détournaient tout ce qu'ils pouvaient et ignoraient la pénurie. Pour les encourager à livrer tout leur blé le gouvernement de Vichy leur allouait une ration quotidienne de pain de cinq cent grammes par personne, mais ils préféraient le bon pain blanc, fait dans le vieux four, derrière la ferme... Du pain, pas d'allemands, de « Halt ! » ou de « Verboten ! » c'était presque le paradis...

Mais nous, il fallait passer encore et toujours devant les SS et entendre chaque fois la même chanson : « Halt ! Papir, ausweis, bitte ! »

Au fond de nous même nous pensions : « Et merde ! Ils n'ont pas froid, eux, regardez cet équipement... »

C'était vrai... Ils ne risquaient pas d'avoir froid, leur longues capotes les enveloppaient bien, et ils étaient abondamment pourvus de grosses chaussettes de laine, gants et passe-montagne d'excellente qualité ; il est vrai qu'ils n'avaient eu qu'à puiser dans les énormes stocks abandonnés par l'armée française en déroute. Ils souriaient en nous voyant lorgner avec envie sur leurs gants de laine kaki, ou les couvertures qui portaient encore leurs marques ou matricules français... Les SS ne manquaient de rien...

Ils n'en étaient pas de même pour nous ; impossible de trouver quoi que ce soit pour s'habiller ; alors on cherchait au fond des malles, dans les greniers ou dans le fond des armoires les fringues des ancêtres. On retournait, retaillait, transformait... Cela donnait une mode bizarre, aux couleurs désuètes ; d'autres avaient revêtus les habits de leurs grands parents, tels quels, sans aucune retouche. On riait, ils s'en foutaient... Ils avaient chaud !

Les réfugiés, habitués aux hivers rigoureux, étaient mieux équipés que nous pour résister au froid ; leurs enfants partaient à l'école vêtus de chauds manteaux de laine, coiffés d'un bonnet ou d'un capuchon. Les gants étaient attachés au bout des manches par un cordon d'une dizaine de centimètres et ne pouvaient pas être égarés ou perdus.

Dans notre région les coups de froid étaient assez rares et généralement brefs, une semaine quelquefois deux ; alors on enfonçait le béret jusqu'aux oreilles, on mettait du foin dans les sabots. Les vieux mettaient par-dessus une paire de guêtres de grosse laine brute, « les truquettes », tricotées par les bergers Landais ou Pyrénéens.

La majeure partie des maisons n'avait d'autre source de chaleur que la cheminée ; toute la cuisine était faite sur le feu, tout le sarment des vignes y passait, ainsi que les piquets cassés ou les gros ceps provenant des arrachages. On récupérait soigneusement les arbres ou morceaux de bois en tout genres laissés un peu partout par les inondations de la Garonne. Une grosse souche, une branche de chêne en travers de l'âtre, la braise ardente diffusait une chaleur qui n'allait jamais très loin. Le soir, on ravivait la flamme avec du bois menu ou des copeaux de chêne produits par le rognage des barriques effectué à grands coups d'anse par les tonneliers. Les vieux mangeaient au ras du foyer, assis sur des chaises basses, l'assiette de soupe sur les genoux.

La soupe chaude était souvent le plat unique avalé à la lueur vacillante des flammes ; même lorsque l'électricité apparut, mes grands parents et tous ceux de leur génération de même condition, paysans et tonneliers continuèrent à pratiquer cette façon de faire « pour économiser la lumière ». On allumait la grosse lampe à pétrole que le Dimanche soir quand toute la famille était rassemblée autour de la grande table. La première fois que l'on tourna le bouton et que l'ampoule de vingt cinq watts dispensa la lumière, ce fut un émerveillement, mais le disque du compteur qui tournait tempéra rapidement l'enthousiasme.

Malgré ce progrès, le feu de bois dans la cheminée était toujours l'âme de la maisonnée, et les soirs d'hiver on mettait souvent des briques ou de gros cailloux de Garonne à chauffer contre les braises pour les glisser ensuite au fond des lits enveloppés dans un gros torchon, car on ne chauffait jamais les chambres.

Le malheur voulait que ce premier hiver de l'occupation soit particulièrement rigoureux et le froid très vif à partir de la mi-décembre ; on n'avait pas besoin de cette calamité qui s'ajoutait aux autres et les rendait encore plus insupportables. Peu à peu, on se rendait compte que la survie passait avant tout ; beaucoup de lâchetés, de bassesses n'eurent pas d'autres causes... Il fallait vivre...

LE THEATRE A CAUDROT

Heureusement nous avions, nous les jeunes, nos virées en zone libre pour nous remonter le moral et échapper à la tristesse et à la contrainte.

Le théâtre Porte-Ferranti était devenu le haut lieu de l'art dramatique et de la culture de la région. Les dits artistes étaient des jeunes, habitués du bistrot voisin, et costumés selon les besoins en mousquetaires, bagnards, touaregs ou autres ; ils y allaient pour se marrer, et nous aussi d'ailleurs. La place de Caudrot ressemblait à une fourmilière les jours de représentation ; les filles louaient les places à l'avance sans quoi il nous eut été impossible de trouver le moindre petit coin même sous le balcon, sur les bancs de bois des troisièmes.

Ce soir-là, la pièce représentée était un drame poignant « Le Légionnaire », grand spectacle interprété par toute la troupe avec la collaboration d'artistes locaux, disait l'affiche. C'était l'histoire d'un jeune fils de famille qui avait volé son père pour les beaux yeux d'une femme, aventurière vénale et sans cœur. Délaissé et torturé par le remord il s'était engagé dans la légion pour se racheter ; tout y était le bouge infâme de Sidi-Bel-Abbès où l'on buvait pour oublier, la marche harassante des hommes dans un désert de toile peinte, sous un soleil de deux cent watts passés au jaune. Puis venait le bivouac avec l'attaque traîtresse des Arabes dans une nuit bleutée.

La figuration locale s'en donnait à cœur joie ; vêtus de drap de lit, le visage noirci aux bouchons brûlés, armés de vieux fusils à piston du pépé, c'était la bataille dans toute son horreur.

Dans la fumée de la poudre noire, les hurlements sauvages des assaillants se confondaient avec les longs cris d'agonie des victimes, le tout ponctué par le « tac tac » meurtrier de la mitrailleuse que le grand père Ferranti obtenait en coulisse au moyen d'un bâton frottant sur les rayons de la roue d'un vélo renversé, avec l'aide de son dernier petit-fils qui faisait consciencieusement tourner le pédalier. L'apothéose était la mort du héros sauvant le drapeau dans une scène dont le pathétique égalait celui des grandes tragédies antiques.

Malheureusement pour moi, ce soir-là vit la fin de mon idylle la petite Marghérita ; les copains ayant dégotté un bal clandestin derrière Saint André du Bois, j'étais parti avec eux l'après-midi au lieu d'aller à Caudrot où elle m'attendait. Il y avait beaucoup de jeunes à ce bal, et dans le lot il se trouva quelqu'un pour informer ma petite amie de mon escapade.

Lorsque j'arrivai au théâtre elle m'attendait de pied ferme ; j'essayai bien de trouver des excuses pour éviter la rupture, rien n'y fit, elle m'envoya gentiment sous les roses et partit retrouver l'avant centre de l'équipe locale de football qui lui tournait autour depuis quelque temps.

C'était lourd de conséquences, la Noël approchait, elle m'avait invité au réveillon chez elle avec tout un tas de jeunes de son patelin. Tout était foutu, adieu le réveillon, la fin de l'année s'annonçait triste ; c'était la série, Soucaret fut lui aussi plaqué par sa superbe italienne qui lui préféra un « gommeux » élégant et pommadé.

LE REVEILLON DE NOEL 1940

Il fallut tirer un trait et repartir « en chasse » ; j'avais repéré depuis quelque temps une fille délurée et rigolarde qui venait régulièrement au théâtre avec deux ou trois copines, on ne devait pas s'embêter en leur compagnie. J'allai m'asseoir à coté d'elles ; celle que j'avais remarquée s'appelait Adrienne, était de Castets et travaillait à Caudrot à la fabrique de balais. On parla… On parla même beaucoup, mais à la fin du spectacle un projet de réveillon était sur pied, avec la participation de deux copines absentes ce jour-là, destinées à « équiper » Jeannot et René.

On prit rendez-vous pour mettre tout le monde en contact et organiser le réveillon de Noël ; les copines je ne les avais jamais vues, et la cavalière de René n'était pas trop mal, et même « assez bien » si elle n'avait été affligée de ce que l'on appelle chez nous « bire l'uy »… Incontestablement elle louchait.

Le pauvre Jeannot était bien moins loti, et cela nous fit un choc à tous les trois. « Nom de Dieu, de Nom de Dieu ! Jura t'il entre les dents, c'est sur moi que ça tombe ! Vous ne croyez tout de même pas que je vais me trimballer cette mocheté pendant toutes les fêtes ! Je ne la veux pas, je me tire, demerdez-vous ! »

Le fait est qu'elle n'était pas belle… Mais c'était chez son frère et sa belle sœur que devait se faire le réveillon ; sans elle, tout était encore fichu, on supplia, on raisonna Jeannot qui fit contre mauvaise fortune bon cœur et resta avec nous.

Le réveillon de Noël 1940 se passa très bien, dans un climat de franche rigolade ; je n'en raconterai pas les détails si ce n'est qu'après bien des efforts nous avions trouvé de quoi manger, une tranche de bœuf, assez de pain pour chacun.

En zone occupée un tel festin eut été impossible ; il y avait aussi un poulet, dont j'ai toujours ignoré la provenance. J'avais porté du vin, du rouge et du liquoreux. René Lartigue, lui, avait amené quatre bouteilles de mousseux qu'il avait obtenues du fabricant de ce breuvage qui opérait à Saint Macaire, un certain monsieur Audoin… J'aurai l'occasion de reparler de ce personnage.

La nuit de Noël fut très froide ; il fit moins douze chez nous, et en certains endroits le thermomètre descendit beaucoup plus bas. Cette nuit là, en zone occupée, beaucoup de pauvres gens moururent de faim et de froid ; nous le savions mais nous n'y pensions pas… Nous avions vingt ans et nous voulions vivre…

Jeannot se débarrassa de sa partenaire dès le lendemain ; René, plus délicat, attendit quelques jours avant de prendre congé. Quant à moi, mon flirt avec Adrienne se transforma très vite en une franche et solide amitié qui, à l'heure où j'écris ces lignes, au soir de notre vie, nous permet d'évoquer les souvenirs de notre jeunesse, en rigolant autant qu'alors.

Elle avait une sœur Renée plus jeune qu'elle, qui était aussi douce et réservée que son aînée était turbulente ; nous nous retrouvions très souvent, entre les inévitables et irremplaçables représentations du théâtre Ferranti.

Nous étions tous à l'affût des informations qui nous permettaient de localiser les bals clandestins et tous les endroits où l'on pouvait s'amuser et rire en zone libre. Depuis le début de la guerre tous les bals et dancings en tout genres étaient interdits ; mais très rapidement, après la ligne de démarcation, l'interdiction fut tournée, on allait danser dans des caves, des greniers, dans des fermes isolées.

Le bal le plus fréquenté était dans un ancien parc à moutons « La bergerie » au village d'Huguet à Saint Pierre d'Aurillac ; il y avait toujours du monde, et parmi les jeunes réfugiés qui avaient atterri dans le coin il y avait deux accordéonistes de très grande classe : Pétrini et Cordier. C'était un régal, à quelques centaines de mètres de la zone occupée ; les voisins tenaient buvette et servaient du vin blanc.

Le soir de la Saint Sylvestre je n'étais pas sorti ; on ne pouvait se permettre de faire réveillon deux fois de suite. A minuit, heure allemande, tout le monde sursauta ; des coups de feu partaient du poste, en même temps que d'autres, plus loin, ça tiraillait partout, depuis le pistolet qu'on vidait en poussant des hurlements. Devant la baraque, les SS de garde tiraient en l'air en poussant des « Heil ! Heil ! » De joie ; cela dura cinq minutes, puis tout s'arrêta…

Nous étions en 1941…

1941

« On s'en fout comme de l'an quarante ! » C'était une expression courante que l'on entendait au hasard des conversations avec quelques autres du même genre comme : « Après nous le déluge » ou « Demain il fera jour ».

Et l'an quarante, dont tout le monde s'était foutu, allait rester gravé dans ma mémoire et dans des milliers d'autres comme l'entrée noire d'un long tunnel dont on ne voyait pas la fin.

En entendant les salves et les cris de joie des SS notre tristesse était infinie… Mais nous ne savions pas, et eux non plus d'ailleurs, que l'ère des victoires faciles était finie pour l'armée allemande, et qu'en nous, allait s'allumer une petite flamme, bien pâle et bien fragile encore, l'espoir…

LES VITAMINES ET LES CALORIES

L'année était finie, mais pas l'hiver ; la deuxième moitié s'annonçait encore plus terrible. Il n'y avait plus rien ; les pommes de terre étaient devenues un luxe, alors on mangea des navets, des rutabagas, des topinambours, tout ce que d'habitude on donnait aux animaux. Mais, sauf les bêtes de travail, on avait tout bouffé, il n'y avait plus rien… Des gens cherchaient dans les près les pissenlits, les touffes de luzerne, qui, bouillie, donnait une purée à peu près mangeable ;

on prospecta les bois pour ramasser les châtaignes, riches en vitamines.

Ah, les vitamines ! Avant la guerre personne parmi le petit peuple n'avait entendu parler de cette bête là ; on entendait dire : « Moi, je lave les légumes, je n'épluche rien car les vitamines sont dans la peau ! »

Il y avait aussi les calories dont on avait appris l'existence en même temps ; on écoutait ceux qui étaient censés « avoir de l'instruction » et qui expliquaient au reste des pauvres bougres affamés : « Les calories sont indispensables à l'organisme ; il ne faut pas tomber au dessous d'une certaine quantité ; les calories sont contenues principalement dans les matières grasses qui manquent actuellement. C'est pour cela que nous sommes si affaiblis, si maigres et si sensibles au froid. Les esquimaux mangent de la graisse de phoque en quantité ; c'est pour cela que, bien que vivant sous un climat terrible, ils sont costauds et n'ont jamais froid. »

De façon beaucoup plus savante, la presse et la radio entonnaient le même cantique et donnaient des tas de conseils et de recettes pour tirer parti au maximum de tout ce qui pouvait se manger.

On vantait les mérites d'une plante quasi-miraculeuse, laquelle était avec la pomme de terre, la base de nourriture en Allemagne, le Soja. Le Soja avait la même teneur en vitamines et en calories que la viande et, avantage capital, n'avait pas de toxines. C'était vrai, en théorie tout au moins, car depuis leur entrée en France les allemands faisaient main basse sur tout le magnifique bétail des grandes régions d'élevages, y compris la vallée de la Garonne, bétail que l'on voyait passer par train entiers.

Je me souviens de cette réfugiée qui avait obtenu un kilo de suif de mouton en échange de tabac et qui déballa triomphalement sa trouvaille en arrivant chez elle ; je m'y trouvais et demandai naïvement : « C'est du suif ? »

« Ben non, répondit-elle ; c'est d'la calorie ! »

MARTHE « GALETTE »

La marchande de poisson, Marthe « Galette », arrivait de temps en temps sur la place de l'horloge avec sa petite remorque en criant : « Aujourd'hui, il y en a ! Tant qu'il y aura Marthe « Galette », Saint Macaire ne mourra pas de faim ! »

Les gens se ruaient et se trouvaient en présence d'un lot de têtes de poissons, généralement du merlu ou de la baudroie pêché près des cotes sous la surveillance de la Kiegsmarine ; le poisson salé partait pour l'Allemagne, seules les têtes restaient pour les français. Et tout le monde achetait les têtes de poissons, ça faisait de la bonne soupe, et l'on raclait et suçait les cartilages pour profiter au maximum de ces choses précieuses qu'étaient les vitamines et les calories.

Notre petite récolte de fèves et de haricots épuisés, il fallut à notre tour nous rabattre sur les rutabagas et les carottes fourragères ; nous avions devant chez ma grand-mère un petit lopin de terre planté en topinambours qui nous permettait de nourrir les bêtes pendant l'hiver. Nous avions bien essayé nous aussi d'en manger, ce fut horrible ; bouillis ou rôtis sur le gril, rien n'y faisait, une demi-heure après on était pris de coliques qui vous coupaient en deux.

Le plat de base, qui bien souvent composait en entier le menu du jour c'était la soupe, ou plutôt le bouillon ; car on en était arrivé à faire bouillir tout ce qui s'avérait consommable.

Les « barraganes » ou poireaux sauvages étaient très recherchés ; tous les jours on voyait des personnes, un outil léger à la main, prospecter le coteau pour déterrer le précieux légume, ou d'autres racines dont on ne savait qu'une chose, ça se mangeait...

LE CHEVAL DE DULOS

Dulos, un paysan de Saint Macaire, avait un vieux cheval poussif et éthique, laissé de coté par la réquisition, un jour le cheval s'abattit dans un rang de vigne et creva sur place ; il fut pelé, vidé et débité illico, mon père en rapporta un morceau que l'on essaya de consommer rôti ; c'était trop dur, impossible de venir à bout de cette barbaque. Alors, on le fit bouillir, longtemps, bien longtemps... Et enfin, coupée à tout petit morceau, avec un couteau bien aiguisé, on finit par bouffer la viande maigre du cheval de Dulos.

Les chats disparaissaient mystérieusement, les uns après les autres...

Malgré tout cela il n'y avait pas de malades ou bien peu ; certes, il y avait des décès en grand nombre, mais c'était de faim, de froid ou de misère que mouraient les gens.

Exception faite de la tuberculose qui faisait toujours des ravages, les autres grandes maladies classiques comme les hépatites, les maladies rénales ou l'hypertension avaient pratiquement disparu. Les organismes affaiblis, lessivés en permanence par une consommation exclusive de légumes et surtout de bouillon étaient bien évidemment nettoyés, rincés et assainis.

Par contre, l'absence de savon avait fait apparaître des maladies de peau, dont la plus répandue était la gale du pain, car on prétendait que c'était le pain noir et douteux qu'on nous attribuait avec parcimonie qui en était le vecteur ; cela ne fut jamais prouvé mais ce mal fut très répandu, surtout dans les villes.

La deuxième conséquence de ce régime super-hydraté fut la dysenterie ; on entendait couramment des conversations de ce genre : « Ma femme s'est levée sept fois pour pisser cette nuit, et moi j'ai la chiasse ! Il vaut mieux coucher dans les chiottes que dans le lit ! »

LE SYSTEME D

Le savon, le bon vieux savon de Marseille avait totalement disparu ; l'huile et les graines nécessaires à sa fabrication étaient confisquées par les allemands et réservées à leur usage alimentaire. En guise de savon on nous distribuait un produit fait avec un mélange d'argile blanche et de soude.

C'était toute une histoire pour faire sa toilette, ça raclait et brûlait la peau. J'avais eu la chance, au début de la pénurie en zone occupée, de trouver en ratissant les magasins, à Caudrot, Castets et surtout La Réole, une dizaine de savonnettes et autant de savons à barbe qui nous furent précieux, à mon père et à moi.

De toute façon, le mot d'ordre, le « leitmotiv » comme disaient les allemands, était le même pour tout ; rien ne devait se perdre, tout était récupérable, transformable et réutilisable. Les vieux tissus étaient collectés, défaits, mélangés à des fibres végétales et retissés ; le résultat sur le plan de la qualité n'était pas extraordinaire mais avait bon aspect. Il n'y avait plus ni cuir, ni caoutchouc ; les cordonniers ressemelaient les chaussures avec des semelles de bois, ferrées aux extrémités. Mais le fin du fin était la découpe dans des flancs de vieux pneus usés, de semelles silencieuses et robustes. J'étais arrivé à exceller dans ce travail et n'eus jamais de problèmes pour aller traîner mes godasses sur le ciment râpeux des bals clandestins.

Les coiffeurs eux-mêmes étaient obligés de livrer les cheveux provenant des coupes ; chaque semaine un collecteur passait et ramassait les sacs, les cheveux étaient apportés dans une usine qui les traitait pour obtenir une sorte de feutre épais qui servait à faire des semelles de chaussons. C'était très souple et agréable à porter, mais il y avait un inconvénient ; au bout de quelques jours l'apprêt qui tenait les cheveux agglomérés se désagrégeaient et en quelques instants le sol des maisons ressemblait à celui d'un salon de coiffure.

On recommandait aux citadins qui le pouvaient d'élever des lapins chez eux, le lapin étant aussi propre que le chat et se nourrissant d'un peu d'herbe ou d'épluchures.

Chez les ruraux, c'était la chèvre qui était à l'honneur et les conseillers officiels ne cessaient de vanter ses qualités ; animal rustique, gros consommateur de ronces et de mauvaises herbes la chèvre donnait un lait bien plus gras et plus riche que le lait de vache. A la campagne, il était, parait-il, impensable de ne pas avoir une ou plusieurs chèvres par exploitation.

LES CHEVRES

Il y avait à Saint Macaire un nommé Gourgues qui s'était lancé un peu avant la guerre dans le commerce des porcs. Il habitait à « Boulabale » et exploitait une petite propriété. Mobilisé en 39, il avait eu la chance d'échapper à la captivité ; les porcs étant devenus rarissimes, il avait eu l'idée d'aller fouiner dans les Pyrénées et avait ramené par wagon une cinquantaine de chèvres. Le lot se vendit en un clin d'œil et Gourgues repartit aussitôt avec un carnet de commandes couvrant amplement un deuxième convoi.

Mon père acheta une chèvre en lait et une chevrette à finir d'élever ; la plus grosse donnait au début deux litres de lait par jour ; il fallut vite déchanter, ça ne dura pas, la bête fut vite tarie et devint une charge. De plus, il s'avéra que les chèvres préféraient de beaucoup les légumes du jardin et les jeunes pousses de vigne au chiendent et aux ronces.

Un dimanche où mes parents étaient absents, j'oubliai de les rentrer et les retrouvai transies et trempées jusqu'aux os ; une pneumonie les emporta en quelques jours et on ne chercha pas à les remplacer.

Une autre chose découragea aussi très rapidement les amateurs ; une maladie véhiculée par le lait de chèvre fit son apparition, et le jeune Gourgues en fut le premier atteint : C'était la fièvre de Malte, et à ce moment là il n'y avait pas grand-chose pour la soigner. Deux ou trois autres cas se manifestèrent, les personnes atteintes furent très malades et longues à guérir.

Les bêlements que l'on entendait un peu partout disparurent les uns après les autres ; à de rares exceptions près, l'expérience caprine s'arrêta là.

BRACONNAGE

Avant la guerre, tout le monde chassait chez nous à la campagne ; le permis était cher et bon nombre s'en passaient, emportant discrètement le fusil à la vigne, à plat sur la charrette ou dans le fond du tombereau. Cela faisait partie d'une tradition ancestrale qui permettait avec la pêche de garnir un peu mieux la table des pauvres bougres.

Mon père, passionné de chasse et remarquable tireur prenait le permis tous les ans, mais utilisait de la poudre qu'il fabriquait lui-même, savant mélange de charbon de bourdaine, de salpêtre, de soufre et d'acide picrique, le tout savamment dosé et malaxé dans de l'alcool à brûler ; la pâte ainsi obtenue était séchée au soleil et réduite en poudre avec beaucoup de précautions au moyen d'un rouleau à pâtisserie ou d'une bouteille sur une planche de bois. Il y avait aussi une deuxième formule à base de chlorate de potassium et de sucre en poudre qui donnait elle aussi d'excellents résultats. Toute cette fabrication étant bien entendu illicite, formellement interdite et sévèrement sanctionnée par la loi française.

La guerre... Plus de fusils, plus de munitions, plus de chasse, d'où prolifération immédiate du gibier. On commençait à voir des compagnies de perdreaux, mais c'était surtout le lièvre et le lapin qui abondait. La tentation était trop forte et l'occasion trop belle, on commença tout doucement à braconner.

Mon père avait conçu un système de collet pourvu d'un émerillon qui empêchait la torsion du fil de cuivre recuit et ramolli. Nous en avions posés quelques uns sur des passages fréquentés, sans grand succès d'ailleurs.

Un jour où nous étions occupés à défoncer la petite parcelle du bas de l'Ardilla, épuisés par ce travail pénible où il fallait retourner la terre et l'ameublir jusqu'à cinquante centimètres de profondeur, nous avions posé les outils pour souffler ; nous nous servions d'un outil très lourd, sorte de pioche à deux dents en forme de U retourné qui ne servait qu'a cet usage et que je n'ai jamais entendu désigner que sous son nom gascon : « Lou bécart ».

Nous avions profité de la pause pour aller faire un petit tour, manière de voir discrètement si les collets avaient enfin servi à quelque chose ; et ce jour là, bien croché par le cou gisait un énorme lièvre. Un rapide coup d'œil aux alentours pour voir s'il n'y avait personne, on mit la bête dans un sac et on reprit dare dare le chemin de la maison en faisant le tour par le « Saubon » pour éviter le grand poste ou, immanquablement il y aurait eu fouille du sac et confiscation du gibier.

Ma mère décida d'en faire un civet que l'on garderait pour le Dimanche, mais pour accompagner un bon civet, il faut du pain. Alors, chacun de nous mit de coté les trois cent grammes de pain journalier pour pouvoir faire bombance à la fin de la semaine. Ce fut un repas mémorable, avec répétition le lendemain car, même affamés, on ne vient pas facilement à bout d'une bestiole de douze livres.

Plus tard, il nous arriva de prendre d'autres lièvres, et aussi beaux ; mais aucun ne laissa le même souvenir que celui là, le premier, qui tomba à pic dans la période la plus misérable et la plus lugubre de l'occupation.

« L'HOMME AU CHIEN »

Les SS continuaient à assurer la garde et le contrôle de la frontière, sans repos ni faiblesse, toujours bien emmitouflés. Ils étaient depuis peu aidés de façon magistrale par un nouveau douanier, baptisé aussitôt et pour cause : « L'homme au chien ». En effet, ce douanier était toujours accompagné par un magnifique Doberman noir qui le suivait comme son ombre et lui obéissait au doigt et à l'œil. Incontestablement le chien avait été dressé pour la chasse à l'homme et exécutait ce travail de façon parfaite.

Nous en fûmes les témoins une fois ; c'était à l'aube et le jour pointait à peine lorsque la sentinelle qui patrouillait sur le chemin du cimetière tira sur un homme qui venait de la zone libre. Protégé par un léger brouillard, il fonçait en courant vers Saint Macaire ; cela ne dura pas longtemps, « l'homme au chien » sauta sur son vélo et accompagné de son Doberman descendit le chemin de Gabot.

Depuis chez nous on pouvait très bien suivre la scène ; en quelques bonds le chien rattrapa le fuyard et lorsque le douanier arriva, le malheureux était adossé à un arbre, les deux pattes avant du chien posées sur ses épaules, prêt à l'égorger au moindre signe de son maître.

Peu de temps après, une femme fut tuée vers les quatre heures de l'après-midi par un SS qui montait prendre son tour de garde en haut de l'Ardilla ; il la vit traverser en courant et ne s'embarrassa pas de formalités, en deux coups de fusil l'affaire fut réglée. Il n'y avait que quelques rares témoins qui restèrent prudemment derrière leurs rangs de vigne et le corps de cette femme fut enlevé aussitôt, l'inconnue ayant été abattue cent cinquante mètres après la frontière. On ne sut jamais ni qui elle était, ni ce que les allemands firent de son corps.

Nous savions qu'ils en avaient tué ou blessé d'autres, la nuit. Les coups de fusil répétés, les départs de side-cars ou de voitures, les traces parfois sanglantes que les uns ou les autres trouvaient le lendemain matin sur les allées de vigne ne laissaient aucun doute à ce sujet. Mais personne ne se hasardait à risquer un œil et nous redoublions de prudence.

Nous étions les seuls, nous les frontaliers, à nous rendre compte de ce qui se passait sur la ligne. A Saint Macaire, les SS étaient toujours d'une correction parfaite avec les habitants qui ignoraient que de véritables tragédies se déroulaient la nuit, dans les vignes...

LE SS « BAOUDETT »

Je fus pour ma part confronté à une situation tout à fait imprévue un matin où je me présentai au grand poste pour traverser et aller au travail. Ce matin là ce n'était pas des SS du bataillon de Saint Macaire, mais d'autres, venus d'ailleurs. Celui qui prit mes papiers les examina soigneusement comme il le faisait tous, et murmura : « Baoudett. »

Il se tourna vers la baraque et prononça quelques mots en forme d'appel et répéta mon nom. D'autres SS s'approchèrent, certains riaient franchement en me regardant avec curiosité ; je n'y comprenais plus rien lorsqu'ils poussèrent l'un d'entre eux vers moi. Le SS sortit son livret militaire l'ouvrit et me le montra en disant : « Mich... Baoudett ! »

Ce SS s'appelait Baudet, comme moi, ça n'avait pas l'air de l'enchanter de porter le même nom qu'un français. Ses copains se marraient mais pas lui...

Je fis rapidement l'inventaire de ce que je savais d'allemand et expliquai tant bien que mal que « mein familie » était d'origine « Schweiz ». C'était vrai ; mon père m'avait toujours dit que l'un de nos ancêtres était un forgeron suisse qui était venu s'établir dans le coin et y avait fait souche.

Il n'en savait pas plus long et moi non plus ; un sergent fit quelques commentaires en montrant mes cheveux blonds, ça dérida un peu mon homonyme.

On me rendit mes papiers, le SS rempocha son livret et me tendit la main ; les deux « Baoudett » se serrèrent la pince, et chacun partit de son coté.

Je m'étais bien gardé de donner la signification de « baudet » en France, il ne l'aurait sans doute pas très bien pris...

Son tour terminé, cette relève ne revint pas chez nous et je ne revis jamais mon homonyme, le SS « Têtes de mort » Baudet...

LE CONCERT DES SS

Des musiques militaires SS ou d'autres formations basées dans la région donnaient parfois des concerts en plein air, sur la place Maubec, à Langon devant un auditoire de soldats et d'officiers installés à la terrasse des cafés.

Les français passaient... Rares étaient ceux qui s'arrêtaient, mais beaucoup flânaient devant les vitrines pour profiter sans en avoir l'air de la parfaite exécution des morceaux programmés et reconnaissaient bon gré mal gré la qualité des musiciens et des solistes.

Des mélodies, des valses extraites des opérettes viennoises : Strauss, Lehar, Von Suppé... C'était l'opération charme, cette musique légère et enjouée exhalant la douceur de vivre... « Aimer, boire et chanter... » Mais après les valses venait une marche militaire classique ou le « Horst Wessel Lied » chant de guerre des SS qui ramenait à la dure réalité.

La mauvaise saison avait bien évidemment interrompu ces démonstrations artistiques et musicales dont j'avais été à deux ou trois reprises le témoin passager.

Ce dimanche-là, le cinéma « Le Commercial » à Langon passait un film français que nous avions décidé d'aller voir ; la première séance se terminant très tôt, ça nous permettait de retraverser au poste sans problème et de filer sur Caudrot.

Devant l'entrée du cinéma une ouvreuse prévenait les spectateurs que la salle était occupée par les allemands qui assistaient à un concert donné par une musique militaire de très haut niveau. Ils en avaient encore pour une heure, mais les personnes qui voulaient entrer et occuper leur place pouvaient le faire, la totalité du parterre étant libre et à la disposition des spectateurs français. Bien entendu il fallait se placer sans bruit, le fait de perturber le concert aurait été mal pris et suivi d'une expulsion immédiate. On n'avait pas besoin de nous faire la leçon...

Le premier rang du balcon était occupé par les officiers supérieurs en grand uniformes, les « croix de fer » de première classe avec « palmes » ou « feuilles de chêne » décorant leur poitrine ; les officiers subalternes étaient rangés derrière par ordre décroissant vers le fond du balcon, la piétaille garnissait les galeries latérales.

Le parterre fut rapidement plein ; la fin de chaque morceau était salué par un tonnerre d'applaudissements allemands ; les spectateurs français autour de nous et comme nous restaient de glace, certains regardaient leur montre ostensiblement ou baillaient d'ennui, la main devant la bouche et les yeux au ciel. Et pourtant...

C'était de la musique de très grande qualité, interprétée de façon magistrale ; il fallait se retenir aux bras du fauteuil pour ne pas applaudir à tout rompre, mais personne ne flancha. Le dernier morceau était une vieille marche militaire de l'armée impériale, les cuivres donnaient à fond, les musiciens étaient debout sur un praticable en gradins. Tout en haut et au fond, cinq trompettes faisaient face au public ; les notes fusaient de leurs instruments et les allemands galvanisés suivaient la cadence en frappant le plancher avec leurs bottes.

Le concert se termina en apothéose, sous un tonnerre d'applaudissements et d'acclamations ; pas un français ne réagit et ce silence avait quelque chose d'insultant pour la perfection de cette prestation de très haut niveau artistique à laquelle nous venions d'assister.

Mais comme nous, français de la zone occupée et encore plus les frontaliers que nous étions étaient soumis en permanence aux humiliations les plus diverses ; cette réaction négative du public fut sans aucun doute ressentie par les allemands comme une gifle ; c'était une vengeance sans risques majeurs mais qui laissa en nous même une jouissance secrète, un peu comme la satisfaction du devoir accompli.

BORDEAUX PENDANT L'OCCUPATION

J'aimais beaucoup aller à Bordeaux ; nous y avions pas mal de famille et tout jeunes avec mon cousin Jean Baudet (nous avions trois mois de différence) nous trouvions toujours le moyen de nous échapper en ville sous un vague prétexte. Nous n'avions qu'une dizaine d'années que déjà nous allions déambuler sur les quais avant de gagner le quartier « chaud ». Jean évoluait dans les ruelles tortueuses avec une aisance qui me stupéfiait, moi, le cambrousard.

Le vieux quartier Mériadek était une véritable « cour des miracles » où grouillait une foule de marginaux, voleurs, mendiants, clochards ; il y avait une prostituée devant chaque porte, n'hésitant pas à dévoiler ses charmes pour décider un client hésitant. La caserne Xaintrailles toute proche fournissait une clientèle abondante et les quelques « bordels de luxe » qui avaient pignon sur rue affichaient une prospérité indiscutable. J'ouvrais des yeux ronds et n'en perdait pas une...

Nos pérégrinations aboutissaient toujours au vieux marché à la brocante de la place Mériadek dont la fontaine aux marches de pierre garnies de clochards marquait le centre. Ce marché avait lieu tous les jours mais personne ne savait d'où venait la majeure partie des objets vendus.

Cambriolages, contrebande, carambouille... La police bien que présente n'y pouvait rien ; le sous sol de ce quartier moyenâgeux était un véritable labyrinthe, les caves communiquaient entre elles par des passages bien cachés avec des sorties dans les égouts. Des taulards évadés et des délinquants de tout poil vivaient là en toute quiétude, le vol et les femmes assurant la subsistance.

La guerre n'avait fait qu'amplifier cet état de choses ; les allemands avaient délimité ce quartier réservé par des postes de garde doublés d'une cabine prophylactique où l'on distribuait aux soldats en goguette des préservatifs et des désinfectants. Les français pouvaient aller et venir librement.

On trouvait toujours de tout à Mériadek, mais la pénurie avait fait monter les prix ; je me souviens d'un type qui vendait des cigares espagnols, il en avait un « au bec » et tirait de temps en temps une bouffée de fumée bleue et odorante. Il était vêtu d'un manteau dont la doublure était garnie de cigares et se promenait dans le marché : « T'en veux un ? Deux ? C'est tant ! » Il entrouvrait son pardessus l'espace d'un éclair, encaissait et reprenait sa promenade.

Un autre avait des bouteilles de rhum dans les sacoches de son vélo et débitait au petit verre, avalé d'un seul coup.

Nous avions dix ans de plus, mais la faune était toujours la même... Mériadek était un monde à part.

Cette fois là ma mère était venue avec moi. Bien évidemment l'itinéraire n'était pas le même... Nous allions rue Sainte Catherine où elle avait sa belle sœur qui était caissière aux « Dames de France » grand magasin qui était avec les « Nouvelles Galeries » les deux plus important de Bordeaux et de la région. Ceux que l'on désignait sous le vocable de « magasins à prix unique », Monoprix, Uniprix et Prisunic avaient fait leur apparition dans les années trente ; vendant des articles d'importation de qualité inférieure qui justifiait les bas prix pratiqués, ils ne touchaient qu'une clientèle aux moyens limités.

La rue Sainte Catherine était l'aorte de Bordeaux bordée d'un bout à l'autre de boutiques aux rayons et étalages bourrés de marchandises ; elle était fréquentée par une masse de gens venus de tout le Sud-Ouest. C'était le creuset d'une vie intense et d'un commerce florissant.

En remontant la rue en cet hiver du début 1941, nous pouvions mesurer les dégâts causés à l'économie bordelaise par la défaite et l'occupation. Certains commerces étaient fermés, sur la porte un écriteau portait la mention : « Pas de marchandise ». Sur quelques vitrines une main avait tracé à la peinture noire : « magasin juif ». Pour les autres, on faisait surtout de la transformation, de la teinture de vieux uniformes kaki, du retournage.

Dans les magasins spécialisés dans la confection, le personnel réduit au minimum prenait à tout hasard les commandes « pour plus tard, dès que la marchandise sera attribuée » sous réserve d'avoir des tickets ou des bons d'achat. Mais ça, c'était autre chose...

De nouvelles fabrications et de nouveaux produits avaient fait leur apparition ; partout le bois était roi, chaussures à semelle de bois et dessus en fibre végétales tressées, une profusion d'articles ménagers, couverts, bols, écuelles étaient taillés ou tournés dans des essences dures. Tous les tonneliers fabriquaient des seaux, des bassines, des récipients de contenances diverses ; on avait même vu un artisan concevoir une roue de vélo dont la jante et le pneu étaient remplacés par un cercle de bois dur rendu élastique par des coups de scie judicieusement disposés.

Les pâtisseries et les rayons spécialisés des grands magasins vendaient librement un choix de gâteaux très jolis d'aspect ; les malheureux affamés qui se laissaient tenter par cette apparence alléchante découvraient un mélange de purées de citrouille, choux et carottes le tout disposé en couches superposées en variant les couleurs. Un peu de carotte râpée sur le dessus couronnait l'ensemble, fortement édulcoré à la saccharine ; la présentation, en barres ou petits pavés découpés était du plus gracieux effet. C'était franchement dégoûtant et pourtant ça se vendait...

Tous les fromages traditionnels étaient en totalité réservés aux allemands qui, du reste, contrôlaient absolument tout le secteur alimentaire. Le ravitaillement livrait aux français un produit dit « fromage maigre » qui n'était que le résidu des laiteries et n'avait que l'avantage d'être vendu sans tickets.

La cohue bruyante et animée d'avant la guerre avait disparu ; il y avait beaucoup moins de monde, les gens passaient, silencieux, mornes et faméliques. Des marchandes des quatre saisons, frigorifiées à coté de leur charrette à bras n'avaient que trois légumes à proposer : navets, carottes fourragères et rutabagas.

Nous croisions des allemands, surtout des officiers, qui trouvaient rue Sainte Catherine des magasins qui s'étaient spécialisés dans le commerce avec l'occupant ; des tailleurs qui exécutaient des tenues de luxe pour les officiers, retouches, nettoyage...

Des cordonniers devenus bottiers bénéficiaient eux aussi de la clientèle militaire ; les vitrines montraient un échantillonnage du travail exécuté à l'intérieur, tous ces gens la parlaient ou avaient avec eux quelqu'un qui parlait allemand.

Ces commerçants avaient coupé les ponts avec les clients français et étaient entièrement au service de l'occupant ; ils bénéficiaient d'attributions spéciales de tissus et de fournitures diverses, avaient multiplié leur chiffre d'affaire et profitaient de nombreux avantages et de la protection de la police allemande et de la Gestapo dont ils étaient souvent les indicateurs.

Les immeubles où les banques anglaises étaient installées ainsi que les compagnies d'assurances ou maritimes avaient été tout de suite occupés par les services allemands. Les meilleurs restaurants et les plus beau hôtels leurs étaient réservés ; les officiers en poste à Bordeaux ainsi que les cadres des services administratifs paradaient devant des tables bien garnies. Des salles de cinéma avaient été réquisitionnées et ne passaient que des films allemands et portaient au dessus ou à coté de l'entrée l'inscription suivante : « Soldatenkino Réservé à la Wehrmacht. »

Sur le cours de l'Intendance deux salons de thé « La Marquise de Sévigné » et « La Maison du Café » servaient aux officiers accompagnés de superbes filles du chocolat et des brioches. Ce chocolat était bien entendu du chocolat de fabrication allemande, un ersatz, à base de farine de châtaignes et d'extraits chimiques, il était aussi bon que le vrai, mais peu de français en goûtaient.

Les soldats se promenaient en badauds ; il est bien évident qu'ils n'avaient pas accès aux établissements précités, réservés exclusivement au « haut de gamme ».

On voyait aussi des marins car il y avait dans le port un assez grand nombre de bateaux, pour la plupart des cargos armés ; des unités légères de la Kriegsmarine, torpilleurs et vedettes rapides étaient amarrées plus bas, vers les bassins à flot. On savait qu'il y avait aussi des sous marins et que la construction d'une base spéciale était déjà assez avancée. Un large périmètre autour des bassins était interdit, clôturé, et un réseau serré de ballons de barrage le protégeait ; les ouvriers qui travaillaient sur le chantier avaient dit qu'il s'agissait d'un formidable « blockhaus » où les sous marins et le dépôt de torpilles seraient à l'abri sous une énorme carapace de béton.

Les bordelais étaient à la fois haineux mais ne pouvaient s'empêcher d'être aussi admiratifs…

« Putains de boches ! C'est quand même des gonzes ! »

La « Propaganda Staffel » exploitait à fond cette supériorité germanique ; les librairies étaient garnies de journaux et de revues spécialisées qui mettaient en relief l'avance de la technique allemande sur tous les plans.

La chimie d'abord, et ça, c'était vrai ; en partant du charbon et du bois ils avaient fabriqué de l'essence et du caoutchouc d'assez bonne qualité « la buna », tout un tas de produits de première nécessité n'avaient pas d'autre provenance.

Les pommes de terre et le soja étaient la base d'une nouvelle forme de charcuterie, pâtés et saucisses, des portions agglomérées, moulées en rond ou en carrés, étaient des équivalents de viande bovine avec les mêmes protéines.

Ils avaient choisi les canons à la place beurre et ce sacrifice leur avait permis de créer une armée formidable qui était venue prendre chez nous ce qui leur manquait.

C'est pour cela qu'en cet hiver 40-41, les pauvres bougres de la zone occupée mouraient de faim et de misère ; ils étaient obligés de manger ce que naguère on ne donnait même pas aux animaux, comme les rutabagas jugés trop indigestes. Les cochons étaient nourris à la repasse de blé et avaient droit pour l'engraissement aux patates bouillies mélangées à de la farine de maïs… Un rêve !…

Mais ça, c'était avant la catastrophe…

Les abattoirs de Bordeaux étaient tout neufs et je crois bien qu'ils étaient les plus modernes d'Europe ; ils pouvaient traiter une énorme quantité de viande et les allemands surveillaient durement l'abattage du bétail livré par la France, qui arrivait par trains entiers de la zone libre. Les seules parties qui restaient pour la population étaient les pieds, les tripes, les têtes dont on avait enlevé les joues, la langue, la cervelle et le sang. J'avais eu ces renseignements par un conservateur qui travaillait les pieds de bœuf et le sang cuit, en boites.

Hormis la visite de la famille, c'était plutôt déprimant de circuler en ville, la détresse était partout présente.

Une femme blottie sous un porche prit ma mère par le bras, elle entrouvrit un cabas : « Madame… Des souliers… Ils n'ont été portés que peu de temps… Ils sont en cuir… Du vrai cuir d'avant guerre… » Les souliers n'avaient pas grand attrait pour nous et un rapide merci nous débarrassa de la femme. Il nous tardait de rentrer.

Nous reprîmes le soir le chemin de la gare par le tramway qui longeait les quais ; tous les hangars du port autonome y compris les deux qui, devant les quinconces, étaient surmontés de terrasses jadis accessibles au public, avaient été recouverts d'une couche de béton d'un mètre cinquante d'épaisseur ; la DCA bien camouflée était peu visible.

La gare… Au bout du hall de départ un contrôle allemand filtrait les voyageurs et vérifiait les identités ; un soldat armé surveillait la file qui avançait vers un douanier qui examinait soigneusement les papiers. C'était le Grand Schipa ; lorsqu'il nous reconnut il arbora un grand sourire : « Ah ! Bonjour famille Baudet ! »

D'un geste il nous fit signe de ranger les cartes d'identité que nous avions à la main : « Non non ! Pas besoin, vous passer ! »

« Bonjour monsieur Schipa… Merci… »

Les gens qui étaient autour de nous nous fixaient d'un regard méprisant et commencèrent à mi-voix à nous balancer des réflexions au vinaigre : « Que c'est bien d'être amis avec ces messieurs, ils sont si gentils… »

Nous étions terriblement gênés car ce fut tout juste si l'on ne nous cracha pas dessus. Malheureusement, il nous était impossible d'expliquer à tous ces braves gens que notre situation était la seule raison de cette bienveillance, et que frontaliers, nous étions bien plus emmerdés qu'eux. Nous embarquâmes dans le train de Langon avec soulagement.

LES CHEMINS DE FER

Je dois ici ouvrir une parenthèse pour expliquer comment était la situation en ce qui concernait les chemins de fer.

Dès leur arrivée les allemands avaient coupé la communication et la signalisation entre les deux zones ; un détachement du génie avait enlevé les nombreux fils électriques ou téléphoniques au dessus du passage à niveau de l'Ardilla. Une heure avait suffi, quelques ordres, pas un bruit, sur les poteaux des hommes coupaient les fils que d'autres roulaient et récupéraient le cuivre qui leur était précieux.

La gare de Langon était devenue gare frontière, et voici comment les choses se passaient :

Selon leur provenance les trains de voyageurs s'arrêtaient d'un bout ou de l'autre de la gare ; tout le monde descendait et passait par le goulet d'un baraquement étroit, érigé sur la terre plein centrale où les papiers d'identité et les ausweis étaient minutieusement contrôlés, les bagages ouverts et visités avec le même soin. Pendant ce temps des douaniers passaient dans les wagons vides à la recherche clandestins cachés sous les banquettes ou dans les lavabos, d'autres regardaient sous les wagons, dans les fourgons et même la locomotive et le tender n'échappaient pas à la fouille.

De temps en temps un voyageur suspect, homme ou femme, subissait l'humiliation d'un déshabillage complet dans une annexe spéciale. Du fait de toutes ces formalités, l'arrêt à Langon était très long ; lorsqu'il s'avérait que tout le monde était en règle et qu'il n'y avait personne de caché, le train vide avançait à l'autre extrémité de la gare, et les voyageurs pouvaient rembarquer en même temps que ceux de Langon.

Aucun train ne s'arrêtait plus à Saint Macaire et la gare ne servait plus qu'aux rares incursions d'un petit train de détail qui venait amener sur les voies de garage des rames de wagons en excédent à Langon.

Le trajet Langon Bordeaux par l'omnibus était lent, mais infiniment moins pénible qu'avec le rapide venant de Marseille qui avait souvent à l'arrivée à Langon plusieurs heures de retard, dues au grand nombre des wagons et au poids excessif tiré par la locomotive. Cette dernière était chauffée avec un aggloméré de poussière de charbon moulé en briquettes, sous produit des charbonnages, la bonne houille étant en totalité livrée aux allemands.

Sauf motif impérieux on ne prenait jamais le rapide à l'aller ; ce n'était pas une sinécure, le train archi bondé, les gens serrés les uns contre les autres, bloqués assis ou debout dans les couloirs, les W.C. et les soufflets des wagons, étaient souvent pris de malaises. L'air raréfié et empuanti par les vomissures provoquait d'autres malaises ; l'accès et l'usage des toilettes étant impossible, les voyageurs qui avaient fait un long parcours et tenu tant qu'ils pouvaient, finissaient par capituler, l'odeur infecte révélant leur détresse.

VOYAGE EN AUTOBUS

On pouvait aussi aller et revenir de Bordeaux par un car qui passait tous les jours chez nous, matin et soir. C'était un car qui venait de Sainte Foy la Grande, par Monségur et La Réole « Transports Automobiles de Guyenne » ou T.A.G. Il s'arrêtait au poste, et le processus était le même que pour les trains : Première halte avant la barrière ; les voyageurs descendaient et se dirigeaient à pied vers le poste où ils étaient contrôlés un à un avec la même minutie. Pendant ce temps le chauffeur rechargeait son appareil à gazogène en vidant par le haut des sacs de bûches courtes stockés sur la galerie. Lorsque le contrôle était terminé, le car avançait, les voyageurs remontaient et le voyage continuait. C'était très long, chaque montée se faisait à pas d'homme, et on se demandait toujours si le car surchargé allait arriver en haut.

A ma connaissance, il n'y eut jamais d'incident, personne ne se risquant à se présenter sans être parfaitement en règle.

Je fis le trajet une fois, debout bien sur, serré et à demi étouffé ; le maire de Saint Pierre d'Aurillac qui était de la fête lui aussi, me dit d'un petit air entendu : « Je suis monté sur quelque chose pour être un peu au dessus des autres et respirer un peu mieux, mais ça ne va pas durer longtemps, ça commence à craquer avec un drôle de bruit. »

Un type qui était assis à coté se mit à gueuler : « Mon accordéon ! Vous « escagassez » mon accordéon ! »

« Bon Dieu, dit le maire que tout le monde appelait familièrement « le père Barrès », je ne savais pas que j'étais en train de jouer de l'accordéon avec les pieds... »

« Vous foutez pas de moi, gueulait le type, et sortez vous de dessus mon instrument, c'est avec ça que je gagne ma vie, moi, monsieur ! »

Il me tardait d'arriver ; j'avais le mal de mer et réfrénai à grand peine une forte envie de vomir. La fin du voyage était atroce et je me jurai bien de ne jamais remonter dans cette sacré bagnole.

LE VOYAGE A BORDEAUX

J'allais oublier un épisode qui se produisit une des rares fois où je pris le rapide à l'aller. J'étais arrivé à la gare de Langon encombré d'une cantine de dix litres de vin que je portais chez mon oncle. J'avais mis la cantine dans un sac à patates, mais lorsque je me présentai pour embarquer le contrôle était terminé et tous les voyageurs avaient réoccupé le train, comme à l'habitude archi bondé.

J'étais sur le marchepied du wagon, essayant d'ouvrir la portière, impossible, les gens adossés à l'ouverture bloquaient tout. Le train roulait déjà ; je restai debout sur le marchepied, calai la cantine devant moi et la tenant d'une main, passai l'autre bras dans le système de fermeture de la portière. Bien accroché, plaqué contre le wagon, le voyage s'annonçait sans problèmes. Il n'y avait pas d'autres arrêts avant Bordeaux, c'était l'affaire de trois quarts d'heure.

J'étais très bien, quant au bout d'un moment je sentis remuer la poignée de la portière. Je regardai ; un homme essayait d'ouvrir, il me cria quelque chose que je ne compris pas ; mais ce que je compris de suite, c'est que s'il continuait à secouer la portière de cette façon, il allait immanquablement m'expédier sur le ballast. Je me cramponnai encore plus, bloquant la poignée avec mon bras.

Le type avait réussi à entrouvrir la portières criait : « De l'air ! Il y a une malade, ouvrez ! »

Je réussis à refermer d'un coup sec et ne lâcha plus ; dedans on avait réussi à amener contre la portière une jeune femme au visage verdâtre ; ce ne fut pas long, elle se mit à vomir et ses plus proches voisins bénéficièrent de la distribution. D'autres se détournèrent pour vomir à leur tour ; le type secouait désespérément la poignée en hurlant : « Attends qu'on arrive à Bordeaux, fumier, je vais te casse la gueule espèce de salaud ! »

D'autres hommes gueulaient aussi : « Oui, oui ! Il faut lui foutre une dérouillée en arrivant ! »

J'avais intérêt à faire vite ; dès que le train entra en gare en roulant doucement, je sautai sur le quai et m'engouffrai en courant, sans lâcher la cantine, dans le premier couloir souterrain.

J'étais déjà loin quand le train s'arrêta ; j'arrivai chez mon oncle hors d'haleine, mais la cantine de vin était intacte, et moi aussi...

Petit à petit l'hiver arriva à son terme, mais le bilan était lourd et la leçon sévère.

Aux premier beaux jours, tout le monde s'activa à faire les semis ; blé, orge, maïs, les choux et légumes de printemps, et 41 ne nous trouverait pas aussi dépourvus que 40, l'approche du printemps ramena aussi un peu plus de variété dans le menu journalier.

Le « Petit Louis » avait un « birol » qui tournait pratiquement sans arrêt ; le poisson était abondant dans la Garonne, et le gril ne chômait pas ; mais on attendait surtout les premières montées de migrateurs : Aloses, aloses fîntes ou « gats » comme on les appelait chez nous.

Sans huile ni graisse, on mangeait le poisson bouilli dans la soupe, ou grillé en tranches minces pour les aloses ; on commença à espacer les sauces de carottes et de rutabagas, nous avions aussi des lapins et l'herbe ne manquant pas pour les nourrir, cela nous faisait de temps en temps un supplément de choix.

Le moral se raffermit et on commença à se « remplumer » un peu.

Les SS assuraient toujours leur service avec la même froide minutie ; il y avait une rotation par sections et nous avions finis par les connaître à peu près tous. Cela ne servait pas à grand-chose ; j'avais à plusieurs reprises essayé d'engager la conversation : « Vous, retour service, fini repos ? »

La réponse était invariable : « Ia ! Ausweis, papir, bitte ! »

C'était plus décontracté avec les douaniers, tout au moins avec les anciens, le Grand Schipa, Karl et même le Gros Shoop qui ne nous emmerdait plus. Nous étions des voisins, des habitués, des vieux clients de tous les jours ; certes, ils se doutaient bien que nous passions des lettres, que de temps en temps nous aidions un transfuge...

Mais nous étions des travailleurs et des gens pacifiques et ils n'hésitaient pas lorsque nous avions affaire à un SS particulièrement soupçonneux, à clarifier la situation en intervenant en quelques phrases gutturales et brèves. Mais nous non plus nous ne relâchions pas nos précautions habituelles dont l'automatisme était devenu pour nous une seconde nature et le garant de notre sécurité.

LA JEUNE FILLE

Un matin, je montais une fois de plus la cote pour aller à la vigne ; j'étais seul sur la route et une bruine fine tombait et noyait le paysage dans une grisaille uniforme. En arrivant au niveau de la dernière allée de la propriété Chapoulie j'entendis appeler à mi-voix : « Monsieur... Monsieur... »

Je jetai un coup d'œil de coté et j'aperçus une jeune fille dissimulée derrière un rang de vigne ; elle était assise sur une valise et me fit un petit signe de main. Je m'arrêtai et fis semblant d'avoir un problème avec un de mes sabots que j'enlevai et examinai avec ostentation ; je savais que, sans aucun doute, deux yeux collés à des jumelles suivaient mon comportement.

Je dis à la jeune fille : « Ne bougez pas... Il y a longtemps que vous êtes là ? Personne ne vous a vue ? » Ma question était stupide... Il était bien évident que si un SS l'avait vue, je ne l'aurai pas trouvée là.

Elle me répondit : « Je suis arrivée il y a à peu près une heure ; j'allais traverser lorsque j'ai entendu un pas et vu arriver un soldat allemand ; alors je suis revenue en arrière, me suis cachée et attendu... Je rentre chez moi en zone occupée et je dois prendre le train à Langon. »

Je remis mon sabot et jetai un coup d'œil vers les sentinelles, heureusement la brume réduisait la visibilité. « Plaquez la valise contre vous et venez à coté de moi, sans courir ; nous allons suivre le chemin une trentaine de mètres et nous entrerons dans les vignes. Venez à coté de moi ! »

Elle avait dix sept ou dix huit ans, toute mignonne ; ses vêtements et ses souliers étaient détrempés par la pluie.

« Ne marchons pas vite ; sûrement il y en a un qui doit nous observer à la jumelle, rien ne leur échappe vous savez ! Nous allons prendre l'allée que vous voyez la au bout ; je vais entrer dans les rangs, secouer les piquets, aller et venir. Peu à peu nous allons nous éloigner et gagner le petit bois que vous voyez la bas... Plaquez bien votre valise contre vous... »

Comment fit-elle ? Je n'en sais rien ; toujours est-il que la valise s'ouvrit et que son contenu se répandit sur la route.

« Nom de Dieu ! Maintenant nous sommes foutus ! Quoi qu'il arrive faites comme moi et surtout ne vous échappez pas ! » Tout en parlant j'avais ramassé le contenu de la valise, du linge et des sous-vêtements que j'avais enfournés à toute vitesse pêle-mêle, j'avais les nerfs à fleur de peau et m'attendais au premier coup de fusil et aux hurlements du SS.

Rien ne se produisit... Nous entrâmes dans la vigne et je fis comme j'avais dit ; je secouai les piquets, vérifiai les attaches des fils de fer en nous éloignant pas à pas de la route ; toujours rien.

La petite était calme et me suivait sans comprendre pourquoi je faisais tout ce cinéma. Petit à petit et tout en ayant l'air de travailler nous étions arrivés derrière le petit bois. Tout en marchant elle m'avait dit qu'elle rentrait chez ses parents, du coté de Nantes ; son histoire ne m'intéressait pas, je ne savais qu'une chose, c'est que grâce à la brume nous avions miraculeusement échappé à une capture immanquable.

Je l'accompagnai un peu plus loin et lui donnai les indications nécessaires pour rejoindre Langon et la gare. Elle ne risquait rien, ayant des papiers qui prouvaient sa domiciliation en zone occupée. Elle m'écoutait gentiment, avec un petit sourire ; en me serrant la main et en me remerciant elle me dit : « On en fait tout un monde de passer la ligne de démarcation... Cela n'est pourtant pas tellement difficile ! »

RECUPERATION DES FUSILS

Quelques jours plus tard, le cousin Rouaud, maire de Pian, arriva un matin à la maison et nous dit : « Les allemands vont embarquer les fusils de chasse déposés dans les mairies ; nous avons mis de coté tous ceux qui viennent de la partie non occupée de la commune. Je passe prévenir tous les intéressés, les fusils sont dans un coin à la Mairie, si vous voulez les vôtres, venez aujourd'hui, le plus simple est de passer par le bistrot. Philippe est prévenu, vous sortirez par la porte de derrière. »

Ma mère commença à pousser les hauts cris ; pas question de courir un tel risque pour deux fusils. Mon père ne disait rien, mais je savais que ça lui tordait les tripes de laisser les allemands « barboter » son fusil.

Ce fusil, c'était son père qui le lui avait offert pour le récompenser de son travail ; il avait tout juste douze ans et était apprenti tonnelier depuis l'age de onze ans, travaillant durement pour bien apprendre le métier et échapper à la misère. Alors ce fusil, pour lui, c'était un symbole. Moi non plus je ne voulais pas abandonner ces armes, comptant bien m'en servir plus tard. C'était risqué, mais faisable surtout avec l'aide de Philippe Zoubenko.

Philippe Zoubenko était russe ; je le connaissais bien, il faisait partie des habitués qui parcouraient les chemins de la commune lorsqu'il fallait faire les prestations pour s'acquitter des impôts locaux. Nous avions souvent fait équipe et c'est comme cela qu'un jour, il nous avait raconté son histoire. Il avait été fait prisonnier lors de l'écrasement de l'armée du Tsar par les troupes de Hindenburg ;

leurs vainqueurs les avaient aussitôt envoyés sur l'autre front et employés à creuser des tranchées et des abris tout près des lignes françaises sous un déluge d'obus. Les pertes énormes étaient comblées par l'arrivé de nouveaux contingents de prisonniers, décimés à leur tour.

« Alors, avait raconté Philippe, je me suis dit il faut que je tente le coup, que je traverse et que j'aille chez les français ; si je reste là un jour de plus je suis foutu. J'ai déchiré un bout de ma chemise et j'ai foncé vers la tranchée française tenant mon chiffon à bout de bras... Je courais en zig-zag, tous les allemands me tiraient dessus mais, bien que blessé de plusieurs balles, j'ai fini par m'écrouler dans la tranchée française ! »

On l'avait évidemment évacué sur un hôpital puis envoyé à Verdelais où un établissement installé par la Croix Rouge recevait des convalescents. C'est là qu'il avait rencontré celle qui devait devenir sa femme, une jeune fille du Bas Pian, ancienne voisine et amie de ma mère.

Il y avait des années que les Zoubenko tenaient le bistrot de Pian ; Philippe, sérieux, honnête et travailleur avait l'estime de tous, mais le moins qu'on puisse dire, c'est qu'il n'aimait pas les allemands. Ils avaient trois enfants, la fille aînée était de mon âge, un fils et une autre fille suivaient de très près.

Le bistrot avait son entrée principale sur la route presque en face de la Mairie ; mais il y avait une autre porte à l'opposé, derrière le bâtiment. Combien de transfuges s'étaient défilés par cette sortie, les Zoubenko eux-mêmes n'auraient su le dire. Dommage que le pauvre Louis Racois n'ait pas connu la combine...

Les SS, eux s'étaient douté de quelque chose et multipliaient les patrouilles sur un petit chemin qui entourait le bourg, en zone neutre, et la sentinelle qui faisait le va et vient sur la route avait les yeux partout... J'en savais quelque chose...

Jacquot Labarbe était dans le même cas que moi ; il voulait lui aussi aller chercher le fusil de son père et nous avions décidé d'opérer ensemble de la façon suivante :

Le plus simple était de monter à Pian par le chemin des Tastères pour arriver à l'église et rejoindre le bourg. Nous avions décidé de planquer nos vélos dans une vigne et de nous présenter à pied avec nos ausweis à la sentinelle. Nous étions de Pian, et nous allions à la Mairie où il y avait toujours quelque chose à faire, les prétextes ne manquaient pas, jusque là, ça collait. Pour le retour, il y avait le bon Dieu, la veine et surtout l'ami Philippe qui veillait au grain.

Tout se passa comme prévu ; la sentinelle examina soigneusement nos papiers.

« Nous, Pian... Allez Mairie, bourgmeister ! »

« Ia, ia, bürgmeister, gut ! »

La Mairie, les fusils démontés et cachés dans un sac, lui même dissimulé sous la veste. Le SS qui venait de nous contrôler savait que nous étions de la commune ; il nous vit entrer au bistrot comme de jeunes couillons de français qui ne pensaient qu'à boire un coup. Je ne sais pas comment était Jacquot, mais moi je n'aurai pas pu avaler une lentille.

Philippe Zoubenko faisait le guet à la porte de derrière… Un rapide signe de la main. « Allez y, il n'y a rien, foutez le camp ! »

Les vélos, la descente vers Saint Pierre, c'était gagné, c'était fini. Je laissai les fusils chez Gabriel Barthe, un ami de toujours ; Jacquot laissa les siens chez leur métayer, à coté du poste français.

Ce que nous venions de faire nous aurions pu le payer très cher, sans doute de notre peau. Nous avions réussi parce que, connaissant la façon de faire des SS, nous avions soigneusement calculé de manière à mettre le maximum de chances de notre coté ; ça avait marché, mais pour rien au monde je n'aurais tenté le coup une deuxième fois.

DISCUSSION AVEC UN SS

Le printemps raviva aussi le feu qui couvait sous la cendre. Un matin, la radio annonça que les italiens venaient d'attaquer la Grèce en partant de l'Albanie, petit pays qu'ils avaient occupé sans risque ni gloire quelques temps avant. Les communiqués faisaient état d'une avance des italiens en territoire grec.

Ce dimanche-là mon père était parti se promener au bord de la Garonne lorsqu'il fut arrêté par un SS très poli qui lui demanda ses papiers dans un français impeccable. Mon père lui en fit la remarque.

« Oui, dit le SS, je m'occupais de commerce avec des sociétés françaises et j'étais très souvent à Paris avant la guerre. Vous savez, monsieur, continua-t-il que nos amis italiens ont pénétré en Grèce où ils avancent victorieusement ? »

« Bien sur, dit mon père ; j'ai entendu les communiqués à la radio et je suis cela avec beaucoup d'intérêt car je connais le pays, j'y ai combattu pendant l'autre guerre dans un secteur où nous avions comme voisins les italiens qui, à ce moment là étaient nos alliés. Je connais aussi la valeur des soldats grecs et je m'étonne que les italiens avancent aussi facilement. Ils ont dû beaucoup changer, car de mon temps ils étaient de médiocres combattants et nous n'arrêtions pas de colmater leurs lignes enfoncées à chaque attaque. »

« C'est vrai, dit le SS ; mais je pense que maintenant avec la discipline fasciste et des chefs de valeur, ils devraient triompher. »

Mon père continua, sans trop pousser : « Voyez vous, monsieur, si les grecs sont armés et équipés convenablement ça va être dur, très dur pour les italiens. »

La conversation s'arrêta la et chacun repartit de son coté.

Quelques jours après les italiens en déroute repassaient la frontière, l'armée grecque sur leurs talons, et les villes albanaises tombaient les unes après les autres. Hitler vola au secours de son allié en détresse ; mais pour aider les italiens, il fallait se débarrasser de la Yougoslavie.

Personne en France n'avait oublié le coup de poignard dans le dos en 1940 et tout le monde se réjouissait de la déculottée infligée aux italiens par la petite armée grecque.

L'intervention de l'Allemagne avec des forces bien supérieures en nombre et en armement appuyées par une aviation d'une efficacité redoutable et maîtresse du ciel sauva les italiens du désastre et du ridicule. En peu de temps la « Wehrmacht » eut raison des armées grecques et yougoslaves après de rudes combats et des pertes sévères ; il restait en outre des foyers de résistance retranchés dans les montagnes qui immobilisaient des forces considérables.

La guerre avait embrasé une autre partie de l'Europe ; l'incapacité des italiens avait obligé les allemands à intervenir et de ce fait bouleverser et retardé les plans de leur état major qui avait préparé avec beaucoup de soin l'invasion de la Russie au début du printemps.

LE VOYAGE A TOULOUSE

Ma mère s'était fâchée avec son frère aîné, mon oncle Hector, pour le partage des quelques bricoles provenant de la succession de leurs parents. Aussi têtus l'un que l'autre, la situation resta bloquée jusqu'à la majorité de ma cousine Eliane, la fille de l'autre frère de ma mère, Roland décédé dans un accident de moto. Suivant l'avis du notaire, Maître Allien qui me conseillait d'arranger les choses à l'amiable plutôt que de risquer une vente au tribunal, je pris les choses en mains et, avec l'accord de mes parents je décidai de partir pour Toulouse m'expliquer avec mon oncle.

Je ne l'avais pas revu depuis près de dix ans mais je savais qu'il serait heureux de nos retrouvailles. C'était un homme d'une intelligence et d'une lucidité extraordinaire qui lui avait permis d'accéder à une situation élevée. Il était directeur de la compagnie des eaux de Vichy ou « Vichy Etat », et contrôlait toute la distribution des eaux minérales et boissons gazeuses pour toute la partie sud de la France.

Comme je l'ai mentionné au début de ce récit il avait combattu à Verdun et avait été détaché en tant que Sous officier au poste de commandement de celui qui devait devenir le Maréchal Pétain. Il avait eu avec ce dernier des contacts quasi-journaliers et je me doutais bien que le Maréchal étant devenu le chef de l'Etat ou tout au moins de ce qui restait de la France, mon oncle devait être parmi ses plus fidèles partisans.

Nos ausweis de frontaliers n'étant valables que pour le travail ou l'école il m'était impossible de prendre le train à Langon en direction de la zone libre ; je pris donc mon billet à Saint Pierre d'Aurillac, l'omnibus jusqu'à La Réole pour embarquer dans le soi disant « rapide » Bordeaux–Marseille jusqu'à Toulouse.

Aucun problème à la gare de La Réole où il y avait tout de même un contrôle. Je pris donc la file comme les autres et présentai ma carte d'identité et mon billet.

J'étais à peine calé dans un coin du compartiment qu'un voyageur vint s'asseoir en face de moi ; le train commençait tout juste à rouler lorsqu'il se pencha vers moi et me dit à mi-voix :

« Excusez moi, monsieur, mais j'étais juste derrière vous quand vous avez présenté votre carte d'identité et j'ai vu que vous étiez de Pian ! »

La petite sonnette d'alarme fonctionna tout de suite ; à la gare j'avais derrière moi une femme qui tenait un enfant par la main. Cet homme n'était pas là... Au village, nous avions appris jour après jour à tenir notre langue, j'en avais assez vu pour ne pas me laisser cuisiner par un mouchard.

« Oui, répondis-je, je suis bien de Pian. »

Avec un petit air malheureux il attaqua : « Ah monsieur, il va falloir que dans quelques jours je passe en zone occupée... C'est tragique cette coupure de la France en deux, les familles dispersées, les enfants séparés de leurs parents ! »

Il hocha la tête, poussa un profond soupir : « C'est un grand malheur, et pourtant il faut la surmonter et nous entraider dans l'adversité. »

Il se pencha encore plus près et chuchota : « Dites-moi... J'ai entendu dire que du coté de chez vous c'était assez facile... Vous, vous devez savoir comment ! Comment dois-je faire pour traverser ? Où et à qui il faut que je m'adresse, il faut que je passe en zone occupée le plus vite possible... ! »

Je l'avais jusque-là écouté sans rien dire.

« Monsieur, commençai-je, notre commune est en effet coupée en deux par la ligne de démarcation. Moi, j'habite dans la partie non occupée et pour aller de l'autre coté nous avons tous des ausweis de frontaliers. Il est très dangereux de passer en fraude et chez nous personne ne s'y risque. Je vous conseille de ne pas tenter l'aventure ; il vaut mieux que vous demandiez un laissez passer par la voie légale. Si votre justification est claire et que vous n'ayez rien à vous reprocher vous l'obtiendrez sans peine. Quant à moi, j'ai pris mon billet et le train à Saint Pierre d'Aurillac, commune à laquelle nous sommes rattachés pour tout ce qui concerne l'administration. »

Il insista : « Mais pourtant... On m'a dit... On m'a même cité des noms... Il parait qu'au bistrot il y a une combine pour traverser ? »

Je coupai court : « Monsieur, on a enterré début novembre un type qui avait voulu faire le malin. Il y a laissé sa peau... D'autres ont été blessés, arrêtés et envoyés en prison au Fort du Hâ, à Bordeaux. Croyez moi, ne tentez rien par vous-même, vous auriez très peu de chance de réussir... Il faut rester dans la légalité ! »

L'homme descendit au premier arrêt, il avait échoué dans sa mission et en bonne logique devait regagner La Réole pour tenter de piéger quelqu'un d'autre.

Peu après je quittai ma place pour aller dans le couloir respirer un peu mieux, ce qui me condamnait à faire le voyage debout, la place laissée libre ayant été tout de suite occupée.

Je regardais défiler les riches plaines du Lot-et-Garonne avec les vergers, les champs de blé ou de maïs, les près pleins de bétail au pacage, la volaille autour des fermes. Il y avait une différence entre notre région viticole et cette partie de la vallée de la Garonne.

Le changement se remarquait à partir de La Réole et la ligne de démarcation avait pratiquement délimité cette situation. Après La Réole, c'était le Midi qui commençait, Bordeaux n'avait plus d'influence, l'Agenais était tourné vers Toulouse.

Ce n'était plus le gascon que l'on parlait, mais le languedocien. J'écoutais les gens autour de moi ; ceux qui venaient de la zone occupée et qui avaient subi le dur contrôle de Langon se taisaient et se reconnaissaient à leur air renfrogné et à leur silence. Ceux qui embarquaient au hasard des arrêts attaquaient tout de suite la conversation avec cette faconde méridionale qui déborde comme un ruisseau gonflé par les pluies. La guerre n'était plus présente ; certes on parlait des prisonniers, des jeunes des chantiers mais aussi des moutons et des porcs gras... Pour les habitants de la zone libre la vie était nettement plus facile.

Non loin de moi quatre hommes portant béret avec l'insigne Pétainiste discutaient ; l'un d'entre eux était allé à Vichy où il avait assisté à une cérémonie et il avait vu le Maréchal « de près ». Il semblait en être très fier et vantait la prestance et la lucidité du vieux soldat... D'après lui, le destin de la France était en de bonnes mains...

Le train surchargé prit comme d'habitude pas mal de retard et j'arrivai à Toulouse en pleine nuit. Les passants déambulaient dans les rues, sans crainte du couvre feu. De loin en loin un éclairage discret diluait l'ombre d'un carrefour. Je trouvai non sans mal une chambre dans un petit hôtel pour pouvoir me reposer et me nettoyer avant de me présenter chez mon oncle à une heure convenable.

Je connaissais mon chemin et je suivis le bord du canal jusqu'au pont des Minimes. Je regardais les péniches, « les Sapines » comme on les appelait chez nous mais que l'on n'avait pas revues en Garonne depuis juin 40. Des femmes s'interpellaient joyeusement d'une rive à l'autre ; pas d'uniforme feldgrau à l'horizon, c'était un autre pays, un autre monde... L'heure aussi n'était pas la même ; le temps et la vie étaient encore « comme avant » ou presque...

Il y avait dix ans que je n'avais pas vu mon oncle ; il m'accueillit à bras ouverts mais je fus très peiné en retrouvant ma tante paralysée, clouée au lit, attendant une fin qui n'allait plus tarder. Nous avions beaucoup de choses à nous dire, beaucoup de temps à rattraper, la famille, les amis, le pays. Le règlement de la succession de mes grands parents ne souleva aucun problème. Pour me prouver son affection et son désintéressement le pauvre homme me donna purement et simplement sa part.

Puis on parla, mon oncle voulait savoir comment c'était de l'autre coté, comment nous supportions la discipline allemande. Il m'affirma que la présence du Maréchal Pétain à la tête du pays en juin 40 avait évité à la France une occupation totale et la nomination d'un « Gauleiter », comme en Pologne.

« Il faut faire confiance à notre vieux chef qui a su éviter à la France bien des malheurs, il fait ce qu'il peut et ce n'est pas facile. »

Il me dit aussi qu'il avait tout de suite adhéré à la politique de Vichy et qu'il faisait partie de la « Légion des combattants », organisme qui soutenait l'action du Maréchal en zone libre. Je lui racontai comment cela se passait chez nous sous la botte allemande et le peu de crédit que nous accordions au Maréchal, à son gouvernement et à sa « Révolution nationale ».

Il en fut surpris et désolé. « Les anglais sont en grande partie responsables de notre défaite, me dit-il ; ce soir je suis invité à une conférence donnée par l'amiral Abrial, « La vérité sur Dunkerque », mais je n'ai qu'une carte et je ne pourrai pas t'emmener, alors je vais donner ma place à un ami et nous irons tous les deux, en nous promenant voir la sortie ».

Je refusai, le priant d'y assister ; savoir la vérité sur Dunkerque m'importait peu, chez nous on était en train de payer le prix des batailles perdues. Nous en avions trop sur le dos pour nous intéresser aux secrets d'états !

Mon oncle resta néanmoins avec moi et comme convenu nous partîmes à pied voir la sortie de l'amiral et des notables qui l'accompagnaient. A notre arrivée la conférence n'était pas terminée mais déjà un service d'ordre imposant faisait de la place, repoussant les badauds sur les cotés.

Ce n'était pas la police mais des hommes en chemise kaki, pantalon noir serré aux chevilles, baudrier de cuir et ceinturon portant l'étui à pistolet. Ils étaient coiffés d'un béret noir marqué des lettres S.O.L, je manifestai mon étonnement devant ces uniformes inconnus pour moi.

« C'est tout nouveau, m'expliqua mon oncle ; c'est le « Service d'ordre Légionnaire », ce sont tous des combattants de la dernière guerre, sélectionnés pour leur courage et leurs qualités. »

La fin de la conférence, la sortie de l'Amiral Abrial en grand uniforme entouré d'un aréopage d'officiers supérieurs tout aussi rutilants et chamarrés, quelques bravos parmi la centaine de curieux qui comme nous, attendaient pour voir le spectacle.

Nous prime le chemin du retour ; il n'y avait pas de couvre feu en zone libre, et malgré l'absence du gros éclairage public, les rues de Toulouse connaissaient une animation qui avait disparu chez nous où, dès dix heures du soir (heure allemande bien sur) une chape de plomb étouffait tout.

Tout en marchant mon oncle essayait de me convaincre et de justifier la confiance qu'il avait dans le vieux Maréchal, par sa connaissance de l'homme et du soldat qu'il avait côtoyé à Verdun. L'évocation des faits, les anecdotes se succédaient, mon oncle était sincère et bon nombre d'anciens combattants de 14-18, surtout en zone libre, respectaient le Maréchal et ne doutaient pas de sa loyauté.

Mais personne ne savait que le vainqueur de Verdun n'était plus qu'un pauvre vieux dont la prestance et la noblesse d'aspect dissimulait une sénilité qui, sur le plan psychique, avait déjà fait son œuvre, mais qui servait de symbole et de paravent à une « camarilla » sans honneur et sans scrupules. Personne ne savait, et moi non plus d'ailleurs, que les valeureux patriotes du S.O.L. allaient dans très peu de temps servir d'ossature à une nouvelle organisation de police politique chargée de faire régner l'ordre, travail de répression effectué avec une haine et une sauvagerie dépassant souvent en horreur les méthodes allemandes, « la Milice »…

Mon oncle me fit promettre de revenir le voir ; il avait lui aussi la nostalgie du pays natal et des « Royan sur le grill » concoctés par ma mère, chaque fois qu'il venait au Bas Pian.

Mais il ne pouvait quitter sa femme clouée sur son lit de souffrance. Je les embrassai tous les deux et pris le chemin du retour.

Le train venant de Marseille arriva comme à l'habitude, archi bondé et avec trois heures de retard ; la aussi voyage classique debout dans le couloir, serré, comprimé, écrasé… Je descendis à La Réole avec soulagement ; en attendant le « tortillard » qui devait me ramener à Saint Pierre je faisais quelques pas sur le quai lorsque je vis un personnage s'engouffrer précipitamment dans une porte de service. C'était mon questionneur du voyage aller qui devait être à l'affût, attendant de piéger un voyageur plus loquace que moi.

Dès mon arrivée, je me promis d'aller voir Philippe Zoubenko et de lui raconter ce que m'avait dit le mouchard et lui recommander la prudence.

« NE ME TOUCHES PAS ! »

« Ils vont partir, disait mon père, ce sont des troupes d'élite, sûrement les meilleures de l'armée allemande ; vous pensez bien que leurs chefs ne vont pas laisser des soldats de cette valeur faire les gardes frontière… Je vous dis qu'ils ne sont plus la pour très longtemps ! »

Le raisonnement se tenait, d'autant plus que les italiens ne pouvaient plus opérer seuls en Afrique et qu'il y avait toujours des combats sporadiques dans les Balkans.

Un jour où j'étais allé voir ma grand-mère, je tombais sur S—— seule devant sa porte : « Qu'est-ce qu'il y a, la belle… T'as l'air de bourre, ça ne marche pas les amours ? »

Elle haussa les épaules et répondit : « Ca ne va pas durer longtemps… On leur fait essayer et vérifier le matériel tous les jours et ils ont ordre de ne pas s'éloigner… Ils s'attendent tous à partir bientôt. »

Bien évidemment ça n'arrangeait pas ses affaires, mais si ceux-là s'en allaient il en viendrait certainement d'autres...

Et puis les douaniers étaient toujours là pour contrôler les ausweis. L'indispensable papier était renouvelable tous les trois mois pour les frontaliers ; il nous fallait remplir une nouvelle demande avec un questionnaire très précis, fiche d'état civil, photos.

Cette fois là, la Kommandantur de Langon ayant jugé que trop de frontaliers étaient titulaires d'un ausweis, ils en supprimèrent une certaine quantité. Mon père fut du nombre ; c'était tragique il nous fallait traverser tous les jours pour le travail et puis il y avait mémé Mathilde à Saint Macaire...

On renouvela la demande qui fut aussitôt refusée. S'il n'y avait eu que les douaniers notre situation en zone soi disant neutre, mais occupée de fait, aurait aplani la difficulté et mon père aurait sans doute pu passer. Mais avec les SS rien n'était possible.

Cela tourna même très mal un dimanche après-midi où mon père avait décidé d'aller voir sa mère au Thuron ; il se présenta au poste avec sa seule carte d'identité, le SS de garde lui asséna sèchement un « nein ! » sans équivoque.

Mon père essaya de discuter : « J'habite la maison, là... Je vais à Saint Macaire une heure... Gardez ma carte d'identité. »

Le SS hurla : « Nein ! Rauss ! »

Il essaya d'empoigner mon père ; ce dernier se dégagea : « Ne me touches pas, nom de Dieu ! Je vais repasser, mais surtout ne me touches pas ! »

Il était aussi grand que le SS et le regardait dans les yeux ; l'allemand, comme ses camarades, n'avait que du mépris pour le soldat français de 40 qui, disaient ils, avaient détalé devant eux comme un lapin. Mais ils respectaient les vieux de 14-18 qui s'étaient battus aussi héroïquement que leurs pères ; le SS recula et fit signe de repasser sous la barre.

Mon père rentra chez nous, c'était un dimanche et lorsque je revins de Caudrot je trouvai ma mère en larmes et mon père me raconta son aventure.

Cela ne pouvait pas continuer ; je montai le lendemain à la Mairie faire une nouvelle demande. Monsieur Roques, le secrétaire de Mairie la légalisa et, haussant les épaules, me dit : « Moi je veux bien... Mais ça ne servira à rien, ils vont la renvoyer, comme les autres ! »

Il réfléchit un bref instant : « A moins que... Peut-être... En allant la présenter vous-même à la Kommandantur et en expliquant votre cas... Essayez toujours, mais ça m'étonnerait que ça marche ! »

MADAME MARQUETTE

La Kommandantur de Langon était installée dans l'immeuble Bordes, magnifique demeure avec parcs et jardins bordant le cours des Fossés. (La sous-préfecture y fut plus tard transférée.)

Je pris la file comme les autres quémandeurs ; il fallait gravir le perron pour accéder à l'entrée principale et au vestibule. Sur un coté de l'entrée se tenait une femme d'une cinquantaine d'années, sobrement vêtue de noir, un peu en retrait on voyait barrant l'entrée une superbe table bureau derrière laquelle étaient assis deux officiers. La femme en noir était l'interprète ; elle filtrait les requêtes, ne transmettant aux officiers que celles qu'elle jugeait recevables, je ne fus pas long à me rendre compte qu'il n'y en avait pas beaucoup.

A mon tour je lui tendis la demande et commençait d'expliquer... Elle m'arrêta : « Ce n'est pas la peine, monsieur, ils ne vous le donneront pas ! »

J'insistai : « Mais, madame, ça n'est pas possible, cela nous met dans une situation épouvantable, placés comme nous le sommes ! » Je lui mis la demande sous le nez en disant : « Tenez, regardez, mon père à absolument besoin de son laisser passer ! »

Elle secoua la tête, regarda machinalement le papier et sursauta : « Mais c'est Marcel ! La photo c'est Marcel ! Vous êtes le fils de Marcel Baudet ! Vous avez du entendre parler de moi, je suis madame Marquette, la nièce de votre tante Jeanne... Ne vous inquiétez pas, je vais arranger votre affaire... »

Avec quelques mots brefs elle présenta la demande à l'officier qui tamponna consciencieusement le papier qu'elle me rendit. « Allez à ce petit bureau, au fond ; on va vous établir l'ausweis et vous allez l'avoir de suite. »

Un sous officier garnit la pièce demandée, la fit signer à un autre officier ; coup de tampon, dernière confrontation avec la demande et le sous officier me tendit le laissez passer d'un air hautain.

Je m'en foutais, je tenais enfin le papier magique ; je revins vers madame Marquette pour la remercier.

« Echappez vous, vite, vite... ! »

J'arrivai chez nous en brandissant triomphalement le précieux ausweis, et racontai mon aventure. Mon père m'expliqua : Son oncle Marquette, le mari de la sœur de ma grand-mère avait un autre neveu qui avait épousé une alsacienne venue pendant l'autre guerre ; cette femme devenue veuve était restée à Langon avec ses enfants, mes parents la connaissaient bien. Pas moi... !

Mon père et ma mère allèrent la remercier ; à ce moment là, nous n'avions strictement rien à lui offrir mais les premières pêches et surtout les premières patates furent pour elle.

Placée comme elle était, cette femme entendait beaucoup de choses ; chaque fois qu'elle le pouvait elle envoyait discrètement une de ses filles avertir les intéressés, ce qui permit à certains de prendre le large avant la tuile.

Les patates ! C'était devenu presque un mirage, ce tubercule que les gens de la ville s'obstinaient à appeler « pom'de ter ». Réussir la culture et rentrer la récolte éloignaient la perspective d'avoir à ingurgiter les topinambours et les infâmes rutabagas.

D'habitude nous mettions une certaine quantité de coté pour la semence ; mais la tentation avait été trop forte et on avait largement entamé la réserve pendant l'hiver, pensant trouver des patates de semence en allant chiner assez loin en zone libre. Cela ne fut pas possible, les services français du ravitaillement surveillant de très près la circulation des denrées.

Mais ces mêmes services offrirent aux agriculteurs de la semence en quantité proportionnée à l'importance de la famille et de la propriété. C'était inespéré et beaucoup de gens se ruèrent sur cette aubaine ; il fallait tout simplement s'engager à remettre après la récolte le double de la semence attribuée, sous peine d'amende à payer de suite.

Payer l'amende, c'était donner du papier... Alors on mangea la semence, car on ne mangeait pas, du moins pas encore, le papier...

Nous avions droit à une certaine quantité de lait écrémé que ma mère utilisait pour faire une sorte de bouillie avec de la repasse de blé, sous produit des minoteries réservé jadis à l'alimentation des animaux. Le dernier sac de cinquante kilos mis soigneusement de coté nous fut bien utile.

LE GENERAL SS EICKE

De temps en temps j'allais à « Gabot », où le père Marquille parquait un troupeau d'une douzaine de vaches dont le lait était obligatoirement réservé aux titulaires de la carte « E ». Nous allions tous chercher un peu de lait frais à l'étable, avant que la traite ne parte au ravitaillement ; je savais traire, et il m'arrivait de donner un coup de main avant que le patron n'arrive ou après son départ.

Ce matin là, j'avais passé la barrière avec mon pot à lait à la main, en suivant le processus habituel, déballage de l'ausweis et de la carte d'identité. René Déjean et son fils Maxime étaient devant leur porte, tout prés du bout de la rue. En revenant avec mon demi-litre de lait je les retrouvai tous les deux au bord de la route.

« Je ne sais pas ce qu'il y a, me dit le père Déjean, ils renvoient tout le monde, ne laissent passer personne et refoulent tout le monde ; ne te lance pas, attends avec nous, on va bien voir... »

Un SS passa en courant venant du poste principal où l'on nous avait bouclés un dimanche soir, avec Jeannot et René Lartigue. On voyait les SS de la barrière surexcités, fébriles ; un bruit de bottes nous fit tourner la tête. Venant du poste, un groupe d'officiers supérieur avançait à pas lents ; un feldwebel, certainement celui qui commandait la section qui était de garde, donnait des explications et montrait la route du Haut Pian aux officiers.

Ils étaient six ou sept, entourant un général. Bel homme, très élégant dans son manteau au col à parements rouges, il écoutait les commentaires du feldwebel. De temps en temps il posait une question à laquelle ce dernier répondait avec beaucoup de déférence : « Iawohl, général. » Il prononçait « guénéral » à l'allemande.

Lorsque le groupe passa devant devant nous le général se détourna et porta la main sur le coté de sa casquette et nous salua, ostensiblement ; deux ou trois officiers l'imitèrent de façon plus distraite. Nous rendîmes le salut tous les trois, sans équivoque. Le salut du général n'avait rien de méprisant, le notre n'eut rien de servile…

Il arriva au poste, salua les douaniers et les SS de garde, raidis dans un garde à vous exemplaire ; le groupe des officiers entra dans la baraque, une voiture arriva, puis une autre. Un instant après le général et les officiers embarquèrent dans les voitures ; précédé par un véhicule militaire armé le convoi prit la route de Sauveterre. Très vite le franchissement de la frontière fut rétabli et je rentrai chez moi.

Le comportement du général et des SS en cette circonstance fut assez déconcertant, la logique eut voulu que l'on nous fasse évacuer le bord de la route, il n'en fut rien. Pourquoi ? Je me le suis toujours demandé, probablement étaient ils satisfaits du comportement de la population civile qui travaillait, produisait sans leur poser aucun problème… Et pourtant…

Le général SS qui était passé devant nous commandait en chef la division SS Totenkopf, cela je le savais ; mais je connus son identité et son « palmarès » qu'après la guerre où je le reconnus très bien sur photo : « Papa Eicke » comme l'avaient surnommé les SS n'était pas un tendre…

J'ouvre ici une parenthèse pour évoquer ce personnage qui devait laisser un souvenir moins convivial à beaucoup de ceux qui eurent affaire à lui dans les pays occupés, principalement en Pologne et en Russie. Il s'agissait du Général Gruppenfüher Théodor Eicke.

On peut lire sur l'ouvrage de Jean Mabire « La division Têtes de mort » les commentaires suivants : « La première ligne de la division sera là où sera mon manteau de cuir » avait déclaré Eicke à ses hommes. Il se révéla un grand chef de guerre, gravement blessé le 6 juillet 1941 aux jambes, il reprit le commandement de la division après un court séjour à l'hôpital. Promu « Obergruppenfürer », il fut tué le 26 février 1943 et est enterré près du village d'Orelka.

Je donnerai à la fin des détails sur le sort des SS « macariens » et de la division « Totenkopf » qui fut considérée par les spécialistes comme l'une des meilleure, sinon la meilleure de l'armée allemande.

« PIAN, BONNE COMMUNE »

Quelques jours après la visite du général je me trouvais à la Mairie de Pian pour une quelconque formalité lorsque le maire, le cousin Rouaud, arriva un papier à la main.

Chaque arrêté municipal devait, avant d'être porté à la connaissance des habitants de la commune, être soumis à l'examen de la Kommandantur locale qui ne se privait pas de demander des explications avant de donner son autorisation. Les décisions du Conseil municipal et les arrêtés qui s'en suivaient portaient obligatoirement sur l'administration de la commune, travaux sur les chemins, réquisitions, distribution des bons de ravitaillement… Tout le reste était régi par les allemands.

Le maire était donc parti au siège de la Kommandantur, qui était dans une grande maison en face de la boulangerie, présenter un texte portant l'obligation de déclarer je ne sais plus trop quoi par ordre des autorités d'occupation sous peine disait l'arrêté de sanctions sévères.

Pendant qu'il s'expliquait avec le sergent qui était de service une voiture s'arrêta devant le poste ; il y eut des commandements, claquements de talons. Le sergent se leva d'un bond et balbutia : « Officier supérieur, Colonel ! »

Le colonel entra ; il s'adressa au sergent raidi dans un garde à vous frôlant la catalepsie puis se tourna vers le maire et demanda : « Que faites vous ici, monsieur ? »

Le cousin Rouaud se présenta : « Mon colonel, je suis le maire de cette commune et je viens présenter un arrêté municipal aux autorités d'occupation, comme nous en avons l'obligation. »

Le colonel prit le papier le lut à haute voix ; il hocha la tête : « Ah, non, non ! La fin pas bonne… Pas le mot sévères ; seulement sanctions, mais pas sévères ! Pian, bonne commune, habitants paysans, travailleurs, bon comportement avec l'armée allemande… Monsieur le maire, supprimez le mot « sévères ». »

Lorsqu'il nous raconta l'histoire, le maire en était encore « baba ».

« Ne cherchons pas à comprendre, dit monsieur Roques, le secrétaire de Mairie, il vaut bien mieux qu'il en soit ainsi, mais on n'est pas au bout et ça a encore le temps de changer. »

MANGER POUR VIVRE…

Le renouveau du printemps nous mit du baume au cœur ; nous avions semé du maïs dans les rangs de vigne pour pouvoir faire de la farine pour l'hiver suivant. Nous avions quelques poules qui ne vivaient que de qu'elles pouvaient gratter autour de la maison ; nous les avions nourries l'hiver avec des topinambours qu'elles déchiquetaient à grands coups de bec. Mais avec le printemps étaient arrivés l'herbe verte, les limaces, les insectes ; les poules étaient dehors du matin au soir et avaient recommencé à pondre.

Nous n'avions pas assez de volaille pour être contraints de livrer toutes les semaines une certaine quantité d'œufs aux services du ravitaillement, car il nous avait fallu déclarer la volaille et les cochons.

Le fait d'avoir deux porcs était illégal ; on avait droit qu'à un seul par famille, avec en contre partie la suppression d'un certain nombre de tickets de viande sur la carte d'alimentation. Alors on tua les cochons la nuit, assommés au marteau pour éviter les cris ; les saloirs étaient dissimulés dans les chais, parmi les barriques, les jambons secs pendus dans les greniers.

On mangeait un peu mieux, le moral revenait…

LES ITALIENS A BORDEAUX

Une autre chose aussi nous avait regonflés ; la raclée prise par les italiens et les durs combats livrés par les allemands en Yougoslavie et en Grèce, bien que victorieux cela leur avait coûté des pertes sévères. En Afrique aussi, les italiens étaient en difficulté et, la aussi, les allemands durent entrer dans la bataille en faisant intervenir « l'Africa Korps » de Rommel.

On commençait à voir dans les rues de Bordeaux des sous mariniers italiens portant sur leur béret l'inscription « SOMERGIBILI », submersibles en italien. On apprit par les ouvriers qui travaillaient à la construction de la base sous marine que plusieurs sous marins italiens étaient amarrés dans les bassins à flot.

Puis, et là ce fut du délire, on vit apparaître dans les rues les soldats d'un bataillon de fusillers marins provenant de la région de Venise, le « BATTAGLIONE SAN MARCO ». Les hommes qui formaient ce bataillon étaient chargés de surveiller les nombreuses équipes de travailleurs employés à la construction de la base ; ils étaient en uniforme « feldgrau », de la même teinte que les allemands, mais la comparaison s'arrêtait là…

En commençant par le bas on voyait une paire de godillots éculés, puis les bandes molletières qui enserraient le bas d'un vaste pantalon aux cotés en demi-lune, une large marinière flottant au vent, et le béret… Le béret qui couronnait l'ensemble était une sorte de galette plate, ou plutôt un « plat à hors d'œuvre » prêt à être garni.

Si les allemands étaient redoutés autant que détestés, cela se traduisait par une réprobation muette et des regards de travers, il n'en était pas de même avec les italiens ; ridicules dans leurs uniformes minables et de mauvais goût, ils polarisaient sur eux toute la hargne et la rancune des bordelais. Aussitôt qu'il en montait un dans le tramway on commençait à entendre des ricanements expressifs, puis une voix lâchait : « Té ! En voilà un de guerrier romain ! Faites bien attention, ils sont terribles… ! »

D'autres continuaient : « Et élégant madame… Voyez les jolies molletières et la belle culotte ! »

Tout le monde se marrait ; généralement les italiens ne s'en prenaient pas, ils savaient qu'ils n'étaient que les larbins des allemands qui n'avaient pour eux que du mépris. Alors, faute de pouvoir engueuler les allemands, les bordelais se défoulaient sur les italiens.

Nous n'avions pas chez nous d'italiens pour nous faire rire ; bien au contraire les SS multipliaient les exercices et les simulacres de combats. Cela durait généralement une matinée ; ils rentraient épuisés, sales, mais l'après-midi ils défilaient à nouveau impeccables, au pas de parade, chantant le « Horst Wessel Lied ». Ils tiraient beaucoup moins ; la surveillance était tellement au point que peu de gens tentaient le coup.

« On les prépare pour quelque chose, disait mon père, ils vont débarquer en Angleterre, ou attaquer un autre pays, ça se voit, le commandement les met en condition pour une offensive. »

De quel coté allaient foncer les allemands, on n'allait pas tarder à le savoir…

Nous avions hérité d'un nouveau douanier ; j'avais su son nom et son pedigree par la belle S—— qui avait reçu sa visite dès son arrivée. Il s'appelait Frantz Bürneck et était père d'une nombreuse progéniture. C'était un gringalet à la figure simiesque ; il était souvent juché sur un grand vélo qui paraissait encore plus gigantesque, vu le gabarit de Frantz. On le surnomma tout de suite « Tichadel », tant la ressemblance avec le célèbre comique bordelais était frappante.

Ce n'était pas un mauvais bougre et très vite il fut classé parmi les bons ; il paraissait beaucoup plus préoccupé d'aller soulager ses glandes chez S—— que d'assurer un service qui n'avait pas l'air de le motiver très fort.

Un jour où il m'avait fait signe de passer sans regarder mes papiers il fut copieusement engueulé par un SS qui me rappela et me fit déballer toute ma paperasse.

MADEMOISELLE MAURIAC

Depuis quelque temps nous avions remarqué une jeune fille qui passait la frontière assez fréquemment. Elle arrivait au poste à vélo, présentait ses papiers, les douaniers étaient très prévenants avec elle. Les SS, eux, n'étaient prévenants avec personne…

La fille était jolie, mince, et très bien balancée vêtue le plus souvent d'une jupe grise ou bleu marine et d'un chemisier blanc. On ne tarda pas à savoir qu'il s'agissait de l'une des filles de François Mauriac de Malagar.

Ma mère était une Mauriac, et il y avait entre les Mauriac de Malagar et ceux du Bas Pian un lointain cousinage dû à un ancêtre commun. Mon oncle Hector avait connu à Bordeaux le professeur Pierre Mauriac, le frère de François, avec lequel il avait noué de bonnes relations. Leur père s'était jadis arrêté plusieurs fois chez mon grand père en allant à Saint Pierre visiter la famille Coiffard qui résidait au château Dorat, et avec laquelle ils étaient parents.

Un jour, le hasard fit que je me trouve à la barrière en même temps que la jeune fille ; les allemands étaient tout sourire : « Ha ha ! Mamazel, vous promenade ? »

Elle répondit gentiment en deux ou trois banalités, remonta sur son vélo et s'en fut, sans un regard pour le jeune paysan qui attendait à coté d'elle.

Je me retrouvai encore une ou deux fois en même temps qu'elle devant cette satanée barrière, sans avoir eu l'occasion de lui adresser la parole. Puis ses apparitions se firent plus rares et personne n'y fit plus attention.

Ma cousine Eliane, la fille de mon oncle Roland décédé en 1928, était jeune institutrice mais n'avait jusque la effectué que quelques brefs remplacements et n'arrivait pas à obtenir de poste définitif malgré de nombreuses visites à l'académie. Suivant les conseils de mon père elle partit un jour pour Malagar solliciter un entretien avec François Mauriac et tacher d'obtenir de lui un appui pour avoir enfin un poste définitif et stable.

Elle se présenta et il la reçut : « Je vois, mademoiselle, que nous portons le même nom... »

Eliane développa la genèse du cousinage et de l'origine commune.

Il se souvint qu'en effet il avait entendu parler dans sa jeunesse de lointains cousins à Pian... Mais il lui confia qu'il était mal vu de Vichy et qu'il ne connaissait pas le ministre de l'instruction publique qui était à ce moment là Jérôme Carcopino.

Il ne pouvait rien faire ; il lui dédicaça son livre « Le noeud de vipères » en souvenir de sa visite. La pauvre Eliane revint enchanté de Malagar, mais bredouille ; ainsi se termina l'intermède Mauriac.

J'avais lu quelques uns de ses livres, trois ou quatre pas plus ; je n'aimais pas ses personnages, retors et machiavéliques, situés dans le contexte d'une bourgeoisie étriquée et vieillotte reflet du milieu figé qui était le sien ; le petit monde laborieux qui s'agitait à l'extérieur était manifestement inconnu de lui.

La lecture de ses romans m'avait déçu et barbé ; on y trouvait à chaque chapitre l'empreinte d'un vieux « calotin » morbide et tortueux, mais tous les gens « bien » le trouvaient génial. Je gardais donc mes conclusions pour moi, afin de ne pas m'entendre dire une fois de plus que je n'étais pas comme les autres. Après tout, c'était peut-être vrai...

LE JEUNE GARCON

Nous avions aussi remarqué pendant l'hiver un jeune garçon de onze ou douze ans qui passait clandestinement par le Saubon. Il traversait une fois par semaine, toujours dans le sens zone occupée zone libre. On ne le voyait jamais repasser, quelqu'un devait le faire revenir de nuit ou passer ailleurs ; c'était un garçon fier d'allure, bien vêtu d'un blouson bleu marine et d'un pantalon de même teinte, serré aux chevilles.

Il ne parlait à personne, sauf une seule fois, où craignant une mauvaise rencontre, il vint vers nous dans la vigne : « Pardon messieurs… Vous ne savez pas s'il y a des allemands plus loin ? »

Justement nous avions vu un douanier se planquer dans un buisson, en bordure du fossé ; nous fîmes passer le petit par le Saubon de Chavaneau bien protégé par le mur de clôture.

Nous le revîmes encore plusieurs fois ; il nous saluait d'un rapide « Bonjour messieurs » en soulevant son béret, et continuait sa route sans se laisser distraire. Brave petit, sans doute chargé de missions bien lourdes pour ses frêles épaules ; nous nous sentions très proches de lui, son courage et sa fierté nous réconfortaient et nous faisait oublier la platitude servile de certains.

Puis on ne le vit plus ; nous ne sûmes jamais ce qu'il était devenu, sans jamais avoir su qui il était et d'où il venait. Je souhaite qu'il ait pu traverser la tourmente et recevoir la récompense de son mérite.

BOBROFF

Une dizaine d'années avant la guerre il était arrivé tout près de chez nous, dans une petite métairie du hameau de Fonbonnet, en face du château Fayard, une famille de russes. Ils vivaient tant bien que mal, plutôt mal que bien, accomplissant leur travail en silence, ayant peu de contacts avec leurs voisins. L'homme parvenait à s'exprimer dans un français rudimentaire ; la femme, peu de gens pouvaient affirmer avoir entendu le son de sa voix. Ils avaient deux fils à peine plus jeune que moi ; ils allaient à l'école privée de Saint Macaire, bien que leurs parents eussent peu de moyens.

Nous les retrouvions parfois le jeudi dans les prés au bord de la Garonne quand, avec les frères Chavaneau nous gardions tous ensemble les bêtes au pacage. Lorsqu'il il n'y avait pas école, il y avait toujours du travail pour les petits paysans.

Les deux petits russes étaient gentils, polis et réservés ; un jour la chemise de l'un deux s'ouvrit sur sa poitrine et une croix d'or apparut, suspendue à une chaîne. C'était une magnifique croix orthodoxe, finement ciselée ; jamais nous n'avions vu un pareil bijou : « Bon Dieu ! Qu'elle est belle ta croix ! »

Son frère nous dit : « Moi aussi j'en avais une encore plus belle que celle la, mais je l'ai perdue… Ma maman a beaucoup pleuré… »

On sentait que ces gens là voulaient vivre en paix, sans trop se lier avec personne ; l'homme, lorsqu'on lui parlait répondait poliment avec un sourire aimable teinté de mélancolie ; la femme, aux traits fins et racés avait toujours le visage empreint d'une tristesse infinie.

Le russe avait un ausweis, et passait et passait de temps en temps, leur nom de famille était Bobrov ou Bobrof je ne sais pas au juste ; ils n'avaient jamais parlé de leur passé, mais un jour quelqu'un raconta leur histoire :

L'homme était colonel de la garde personnelle du Tsar et sa femme dame d'honneur de la Tsarine. Ils vivaient à la cour impériale quand la révolution éclata ; ils avaient échappé par miracle au massacre, fuyant comme des bêtes traquées risquant à tout instant leur vie dans un exode tragique qui les avait conduits des splendeurs de la cour sur la rive de la Moscowa à cette petite métairie minable sur les bords de la Garonne.

Je serai bientôt amené à reparler d'eux.

LA FETE DES SS AUX « GROTTES »

Ma mère revint un dimanche matin toute excitée de la messe à Saint Macaire. Elle rapportait une nouvelle qui aujourd'hui peut paraître invraisemblable mais qui à ce moment là n'étonna personne.

Les SS étaient sur le départ et offraient à la municipalité, aux autorités et aux habitants chez qui ils avaient été logés, une réception, une fête d'adieux pour remercier Saint Macaire de son accueil. Cela se passait aux Grottes, ce dimanche après-midi.

« Je vais essayer d'aller jeter un coup d'œil depuis le jardin de Gaston ! » dit ma mère.

Nous essayâmes de l'en dissuader mais elle était curieuse comme une pie et repartit dare dare afin de ne rien manquer du spectacle.

Nos cousins, Gaston et Lucienne Deney, étaient propriétaires de la maison et du jardin contigus au Château de Tardes, juste au dessus des Grottes. La banquette garnie de lierre permettait de tout voir sans être vu ; c'était un poste d'observation idéal, utilisé avant la guerre pour regarder gratis les séances de cinéma en plein air que René Labat donnait toutes les semaines sur la terrasse les soirs d'été, ou pour observer sans y être inviter des manifestations privées, du genre de celle que le mouvement « Croix de feu » avait donné en 1936.

Ma mère partit donc et elle fit bien car c'est son témoignage qui me permet aujourd'hui de raconter cet épisode exceptionnel. D'autres personnes avaient fait comme elle et, bien cachées par le lierre, observaient sans bruit ce qui se passait au dessous d'elles ; une femme du voisinage notait sur un carnet les noms des personnes présentes à la fête : « Pour plus tard, disait-elle, quand ils seront partis et qu'on réglera les comptes ! »

Le Maire Fernand Montet accompagné de la majeure partie de son conseil municipal, d'autres qui avaient eu des SS chez eux et qui avaient apprécié leurs bonnes manières et leur parfaite correction (qualités que nous, frontaliers, n'avions pas eu l'occasion de découvrir, bien au contraire...) ainsi que la masse des petites amies de ces messieurs ; tout ce beau monde était attablé, mangeant des petits gâteaux et trinquant joyeusement.

Valses viennoises, airs à succès extraits des derniers films allemands en vogue et repris en chœur, tout cela créait une ambiance très amicale. On ne dansait pas mais, par moments, les participants se balançaient en cadence se tenant par le bras en suivant la musique.

Un officier supérieur se leva et prononça une allocution par laquelle il remerciait la population de Saint Macaire pour sa bonne conduite et la façon correcte et franche qui avait régné entre les militaires et les civils ; une mention optimiste pour la nouvelle politique de collaboration franco-allemande qui commençait, d'après lui, à porter ses fruits.

Il termina en levant son verre et en assurant l'assistance du fait que ses hommes et lui n'oublieraient jamais Saint Macaire.

Il était certainement sincère, mais le bel officier ne savait pas que quelques mois plus tard, dans l'enfer russe, à quel point ils regretteraient les jours heureux qu'ils avaient vécu dans une petite ville de France. Mais cela, personne encore ne le savait...

Le maire se leva à son tour et en quelques phrases polies remercia le SS de ses bonnes paroles et souligna le fait que de part et d'autre une parfaite correction et une compréhension mutuelle avait rendu la tâche des autorités plus faciles.

La fête se termina par des chants et le claquement des bouchons de champagne ; elle avait été une réussite, mais je n'ai jamais entendu dire qu'il y ait eu en France d'autres manifestations de ce genre.

Le maire de Saint Macaire, Fernand Montet, était un boulanger qui s'était lancé tout jeune dans la politique, membre du Parti socialiste de Léon Blum il fut rapidement élu maire de sa commune ; intelligent, habile et très bon administrateur, il avait dans les années trente Saint Macaire bien en mains.

Il avait lâché le métier de boulanger pour se lancer dans les affaires et le négoce des vins ; il espérait devenir le député de la circonscription et y serait sans doute parvenu si au dernier moment le parti socialiste n'avait investi à sa place un jeune instituteur dont le bagou et le culot faisaient oublier les faiblesses, mais en tout cas bien mieux en cour.

Ulcéré, Montet quitta le parti et alla rejoindre son ami Marquet, le maire de Bordeaux, qui était entré en dissidence en fondant le Parti néo-socialiste. Au moment de la débâcle, Marquet et son parti se rangèrent aux cotés du Maréchal et soutinrent sa politique.

Montet, lui, se tint sur une prudente réserve et se consacra à la difficile gestion de sa commune à travers la présence allemande ; c'était une tâche difficile et dangereuse qu'il accomplit du mieux qu'il put, je dirai plus loin comment il en fut récompensé...

Ce matin-là, lorsque je me présentai au grand poste pour aller à mon travail les douaniers étaient seuls à garder la barrière ; le Gros Shoop et le Grand Schipa devisaient gaîment, d'un geste magnanime Shoop me fit signe de passer et Schipa me fit un salut amical, un peu plus appuyé que d'habitude. Les SS étaient partis… Probablement autant que nous et peut-être même un peu plus les douaniers étaient soulagés par ce départ. Eux non plus n'avaient pas eu la vie facile…

La frontière devint à nouveau perméable et on recommença à voir des silhouettes se défiler doucement derrière les rangs de vigne.

Cela ne dura pas longtemps ; il arriva de nouveaux douaniers dont le rôle était de patrouiller deux par deux dans les vignes et dans les petits chemins qui sillonnaient le coteau ou la berge de la Garonne. Lorsqu'ils s'arrêtaient pour se reposer ce n'était jamais à découvert ; bien cachés dans un buisson ou derrière une haie, souvent loin à l'intérieur de la zone neutre ils attendaient le client en silence.

On voyait que c'était des hommes de métier, formés pour ce travail qu'ils accomplissaient de façon méthodique et efficace. Il nous fallut faire rapidement l'inventaire de leurs planques et le tenir à jour. Certains d'entre eux étaient logés dans l'ancien poste de garde des SS que nous connaissions bien pour y avoir passé une nuit, la maison Olivier.

Saint Macaire avait retrouvé son calme ; la grande bannière noire avec la tête de mort qui pendait au balcon de la Mairie avait disparue. On n'entendait plus les chants de guerre et de mort des SS retentir dans les rues, le bruit des bottes ferrées frappant le sol, les commandements secs et gutturaux des officiers. Certes, il y avait de loin en loin quelques peines cachées ; exception faite des « professionnelles » quelques idylles s'étaient nouées… C'étaient de beaux mâles les SS…

FRANTZ DIT « TICHADEL »

Au Thuron, la belle S—— la « Pendante » comme tout le monde l'appelait, faisait triste mine ; c'était la désolation, plus de ravitaillement… Avec l'argent, les habitués laissaient à chaque visite du pain, du chocolat ersatz, de la margarine, des cigarettes. Du jour au lendemain tout s'arrêta.

Du coup, le douanier Frantz Burneck, celui que l'on avait surnommé « Tichadel », devint pour sa plus grande joie le seul client. S—— le rançonnait littéralement et le pauvre Frantz n'en portait jamais assez.

Une après-midi vers les trois heures, j'étais en train d'éclaircir les topinambours que nous avions dans le petit champ devant chez mémé Mathilde, à coté de chez les P——. Assis sur le seuil, le fils, le petit M—— coiffé d'un calot SS me regardait travailler ; le père était parti quelque part et S—— s'affairait dans sa chambre, bien vide depuis quelque temps. Soudain le petit s'écria : « Maman ! Voilà Frantz qui rapplique ! »

Levant la tête je vis en effet « Tichadel » qui arrivait par le chemin du quai, juché sur son grand vélo.

« Merde ! Hurla la « Pendante » ; il est venu hier, il n'a plus le rond, il ne porte plus rien, qu'il aille se faire foutre ! »

Frantz arriva : « Ponchour, bédit M——, Maman peut-être là ? »

« Adieu Frantz... T'as porté du chocolat ? »

« Nein... Frantz nix chocolat... ! »

Le petit M—— se leva d'un bond et se mit à gueuler en allemand : « Nix chocolat !... Nix chocolat, nix lieb, räuss ! » (Pas de chocolat ! Pas de chocolat, pas d'amour ! Fous le camp !)

Le pauvre « Tichadel » remonta sur son vélo et reprit la route en sens inverse, désespéré. Depuis la fenêtre S—— regardait le douanier s'éloigner en se tordant de rire ; devant la porte le petit M——, fier comme Artaban roulait des épaules, il lança à sa mère : « T'as vu comme je l'ai fait barrer, ce con ! »

Je dois avouer que je ne pleurais pas non plus...

L'ATTAQUE DE LA RUSSIE

La nouvelle tomba sur nous, brutale et surprenante ; l'armée allemande aidée des roumains, des hongrois et des finlandais, avait pénétré en Russie. D'un seul coup la guerre avait embrasé un immense front qui allait du Cap Nord à la mer Noire. La toute récente amitié germano-soviétique n'avait pas duré longtemps ; les points communs qui, d'après la presse et la radio allemandes rendaient inévitable le rapprochement de deux régimes socialistes, l'un national l'autre international, la même couleur rouge des deux drapeaux, l'un orné de la faucille et du marteau, l'autre de la croix gammée, le même rejet du capitalisme incarné par les ploutocraties comme la France, l'Angleterre et les U.S.A., tout cela avait semblé cimenter pour longtemps cette amitié nouvelle.

Les échanges commerciaux étaient nombreux, l'armée et surtout l'aviation allemande utilisaient de l'essence russe pour la campagne de France et le bombardement des villes anglaises. Tout semblait aller pour le mieux quand tout à coup ça avait craqué...

Les communistes français, déjà divisés lors de la signature du pacte germano-soviétique étaient sur le coup plutôt désorientés.

Personne ne savait ce que valait l'armée russe ; ce pays était hermétiquement clos et la courte guerre qui avait opposé la Finlande à l'U.R.S.S. n'avait pas apporté beaucoup de renseignements. Mais cette fois le morceau était gros, le problème différent et tout le monde s'attendait à une résistance acharnée des russes.

Pendant quelques jours on n'eut aucune précision sur les combats ; les gens commençaient à se regarder avec un petit sourire et glissaient tout doucement :

« Cette fois, ils sont tombés sur un os ! Ils ne donnent aucune nouvelle, ils sont en train de dérouiller ! »

Et brusquement la radio allemande toutes celles des pays alliés ou occupés annoncèrent ensemble à la même minute un communiqué spécial du grand quartier général du Führer. Précédés d'une éclatante sonnerie de trompettes les détails tombèrent sur nous comme une douche glacée.

Les armées allemandes et alliées avançaient très loin et très vite à l'intérieur de la Russie détruisant des milliers d'avions et de chars, les prisonniers se chiffrant par centaines de mille, des armées entières encerclées et en cours d'anéantissement, et les villes de Kiev, Smolensk et Leningrad sous la menace directe des « Panzers Divisions ».

La façon dont Staline avait retourné sa veste en nous laissant tomber pour traiter avec Hitler avait en son temps écoeuré beaucoup de monde ; mais le fait que le peuple russe soit lui aussi victime de l'agression allemande fit rapidement oublier les rancunes passées. Les russes étaient redevenus nos amis et nos frères…

« CACAO »

A l'entrée de Saint Macaire, juste à coté de la maison Olivier qui, se trouvant vacante avait été réquisitionnée pour servir de cantonnement aux soldats de garde à la frontière, habitait mon vieux copain Robert Descos. Il avait à ce moment là une trentaine d'années ; il vivait avec sa mère et descendait de l'une des plus vieilles familles du coin.

Les parents Descos avaient travaillé durement pour élever leurs enfants et la naissance du petit dernier, Robert, n'avait pas arrangé la situation. Le père, désespéré de ne pas pouvoir sortir de la misère s'était un jour tiré un coup de fusil dans la tête. La mère était restée seule avec son petit dernier sur les bras ; chétif et fragile elle avait eu toutes les peines du monde à l'élever.

« Tous les matins, disait-elle, je lui fais boire un grand bol de lait ! » Et elle ajoutait, très fière de ce suprême raffinement : « Avec du cacao ! »

Bien évidemment Robert avait été surnommé dès sa plus tendre enfance « Cacao ».

Pas costaud, il avait appris le métier de coiffeur qu'il exerçait à domicile ; il se définissait lui-même ainsi : « Cacao, le coiffeur des pauvres ! » Il cultivait en même temps un peu de vigne qu'il avait devant sa maison et sur le coteau. Il était un militant communiste sincère, passionné et enthousiaste ; brave type, franc comme l'or, il était profondément ulcéré par les revers de l'armée rouge qu'il avait idéalisée. Il allait tous les matins chercher de l'eau à la pompe communale, tout près de chez lui.

Ce matin-là, il se trouva au point d'eau en même temps qu'un douanier qu'il connaissait : « Ponchour, dit l'allemand avec un large sourire, vous entendre communiqué de notre Führer, armée allemande très loin en Russie, avions, tanks russes cassés, beaucoup prisonniers ! Ha ! Ha ! Rouski bientôt kaputt ! »

Cacao se raidit et devint blême ; il serra les dents, puis ça explosa : « Attendez un peu… C'est grand la Russie ; et puis les copains russes, ils en ont encore derrière des hommes, des avions et des tanks… Cela pourrait encore changer !!! »

L'allemand s'était figé et regardait Cacao d'un œil glacé. Il pointa un doigt accusateur et diagnostiqua sèchement : « Vous communiste ! Communistes ennemis des allemands, vous prison… ! »

Le pauvre Cacao comprit tout de suite qu'il avait eu la langue bien trop longue et qu'il fallait vite, faire machine arrière : « Non non ! Vous pas compris, moi pas de politique, pas communiste… Moi vouloir dire Russie bien grande, beaucoup russes et encore de grandes batailles, mais allemands vainqueurs, bien sûr ! »

L'allemand hocha la tête et s'en fut, pas tellement convaincu de la sincérité de Cacao.

Il nous raconta l'incident le lendemain à la vigne ; mon père l'exhorta à la prudence et l'engagea fermement à se taire. « Tu vas finir par te faire ramasser, lui dit-il, méfie toi et ne gardes rien de compromettant chez toi, journaux, livres, affiches ou tracts, fous moi ça au feu tout de suite et surtout fermes la ! »

Cela ne traîna pas, le communistes furent traqués et arrêtés ; les policiers allemands perquisitionnèrent chez Cacao en vain, il avait suivi le conseil de mon père et fait le ménage à fond.

« Vous, être communiste ! »

« Non non ! Moi, pas communiste ; moi pas costaud, malade, jamais soldat, jamais politique. »

La perquisition ne donnant rien, on le laissa tranquille, mais il avait eu chaud…

A Saint Macaire, seul Gaston Lanneluc chez qui ils avaient trouvé des publications communiste fut arrêté et emprisonné à Bordeaux. Le 24 octobre 1941, un officier allemand fut abattu en pleine rue par un inconnu qui prit la fuite. Une première fournée de cinquante otages fut immédiatement exécutée ; une deuxième fut préparée pour le lendemain, Gaston Lanneluc en faisait partie. A la suite de diverses interventions et surtout la menace des Forces françaises libres d'exécuter cinquante officiers allemands prisonniers fit annuler l'exécution… Il l'avait échappé belle.

« LA SAINTE MACAIRE »

Dès leur entrée en Russie les allemands avaient appelé les anciens soldats et officiers du Tsar à se joindre à eux pour les aider à détruire le communisme. Un corps d'armée spécial avait été créé tout de suite pour recevoir les volontaires ;

tout russe qui n'était pas dans ce cas était interné dans un camp, en tant que ressortissant d'un pays ennemi.

Philippe Zoubenko n'avait pas attendu et était parti en zone libre où il était en sécurité ; mais, lorsque le père Bobrof se présenta ce matin là à la barrière, il fut aussitôt arrêté et conduit à la Kommandantur de Langon. Nous avions tout vu ; quelqu'un alla prévenir sa femme… Le vélo du pauvre Bobrof était resté appuyé contre la baraque…

Vers les deux heures de l'après-midi une voiture ramena Bobrof à la barrière. Il reprit son vélo et passa devant nous ; tous ceux qui étaient là lui dirent quelques paroles d'amitié. Toujours avec son sourire mélancolique il nous lança au passage : « Bonjour… Merci, merci… Mais moi plus jamais revenir à la Sainte Macaire ! »

Quelques jours après il raconta son aventure. Lorsqu'à la Kommandantur on avait découvert son grade de colonel de la garde impériale, on avait immédiatement référé au haut commandement à Bordeaux, lequel avait donné l'ordre de le libérer sur le champ.

Les Bobrof terminèrent l'année et partirent comme les Zoubenko quelque part en zone libre.

Je n'ai jamais su ce qu'ils étaient devenus.

(Un des fils Bobrof reprit contact avec mon père dans le courant de l'année 2006 par l'intermédiaire de notre cousin Francis Paule qui connaissait cette famille qui habitait dans l'Agenais.)

LA RADIO INTERDITE

Tous les soirs, la maison fermée, nous écoutions les radios interdites ; Londres, bien sûr, en tachant d'éviter le brouillage. On commençait à capter les américains sur ondes courtes, par leurs stations NBC ou CBS, mais nos préférences allaient à la Suisse sur Radio Lausanne où un journaliste, René Payot, faisait une fois par semaine un commentaire très complet et très objectif sur la situation internationale.

Les anglais avaient donné le truc permettant de fabriquer une antenne orientable qui pouvait affaiblir ou neutraliser le brouillage ; j'en avais de suite monté une, ce n'était pas bien compliqué, il fallait faire un enroulement de fil récupéré dans une vieille sonnette électrique sur un croisillon de bois d'une quarantaine de centimètres, fixée à une planchette support. Ca marchait très bien, mais je détruisis rapidement la mienne car, en cas de visite surprise d'allemands c'était la preuve flagrante que l'on écoutait Londres.

L'écoute finie on remettait toujours l'aiguille du poste sur Radio Paris ; jamais on n'oublia cette précaution, le premier travail des allemands étant d'allumer le poste de radio… Malheur à celui qui l'avait laissé branché sur l'Angleterre.

La journée pendant les repas ou le soir pour nous distraire nous avions le choix entre Radio Paris ou la radio de la zone libre que nous écoutions sur l'émetteur de Toulouse. Nous préférions écouter Radio Paris où exception faite de la propagande (j'y reviendrai) les émissions de musique ou de variétés étaient d'un très bon niveau, la plupart des artistes en renom étant revenus à Paris. Les programmes étaient dynamiques, gais, intéressants et permettaient de faire avaler aux français une propagande que sans cela, personne n'aurait écoutée. Les gens de la « Propaganda Staffel » n'étaient ni des amateurs, ni des imbéciles.

Du coté de la zone libre, ce n'était pas pareil ; le ton était toujours emphatique et l'esprit moralisateur entièrement consacré au culte du Maréchal et à l'exaltation de son œuvre. Les retransmissions de cérémonie religieuses et patriotiques étaient nombreuses et longues. Il n'y avait pas de place pour la rigolade…

De toute façon, quelles qu'en soit l'origine les nouvelles étaient toujours aussi mauvaises. L'avance allemande à travers la Russie était foudroyante et les communiqués de victoire se succédaient annonçant la prise de villes très loin à l'intérieur.

La réminiscence des leçons d'histoire sur la campagne de Russie par Napoléon 1er et sa grande armée nous faisait reconnaître des lieux, des rivières ; on suivait sur les cartes pendues au mur la progression des armées allemandes, un fil de laine noir était tendu sur la carte et avancé tous les jours à l'aide d'épingles. C'était le front, et se rapprochait très vite d'un petit drapeau rouge, Moscou…

Tous les soirs sur Radio Paris une critique militaire très complète était faite par un nommé Jean Hérold Paquis ; tout y était, la qualité, le modernisme, la supériorité des armes allemandes, la science et le génie militaire du commandement, la révélation du délabrement de l'armée rouge.

On voyait au cinéma les files interminables de prisonniers haves et dépenaillés acheminés vers l'Allemagne ou, soulignait le commentateur, ils allaient fournir une main d'œuvre abondante et gratuite. On montrait la condition misérable des paysans soviétiques, les hommes et les femmes attelés eux-mêmes à la charrue, les enfants décharnés couverts de crasse et de vermine, l'amoncellement des ruines et du matériel détruit témoignaient de la supériorité écrasante de l'Allemagne.

On voyait aussi les paysans ukrainiens des régions « libérées du joug soviétique » se remettre joyeusement au travail sous la protection fraternelle et souriante des soldats allemands. Personne ne se doutait que tous ces pauvres bougres travaillaient avec des mitrailleuses braquées sur eux…

On voyait également les unités envoyées en renfort monter au front à bord de superbes camions américains hâtivement repeints en feldgrau. Ces camions nous les connaissions bien… Quelques semaines avant, les autorités françaises les avaient livrés devant chez nous, flambants neufs.

Un général russe nommé Vlassov passé à l'ennemi était en train de rassembler une armée ; des régiments ukrainiens faits prisonniers dans les grandes batailles d'encerclement du début étaient déjà à son coté. D'anciens officiers tsaristes recrutaient aussi et faisaient de cette trahison une croisade et une vengeance.

Les douaniers du poste commentaient les nouvelles journaux et revues à la main ; « Signal », magnifique hebdomadaire édité en plusieurs langues, avait leur préférence. La qualité des photos dont beaucoup étaient en couleur, la diversité et l'abondance des reportages faisait de ce magazine un vecteur de propagande idéal. La conclusion des douaniers, hilares, tombait toujours au moment de notre passage : « Rouski kaputt ! ».

C'était malheureusement vrai ; personne à ce moment là n'aurait donné bien cher de la peau des russes. La science et le machiavélisme stratégique des généraux allemands explosaient littéralement dans les immenses steppes. L'image de la grande Russie en train de s'effondrer nous remplissait de tristesse et de désespoir…

Mais ce que l'on ne savait pas, et qui commençait à gêner sérieusement le commandement allemand, c'était le fait que, contrairement à la France où ils avaient mis la main sur d'énormes stocks de matériel, de ravitaillement et de produits en tous genres, sans parler des usines intactes qui avaient immédiatement travaillé pour eux, en Russie, il n'y avait plus rien.

Staline avait donné à l'armée l'ordre de tout détruire avant de se replier ; rien ne devait tomber intact aux mains de l'ennemi, il avait donné un nom à cette tactique : « La terre brûlée ». Sur le moment, cela n'eut pas l'air de faire beaucoup d'effet, mais quelque temps plus tard, avec l'hiver, ça commença à peser bien lourd dans la balance.

« Ils sont partis pour conquérir toute l'Europe » entendait-on un peu partout « Les russes battus, les anglais ne pourront rien faire, même avec les américains… Nous allons être obligés de travailler pour eux toute notre vie, comme des esclaves… Nous sommes foutus ! »

Malgré ça, et aussi à cause de ça on cherchait toujours de nouvelles combines pour survivre.

L'ABBATAGE CLANDESTIN

Jeannot Chavaneau avait un oncle qui était tueur de cochons ; avant la guerre, Jeannot allait lui donner un coup de main et avait, en sa compagnie, appris à tuer et à découper, il s'en tirait très bien. C'était un métier délicat, tueur de cochons…

Il fallait saigner l'animal au premier coup ; le sang devait couler à flots aussitôt dans la bassine tenue par la cuisinière, si le sang n'arrivait pas au retrait du couteau, la sentence tombait : « L'as manquat, es esganurat ! » (Tu l'as manqué, il est égorgé !) Cela signifiait que la lame était passée à coté de l'artère et ouvert la trachée. Il fallait reprendre malgré les soubresauts et les cris du cochon égorgé.

C'était Isabelle Descos, la mère de « Cacao », qui venait chez nous cuisiner le cochon. Elle était très experte et avait le secret pour assaisonner le boudin.

Car tout était la il fallait réussir le boudin... Le reste n'était que routine ; alors Isabelle dosait le sel, le poivre à la poignée, ensuite venaient l'ail, les oignons, les échalotes et les herbes où dominaient le thym et le serpolet ainsi qu'une autre qu'elle allait chercher sur le coteau sans que personne ne sache ou, et ce que c'était.

Tout cela était fini et déjà bien loin...

Jeannot me glissa un jour dans le creux de l'oreille qu'il allait reprendre ses couteaux. « On m'a demandé pour abattre et débiter du bétail dans une ferme sur le sommet du coteau, entre Saint Martin et Caudrot... Tout doit se passer en pleine nuit... Je te tiendrai au courant. »

C'était une aubaine ! Il fallait se rendre sur les lieux assez tard, vers 21 heures pour être parmi les premiers à être servis ; en route je rencontrai ma copine Adrienne qui était déjà dans le coup. Lorsque nous arrivâmes près de la ferme que l'obscurité totale nous empêchait de distinguer, nous fumes guidés par le crissement d'une scie mordant dans un os. C'était bien là ; quelques silhouettes sombres se détachaient sur la blancheur de la façade... Quelques chuchotements... « Tiens... Tu es là, toi ? »

La bête était abattue dès la tombée de la nuit ; aussitôt pelée, vidée, suspendue à une grosse poutre. La vente commençait tout de suite ; ils commençaient par le bas, le cou, et finissaient par les jarrets, c'était une loterie, celui qui avait le temps attendait que la coupe soit sur une partie charnue. D'autres tombaient sur du plat de cote et protestaient parce qu'ils avaient plus d'os que de viande.

On s'aperçut aussi que les meilleurs morceaux étaient réservés toujours aux mêmes personnes ; ça déclanchait un concert de vociférations, le coupable s'enfuyait sous les injures et les quolibets serrant contre lui le sac et son contenu saignant et chaud. Au petit jour tout était terminé ; aucune trace du délit ne devait subsister, le sol était balayé, les charrettes et tombereaux ramenés à leur place dans la grange.

C'était fini pour une semaine ; mais ce n'était un secret pour personne qu'il y avait toujours un bon morceau pour les gendarmes qui fermaient les yeux et faisaient discrètement prévenir lorsque les inspecteurs du ravitaillement se baladaient dans le secteur.

LA VIGNE

Avec la belle saison revinrent les gros travaux ; il ne pleuvait pas et la terre était sèche. Ce temps là était bénéfique pour la vigne, l'absence d'humidité éloignant le risque de maladie et, comme il n'y avait plus de sulfate de cuivre pour traiter, cela simplifiait les choses.

On nous allouait avec parcimonie un produit de remplacement à base d'ammoniac et qui contenait, parait-il, une quantité infinitésimale de cuivre, ce qui motivait pour nous de livrer en échange une certaine quantité de cuivre métal.

Les allemands avaient raflé tous les stocks de métaux non ferreux, et un vaste plan de récupération était en cours dans tous les pays occupés ; tout était bon à prendre, depuis la poignée de porte en laiton jusqu'à la statue de bronze pesant plusieurs tonnes.

Si le temps sec était bon pour la vigne, il était très mauvais pour les jardins ; les pommes de terre privées d'eau ne grossissaient pas et les autres légumes végétaient ou se desséchaient.

Ma mère avait des amis du coté de Barie qui faisaient beaucoup de polyculture et de l'élevage ; ils cultivaient des terres riches et fraîches où tout venait, tout sauf la vigne qui ne leur donnait qu'une piquette infâme.

Ma mère partait à vélo avec des bouteilles de vin blanc couchées et cachées dans un cageot sur le porte bagage et dans les sacoches ; elle revenait avec des œufs et de la farine de blé ou de maïs, on se nourrissait un peu mieux.

Mon père s'était fait une mauvaise déchirure au ventre en remuant de lourds billons d'acacia et il avait fallu l'opérer d'urgence ; cela c'était bien passé mais il ne pouvait pas travailler.

Mon cousin Jean venait m'aider à sulfater, à dos, naturellement ; c'était un travail pénible, la sulfateuse pesait vingt kilos et la pente rude. De temps en temps nous nous arrêtions pour souffler un peu ; nous en profitions pour nous gaver de pêches et le soir, malgré la fatigue, nous allions toujours faire une virée d'un coté ou de l'autre. Lorsque nous avions terminé le sulfatage mon cousin repartait à Bordeaux aider son père à la tonnellerie.

Un jour, il arriva chez nous avec une demi-carte de tickets de pain, faux bien entendu, mais qui avaient l'air aussi vrai que les vrais ; c'était miraculeux, même de mauvaise qualité, le pain c'était la vie.

Jean nous dit qu'il avait la filière pour se procurer les précieux tickets mais qu'il fallait qu'il fasse très attention car il y avait dans le quartier de la barrière de Bègles un mouchard nommé Langeron, ardent collaborateur et membre très actif de plusieurs partis ou associations pro-allemandes.

« Il est toujours à l'affût, me dit Jean ; ses voisins en ont une trouille bleue, chaque fois qu'il passe devant la terrasse du bistrot il y en a toujours un pour crier « heil ! », ça ne rate pas, il revient sur ses pas, mauvais et mordant : « Je vous aurai, petits cons ! Je vous aurai tous ! »

« Alors tout le monde fait gaffe, c'est un type dangereux. »

Mon cousin Gérard, le cadet, s'était embauché chez un boulanger dans le centre ville. Tous les jours il partait au travail vêtu d'un pantalon très large et des chaussettes de joueur de rugby ; il rentrait chez mon oncle après son travail avec des baguettes de pain enfilées dans les chaussettes et dissimulées par le large pantalon. Cela dura quelques semaines, jusqu'au jour où le boulanger s'aperçut du manège et le vira sans autre forme de procès.

TOUJOURS EN ALERTE

C'était le plein été... Il y avait un an que les allemands étaient chez nous ; en un an nous étions devenus des êtres complètement différents, plus rien ne nous surprenait. Nous agissions, guidés par un instinct qui s'était réveillé en nous comme la prudence et la méfiance des bêtes sauvages. Nous avions appris à marcher sans bruit, autant que possible à couvert, l'oreille tendue et l'œil capable de déceler le moindre reflet d'un casque ou d'une épaulette ; on faisait attention à tout.

Nous connaissions à fond la façon d'opérer des allemands, les heures des relèves, l'itinéraire des patrouilles et les planques des douaniers dans les cabanes ou les buissons aménagés en poste de guet. Nous avions enlevé et fait disparaître de chez nous tout ce qui aurait pu motiver une arrestation en cas de perquisition.

Nous avions catalogué tous ceux qui étaient susceptibles de moucharder ; parfois, lorsque nous passions à la barrière il nous arrivait de voir des personnes de Saint Macaire ou de Saint Pierre d'Aurillac deviser gentiment avec les allemands. Certains, gênés, se détournaient pas très à l'aise ; d'autres au contraire paradaient, tout fiers d'être vus en compagnie de ces messieurs. Nous passions, sans un regard de coté ; mais la petite lumière rouge s'allumait... « Encore un dont il faudra se méfier ! »

On ne discutait jamais avec un inconnu.

Le départ des SS nous permettait de revenir le dimanche en zone occupée, aux « Grottes » ou au cinéma à Saint Macaire ou à Langon. J'allais aussi plus souvent au bord de la Garonne voir tourner le « birol » du « Petit Louis », ou piquer un plongeon dans l'eau claire.

Parfois, je rencontrai un ou deux douaniers qui patrouillaient sur le chemin ; si je ne les voyais pas, c'est qu'ils étaient cachés au milieu d'un roncier ou d'un buisson. Ils surgissaient de leur planque, puis ils me reconnaissaient et manifestement déçus regagnaient leur cachette. Je n'étais pas un bon client...

Souvent ils s'approchaient et nous échangions quelques mots : « Vous avez l'air d'avoir chaud ? »

« Ia, ia! Soleil Frankreich nix gut ! Trop chaud! »

Hommes du Nord, ils souffraient de la chaleur avec leurs bottes et leurs uniformes. Les premiers jours de l'occupation dès qu'ils n'étaient pas en service, ils s'étendaient au soleil ou se promenaient torse nu. Beaucoup furent atteints de graves brûlures ; blonds à la peau très blanche, ils cuisaient littéralement, les cas d'insolations étaient nombreux. Avec réalisme et efficacité, le commandement prit des mesures et chaque homme de troupe en service fut pourvu d'un casque colonial provenant des stocks abandonnés par l'armée française ainsi que de produits anti-brûlures.

Les douaniers, eux, n'avaient pas bénéficié de la distribution ; on les voyait s'éponger le front avec leur mouchoir.

Cette fois-là, je regardais le reflet argenté des bancs de mules (ou mulets) qui remontaient le courant, le long du piérré, Un douanier vint à coté de moi, j'esquissai un geste…

« Non non, nix papiers, vous village… ! »

Il fit comme moi et se pencha vers l'eau : « Garonne beaucoup poissons… Mais pas beaucoup bateaux ; nous Allemagne, grands fleuves comme Garonne servir transport marchandises, beaucoup bateaux, toujours mouvement… Ici rien ! »

Il secouait la tête avec un sourire moqueur ; il commençait à m'emmerder, je répondis : « Ici, avant l'occupation il passait aussi beaucoup de bateaux qui transportaient de tout, du blé, du vin, du pétrole. Maintenant, tout part vers le nord, par le train… »

Il comprit l'allusion et marqua le coup : « Ach ! Evidemment, la guerre, l'occupation…Mais tout ça bientôt fini… Russes pas pouvoir tenir longtemps devant armée allemande ! »

Je me gardai bien de refaire la même boulette que Cacao et j'approuvai sans équivoque : « Ia, Rouski bientôt kaputt ! »

Le douanier s'éloigna, poursuivant sa tournée à la recherche de son gibier humain.

LA GARONNE

Un seul bateau assurait un service à peu près hebdomadaire. C'était un petit chaland métallique automoteur, « Le Courrier d'Agen » ; il descendait sur Bordeaux chargé à ras bord et retournait en zone libre pratiquement à vide. Il s'arrêtait au quai de Langon, point où s'opérait le contrôle allemand. Le père Icart, un des derniers matelots macariens l'avait piloté quelques années.

Nous étions tous, au village, des habitués du fleuve, dans chaque maison on trouvait un « coul », des lignes a « platusses » nom gascon du carrelet, et tout un tas de cordeaux enroulés sur une planchette où des demi-bouchons collés servaient à piquer les hameçons. Quelques nasses à anguilles, les « bourgnes », complétaient la collection.

Avec la guerre tout cela ne servait plus à rien ; il n'était plus possible de pêcher de nuit et c'était dommage. Heureusement il y avait le birol de Louis.

Le poisson avait été de tout temps une nourriture abondante et gratuite pour les populations laborieuses riveraines de la Garonne. J'ai connu des ouvriers tonneliers qui, pendant les années trente partaient le soir après leur travail poser les cordeaux et tendre les lignes de fond. Ils passaient la nuit roulés dans une couverture, à l'abri dans une cavité creusée dans le flanc du talus pour profiter d'une bonne marée. Ils rentraient aux premières lueurs de l'aube et laissaient chez eux le produit de leur pêche avant de recommencer une journée de travail. Cela permettait d'économiser quelques sous sur le maigre salaire.

Le courant humain suivait le courant du fleuve...

Que ce soit le port de Saint Macaire, de Saint Pierre ou d'ailleurs, tout le monde se connaissait et se retrouvait au bord ou sur l'eau ; certains remontaient du Cadillacais ou descendaient du Réolais pour ratisser les graviers à la recherche des bancs de poisson. On voyait aussi, pendant les chaudes journées d'été, des attelages de bœufs liés par paires à de grosses charrettes. C'était de véritables expéditions qui descendaient du haut de Pian vers la Garonne.

Les arrivants s'installaient à l'ombre des « aubarèdes », on mettait les bœufs au pacage et l'on déchargeait des charrettes une quantité de draps, des couvertures, du linge. Les femmes s'installaient à genoux sur un banc à laver et commençaient la lessive ; les hommes tendaient des cordes entre les arbres et le linge était mis à sécher au fur et à mesure.

Cela durait deux ou trois jours ; ils mangeaient au bord de l'eau et dormaient sous les arbres. Le dernier jour tout le monde faisait trempette près de la rive, avec de l'eau jusqu'aux genoux, car, c'était bien connu et sujet à railleries, les gens d'en haut ne savaient pas nager...

Les femmes se baignaient nues sous un tablier, les hommes portaient un vieux pantalon coupé aux genoux. Nous allions les regarder, goguenards, en suivant le milieu de la rivière à la nage. Lorsqu'ils repartaient il y en avait toujours un pour leur lancer : « Ca y est ! Maintenant, ils sont propres pour un an ! »

La Garonne aidait beaucoup à vivre et aussi, parfois, faisait mourir. Tous les ans ou presque il y avait quelqu'un qui se noyait en tombant d'un bateau dans la rivière en crue ou glissant de la berge dans l'eau glacée ; des imprudents parfois victimes de leur témérité l'été, à la baignade.

Dans notre famille aussi il y avait eu des morts, un surtout dont l'histoire cruelle et peu banale se transmettait chez nous à travers les générations. Je la restitue telle quelle me fut racontée par mon grand père, Félix Mauriac :

« C'était il y a bien longtemps, quand il y avait encore les rois. Saint Macaire vivait sous la férule d'un seigneur puissant et redouté qui s'appelait De Lancre. Un jour, un de nos aïeux avait, avec un ami qui était passeur, traversé la Garonne en barque pour pêcher. Ils étaient sur la rive opposée et surveillaient tranquillement leurs engins, lorsque depuis Saint Macaire un homme les héla, leur demandant de venir le chercher pour traverser.

« Dans la blancheur brumeuse du petit matin, ils distinguèrent une silhouette vêtue d'un ample manteau noir. Un des deux pêcheurs questionna en gascon : « Quiou ès, tu ? » (Qui es tu, toi ?)

« La silhouette noire répondit : « Suy De Lancre ! » (Je suis De Lancre !)

« Croyant à une blague, la réplique partit : « Es De Lancre, eh bé damore à l'ancre ! » (Tu es De Lancre, eh bien restes à l'ancre !)

« L'homme ne répondit rien et fit demi-tour ; mais lorsque les deux amis accostèrent au port de Saint Macaire ils furent arrêtés par les gardes, et jetés peu après dans le fleuve, la chaîne et l'ancre de leur propre bateau accrochée à leur cou. »

Cette histoire lugubre et tragique est toujours restée présente dans ma mémoire car il s'en fallut de très peu que, pour moi aussi la vie s'achève dans le fleuve…

J'ai toujours été un bon nageur ; je ne me souviens pas depuis quel âge j'ai commencé à me propulser dans l'eau tout seul. Tout petit, pendant que mon père pêchait je barbotais un peu plus, piquant de temps en temps un petit plongeon pour aller chercher un joli caillou qui luisait au fond de l'eau limpide.

Je n'avais pas tout à fait onze ans quand j'ai, en compagnie d'un copain de mon âge, Jeannot Guiraudon, traversé pour la première fois la Garonne à la nage, quelqu'un nous vit et alla prévenir ma mère qui, morte de peur, nous attendit cachée derrière un arbre. Je reçus ce jour là un savon mémorable ; mais je m'en foutais… J'avais traversé !

Les soirs d'été, quand tout le monde était à la baignade, Robert Thomas avait l'habitude de faire en longues brasses un petit tour jusqu'à la rive opposée. J'étais tout heureux de pouvoir l'imiter. J'aimais plonger en eau profonde, mais jamais de très haut, souvent je me laissais couler jusqu'à ce que je touche le fond. Alors je remontais à la surface d'un seul élan en prenant mon appui sur le gravier. J'adorais ça, et devait me servir…

Il y avait à Saint Pierre un immense banc de gravier, par endroits mêlé de sable. C'était une plage magnifique, un des plus beaux sites de la vallée de la basse Garonne dont l'agrément de la baignade et la bordure largement ombragée attirait à la belle saison une foule de gens.

Beaucoup d'entre nous n'avaient pas souvent vu la mer où même pas du tout, à part sur les cartes postales. Mais nous connaissions notre Garonne à fond, avec ses plaisirs et ses pièges.

Nous allions nous baigner le soir, après le travail mais, c'était surtout le dimanche après-midi que nous nous retrouvions tous à la « plage » de Saint Pierre. Avec la jeunesse du coin, les soldats du poste et la masse des réfugiés ça faisait du monde… Les filles qu'on aspergeait ou que l'on balançait à l'eau hurlaient, les cris, les rires, tout cela créait une ambiance extraordinaire. Les vieux venaient s'asseoir à l'ombre pour ne rien manquer du spectacle, lorgnant de temps en temps du coté des jetins pour tacher d'apercevoir, l'espace d'un éclair, une fille en train de passer ou d'enlever son maillot de bain.

LA BAIGNADE

Un dimanche après-midi, nous étions arrivés de très bonne heure à la plage, Jeannot, René et moi. Il n'y avait encore personne et nous longions la berge pour arriver aux premiers épis.

Quelques années avant la guerre, d'importants travaux d'aménagement avaient eu lieu dans ce secteur, entre autres des draguages profonds qui avaient laissé de loin en loin des trous dangereux, mais bénits des pêcheurs de carpes.

Jeannot, attiré par l'eau calme décida de faire quelques brasses ; René qui ne nageait pas s'étendit sur le sable, je fis comme lui. Jeannot n'était pas un bon nageur et il n'allait jamais très loin. Il était à une quinzaine de mètres de la rive lorsqu'il se prit le pied dans une cordelette accrochée à un morceau de bois à la dérive. La panique s'empara de lui, il fit quelques mouvements désordonnés et je le vis couler.

Je sautai à l'eau et en quelques secondes je fus sur lui ; je plongeai pour l'attraper mais ce fut lui qui m'attrapa, et par le cou en plus ! A demi-étranglé je nous sentais descendre de plus en plus profond dans ce satané trou ; s'il y avait de la vase au fond, nous étions foutus...

Enfin je touchai, c'était du caillou ; je pris mon appui et d'une brusque détente je me lançai et remontai non sans peine, le pauvre Jeannot toujours accroché à moi. Il était déjà affaibli et gigotait beaucoup moins ; je pus me dégager sans le lâcher, repris de l'air, un copain qui venait d'arriver nous jeta une chambre à air de voiture. Je saisis cette bouée providentielle et regagnai le bord. On étendit Jeannot sur le gravier en plein soleil, on le frictionna, d'autres lui remuaient les bras et il reprit vite ses esprits. Tout cela avait duré très peu de temps mais à moi ça m'avait paru très long, et aurait pu être définitif.

Exception faite de cet incident, nous prenions beaucoup de plaisir à fréquenter la plage de Saint Pierre ; les bons nageurs (j'étais fier d'en être un) faisaient des courses d'une rive à l'autre, aller et retour, concours de plongeons où le copain Soucaret triomphait toujours grâce à un truc qui épatait les foules ; il allumait une cigarette, la rentrait dans sa bouche avant de plonger et émergeait en ressortant sa cigarette toujours allumée.

Le soir, tout le monde repartait en bande à Caudrot au théâtre Ferranti où la fiesta continuait. Nous rentrions chez nous tard dans la nuit toujours avec les mêmes précautions, mais beaucoup moins inquiets. Contrairement aux SS, les douaniers ne tiraient sur personne.

Nous allions souvent nous promener à vélo le dimanche matin du coté de Castets. Nous flânions au bord du canal sur lequel la navigation se poursuivait sans sortir en Garonne.

Les allemands s'étant emparés de la majeure partie du matériel ferroviaire français et des camions, seuls les mariniers pouvaient acheminer le fret à travers le sud de la zone libre jusqu'à la Méditerranée et même au delà, par les étangs et le Rhône.

Beaucoup de mariniers bordelais avaient dès le début gagné la zone libre et avaient fait du premier bief du canal leur port d'attache.

La pénurie de carburant avait réhabilité le halage par les chevaux ; nous allions devant la minoterie voir les chalands chargés à ras bord de sacs de grain ou de farine. Les chevaux s'arc-boutaient pour pousser à fond sur le collier et on voyait le lourd bateau commencer tout doucement à glisser le long de la berge ; c'était le départ qui était le plus dur, après, les deux chevaux prenaient leur allure de route jusqu'à la prochaine écluse.

Les allemands aussi avaient utilisé le canal à plusieurs reprises pour acheminer de petits convois de vedettes rapides en Méditerranée pour aider les italiens. Le « Petit Louis » en avait vu passer sept, un matin ; c'était des bateaux neufs, armés de tubes lance-torpilles.

Nous suivions le chemin de halage jusqu'au pont de Mazerac, puis nous filions sur Barie à travers les champs de céréales, de sorgho pour la paille à balais ; il y avait aussi d'immenses oseraies, mais la fraîcheur et la fertilité de ces terrains d'alluvions, engraissés par les crues saisonnières de la Garonne avait développé les cultures légumières, les champs de haricots ou de pommes de terre voisinaient avec le tabac.

Les quelques communes situées comme Barie entre la Garonne et le canal étaient devenues un pays de Cocagne où rien ne manquait et où venaient s'approvisionner bon nombre d'habitants des villes voisines. Nous nous arrêtions au petit bistrot où nous passions un moment devant un verre de « panachet », à discuter avec la patronne et la serveuse ; puis nous revenions par la même voie, en flânant sur le chemin de halage. Un dernier regard depuis le pont sur les écluses et l'entrée du canal, les bateaux…

Ce fut un bel été, ensoleillé, radieux… Mais en Russie les allemands étaient aux portes de Moscou, ils avaient encerclé Leningrad, occupé la Crimée et Rostow sur le Don. Depuis le début de l'offensive les communiqués de victoire n'avaient pas cessé de se succéder, tant pour les batailles terrestres que pour la guerre sur mer.

La aussi l'Allemagne portait des coups très durs aux alliés, et le tonnage envoyé au fond par les sous marins était impressionnant. On voyait au cinéma des films rapportés par les correspondants de guerre embarqués à bord sous marins. Les convois attaqués, les cargos en flammes ou explosant à l'impact des torpilles, les naufragés se débattant dans le mazout en feu, le tout assaisonné de commentaires exaltant la supériorité allemande et le génie de son Führer.

Un prisonnier évadé nous avait dit qu'il avait vu des équipes d'ouvriers de « l'organisation Todt » avec des militaires précéder au transfert des pièces d'artillerie à longue portée de la ligne Maginot vers le littoral du Pas de Calais pour tirer vers l'Angleterre.

Un matin nous étions à la vigne, lorsque nous vîmes passer d'énormes canons dont l'affût métallique était supporté par plusieurs dizaines de roues de wagons. Il y en avait cinq, tirés chacun par une locomotive ; ça devait peser un poids énorme et le tout roulait lentement vers Bordeaux venant de la zone libre.

« Ce sont des 340, dit mon père, j'en ai vu un dans mon secteur pendant la dernière guerre ; le Génie installait rapidement une voie ferrée pour amener le canon à son point de tir, il tirait une dizaine de coups sur l'objectif choisi et était aussitôt après ramené vers l'arrière. »

Les allemands avaient mis la main sur ces canons et allaient s'en servir. Toutes ces démonstrations de force ne nous remontaient pas le moral et l'avenir nous paraissait bien sombre...

Nous fîmes une fois de plus les vendanges, le deuxième de l'occupation ; sécheresse, absence de fumure, pas de sulfate... La récolte fut maigre mais le vin très bon.

Nous n'eûmes pas avec les douaniers les mêmes contraintes et les horaires rigides de fermeture de la frontière qu'avec les SS « Totenkopf ». Ils nous laissaient passer quand nous voulions et héritaient au passage de quelques belles grappes de raisin. Cela allait beaucoup mieux que l'année d'avant, mais chaque soir, le critique militaire de « Radio Paris », Jean Hérold Paqui nous douchait en affirmant en guise de conclusion : « L'Angleterre, comme Carthage, sera détruite ! »

La récolte de vin était vendue tous les ans à une vieille famille de négociants de Saint Macaire, qui avait ses chais en face de l'église, tout près du monument aux morts, la famille Teynié. Le directeur commercial était lui aussi un macarien, Pauquet. Tout le monde se connaissait et une honnêteté réciproque simplifiait les choses.

Un vieux camion à gazogène arrivait avec des barriques vides et une pompe à main, on remplissait directement sur le camion pendant que le chauffeur perché sur la cabine enfournait les indispensables petites bûches dans l'appareil en remuant de temps en temps avec un long tisonnier. C'était toute une science, le gaz obtenu de cette façon était très pauvre, et souvent le véhicule ne démarrait pas ou s'arrêtait en route.

René Lartigue travaillait chez Gaston Callen, un mécanicien de Saint Macaire. Callen était un passionné de mécanique et il avait commencé à installer sur quelques voitures un nouveau système de propulsion à base d'acétylène, le « carburex ». Mais il ne put jamais, pas plus que quiconque d'ailleurs, parvenir à régulariser l'arrivée du gaz...

C'était assez curieux ; le véhicule équipé de cet appareil démarrait facilement, puis, au bout de quelques minutes on entendait des ratés et la vitesse mollissait pour tomber presque à zéro. Le gaz revenait soudain et après une succession de détonations sèches comme des coups de fusils, la voiture filait comme une flèche jusqu'à la prochaine faiblesse.

« CHAMPAGNETTE »

Le seul qui persista à conserver cet appareil sur sa voiture était un fabricant de vin mousseux arrivé à Saint Macaire quelques années avant la guerre, c'était un certain monsieur A———. On ne savait pas trop d'où il venait ; au début il était descendu à l'hôtel de la gare et y prenait pension, il avait loué pour son travail un grand bâtiment pourvu d'une spacieuse cave, au ras de la deuxième porte du Thuron. Il y fabriquait un mousseux de bonne qualité qu'il commercialisait sous l'étiquette « Nectar Saint Macaire » et une partie en petites bouteilles capsulées, le « Mac'Mouss ».

D'une élégance aussi raffinée que désuète, affichant une grande piété, il partait chaque dimanche à la grande messe coiffé d'un chapeau melon, vêtu d'une redingote noire et d'un pantalon gris, guêtres blanches sur vernis noirs et canne à pommeau d'argent. Très poli, il saluait tout le monde et s'exprimait dans un français extrêmement châtié ; il parlait parfaitement l'anglais et l'allemand.

Dès les premiers jours de son installation, il demanda au curé la permission de tenir les orgues, pendant la messe. Ce fut un enchantement... Monsieur A——— se révélait un musicien de très grande classe.

Les familles huppées de Saint Macaire et des environs se le disputaient ; il avouait à ses nouveaux amis ses convictions royalistes et révélait discrètement sa parenté avec les plus grands noms de la noblesse française. Il cherchait, disait-il, une demeure convenable pour s'y installer et faire venir sa femme et son fils.

Le petit peuple laborieux de Saint Macaire n'avait pas tardé à remarquer que le « Monsieur » de par ses fréquentations était d'un genre un peu « spécial » ; il fut donc gratifié illico, selon la coutume locale du « chafre » (surnom en gascon) de « Champagnette », la terminaison féminine collant très bien au personnage...

Les familles bourgeoises qui s'honoraient de le recevoir à leur table et le traitait royalement, firent à leur tour une autre découverte.

Il était complètement désargenté... Il les tapait sans aucun scrupule, alléguant un retard dans le paiement des nombreux intérêts qu'il avait un peu partout, à l'entendre tout au moins. Il les pluma sans vergogne, omettant de rembourser ses emprunts ou de payer le vin blanc imprudemment vendu, le plus souvent sans pièces de régie, ce qui rendait toute poursuite impossible.

Les portes se fermèrent les unes après les autres et la guerre le trouva dans une situation critique, couvert de dettes et vivants d'expédients.

L'arrivée des allemands changea tout ; les apéritifs et liqueurs des grandes marques classiques ayant disparu, la consommation de vin et de mousseux monta en flèche. Aux « Grottes », les allemands faisaient péter allègrement les bouchons et le « Nectar Saint Macaire » coulait à flots.

« Champagnette » embaucha trois jeunes, accéléra la fabrication ; les affaires étaient florissantes, il approvisionnait un grand nombre d'établissement,

Bordeaux compris. Sa parfaite connaissance de la langue germanique lui facilitait les choses pour les formalités et les autorisations de transport. Il traitait directement avec l'occupant, mais de façon très discrète ; on ne le voyait jamais en compagnie d'uniformes verts de gris.

Supérieurement intelligent, roublard à l'extrême, il se disait profondément peiné par la défaite et souffrant en lui-même du malheur des français. Mais il faisait confiance « A Dieu, au Maréchal Pétain, au Général de Gaulle et à la France... »

Profitant sans vergogne de l'occupation, il ne fut pourtant jamais classé parmi les collaborateurs... Chez lui, la magouille effaçait l'idéologie...

Il avait loué non loin de chez nous l'ancienne cure de Pian, belle demeure ombragée libre depuis le décès de ses propriétaires, les Massots, un couple de retraités parisiens.

Monsieur A—— y avait installé sa femme, son fils et ses beaux parents.

LES MASSOTS

J'ouvre ici une parenthèse, car je veux évoquer le souvenir des Massots qui vécurent dans cette maison pendant une douzaine d'années sans sortir de chez eux, connus seulement de quelques voisins dont nous étions.

Les commerçants du coin venaient prendre et livrer les commandes à la porte du jardin ; le reste, vêtements ou autres était commandé sur catalogue à de grandes maisons. Il y avait une petite cloche au dessus de la porte du jardin ; aussitôt que quelqu'un tirait la chaînette et faisait tinter la cloche, Monsieur Massot entrouvrait la fenêtre et jetait un coup d'œil, si c'était un inconnu il ne répondait pas et lâchait les chiens. Cette misanthropie avait intrigué le voisinage ; pour dissiper la méfiance il avait raconté son histoire...

Il était inspecteur de police et avait carrière à Paris, spécialisé dans le grand banditisme ; il avait dans sa jeunesse participé à l'élimination de l'anarchiste Bonnot. Il avait à son palmarès bon nombre de bandits notoires dont certains avaient finis sous le couperet de la guillotine et d'autres au bagne, quelques évadés et leurs complices le poursuivaient d'une haine farouche et avaient juré de lui faire la peau. Pour parer à cette éventualité, il avait constamment sur lui deux pistolets chargés et c'était aussi la raison pour laquelle, sa femme et lui, étaient venus se terrer au Bas Pian.

Ils étaient décédés à quelques mois de distance, en mil neuf cent trente cinq ; on ne leur connaissait pas de famille, la Mairie déclancha les recherches et l'on retrouva sa vieille mère et sa sœur. La famille vint sur les lieux pour liquider la succession ; ils emportèrent les objets de valeur, le reste fut vendu aux enchères. Le notaire fut chargé de louer la maison...

C'est ainsi qu'un beau jour « Champagnette » installa sa famille à la cure.

Le beau père mourut peu de temps après ; monsieur A——— fit imprimer des lettres de faire part qu'il partit distribuer lui-même aux voisins et connaissances. Tout le gratin de l'armorial de France figurait dans le faire part : les ducs, comtes, marquis et barons aux noms à simple ou double particule abondaient, quelques généraux non moins titrés clôturaient la liste.

Parenté réelle ? Bidon, personne ne le sut jamais ; toujours est il que monsieur A——— fit sa tournée vêtu de noir des pieds à la tête, des guêtres jusqu'au chapeau. Il était l'image même de la douleur dans la dignité, de la noblesse racée devant le malheur. Musicien remarquable, il se révéla en cette circonstance un extraordinaire comédien…

L'hiver était là ; la propagande allemande avec la presse, le cinéma et surtout la radio, entonnait une nouvelle chanson. La similitude du combat mené par Hitler avec la campagne de Russie de la grande armée de Napoléon 1er.

Des affiches apparurent un peu partout : « Jeunes français venez aider vos camarades allemands et participez à la croisade de l'Europe contre le bolchevisme. Engagez-vous ! » L'affiche représentait deux profils de soldats casqués, l'un français, l'autre allemand, cote à cote, l'air viril et farouche.

Une légion fut créée pour accueillir les volontaires et on parvint à former un bataillon. Le coté religieux était aussi à l'ordre du jour ; les allemands étaient devenus les défenseurs et les sauveurs de la chrétienté, une affiche montrait un Staline fou de rage s'évertuant à arracher une croix, droite et inébranlable. Un seul mot disait tout : « L'antéchrist ! »

Mais ce qui était dangereux et qui commençait à nous inquiéter c'est qu'il faisait aussi appel à des volontaires pour aller travailler en Allemagne. On savait que dans certains coins des ouvriers qualifiés avaient été rassemblés, décrétés volontaires et embarqués aussitôt pour l'Allemagne. Pour le moment rien n'avait encore bougé chez nous ; ils avaient besoin de notre agriculture et n'avaient pas intérêt à déplacer les paysans.

Le froid avait arrêté les opérations en Russie, un froid terrible qui du jour au lendemain avait paralysé l'armée allemande ; il y avait aussi les canons que les russes avaient alignés par dizaines de milliers devant Moscou et Leningrad.

Le moral remontait tout doucement lorsque la nouvelle tomba aussi brutale qu'invraisemblable : Les japonais avaient attaqué par surprise la base de Pearl Harbour à Hawaï, et coulé d'un seul coup la majeure partie de la flotte américaine. Partant de notre Indochine, les « japs » avançaient partout et débarquaient simultanément une masse de troupes.

Les américains aux Philippines, les hollandais en Indonésie, les anglais en Malaisie tout le monde fuyait devant l'ennemi ; en peu de temps tout le Sud-Est Asiatique était occupé.

La propagande allemande exultait : « Français ! Vous qui attendiez les américains, voyez ce que nos amis japonais en ont fait, et réfléchissez ! »

Ce n'était pas possible... Les américains ridiculisés par les petits hommes jaunes, eux qui en 1917, avaient stupéfié tout le monde par le modernisme et la qualité de leur équipement... Non ! Pris en traître, ils n'allaient pas tarder à réagir !

J'avais à l'aide de vieux fils électriques installé dans le grenier une antenne intérieure qui, la maison étant très haute, permettait de capter les stations lointaines parmi lesquelles Moscou qui émettait tous les jours en français à heure fixe sur grandes ondes. Cela nous réconfortait un peu de savoir qu'en Russie les allemands étaient enfin arrêtés et que le harcèlement des nouvelles divisions Sibériennes, rudes et habituées aux températures très basses, commençaient à leur poser de sérieux problèmes.

La « Propaganda Staffel » admettait que le froid, -40, par endroits, avait suspendu les opérations, mais que le plus gros de l'armée repliée en à l'abri, n'attendait que le printemps pour voler vers la victoire. Les allemands avaient laissé en couverture une succession de places fortes puissamment armées désignées sous le vocable de « hérissons ».

La fin de l'année arriva... Les salves qui saluaient l'an nouveau furent beaucoup plus faibles ; quelques coups de pistolet des douaniers du poste, deux ou trois coups de canon dans le lointain...On voyait que les effectifs dans le Sud-Ouest étaient plutôt maigres.

Chez le coiffeur, au bistrot, on entendait : « Ha ha ! L'année dernière ils étaient ici, bien au chaud en train de bouffer nos réserves... Maintenant ils sont en Russie à se geler les couilles et à claquer du bec ! »

C'était vrai ; les russes n'avaient rien laissé derrière eux ; leur pays était devenu un désert glacé où souffrait l'armée allemande.

1942

Ce soir-là, j'étais resté assez tard à la vigne, le temps était gris et sombre ; on était aux premiers jours de l'année 1942 et la nuit tombait vite. Je m'apprêtais à rentrer à la maison lorsque mon attention fut attirée par un grondement sourd, une sorte de roulement lointain ; cela s'amplifiait de plus en plus en se rapprochant. Il n'y avait aucun doute, c'était le bruit de bottes innombrables frappant le sol.

Soudain ils apparurent au virage en haut de l'Ardillat, en colonne par quatre, ils descendaient vers Saint Macaire, masse de soldats coulant comme un fleuve... Et il en arrivait toujours ; la tête de la colonne approchait du passage à niveau qu'il y en avait encore au virage du haut. C'était impressionnant... Toutefois, une chose avait changé... Ils ne chantaient pas...

En passant au poste je vis les douaniers qui, les jumelles à la main commentaient ce qu'ils venaient de voir. D'un geste agacé le Gros Shoop me fit signe de passer, bien évidemment ça ne les faisait pas rire de voir arriver tout ce monde ; cela signifiait pour eux un service plus strict et la fin de leur douce quiétude. Pour nous, il était bien clair que cela n'allait pas nous faciliter les choses.

Les nouveaux arrivants furent répartis entre Langon et Saint Macaire ; ils se promenaient, calmes et souriants, ce n'était plus la mécanique bien au point des SS « Têtes de mort » avec leurs exercices journaliers et la démonstration de leur force. Ceux la venaient de se battre et ils étaient enfin au repos.

« MATAME ! VOTEIL ! »

Depuis le départ des SS nous revenions, de temps en temps, au cinéma à Langon le dimanche, mais seulement l'après-midi ; jamais le soir pour éviter de nous faire ramasser par la Feldgendarmerie, nous savions que déjà des jeunes français pris en infraction avaient été obligés de signer un engagement de travailleur « volontaire » et expédiés illico et manu-militari dans une usine en Allemagne. Nous avions pour règle de courir le moins de risques inutiles.

Devant la caisse du vieux cinéma « Florida » il y avait déjà une file impressionnante de soldats. La caissiére était une femme d'une cinquantaine d'années, très gentille ; depuis le temps qu'elle occupait cet emploi elle connaissait tous les habitués, elle nous fit un petit signe d'impuissance, il fallait attendre que ces messieurs soient placés.

Nous regardions avancer la file des soldats ; ils n'avaient ni la stature, ni l'élégance des SS « Totenkopf », leurs uniformes étaient propres, mais usés et défraîchis. Eux-mêmes paraissaient fatigués, mais tous arboraient un large sourire... Ils étaient de nouveau en France...

L'un après l'autre, ils s'adressaient à la caissière tous de la même façon : « Matâme, voteil. » (Fauteuil.) La bave femme annonçait le prix, encaissait. Ils remerciaient, toujours de la même façon, toujours souriants : « Merzi pogou, matâme. »

Cela commençait à devenir lassant ; à un moment donné il y eut une coupure dans la file d'attente, nous en profitâmes pour nous glisser devant la caisse. J'étais le premier ; je ne sais quelle mouche me piqua mais je plaçais carrément mon visage dans le guichet.

« Matâme, voteil ! »

La caissière ouvrit des yeux ronds et resta bouche bée ; puis elle fut prise d'un fou rire qu'elle essaya de dissimuler en farfouillant dans sa caisse.

J'insistai : « Ia ! Ia ! Matâme, voteil, voteil ! »

Elle en pleurait en me tendant mon billet ; je l'achevai, la figure barrée par un sourire béat : « Merzi, bédide matâme, merzi pogou ! »

Aussitôt assis Jeannot et René me tombèrent dessus à voix basse : « Qu'est-ce qui t'a pris de faire le con devant tous ces boches, s'il y avait eu un feldgendarme ou un « Gestapo » en civil, on se faisait emballer tous les trois ! »

C'était vrai… Ces messieurs n'aimaient pas beaucoup que l'on se foute d'eux. Mais tout s'était bien passé pour la plus grande joie de la caissière qui, longtemps après me disait toujours lorsqu'elle me voyait arriver : « Voteil, mosié, voteil ? »

Quelques jours après je m'arrêtai chez le maréchal ferrant Paul David, qui avait sa forge à l'angle de la route nationale et du chemin de Tivoli. Il fallait que je prenne rendez-vous pour faire ferrer le bœuf ; c'était indispensable car le maréchal ferrant était obligé de tailler et de préparer à l'avance les fers dans de la tôle épaisse provenant de coques de vieux bateaux démolis.

Nous parlions de choses et d'autres lorsqu'un soldat, attiré par le bruit du marteau sur l'enclume s'approcha ; il parlait quelques mots de français et nous fit comprendre que, lui aussi, avant la guerre exerçait le métier de forgeron. Il caressait l'enclume avec nostalgie. L'occasion était trop belle ; je baragouinais quelque peu d'allemand pour essayer de lui tirer les vers du nez, en outre c'était le premier avec qui je pouvais enfin parler de la Russie… J'attaquai la conversation : « Toi, retour Rouski ? »

Il ne demandai que ça, il acquiesça : Ia, Ia, mich Rouski, nix gut, pas bon ! »

Il essayait de nous faire comprendre, à grand renfort de gestes : « Rouski beaucoup froid, nix manger, nein, nein ! »

Il nous expliqua que même dans les villages les maisons étaient vides ; impossible de trouver des vivres ou un quelconque ravitaillement, il n'y avait plus rien.

Je demandai : « Et mamazel rouski, toi voir et promener mamazel rouski ? »

Il eut un regard effaré : « Nein ! Pas bon ! »

Tant bien que mal il nous fit comprendre que les copains qui avaient voulu aller faire « flik flik » avec des filles russes n'étaient jamais revenus, et que ceux que l'on avait retrouvés avaient un couteau planté entre les deux épaules… Il conclut : « Ach ! Mamazel franzoze prima ! Cholie, amour, gut, gut ! Mamazel rouski, nix gut, cheize (merde) ! »

Il cracha par terre en signe de dégoût ; il tira de poche une petite étoile rouge avec faucille et marteau dorés et nous expliqua que les soldats russes portaient cet insigne sur leur calot. Il exhiba aussi un superbe portefeuille décoré également de l'étoile rouge ; il nous dit qu'il l'avait pris sur le corps d'un soldat soviétique qu'il avait tué.

Il nous raconta que son unité avait été attaquée de surprise par des russes vêtus de blanc, arrivés sur des traîneaux équipés d'un moteur d'avion et d'une hélice, ils avaient fondu sur les allemands à une vitesse folle, faisant feu de toutes leurs armes et étaient repartis non sans laisser quelques morts sur le terrain.

Le soldat nous décrivit la façon dont les russes étaient chaussés pour éviter les gelures, avec des bottes garnies de feutre et de peaux de mouton à l'intérieur, bottes qui étaient immédiatement récupérées par les allemands sur les cadavres et les prisonniers.

Il savait qu'il allait repartir au printemps pour l'offensive finale ; cela n'avait pas l'air de l'inquiéter beaucoup : « Beaucoup Panzers ! Rouski kaputt ! »

Il était tout fier, et heureux d'être en France, un beau pays où il pouvait bouffer tant qu'il voulait et où il ne risquait pas de laisser la peau chaque fois qu'il allait s'envoyer « mamazel ».

Il était plein de confiance, et de notre coté, en l'écoutant parler nous ne pensions pas que les russes pourraient les arrêter ; fatalement au printemps ils entreraient à Moscou et iraient plus loin encore, peut-être jusqu'à l'Oural, but de l'opération.

C'était une erreur... Mais nous ne le savions pas.

Un peu plus bas, la belle S——— avait vu les affaires repartir en flèche ; avec sa sœur et P——— elles ne chômaient pas, au grand désespoir du pauvre Frantz Bürneck qui, lorsqu'il arrivait, voyait toujours quelques soldats devant la porte, riant et se bousculant en attendant leur tour.

Alors le pauvre Frantz remontait sur son grand vélo et repartait désespéré.

« LES SOURIS GRISES »

Sur la frontière les soldats assuraient un service correct ; très rapidement ils firent comme les douaniers et reconnurent les gens du village.

La femme du douanier Karl Lawa était aussi dans les douanes, elle avait du se débrouiller pour se faire muter et on la vit un jour débarquer au poste frontière. Ce n'était sûrement pas Karl qui l'avait faite venir, car il était l'amant d'une fille de Saint Pierre avec laquelle il s'envoyait joyeusement en l'air.

Dès son arrivée au poste elle entra tout de suite en fonction ; son rôle était de fouiller les femmes et la possession de l'ausweis ne dispensait pas de cette humiliation. Toute la gent féminine du village y passa, sans exception.

Elle se délectait en faisant ce travail et devait avoir pour les françaises une haine profonde. C'était une femme de trente cinq ans environ, robuste, taillée à coups de serpe, les cheveux d'un blond roux sur une tête rougeaude posée sur des épaules de lutteur.

Elle fut aussitôt baptisée « la rouquine, la vache, la salope » et j'en oublie ; elle se tenait toujours sur la porte de la baraque, et sur un signe d'elle le douanier rappelait la femme dont il venait de contrôler les papiers : « Matâme, eine minout, retour kontrol ! » La rouquine souriante faisait entrer la victime dans la cabine prévue à cet effet et le « strip-tease » à l'allemande commençait.

Un jour, elle avait fait déshabiller une femme du coin, grosse, difforme et pas très nette ; elle ressortait de la cabine pour montrer au fur et à mesure les sous vêtements de sa cliente aux soldats et aux douaniers, avec un commentaire approprié sur le chic et l'élégance des femmes françaises. Tout le monde se marrait pendant que, bouclée dans la cabine, la victime attendait à poil que la rouquine veuille bien lui rendre sa culotte et ses fringues.

Elle était arrivée un peu après le départ des SS ; c'était dommage car elle était faite pour opérer avec eux. Elle fut rejointe assez rapidement par deux filles plus jeunes, vingt ans environ et beaucoup plus gentille ; elles portaient un uniforme de bon goût, un tailleur gris très bien coupé et étaient coiffées d'un calot. Elles étaient jolies, l'une blonde très bien roulée et l'autre une brunette mignonne et aguichante.

Madame Karl, « la rouquine », était toujours en tenue de ville, sauf lorsque la visite d'officiers supérieurs l'obligeait à paraître en uniforme. La première fois qu'elle apparut vêtue en « souris grise » (c'était le surnom que les français leur avaient donné) nous comprimes de suite pourquoi elle évitait de porter l'uniforme… Sa tête rougeaude et ses cheveux flamboyants ressortaient affreusement sur le gris.

Quant aux deux autres qui venaient prendre leur service à vélo, depuis Langon il nous arrivait de les croiser lorsque nous montions à pied à Saint Macaire pour aller aux « Grottes » ou au café. Un jour la blonde arrivait devant nous et Jeannot lui balança : « Cholie mamazel ! Ach… jolie… jolie ! » La fille rougit comme une tomate…

A partir de ce moment sa copine et elle nous saluaient gentiment en tirant pudiquement leur jupe sur leurs genoux. Mais ça n'alla jamais plus loin ; on leur envoyait un petit compliment au passage et c'était tout, du reste elles étaient probablement branchées avec des officiers, il était impensable que ces deux filles restent seules le soir. Alors prudence… !

Mais je crois bien qu'elles auraient marché, rien que pour voir comment c'était avec ces vauriens de « franzoses » qui n'étaient bon qu'à ça !

De temps en temps nous allions faire une petite virée en zone libre, ou sur la place de Caudrot, le théâtre Ferranti connaissait toujours le même succès.

Peu à peu, un climat nouveau s'était créé ; la masse des réfugiés s'était intégrée à la population locale. Un détachement de gendarmes avait été affecté à la surveillance de la partie non occupée du canton de Saint Macaire, et installé à Caudrot dans une grande maison en face de la place.

La vie en zone libre était différente, bien moins dure et sans risques majeurs. La vue et le contact journalier d'uniformes français rassuraient les gens ; un jour j'entendis de jeunes filles réfugiées de Lorraine dire en nous regardant : « Ils ne sont pas d'ici ; ce sont des gars d'la zone occupée… ! » La frontière était bien réelle…

« LA MULE »

Parfois, le dimanche après-midi, nous croisions le « convoi de ravitaillement » du poste français de Saint Pierre. Le 150ème R.I. étant basé à Marmande, il fallait depuis là assurer la croûte des différents postes échelonnés dans le secteur. Pour Saint Pierre, c'était une sorte de caisson carré monté sur des roues de voiture et tiré par une mule qui assurait le transport et la logistique, quelques kilos de haricots ou de lentilles, des patates et des choux ; quelques bidons de vin complétaient le chargement. Le soldat qui conduisait l'attelage était un pauvre bougre résigné et fataliste ; de Marmande à Saint Pierre tout le monde le connaissait, il avait hérité du surnom de « la mule ».

Dès le premier kilomètre il y avait toujours quelqu'un qui l'arrêtait : « Ho ! La mule, viens boire un coup ! »

« La mule » ne refusait jamais… Le trajet était long et les haltes nombreuses… A La Réole, il était déjà rond comme une bille et finissait le parcours ronflant, couché dans le fond du caisson, deux pieds chaussés de godillots émergeant du véhicule révélant sa présence. La mule, la vraie, profitait du sommeil de son conducteur pour s'arrêter et paître l'herbe de l'accotement, par-ci, par-là, selon son goût.

Un jour, les copains trouvèrent l'attelage arrêté sur la plaine entre Saint Pierre et Saint Martin ; la paire de godillots qui dépassait de la bordure témoignait de la profondeur du sommeil de celui qui les possédait. Sans bruit, ils prirent la mule par la bride et la firent tourner en direction de La Réole ; une petite tape sur la croupe et la bête repartit allègrement vers son point de départ jusqu'à ce que son conducteur, enfin réveillé, remette à nouveau le cap sur Saint Pierre.

La différence entre les deux zones s'accentuaient chaque jour un peu plus et nous, les frontaliers, étions pratiquement les seuls à nous en rendre compte.

La majeure partie de l'empire colonial était encore sous le contrôle du Maréchal et de son gouvernement. La marine, puissante, regroupée à Toulon, l'armée d'armistice paradant et défilant à la moindre occasion. Avec la création des « Chantiers de Jeunesse » un service de six mois était imposé aux jeunes de vingt ans ; on disait avec un petit sourire : « Ce sont des soldats à qui il ne manque que le fusil ! »

Certes, ce n'était plus « Nous vaincrons parce que nous sommes les plus forts » mais on en était pas tellement éloigné. De cette France endormie et confiante « la mule » était le vivant symbole… Le réveil allait être douloureux…

On ne savait pas très bien comment ça se passait sur le front de l'est. Radio Moscou annonçait des attaques et un harcèlement continu des hérissons allemands dont certains étaient déjà encerclés et isolés.

De leurs coté les allemands affirmaient qu'ils contrôlaient facilement facilement le moindre mouvement des russes, que les usines du Reich tournant à plein produisaient des armes nouvelles, et qu'au printemps ce serait une armée dotée d'une puissance de feu terrifiante qui allait se remettre en marche.

Les américains avaient fait le bilan de leurs pertes et déjà leur formidable puissance industrielle comblait rapidement les vides. Le lancement de nouveaux navires de combat ou de transport, la sortie en grande série d'avions et surtout celle des gros bombardiers à quatre moteurs les « forteresses volantes », l'aide apportée aux russes par l'envoi de matériel, tout cela convergeait sur la même conclusion : Au printemps, le feu allait se rallumer partout...

Et puis un soir...

Nous étions chez nous, dans le noir, la porte fermée, écoutant Londres en sourdine lorsque le commentateur qui essayait tant bien que mal de nous remonter le moral s'interrompit, n'en revenant pas lui-même : « Nous venons d'apprendre par un communiqué de l'état major soviétique que l'armée rouge a repris Rostov sur le Don ! La nouvelle est confirmée de source neutre. »

C'était incroyable... ! Hitler avait affirmé quelques semaines avant que, là où le soldat allemand avait posé sa botte, personne ne l'en sortirait jamais. Ils n'étaient donc pas invincibles ! Quelque chose avait changé, et la petite flamme d'espoir en fut soudain ravivée.

Mieux équipés, les anglo-américains bombardaient de plus en plus durement les villes industrielles de l'Allemagne ; la « Propaganda Staffel » mettait en relief l'imprécision des bombardements qui tuaient de nombreux civils, sans grand dommage pour les installations industrielles ou militaires.

L'ESPOIR REVIENT

Les hommes qui étaient de garde à la barrière commençaient à marquer le coup ; la gaîté et la décontraction du début avaient disparu. On les sentait inquiets, on les voyait parfois sortir des lettres de leur poche et les commenter à deux ou trois.

Ce matin là nous partions travailler au Saubon, et il nous fallait présenter une deuxième fois nos papiers à la sentinelle de garde aux « Quatre Chemins » ; en approchant nous vîmes le soldat appuyé, ou plus exactement écroulé sur la barre. Il pleurait, les épaules secouées par les sanglots, une lettre tremblait dans sa main. Nous passâmes sans qu'il fit la moindre attention à nous...

« Tu vois, dit mon père, c'est le commencement. En quatorze la guerre s'est passée en Belgique et en France ; des gens ont été maltraités, fusillés, roués de coups pour travailler sous le feu des canons. Mais en Allemagne les civils étaient en sécurité et ne savaient pas ce que c'était... Maintenant, ils vont l'apprendre, et c'est ça qui va commencer à démoraliser les troupes, l'inquiétude et l'obsession de savoir leurs familles sous les bombes... Pour eux, ils n'ont pas peur, ce sont des durs au combat, ils savent se battre, mais le souci des leurs va les rendre mauvais, et nous risquons de trinquer ! »

Ce n'était pas tout à fait aussi triste que l'hiver précédent qui avait été une brutale et terrible épreuve ; une sélection s'était faite, les plus faibles, ceux qui n'avaient ni la santé, ni le courage ou la force de se battre étaient morts. La leçon avait été dure, mais salutaire ; on ramassait, récupérait, transformait, tout ce qui était utilisable était utilisé.

Je ramenais de temps en temps un peu de viande de l'abattoir clandestin, quelques faux tickets de pain amenaient un peu de supplément.

Nous avions conservé du poisson salé dans de vieux pots à graisse ; j'avais aussi ramassé à la saison une assez belle quantité de cèpes et de champignons blancs que nous avions conservés de la même manière. On dessalait à grande eau et la cuisine était simple, le grill...

Nous avions aussi rentré des fèves, des pois secs, du maïs pour faire des galettes, les patates et les haricots étant avec la viande de l'abattoir clandestin le sommet de la gastronomie.

Tous nos voisins faisaient comme nous... La survie était à ce prix, il fallait arriver au printemps.

Mon vieux copain d'enfance, Jean Dorgan, venait souvent chez ses grands parents, les Labrége, qui habitait la maison qui est juste entre notre village et celui de « Fonbonnet ». Bien que ses parents et lui habitaient Bordeaux, il avait passé son enfance au Bas Pian. Pendant les vacances nous allions à la pêche ou traquer les couleuvres d'eau dans la fontaine du château Fayard ; mais, le sommet du bonheur était la chasse et la capture des grillons que nous enfermions dans une petite cage, et qui, les soirs d'été faisaient un vacarme infernal.

Jean avait fait de brillantes études et fréquentait le gratin bordelais, mais notre vieille complicité était restée intacte et notre amitié profonde.

Moi, j'avais quitté l'école à onze ans et demi, six mois après le certificat d'études ; il n'était pas question de les poursuivre, mes parents n'étaient pas riches, et il y avait du travail chez nous.

Pendant les quelques années où je fus écolier je ne quittai pas la place de premier ; honnêtement, je n'étais ni plus assidu, ni plus intelligent que beaucoup d'autres, mais j'avais comme atout une mémoire exceptionnelle qui me permettait de restituer un texte ou une leçon après une seule lecture et au bon moment, sans omettre une virgule. (Mémoire qui me permet, encore aujourd'hui, de raconter chronologiquement les faits qui se sont déroulés dans notre quartier.) Certains de mes camarades et aussi leurs parents m'en voulaient un peu d'occuper sans arrêt la première place.

Du jour où je quittai l'école, le second devint premier ; moi, je n'étais même plus le dernier ; je n'étais plus rien... Je n'étais plus des leurs car ils continuaient à étudier... Je n'étais plus qu'un pauvre bougre de paysan et on me le fit sentir.

Avec Jean ce n'était pas pareil ; il n'avait pas renié ses racines et nous nous retrouvions toujours avec le même plaisir.

Cette fois-là je le rencontrai chez ses grands parents auprès desquels il était venu passer quelques jours. Il me révéla que dans certains milieux bordelais la résistance était active et que de précieux renseignements étaient transmis en Angleterre où l'on était parfaitement au courant des mouvements des bateaux allemands dans le port et dans l'estuaire ; les alliés disposant maintenant de bombardiers gros porteurs et à grand rayon d'action, il fallait s'attendre à des pilonnages du port et des points stratégiques.

Il avait l'air d'en savoir long et je ne doutai pas une seconde qu'il ne trempât dans cette histoire. Son père, qui avait fait carrière dans la marine nationale, travaillait à la Compagnie Générale Transatlantique, était un spécialiste des questions maritimes et portuaires ; de plus, l'immeuble de la « Transat » était un merveilleux poste d'observation...

Jean était plein de confiance, il avait des copains suisses et il savait par eux que les allemands avaient eu en Russie des pertes en hommes et en matériel beaucoup plus importantes qu'ils ne le disaient, et l'hiver terrible qu'ils subissaient leur coûtait très cher.

Jean attendait lui aussi le printemps, il était sûr que la balance allait enfin pencher du bon coté.

« CUCUCHE » EN PRISON

Il arriva au copain Ernest dit « Cucuche » une mésaventure à laquelle il était loin de s'attendre.

Cette nuit-là, nous revenions de Caudrot, Jeannot et moi ; il était deux heures du matin et nous avions attendu la relève pour rentrer chez nous comme nous le faisions chaque fois. Dès que le bruit des bottes se fut éloigné nous fonçâmes dans le noir vers la maison Chavaneau ; c'est par miracle que le pauvre Ernest qui rentrait chez lui quelque peu éméché, évita le choc ; frôlé et bousculé par nous, il laissa tomber son vélo sur la route et se mit à nous engueuler et brailler tant qu'il pouvait. Entendant le vacarme le soldat revint en courant et ramassa Ernest qui fut aussitôt bouclé à Langon. Dès qu'il le sut, le Grand Schipa alla plaider sa cause ; de quinze jours, la sanction fut ramenée à une semaine.

Lorsque le lundi après Ernest se présenta au poste pour rentrer au bercail, les douaniers lui firent une ovation : « Ach ! Ernst ! Grand filou, toi prison, nix bistrot, nix mamazel ! Ha ha ! »

Aussitôt qu'il nous vit, nous eûmes droit aux félicitations : « Salauds ! Fumiers ! C'est à cause de vous qu'ils m'ont foutu au gnouf ! Vous irez vous aussi, un jour, nettoyer leurs chiottes ! »

La colère lui passa vite... Ernest n'était pas rancunier.

J'allais voir ma grand-mère très souvent, et ce jour-là je la trouvai aux anges. « Tu ne sais pas, me dit-elle, les gendarmes allemands sont venus ce matin chez les P——. Ils ont embarqués S——, sa sœur et P—— dans une voiture et les ont emmenées avec eux ; le mari avait fichu le camp par le jardin, derrière. »

On ne tarda pas à savoir… Les trois femmes étaient contaminées et avaient généreusement distribué des microbes à leur joyeuses clientèle ; d'où arrestation, mise en traitement immédiat à Bordeaux dans un service hospitalier spécialisé, assorti de quinze jours de prison.

En attendant le retour de son personnel, le mari allait travailler sur la propriété Piganneau, où il donnait de temps en temps une aide temporaire. On le voyait passer, muet et triste ; pour lui c'était la catastrophe, et ça se produisait juste au moment où une nouvelle et nombreuse clientèle arrivait de Russie assoiffée de plaisir et des marks plein les poches. Le pauvre connut de bien tristes moments…

Puis, un jour, toute l'équipe revint au foyer, remise à neuf et augmentée d'une nouvelle recrue, une grosse blonde nommée S——, qui avait fait en même temps le séjour à l'hosto et en taule. Une profonde amitié était née dans l'épreuve, et comme à Saint Macaire il y avait du boulot, la grosse S—— entra tout de suite en fonction. Il fallait rattraper le temps et l'argent perdus ; la cadence devint infernale, entre temps d'autres soldats étaient arrivés, des vétérans qui avaient fait la guerre précédente.

Tout ça faisait pas mal de monde à satisfaire, alors, du matin au soir sur la brèche, monsieur R—— faisait patienter les amateurs et régularisait le débit.

Après une brève période de repos les hommes furent repris en mains par les officiers. On les voyait manœuvrer, simuler des attaques, bondir d'un fossé pour gravir un talus le casque recouvert de feuillages. Nous avions déjà vu les SS opérer de la même manière, crescendo jusqu'au départ. Ceux la aussi savaient ce que ça voulait dire ; ils allaient repartir, regonflés pour la grande offensive de printemps, dans l'immense Russie…

Quelques jours après il ne restait plus que les douaniers et les vieux soldats de l'autre guerre. Le printemps approchait ; en Libye les combats faisaient rage, en Europe la bataille n'avait pas encore commencé, mais on sentait qu'avant peu le front de l'est allait s'embraser.

LA MENACE DU STO

On voyait de plus en plus de jeunes partir en Allemagne pour y travailler, certains volontairement alléchés par la prime de départ et les avantages accordés. La certitude que bientôt ce serait notre tour faisait grandir en nous une autre certitude… Il allait falloir à tout prix nous démerder et trouver une combine pour ne pas y aller…

Les douaniers continuaient d'assurer leur service et patrouillaient, ratissant un vaste secteur et utilisant à merveille leurs planques dans les buissons, très loin dans la zone neutre. Ils surgissaient de leur cachette pistolet au poing et les transfuges pétrifiés prenaient docilement le chemin du poste.

Les vieux soldats assuraient les gardes classiques, la ligne de démarcation bien sûr, mais aussi les ponts, le viaduc et la voie ferrée. Nous avions pensé qu'ils seraient plus souples que les SS mais, nous avions tort, ils étaient plus vaches qu'eux !

C'était leur revanche à eux qui s'étaient battus jusqu'au bout sans faiblir et n'avaient été entraînés dans la défaite que par l'effondement économique et politique du régime impérial. Ils étaient heureux de pouvoir humilier les français ; eux aussi faisaient des exercices et des combats simulés, le casque recouvert de feuillage ou de lierre. Ils souffraient et peinaient ; leurs cinquante années pesaient lourdement sur leurs épaules, mais aucun ne restait derrière ; ils nous foudroyaient du regard quand ils surprenaient sur nos lèvres un petit sourire moqueur lorsqu'ils manoeuvraient.

Mais il y avait quand même une sacrée différence avec les SS. Ils ne tuaient personne...

MITTERAND

Un matin, je descendais le bourg de Saint Macaire à vélo lorsque je fus arrêté par Marcel Larrieu qui habitait presque en face du bout de la rue de la Sainte.

Marcel était tonnelier et pendant les mois d'hiver exerçait en plus le métier de « tueurs de cochons » ; il descendait d'une vieille famille macarienne et nous nous connaissions depuis toujours, sa femme travaillait à la poste, et leur fils, Guy, n'avait que deux ou trois ans de moins que moi. Nous avions toujours été en très bons termes.

Marcel s'approcha et me dit à voix basse : « J'ai chez moi un prisonnier évadé qu'il faut à tout prix faire passer en zone libre... Peux-tu t'en charger ? »

« Bien sûr » répondis-je.

« Tu sais, il a déjà tenté le coup et a été repris ; ça lui a coûté cher ; par où pourrait on le faire passer ? J'ai pensé à ton Ardillat... »

Je l'en dissuadais ; il y avait trop de risques, les allemands nous auraient vu de partout ; c'était plus sûr en bas, par Gabot.

La petite propriété de Gabot était pratiquement contiguë à la notre ; il n'y avait qu'un fossé à sauter et une petite bande de pré de dix mètres de large à franchir à découvert. Une allée étroite bordée de poiriers touffus permettait d'atteindre le fossé sans être vu du poste sur la grande route ; ensuite nos rangs de vigne masquaient assez bien la visibilité.

Le danger venait du chemin de la Garonne où la sentinelle des « Quatre Chemins » faisait souvent les cent pas ; un quart d'heure avant la relève le soldat remontait à la rencontre de son remplaçant et l'attendait au bord de la route, contre le chai de la famille Labarbe.

Il fallait donc jouer impérativement sur l'heure des relèves ; dans un premier temps, amener l'évadé chez nous, à l'abri, et depuis la maison pister la sentinelle et attendre qu'elle ait rejoint son poste. A ce moment là seulement le coup était jouable ; il fallait reprendre le bout de la grand route après l'angle du chai de Ducos qui masquait la vue depuis le grand poste, raser les murs et à partir du chai de Labarbe s'en aller calmement vers la barrière tricolore.

Il y avait malgré tout le risque d'être rattrapés par un douanier trop zélé ; le danger était réel, mais je pouvais toujours dire que je raccompagnais un copain venu de la zone libre.

C'était le seul moyen ; j'expliquai tout ça à Marcel Larrieu ; il fallait amener l'évadé à Gabot, le faire cacher dans les vieux bâtiments et surtout m'attendre, je viendrai le chercher à quatorze heures précises. Marcel était d'accord et me demanda d'amener l'évadé chez Simone Cazenave, la coiffeuse de Saint Pierre ; elle serait prévenue et nous attendrait.

Un peu avant deux heures j'avais vu le soldat qui remontait vers la route ; c'était le moment... Je descendis dans la vigne, devant chez nous. Mon père m'accompagnait et c'est lui qui, le premier, vit l'évadé qui sautait le fossé.

Je n'ai jamais su pourquoi Marcel l'avait laissé partir avant l'heure convenue ; peut-être avait-il vu un uniforme s'approcher du coin... Mais les dés étaient jetés et il fallait faire vite... Je bondis, courbé en deux, à sa rencontre.

« Baisses-toi ! Baisses-toi nom de Dieu ! »

« Viens avec moi, fais comme moi, suis moi ! »

Il me rejoignit ; c'était un jeune homme brun ; il avait enlevé son veston qu'il portait jeté sur son épaule, il me suivit sans rien dire. Personne ne nous avait vus, la première partie c'était bien passée ; à l'abri depuis la maison, je pouvais surveiller le chemin de la Garonne et attendre le bon moment pour la deuxième partie de l'opération.

Ma mère lui demanda s'il voulait boire un petit coup de vin blanc, il refusa poliment : « Non merci, dit-il, les Larrieu m'ont fait faire un très bon repas et je n'ai pas encore l'estomac très solide. »

Il nous parla de la manière dont les prisonniers étaient traités dans les camps. De notre coté, nous parlâmes évidement de la frontière et de nos rapports journaliers avec l'occupant. Il nous dit qu'il s'était évadé pour continuer à se battre ; il devait d'abord aller retrouver son frère qui était du coté de Tarbes ou de Pau, je ne me rappelle plus très bien.

Une demi-heure s'était écoulé ; par la fenêtre je voyais la sentinelle qui rejoignait son poste, au bord de l'eau. C'était le moment.

Un coup d'œil sur la grand route, rien ; raser les maisons jusqu'au chai de Labarbe, et après, continuer sur la route, cote à cote, normalement. Du poste on ne nous voyait pas, et la sentinelle du fond, si par hasard elle nous voyait sur la route ne pouvait que penser que nous étions en règle, ou du village. En montant la cote, devant le château Fayard, je lui dis : « T'en fait pas... Ca va y être ! »

Il serrait les dents et marchait d'un pas vif, tenant toujours d'une main son veston jeté sur l'épaule, le buste penché en avant. Le poste français... Ca y était ! Il murmura d'une voix sourde, comme s'il se parlait à lui-même : « J'ai réussi... Enfin cette fois j'ai réussi ! »

En cheminant on parla ; je lui racontai qu'il s'en était fallu de peu que je ne sois mobilisé avec ma classe, mais que je m'attendais a être bientôt appelé pour aller travailler en Allemagne et que j'avais bien l'intention de ne pas y aller, sans trop savoir où et comment je pourrai me défiler.

Il parlait peu, comme si sa pensée était ailleurs ; de temps en temps, je l'entendais murmurer : « J'ai réussi ! »

Simone, la coiffeuse, était venue à notre rencontre et nous attendait à l'entrée du bourg, appuyée sur son vélo. Je la connaissais bien ; elle avait son salon de coiffure en face de l'église, c'était une femme très gentille et très belle, ce qui ne gâtait rien...

Poignées de mains, remerciements... Je ne lui avais pas dit mon nom pas plus qu'il ne m'avait dit le sien, c'était la règle... Moins on n'en savait mieux ça valait...

Revenu à la maison, mon père me prit à part : « Il faut que tu perdes cette habitude de tutoyer les gens ; ce garçon est certainement un officier, en tout cas c'est un « Monsieur ». C'est très impoli ta façon de faire, souviens t'en... »

Je n'avais pas vu la chose sous le même angle ; il s'agissait d'un jeune, à peine plus âgé que moi, il avait eu besoin d'un coup de main et je savais que bientôt peut-être, lorsque je serai appelé et certainement en cavale, j'aurai besoin moi aussi de trouver de braves gens pour m'aider... Alors les mondanités... !

Après la guerre, je rencontrai Marcel Larrieu au marché à Langon, il me révéla l'identité de l'évadé : « Tu sais, me dit-il, le type que je t'avais demandé de faire passer et de conduire vers Simone, il a monté en grade, il vient de fonder l'U.D.S.R., il s'appelle François Mitterrand et à mon avis il ira loin... »

La première fois que je le revis de près, c'était à la télévision lors des élections de 1965, je le reconnu formellement : « C'est bien mon type... ! » m'exclamai-je. Mon père ne s'était pas trompé, c'était bien un « Monsieur » et, Marcel avait raison, il est allé très loin...

LES ENTERREMENTS

De tout temps, lorsqu'il y avait un mort dans notre village les choses se passaient de la façon suivante.

Le charpentier fabriquait hâtivement un cercueil, les voisins s'occupaient de la mise en bière, des formalités, la mairie, le curé... Le moment venu quatre porteurs bénévoles amenaient le défunt à la chapelle, à l'épaule si ce n'était pas trop loin ni trop lourd. Sinon, le père Chavaneau attelait la jument à l'antique corbillard, le curé disait à la chapelle une messe ou une bénédiction ; quelques pas, on descendait le mort dans le trou ou dans le caveau, terminus... !

J'avais tout juste quatorze ans lorsque je fis le porteur pour la première fois ; c'était pour madame Massot qui, la pauvre femme, avoisinait les cent kilos. J'étais costaud et je n'avais pas peur des morts, alors le voisinage avait décrété que, puisque ça ne me faisait rien, je serais dorénavant titulaire dans l'équipe des porteurs.

C'est vrai que ça ne me faisait rien de voir ou de manipuler les « macchabées » ; tout petits, avec les frères Chavaneau nous allions, poussés par la curiosité, jeter un œil dans les caveaux ouverts par le fossoyeur avant les enterrements, ou « expertiser » les ossements jetés pêle mêle dans le fossé, derrière la vieille maison de « Cournäout ». C'était aussi une habitude d'aller, en rentrant de l'école, finir le vin de messe que le curé laissait dans les burettes dissimulées dans une niche derrière l'autel.

Bref, j'étais devenu un spécialiste ; ce n'était pas toujours une partie de plaisir, à cause du poids ou de l'odeur... Mais il y avait quand même de bons moments lorsque, pendant la cérémonie, nous attendions devant la porte de la chapelle le moment d'intervenir.

Alors le plus vieux d'entre nous commençait à raconter des anecdotes de circonstance, saupoudrant son récit de détails macabres. La figure de certains changeait de couleur... Ils s'éloignaient derrière la chapelle, discrètement...

Pour le reste de la commune, c'est-à-dire la partie haute, c'était beaucoup plus compliqué.

L'éloignement de certains hameaux comme « Bel Air » ou « Penot » faisait de cette circonstance une véritable expédition ; le premier temps, du domicile à l'église, la messe puis le départ vers le cimetière. Le cortège suivait le corbillard à pied réglant son allure sur les pas du cheval.

L'assistance peinait et suait sous le soleil ou se tassait sous les parapluies ; de toute façon il y en avait pour une bonne demi-journée. Au retour, le curé Deysson, montait sur le siège du corbillard, à coté du cocher, et les enfants de chœur s'asseyaient à « cul plat » à la place laissée libre par le lugubre chargement. La famille et le reste de la troupe remontaient la cote, toujours à pied, et chacun regagnait péniblement ses lointains pénates.

J'énumère tous ces détails parce que la ligne de démarcation posa un problème ; le cimetière étant en zone neutre, les enterrements étaient obligés de franchir la frontière en bas, au grand poste. La première fois les allemands arrêtèrent tout le monde et contrôlèrent systématiquement tout le monde ; tous ceux qui, famille ou non, étaient démunis d'ausweis furent refoulés.

Ce fut long et pénible ; le maire alla à la Kommandantur et obtint un assouplissement. Les allemands devaient être prévenus ; à l'heure dite la barrière était levée et le cortège passait, au début, les SS comptaient et dévisageaient les gens un par un de leur regard glacé. Après leur départ, les douaniers furent beaucoup moins stricts ; tout le monde passait, à l'aller comme au retour, sans aucune difficulté.

Lorsqu'il s'agissait d'une connaissance nous attendions le convoi au cimetière, personne ne montait jamais à l'église du haut ; de toute façon, les gens d'en haut n'étaient pas comme nous... Alors, on présentait ses condoléances à la famille après l'inhumation, rapidement ; personne n'oubliait qu'ils avaient encore, pour la plupart trois ou quatre kilomètres à parcourir pour rentrer chez eux, à pied naturellement.

Mon grand père Félix Mauriac ne leur avait jamais pardonné la démolition de l'église Notre Dame et les définissait ainsi : « Retors, superstitieux et pingres ! »

Un jour, après le départ de l'assistance, j'étais resté à discuter avec le fossoyeur, le père Dufourc dit « Picon », je remarquai une femme inconnue qui n'était pas repartie avec les autres ; elle se faufilait entre les tombes et se dirigeait tout doucement vers le petit portail donnant sur le chemin de la Garonne. Je n'ai pas su si quelqu'un l'avait amenée ou si, profitant de l'aubaine, elle s'était jointe au cortège quelque part pendant le parcours, toujours est-il qu'elle prit la route à contre sens et partit allègrement en zone libre. Le fossoyeur riait sous cape en me disant : « Té, en voilà une qui les a couillonnés ! »

« PICON »

Le père Dufourc, « Picon », était l'homme à tout faire de la commune de Pian ; on lui avait donné son surnom parce que, depuis très longtemps, il était fidèle à cette marque d'apéritif qu'il savourait régulièrement au petit bistrot local. Il était garde champêtre, sonneur de cloche et fossoyeur ; il avait en outre ouvert chez lui un petit commerce, vendant quelques bottes de paille, du son, de la repasse, un peu de grain pour la volaille... Il avait peint sur la façade : « Etablissement Dufourc Importations Exportations Produits de tous pays. » Le stock tenait dans l'arrière cuisine...

Son fils, Jean, qui au début de la guerre avait environ vingt sept ans, était affligé d'une bosse qui l'avait assez fortement handicapé. C'était un être d'une intelligence et d'une habileté exceptionnelle, très gentil, il était l'ami de tous ; connu dans tous les « bobinards » de la région, il trimballait avec lui un assortiment de photos de filles dans le plus simple appareil et des petits albums illustrés de scènes érotiques. Lorsque nous étions rassemblés en équipe pour l'entretien des chemins, il déballait sa collection qui passait de mains en mains.

Les vieux s'exclamaient : « Ah, lou salop ! Ats pas eyt bèze aquère, à moussu curat ! » (Ah, le salaud ! Tu ne lui as pas fait voir celle-là à monsieur le curé !)

Il répondait toujours : « Si fait ! Les as toutes bistes ! » (Bien sûr ! Il les a toutes vues !)

C'était vrai ! Jean « Picon » était le grand copain du curé ; car celui aussi était un personnage ! Il était curé de Pian depuis de longues années et ne se différenciait pas de cette population paysanne au milieu de laquelle il évoluait, parlant plus souvent le gascon que le latin.

Brave homme, le curé Deysson montra pendant l'occupation qu'il était aussi un homme brave. Pionnier et passionné de radio, il fut le premier à capter l'Amérique, Jean Dufourc se forma avec lui et en fit son métier.

Après la religion, le curé sacrifiait à un autre rite, païen celui-là, mais tout aussi impératif qu'il ne manquait jamais, la partie de manille avec les amis, au bistrot de Philippe Zoubenko.

Un soir où la partie était laborieuse et l'enjeu important un des joueurs s'écria : « Eh bé, moussu curé, ce soir nous méritons le paradis ! »

Le curé le regarda longuement et laissa tomber ces paroles : « Le paradis... Le paradis ! Mais c'est ici qu'il est, le notre de paradis, hé couillon ! »

Il n'y avait qu'avec le maire que ça n'allait pas ; en 1935 une tempête avait endommagé le clocher dont la pointe descellée ne tenait plus que le fil du paratonnerre. En cas de rupture, c'était une bonne centaine de kilos de pierre et la croix de fer qui aurait crevé la charpente et peut-être même la voûte. Il s'avéra tout de suite que la réparation serait délicate et coûteuse ; il fallait monter un échafaudage compliqué depuis les clochetons pour pouvoir reprendre toute la deuxième moitié de la flèche.

Palabres, démarches et marchandages de la municipalité qui cherchait à traiter au plus juste, bref, l'affaire traînait et la pointe penchait de plus en plus. Excédé, le curé fit un soir irruption au beau milieu d'une séance du conseil municipal, engueula tout le monde, mais le mieux servi fut le maire qui en eut plus que sa part. Après la bataille le curé rentra au presbytère et le maire et ses conseillers allèrent comme à l'habitude finir la soirée au bistrot en commentant l'algarade.

Le maire, le cousin Rouaud, était affligé d'un bégaiement qui, lorsqu'il était énervé ou en colère était encore plus prononcé ; ce soir là, ça se bouscula fortement au portillon, mais la tirade fut épique... Fou furieux, il hurla : « Ah le vi e e e eux con ! Un j j j jour, j'i i irai l'y p p p pendre p pa par les c c cou cou coui couilles à son c c clocher ! »

Le lendemain, l'histoire fit le tour de la commune, peu de temps après le clocher fut restauré et le curé ne fut pas pendu par les testicules...

Le curé mourut en 1945 et le maire quelques années plus tard ; ils reposent tous les deux en bas, au cimetière, à quelques mètres de distance. Aujourd'hui, il n'en reste plus beaucoup qui se souviennent du clocher épointé, et de l'histoire du curé que le maire avait juré de pendre par les c c coui...

Le coup du petit portail du cimetière marcha jusqu'au jour où les allemands rattrapèrent une femme qui avait balancé le bouquet qu'elle portait avec ostentation avant de s'enfuir à toutes jambes vers la zone libre. Le truc éventé devait avoir pour nous des conséquences imprévues ; notre quartier et le cimetière posaient un problème aux douaniers et aux soldats qui surveillaient la ligne. La Kommandantur prit donc la décision de rectifier le tracé et d'installer la barrière plus avant, entre les maisons Labarbe et Labrège, le fossé servant de frontière.

DEPLACEMENT DE LA BARAQUE

Si le déplacement de la barrière basculante n'était qu'un détail, celui de la baraque paraissait impossible ; c'était une construction massive, solide, à doubles parois bourrées de sciure. Elle avait été construite sur place selon les directives allemandes par le charpentier de Saint Macaire Georges Dagut et n'était pas démontable. Le Grand Schipa alla donc à la mairie de Saint Macaire mettre la municipalité en demeure de procéder au déplacement de la baraque.

Le secrétaire, le père Coussirat, leva les bras au ciel et dit à Schipa : « Déplacer cette construction ! Mais vous n'y pensez pas… Ce n'est pas possible, il n'y a qu'en Amérique qu'on voit ça ! »

Raide et glacial, le Grand Schipa répondit : « En Allemagne aussi ! Vous faire… Tout de suite… »

Ce fut donc le charpentier Dagut qui fut chargé de l'opération ; il prépara la nouvelle assise sur un savant montage de piliers et de madriers de pin. Il réussit avec des crics et des rouleaux à amener la baraque sur la route, la fit tourner et la leva pour y glisser dessous une sorte de train composé de plusieurs paires de petites roues de fer ; on laissa doucement reposer, ça tenait.

Alors Ernest arriva avec les énormes bœufs de Labarbe liés au joug. On accrocha la chaîne sous la baraque ; c'était lourd, très lourd et très dur à faire démarrer… Les deux bœufs arc-boutés maintenaient la traction, les yeux exorbités par l'effort ; et, tout doucement, ça se mit à rouler… Deux ou trois enfants sautèrent dans la baraque, faisant bonjour par la fenêtre ; les deux bœufs suaient et soufflaient, stimulés par Ernest de la voix et de l'aiguillon.

Il ne fallait surtout pas s'arrêter ; lentement, le convoi approchait de sa destination et arriva enfin à la place prévue. Même jeu, les crics, les rouleaux, les leviers et la baraque fut mise en place sous le regard satisfait des douaniers ; mais, le plus fier de tous était Ernest dit « cucuche » qui avait fait la démonstration publique et internationale de la puissance de ses bœufs et de ses qualités de maître bouvier.

La barrière du Saubon fut elle aussi avancée jusqu'au fossé et condamnée avec une chaîne et un cadenas ; les allemands avaient aussi abaissé en travers de la route de jeunes pousses d'acacia dont l'entrelacs épineux assurait l'étanchéité.

Il fallait obligatoirement passer par le grand poste ; quant à nous, n'ayant plus rien en zone neutre, les ausweis nous furent retirés.

Incontestablement cela nous était indifférent ; nous n'avions plus l'humiliante obligation de sortir nos papiers à tout bout de champ, et de plus placés dans une situation tout à fait équivoque, occupés tout en étant juridiquement en zone neutre. Cette modification de la ligne fut pour nous un soulagement ; c'est seulement à ce moment là que nous pûmes mesurer l'importance du risque journalier dans la position qui avait été la nôtre.

Tout cela avait été riche d'enseignements, et personne ne pouvait se targuer de connaître les allemands aussi bien que nous. Nous avions appris à modeler nos actions sur leur habitudes et leur comportement, et tous nos actes, calculés et méthodiques comme les leurs étaient subordonnés à une règle qui tenait en deux mots : Prudence et méfiance…

LES « GROTTES »

Je repris donc mes habitudes d'antan, au café et au cinéma du samedi soir à Saint Macaire, aux « Grottes » aussi où l'on avait recommencé à danser dans les galeries souterraines.

On trouvait là, en même temps que les français, les jeunes espagnols qui avaient fui leur pays, ruiné et ravagé par la guerre civile ; en quelques mois ils avaient appris le français, trouvé du travail, ils étaient tous de bons copains, garçons ou filles.

Les jeunes espagnoles étaient des danseuses de grande classe et nous avions beaucoup appris en les fréquentant ; des copains étaient déjà « branchés » avec certaines d'entre elles, et le mélange marchait encore mieux dans l'autre sens… L'espagnol était coté…

Les allemands aussi étaient là ; pas mal d'entre eux, douaniers ou employés de gare doublant et contrôlant le personnel français, étaient là depuis le début de l'occupation, ils avaient bien évidemment leurs petites amies, c'était même déjà pour quelques uns de vieux ménages.

Ils se tenaient en général vers le fond des galeries et faisait allègrement péter les bouchons du « Nectar Saint Macaire ».

Les tables au bord de la piste de danse étaient occupées par les danseurs, un orchestre de quatre ou cinq musiciens dispensait un savant mélange de valses viennoises pour les allemands, de tangos et de paso-doble pour les espagnols, les français s'accommodant de tout.

Le patron, le père B——, passait souvent entre les tables, avec une blague ou un petit mot pour tout le monde ; c'était un cas, le père B——, lorsqu'une dizaine d'années plus tôt il avait acheté le jardin minable au pied du rempart, sous le « château » de Tardes, où débouchaient les galeries des anciennes carrières, il comprit tout de suite la valeur du site et le parti qu'il pouvait en tirer. Il travailla durement à dégager le jardin en terrasse et finit par ouvrir quelques années avant la guerre le plus beau dancing de tout le Sud-Ouest et probablement de France.

B—— gagna beaucoup d'argent et l'arrivée des allemands ne le prit pas au dépourvu ; l'occupation n'avait pas amené en France que des militaires. Tout un tas de services administratifs avaient suivi, placé comme il l'était, B—— entra très vite en relations avec des membres importants de ces services ; il trafiquait avec eux, leur procurant certaines denrées rarissimes qu'il trouvait Dieu sait où.

Lui aussi voulait profiter de la passe, son établissement bénéficiait de la bienveillante protection des autorités allemandes. Il n'y avait jamais d'histoires aux « Grottes »…

Parmi toutes les filles qui « frayaient » avec l'occupant et qui fréquentaient assidûment le dancing, il y en avait une qui sortait de l'ordinaire ; je la connaissais bien, elle était issue d'une vieille famille macarienne, son père qui travaillait à l'usine Laville était mort tout jeune.

Sa veuve et sa fillette étaient parties à Langon, mais le grand-père, Prosper, était resté et travaillait dans les vignes où nous le rencontrions pratiquement tous les jours.

Sa petite fille, G——, était devenue une superbe créature, très typée, brune, provocante et agressive ; on l'avait surnommée « la Panthère » car elle portait toujours un manteau imitant le pelage de cet animal. Le surnom collait très bien au personnage, souvent toutes griffes dehors.

Ce dimanche-là, elle arriva avec un type d'une trentaine d'années, l'air un peu godiche dans un costume marron assez mal coupé ; il souriait, l'air un peu niais ; c'était assez surprenant de voir un type comme ça en compagnie de « la Panthère », car elle s'était spécialisée dans le haut de gamme et tout ce qui était inférieur au grade de lieutenant ne l'intéressait pas.

L'un de nous lança, au passage du couple : « Oh merde ! Regardez ce qu'elle se tire aujourd'hui la panthère ! Putain qu'il a l'air con ! Eh G…, où tu l'as pêché celui là, à la fête à coimères ? »

Le type n'avait pas moufté, mais G—— me fit les gros yeux sans rien dire et alla s'asseoir avec son compagnon dans le fond, assez loin de nous. Deux minutes après elle revint par l'intérieur des galeries pour nous prévenir : « Arrêtez de faire les cons et de foutre de lui quand il va me faire danser ! C'est le nouveau chef de la Gestapo ; il est toujours en civil, mais il a le grade de colonel ! Faites gaffe, il parle le français aussi bien que vous… Tenez vous peinards ! »

Elle repartit, et dansa collée contre son type ; aucun de nous ne fit de remarques sur l'élégance et le maintien du monsieur…

La Gestapo ! On savait qu'il y avait à Langon une antenne de cette police spéciale et redoutable ; il nous était arrivé de voir, parfois, des transfuges arrêtés emmenés par des civils, au lieu d'être embarqués et accompagnés par un soldat ou un douanier. On savait aussi que cette police tirait sa force et son efficacité des nombreux français qui travaillaient pour elle.

Et là, aux « Grottes », il fallait se méfier ; les langues déliées par l'alcool et le mousseux, quelques mots imprudents lâchés au hasard d'une conversation dans l'euphorie générale… Il y avait toujours quelqu'un pour écouter.

Le danger ne venait pas des allemands en goguette ni de leurs petites amies ; ils étaient là pour rigoler et oublier un moment la guerre, le père B—— et son personnel s'en foutaient pas mal et ratissaient le pognon. Le danger venait en général du type seul, assis à coté d'une tablée de jeunes et qui, tout doucement de mêlait à la conversation.

Cela nous était arrivé un dimanche après-midi où un quidam d'une trentaine d'années et tout à fait inconnu avait essayé de nous cuisiner. Nous étions sept ou huit autour de deux guéridons et nous avions repéré ce type qui, peu à peu, rapprochait sa chaise de nous, il riait de nos blagues et envoyait quelques commentaires sans importance puis, arguant d'être seul, il se joignit carrément à nous.

Un moment après, pendant une danse, il se pencha vers nous : « Si c'est pas malheureux de voir ça ! Ces fumiers en train de pomper notre champagne et de baiser nos gonzesses ! Ah les enc… ! Et quand je pense qu'ils vont nous envoyer travailler chez eux… Avec moi ils peuvent se bomber, je ne marche pas ! Faut pas y aller les gars, il faut se tirer des pattes, trouver des combines… Mais je vous fais confiance, vous êtes des mariolles et vous en avez sûrement dèja, eh, les copains ! »

Des « mariolles », peut-être… Mais si nous l'étions devenus, c'est parce que les allemands avaient été nos professeurs, surtout les SS Totenkopf, alors le type en fut pour ses frais…

« Travailler en Allemagne, et pourquoi pas ! Ils paient bien, on bouffe mieux qu'ici… Quant aux gonzesses, il parait que là-bas il y en a à la pelle qui viennent de tous les pays occupés ! Alors si tu veux te tirer, tire toi tout seul… ! »

Voyant qu'il n'y avait rien à glaner d'intéressant en notre compagnie le type n'insista pas ; un moment après il avait disparu.

Pour palier à la pénurie de boissons fortes dont les allemands raffolaient, le père B—— achetait de l'eau de vie de vin ou de râpe. C'était facile à trouver chez les deux ou trois distillateurs qui opéraient dans le coin. L'eau de vie de vin légèrement teintée au caramel et savamment aromatisée devenait indifféremment Cognac ou Armagnac. Quant à l'alcool de râpe qui titrait au minimum soixante dix degrés, il était inconsommable à l'état pur ; même dilué le goût et l'odeur étaient horribles.

B——, pâtissier de son métier, avait trouvé le truc pour vaincre la difficulté ; il avait chez lui un stock important de produits destinés à parfumer ses crèmes et ses gâteaux, il avait donc élaboré un mélange d'alcool de râpe additionné de quelques extraits où dominait le goût de café, et édulcoré à la saccharine pour adoucir l'ensemble.

Il avait présenté sa mixture sous le nom de « Liqueur des Grottes » ; nous eûmes droit à une tournée gratuite en tants que clients de la première heure. Le premier qui trempa ses lèvres dans ce breuvage, se mit à rouler des yeux blancs et, après être resté quelques dizaines de secondes la bouche ouverte, ânonna comme s'il allait rendre le dernier soupir : « Eteignez... Eteignez vite les cigarettes... ! Je vais me foutre à feu ! Putain de merde ! Mais qu'est ce que c'est que ce tord boyaux ? »

Le père B——, vexé, nous lança : « Les allemands ne sont pas si cons que vous ! Ils trouvent ma liqueur extra ! »

C'était vrai ; habitué au « schnaps », la fabrication de B—— n'avait pas l'air de leur déplaire, mais la Liqueur des Grottes fut par nous évitée comme la peste.

Je n'ai jamais su dissimuler ma façon de voir les choses.

Il était bien évident que nous étions, nous, les jeunes une clientèle fidèle mais peu rentable.

Bruyants, nous occupions beaucoup de place pour un faible rapport. Avant la guerre, l'hiver, lorsque tout se passait dessous dans les galeries, on voyait arriver sur le coup de minuit une clientèle différente qui dépensait sans compter. D'animateurs et de boute en train, nous devenions des gêneurs ; le père B—— nous lançait en passant : « Vous aller rester encore longtemps à me faire chier, barrez vous ! J'ai du monde qui arrive ! »

Naturellement nous restions, et j'ai le souvenir d'une bagarre épique, une nuit où André Chapoulie avait soulevé une « poule » de grand luxe à l'industriel connu qui l'entretenait. Ce fut tragique... Le père B—— furieux nous avait tous foutus à la porte, mais je n'avais pas manqué de lui balancer au passage quelques réflexions sur sa mentalité.

Cela s'était arrangé, nous étions revenus, mais je voyais qu'il me regardait de travers et qu'il n'avait pas digéré mes compliments.

L'arrivée des allemands ayant raréfié mes apparitions aux « Grottes », il n'y avait pas eu d'autres incidents.

La rectification de la frontière nous ayant, Jeannot et moi, ramenés dans son fief, nous avions repris nos habitudes et retrouvé les copains, français ou espagnols. Malgré la présence, d'ailleurs peu gênante, des allemands, nous passions quand même de bons moments.

B—— approchait alors la cinquantaine ; veuf, il vivait seul avec sa fille et un commis. On chuchotait qu'il s'intéressait aux filles très jeunes ; vraies ou pas, sa réputation était faite.

Ce dimanche-là, avant de descendre aux « Grottes », j'étais allé voir mon cousin Gaston Deney qui se trouvait justement dans le fameux jardin d'où l'on pouvait tout voir sans être vu. Jeannot était avec moi et nous en profitâmes pour jeter un coup d'œil sur la terrasse déserte des « Grottes ».

Surprise ! Dans un recoin, le père B—— était en train de peloter une jeune portugaise qui n'avait pas tout à fait quinze ans ; la petite se laissait faire et, d'une main déjà experte, stimulait l'ardeur de son amoureux.

Nous avions vu… Aussitôt entrés nous eûmes le tort de féliciter la petite de sa conquête, tout en lui faisant remarquer avec beaucoup de sollicitude que le gros ventre du monsieur allait lui poser des problèmes. Elle rigola un bon coup en notre compagnie et partit raconter l'affaire à B——.

Il ne fit pas d'histoires et avala la couleuvre, mais il n'attendait plus que l'occasion de nous foutre définitivement dehors ; cela ne tarda pas, à la suite d'un incident plutôt bénin nous fûmes virés un dimanche après-midi et priés de ne jamais remettre les pieds aux « Grottes ». Les copains qui étaient avec nous engueulèrent B——, mais d'autres personnes approuvèrent en disant que c'était bien fait pour nos gueules… Je les connaissais, je les avais vues au poste copiner avec les allemands, et je me promis bien de le leur rappeler un jour.

L'offensive allemande avait démarré, brutale, dans le secteur sud du front russe ; la propagande exaltait le génie du Führer et de son état major qui avaient conçu un plan qui allait couper l'Union Soviétique de ses puits de pétrole du Caucase. Les Panzers Divisions devaient atteindre rapidement la Volga et piquer vers la mer Caspienne, la ville de Rostov avait été reprise tout de suite et le gros des blindés filait vers une ville au nom inconnu : Stalingrad.

Contrairement au printemps précédent, le reste du front ne bougeait pas.

A Saint Macaire où plus rien n'était comme avant, la vie continuait, morne et laborieuse ; le bataillon SS qui logeait chez l'habitant et qui, à sa manière, avait animé les rues de la vieille ville, était parti. Les soldats qui étaient venus ensuite, pour peu de temps d'ailleurs avaient été cantonnés dans de vastes locaux disponibles qui étaient : l'immeuble du Sacré Cœur au Mercadiou, le château de Tardes et quelques autres lieux de moindre importance. Ils avaient peu de contacts avec la population ; seul le cinéma et les « Grottes » avaient profité de leur présence.

LES TETES DE POISSONS

Les coups de gueule de Marthe « Galette » proposant ses têtes de poissons rompaient un moment le silence et la monotonie. Des femmes s'approchaient, on entendait : « Ca fait de la bonne soupe ! »

Une autre approuvait et renchérissait : « Oui, et puis en grattant dedans, on trouve encore quelque chose à manger… ! Et quand on peut y mettre des patates… ! »

Là, c'était le chœur tout entier qui reprenait, l'eau à la bouche : « Ah… Les patates ! »

Marthe intervenait : « Pas plus d'une tête par membre de la famille… Il en faut pour tous. »

Le sac de têtes de poissons était liquidé en un clin d'œil. Une petite vieille demandait parfois : « Dis dounn, Marthe, n'én bas aouogé prou léou d'aoûtes caps de péch ? » (Dis donc, Marthe, tu vas en avoir bientôt, d'autres têtes de poissons ?)

Marthe répondait à la cantonade : « Je vais tâcher d'en avoir un autre sac, peut-être pour la semaine prochaine... Mais je ne promets rien ! »

En ce temps-là, personne ne pouvait rien promettre...

LE CINEMA ET LES BALS CLANDESTINS

René Labat avait été, comme bien d'autres, fait prisonnier à la débâcle et envoyé dans un camp en Allemagne ; malade, il avait été rapatrié et avait repris son métier de radioélectricien à Saint Macaire. Jean « Picon » le bossu, travaillait avec lui ; ils faisaient des miracles pour réparer les postes de radio, pas de cuivre, pas de condensateurs, de lampes ou de bobinages, il fallait récupérer sur des postes hors d'usage.

La radio étant toute récente, il n'y avait pas beaucoup de postes, le fil électrique attribué aux professionnels était fait d'un alliage ressemblant à de l'aluminium sans en être, et que l'on sectionnait facilement avec les doigts.

René Labat et Jean « Picon » faisaient aussi cinéma le samedi soir à Saint Macaire et le dimanche à Pian ; comme je l'ai déjà dit tous les films français avaient été soumis à une censure sévère et bon nombre d'entre eux avaient été interdits ou détruits. Des films allemands doublés ou sous-titrés les avaient remplacés ; les douaniers et les soldats venaient régulièrement voir les séances et retrouver des artistes de leur pays, pour nous, mis à part le fait de peloter les filles dans le noir, le spectacle n'avait aucun intérêt.

Nous allions aussi au Café des Arts, sur les Allées, ce café était tenu par un couple, les Labat (rien de commun avec la famille de René), malheureusement ces gens avaient pris le café à peu prés au moment où B—— avait ouvert les Grottes, drainant d'un seul coup chez lui la jeunesse et tous ceux qui avaient l'habitude de sortir. Il n'était resté au bistrot que quelques vieux, absorbés dans une interminable belote et les amateurs de billards ; cela ne payait même pas la lumière, alors le patron des Arts était allé voir B—— pour essayer de composer avec lui, B—— l'avait envoyé promener en le traitant de minable.

Puis la guerre et l'occupation étaient venues et les bistrots avaient vus revenir une clientèle qui se trouvait mal à l'aise aux « Grottes » en compagnie des allemands.

Evidemment, là aussi le choix des consommations était limité et chaque patron de bistrot fabriquait lui-même ses apéritifs, toujours à base de vin, blanc ou rouge, mélangé à des décoctions de plantes, feuilles de noyer, tilleuls et autres.

C'était buvable et ne tuait personne.

Il y avait à Saint Macaire un ancien sabotier, Martial Dutreuilh qui, peu avant la guerre, s'était reconverti dans la fabrication de la limonade ; il livrait un produit d'excellente qualité mais avec la guerre il avait été contraint de remplacer le citron par un succédané chimique et le sucre par de la saccharine. Tel quel, c'était encore agréable à boire et se mélangeait très bien avec la bière.

La bière était produite dans deux grandes brasseries régionales, « Laubenheimer » à Nérac et « l'Atlantique » à Bordeaux ; la ligne de démarcation avait laissé la brasserie bordelaise seule maîtresse du marché, la bière était bonne et avait la faveur des allemands, fin connaisseurs.

Pour jouer un tour à B——, les patrons des Arts avaient eu l'idée de transformer la salle du premier étage en dancing clandestin ; de petites tables rondes garnissaient le pourtour et un espace assez grand restait à la disposition des danseurs. Une galerie en bois qui avait été construite au temps du cinéma muet faisait office de coin tranquille.

C'était très bien organisé, la patronne assise à la caisse du rez de chaussée avait la porte d'entrée et la terrasse en face d'elle et voyait tous ceux qui arrivaient depuis les Allées. Le mot était donné ; si c'était les allemands, gendarmes ou autres suspects qui approchaient, elle arrêtait le tourne-disque et remplaçait la musique de danse par un air à succès allemand. Lorsque « Lily Marlèn » sortit et devint le plus grand « tube » de la guerre, ce fut ce disque qui servit de signal.

Dès que l'on entendait cette chanson, d'un saut tous les danseurs regagnaient leur place et écoutaient béatement Zarah Léander interpréter en allemand « Lily Marlèn » ; en cas d'alerte grave, elle emballait la vitesse du disque, nous savions ce que ça voulait dire et il nous fallait fuir au plus vite en sautant du bout du balcon sur un appentis de la maison Labrousse, voisine du Café des Arts.

Cela se produisit une fois ; des Feldgendarmes accompagnés de policiers en civil ayant fait irruption en bas, nous sautâmes (pas les filles, bien sûr !) sur le toit de l'appentis, le premier qui posa les pieds sur les tuiles humides et visqueuses partit au fond d'un seul coup et reçut tous les autres sur lui, en tas, pêle mêle. Il n'y eut pas de casse et chacun de nous alla faire un petit tour avant de revenir aux Arts tout naturellement ; les allemands avaient contrôlé avec leur méticulosité l'identité de tous les clients et étaient repartis.

La guerre faisait rage ; les russes reculaient encore mais se battaient avec acharnement.

L'ère des grandes batailles d'encerclement où les allemands avaient triomphé l'été précédent était finie ; les Panzers avançaient et se rapprochaient de Stalingrad, mais le kilomètre coûtait de plus en plus cher. Le front stagnait devant Moscou que les allemands n'avaient pu ni prendre, ni encercler. Nous avions su par Radio Moscou que les russes avaient disposé pour défendre leur capitale environ cent mille pièces d'artillerie allant du char d'assaut enterré au gros canon lourd de forteresse.

En Libye, les anglais avaient pris le dessus à « L'Africa Korps » ; les italiens ne voulaient plus se battre et se rendaient à la première occasion.

LES DEBUTS DE LA RESISTANCE

En France, la résistance se manifestait de plus en plus ; depuis l'entrée en guerre de la Russie, certains mouvements communistes suivant en cela les directives de Moscou avaient entamé des actions destinées à perturber l'organisation allemande.

Des officiers avaient été abattus, ce qui entraînait chaque fois de féroces représailles comme à Bordeaux, circonstance tragique que j'ai déjà évoquée à propos de Gaston Lanneluc qui s'en était tiré de justesse.

Ce n'avait pas été le cas de Camille Maumey, le frère de mon vieux copain André Maumey de Saint Pierre d'Aurillac ; le pauvre Camille avait été collé au mur avec la première fournée de cinquante otages.

Un épisode à la fois tragique et mystérieux se déroula à la gare de Langon ; à l'arrivé du train un jeune homme avait été interpellé. Il avait compris de suite et se voyant pris avait sorti un pistolet, abattu deux allemands à bout portant, en avait tué un autre dans la gare, et encore un en s'enfuyant ; l'allemand lui tirait dessus depuis l'entrée de la gare, le jeune homme, Henri Labit, se retourna, mis un genou à terre, pointa son arme et abattit le soldat d'un seul coup de pistolet.

Poursuivi et coincé, il se réfugia dans un jardin près du cimetière et, tapis sous une cage à lapins, avala une capsule de poison. D'après des témoins, un gendarme français, n'écoutant que son « courage » lui cria, alors que le malheureux agonisait, « Sort de là ! Sort de là fumier ou je brûle ! »

C'est le gendre d'André Duret, le bourrelier, qui nous raconta l'histoire ; il était employé à la gare de Langon et avait tout vu. Les allemands avaient tout de suite rassemblés les cheminots et les avaient bouclés dans une pièce en les prévenant que si le terroriste n'était pas arrêté ils seraient considérés comme complices et exécutés. Le suicide du tireur les fit immédiatement libérer.

C'est tout ce que l'on sut à ce moment-là ; l'enquête des allemands fut secrète, et ce n'est qu'après leur départ que l'on connut l'identité de ce garçon, Henri Labit, officier de l'Aviation française libre, parachuté en France chargé de mission. Certains cotés de cette affaire ne furent pas communiqués, en admettant qu'ils aient été éclaircis.

Des documents et témoignages tombés par hasard entre mes mains m'apportèrent des éclaircissements et donnent à cette affaire une vision peu reluisante et ternissent fortement l'auréole d'un certain responsable de la résistance qui pourrait être un agent double, responsable de la mort de ce jeune garçon.

On devait apprendre à peu près au même moment l'arrestation et l'exécution de Pierre Gémin étudiant à Bordeaux, dont les parents tenaient le Café du Dropt, à Caudrot. C'était un garçon de mon âge, qui venait souvent avant la guerre danser aux Grottes. Depuis que les allemands étaient là, on ne l'avait pas revu. A Caudrot, tout le monde était atterré…

LES JUIFS DE LANGON

Il n'y avait pas à Saint Macaire de familles juives pas plus qu'a Pian ; mais à Langon un certain nombre de commerçants du textile étaient juifs, descendants de vieilles familles implantées depuis longtemps et participant activement à la vie locale. Ils étaient Langonnais et personne ne s'occupait de leur religion ; c'était le copain Moline, Torrès ou autres.

Très rapidement, des mesures très dures furent édictées contre les juifs par les autorités d'occupation : Interdiction d'exploiter un commerce ou d'occuper un emploi, de fréquenter les lieux publics et surtout obligation de porter l'étoile jaune. La plupart des juifs de Langon n'avait pas attendu et avaient fui en zone libre.

L'étoile jaune faisait huit centimètres de diamètre, bordée d'un liseré noir, elle portait au centre le mot « juif » en lettres noires. Cousue sur les vêtements, elle devait être toujours visible.

Quelques juifs, âgés, n'avaient pas voulu quitter leur maison et étaient restés ; j'ai gardé le souvenir de ces deux pauvres femmes marquées de l'étoile et essayant de trouver quelque chose à manger au marché de Langon. Les quelques carottes, rutabagas ou topinambours présentés étaient tout ce qu'elles pouvaient espérer.

Certaines personnes, très peu, allaient au devant d'elles, les embrassaient ou leur serraient la main ; mais beaucoup se détournaient, soucieux de ne pas être vus en compagnie de femmes portant une marque qui n'en faisait plus des êtres humains. Puis, très vite, on ne les vit plus ; des voisins les avaient vus embarquer dans un camion et partir pour une destination inconnue.

« Les juifs, entendait on, on les regroupe dans des camps où on les fait travailler… »

Ils disparurent dans l'indifférence générale, et personne ne soupçonna l'horrible vérité.

PASSAGE EN FRAUDE

Au village, le déplacement de la frontière avait changé et sécurisé notre vie. Nous n'avions plus le contact journalier avec l'occupant ; ceux qui nous connaissaient, les anciens comme Schipa, Karl ou le Gros Shoop nous saluaient d'un rapide bonjour, nous étions infiniment plus tranquilles.

Certes, il fallait bien aller au théâtre à Caudrot où j'avais toujours des attaches ; le bal à la bergerie me manquait aussi ; j'étais obligé de passer en fraude.

Je mettais mes affaires dans un cageot et je partais pour notre vigne du Saubon ; j'attendais en travaillant le passage des douaniers ou le repérage de leur planque, je m'habillais chez Lartigue et nous partions avec Jeannot et René faire notre virée habituelle. J'étais le seul à ne pas avoir d'ausweis et il m'était difficile de rentrer chez moi de nuit ; il était impossible de savoir où étaient les douaniers et j'étais obligé d'attendre le jour chez Lartigue et mon retour était subordonné à la présence des douaniers, alors je gagnais notre vigne, bricolais un moment, et revenais tranquillement à la maison.

Je ne fus arrêté qu'une seule fois par un douanier qui était là depuis longtemps et connaissait tous les gens du village ; pas une seconde il ne fut dupe de mes explications, il me laissa mariner pendant une bonne heure, je voyais ma mère qui attendait, morte d'inquiétude, derrière les rangs de vigne. Il me dit de m'échapper dès qu'il entendit arriver le side-car d'un feldwebel.

J'étais obligé de faire attention et ne me lançais plus qu'à coup sur ; mais, peu à peu, j'espaçai mes sorties en zone libre. Mes parents étaient très inquiets ; le fait d'être mis en prison pour une faute vénielle amenait le risque d'être fusillé comme otage en cas du meurtre d'un officier allemand. La mort de Pierre Gémin incitait encore plus à la prudence. Je décidai de ne plus traverser...

HANS

Ce dimanche-là, je m'apprêtais à aller chercher Jeannot Chavaneau lorsqu'en arrivant au bord de la route je le vis qui revenait de Saint Macaire monté sur un vélo allemand.

Ces vélos étaient différents des nôtres, moins fins et élégants, mais très solides et parfaitement équipés, jusqu'aux pédales munies de plaques réfléchissantes. En France, on n'en était pas encore là...

« Comment as-tu eu ce vélo ? » demandai-je.

« Il vient d'arriver au poste un nouvel interprète, me dit-il ; c'est un chic type, il a vécu à Bordeaux et a joué au football dans l'équipe de la « Bastidienne », il s'appelle Hans Rastolpzeck tu vas le voir, il est à la maison en train de boire le vin blanc. Il m'a prêté son vélo pour aller à Saint Macaire, manière de me faire essayer cet engin. »

Lorsque nous arrivâmes chez Chavaneau, l'allemand était attablé, un verre devant lui ; c'était un type d'une trentaine d'années, costaud. Il se leva à notre entrée et vint vers nous ; Jeannot me présenta et la conversation s'engagea.

Il parla du séjour qu'il avait fait dans notre région, des copains qu'il s'était fait à Bordeaux, du football, de l'Autriche dont il était originaire. Il parlait le français comme nous, tout juste si par moment on pouvait déceler une pointe d'accent.

Le vin blanc l'avait rendu volubile, la conversation était bien lancée, sans aucune gêne de part et d'autre : « Ah ! La guerre est un grand malheur qui oblige des jeunes comme nous à s'entre tuer, dit-il ; ceux qui déclanchent les conflits ne font pas la guerre, ils la font faire par les peuples… On aurait dû enfermer dans une arène les grands chefs d'états responsables et les faire battre entre eux jusqu'à ce qu'ils soient d'accord, ou qu'ils soient morts ! Mussolini, Chamberlain, Churchill et Daladier en train de se battre en trente huit pour régler leurs différends… ! »

« Bien sur, dis-je, si un combat entre Mussolini, Chamberlain, Churchill, Daladier et Hitler avait eu lieu et que le conflit ait été réglé de cette façon, ça aurait été une bonne chose ! »

Il réagit immédiatement, il se raidit et son sourire disparut : « Non ! s'écriat'il, pas Hitler ! Notre Führer n'est pas responsable de cette guerre ! Le Führer est un grand chef qui aime son peuple et est aimé de lui ! Il ne voulait pas, il n'a jamais voulu la guerre, mais elle lui a été imposée par la juiverie internationale, les capitalistes et leurs complices communistes ! »

Il s'excitait de plus en plus ; l'ambiance décontractée du début avait disparu. « Notre Führer a fait la grande guerre dans les tranchées, en première ligne, avec l'infanterie allemande, lui sait ce que c'est que la guerre, et il ne l'a jamais voulue ! »

Tout le monde approuva… « Bien sur… Quand on a fait la guerre, on sait ce que c'est, et on ne peut pas la vouloir… »

Nous savions tous par expérience qu'il était tout à fait inutile et terriblement dangereux de poursuivre ce genre de discussion ; on ramena la conversation sur le football, il se calma de suite et on passa encore un moment à discuter avant de partir.

Nous convînmes tous les deux qu'il faudrait nous méfier du dénommé Hans, et éviter dorénavant de disserter sur les vertus du « Bon Führer, aimé de son peuple ».

En tant qu'interprète il opérait en plusieurs points de la frontière, Saint Macaire, Langon route et gare, peut-être ailleurs aussi. Cette rotation le ramena périodiquement chez nous et il ne manquait jamais de s'inviter chez Chavaneau ou je le revis à plusieurs reprises. Malgré ses démonstrations d'amitié, je me méfiai de lui et pourtant, un fait imprévu nous prouva qu'il était sincère.

Le copain Soucaret travaillait avec Jeannot et venait très souvent chez Chavaneau où il avait fait connaissance avec l'interprète. Un soir où il rentrait en zone libre après avoir passé un type en zone occupée, il fut arrêté et conduit au poste où il fut interrogé et fouillé. Hans était là et fut chargé de l'interrogatoire et de la fouille.

Soucaret avait dans sa poche deux balles de pistolet qu'il avait trouvées en travaillant et qu'il trimballait sans y penser depuis quelques jours ; à Saint Pierre il ne risquait rien, mais en zone occupée le fait d'être trouvé en possession de munitions était passible de la peine de mort. Hans trouva tout de suite les deux balles ; il regarda autour de lui, les autres militaires n'avaient rien vu, alors, tout doucement il fit glisser les deux balles dans la poubelle et s'arrangea pour faire relâcher notre copain.

Robert Soucaret l'avait échappé belle... Ce qui m'obligea à réviser mon opinion sur Hans Rastolpzeck, l'interprète, qui aimait son Führer, mais qui était quand même l'ami des français.

LE PATE DE « TOTOLE »

Anatole Bellereau dit « Totole », était un ancien cheminot amputé des deux jambes qu'il avait, un jour, laissées distraitement traîner sous les roues d'un wagon. Il était arrivé à Saint Macaire dans les années trente et s'était installé au Thuron, dans une vieille maison en face de la rue Saint Antoine.

Dynamique et entreprenant, il y exerçait le métier de graveur ; il avait élargi son activité et suivait les fêtes, foires et marchés de la région avec un assortiment de bricoles et quelques jeux d'adresse. Une vieille voiture dont les pédales avaient été transformées et allongées à portée de ses mains transportait le fond de commerce.

Au début de la guerre, il avait acheté une maison au Mercadiou à coté de celle de nos cousins Deney, nous le connaissions bien ; le manque d'essence l'avait contraint d'utiliser un tricycle à manivelle avec lequel il couvrait un kilométrage ahurissant.

Il s'honorait d'être, pendant cette rude période, le seul macarien qui ne souffrit jamais du froid aux pieds...

La prospection systématique des environs et le fait d'être connu de tout le monde lui permettait de se procurer pas mal de choses. Ils étaient, avec Marthe « Galette », les deux piliers du commerce local spécialisé dans l'introuvable...

Un jour, il donna à mon père un morceau de pâté en échange de vin ; le diable lui-même n'aurait pas été fichu de savoir où « Totole » se procurait sa charcuterie. Toujours est il, que mon père ramena triomphalement le pâté à la maison ; on tira du papier une sorte de magma gélatineux, ma mère renifla longuement et l'examina sans complaisance : « Ca sent le chien ! » dit-elle.

Le fait est que ça avait une drôle d'odeur ; mon père protesta mollement, pour la forme... L'apparition de poils noirs et blancs dans la masse qui commençait à se liquéfier mit tout le monde d'accord... Le pâté de « Totole » fut balancé au fumier. Ce fut, de toute la guerre, la seule chose que l'on ne put réussir à avaler...

LA PAUVRE FEMME

Tous les soirs, avant d'aller dormir, j'avais l'habitude d'aller à l'étable donner à manger au bœuf pour la nuit, à boire et refaire la litière. C'était le dernier travail de la journée mais on n'y manquait jamais ; il y avait des règles que l'on ne transgressait pas : Les bêtes d'abord ! On ne se mettait jamais à table avant que les animaux aient à manger devant eux, et surtout à boire. Tout cela faisait partie du rituel journalier.

Cette fois-là, la nuit était noire, sans lune ; je m'apprêtais à ouvrir la porte de l'étable lorsque j'entendis un léger bruit, presque imperceptible, le crissement d'un pas sur le sol... C'était quelqu'un qui venait du fond et remontait dans le ruet ; l'arrivant marchait lentement, cherchant à étouffer le bruit de ses pas. Je me collai dans l'angle de la porte, invisible dans le noir.

Je finis par distinguer une ombre qui approchait, courbée en deux et portant contre elle un ballot blanc. On nous avait déjà volé du linge oublié le soir sur l'étendoir, et je pensai tout de suite à un voleur.

L'ombre venait sur moi et ne me voyait pas... Plaqué contre la porte, j'attendis le bon moment ; d'un saut je fus sur lui et le crochai à l'épaule : « D'où viens-tu, toi, nom de Dieu ! »

L'ombre sursauta, poussa un cri d'agonie : « Ah !... Mon petit ! Mon petit... ! »

Malheur ! C'était une pauvre portant son enfant dans ses bras ! Elle allait glisser à terre morte de frayeur ; je la pris à bras le corps et la tirai à l'intérieur. Elle serrait contre elle son enfant qui commençait à pleurer ; elle tremblait et me regardait sans comprendre.

Je l'assis sur une botte de paille, refermai la porte et allumai la lumière.

« Vous... Vous n'êtes pas un allemand ? »

« N'ayez pas peur, vous êtes en sûreté ici ! »

Elle berçait son enfant, toujours secouée ce tremblement qu'elle ne pouvait maîtriser. « J'ai cru que c'était fini quand vous m'avez mis la main sur l'épaule... J'ai cru mourir de saisissement, j'ai pensé que j'étais tombée au main des allemands, que c'était la fin de mon voyage ! »

Elle me raconta qu'elle venait de passer quelque temps avec son mari, Sous Officier en zone libre, mais elle était obligée de rentrer chez elle, ne pouvant rester avec lui ; elle était descendue du train à Saint Pierre et était allé s'asseoir au café, seule, désemparée, ne sachant où aller.

Elle avait confiance à un jeune homme qui se trouvait la et lui avait confié sa détresse ; le jeune homme l'avait prise en charge, et par les bords de Garonne l'avait conduite en face d'un village. Il l'avait faite cacher et lui avait montré une grande maison ; il lui avait recommandé d'attendre la nuit et de remonter vers la route en longeant la maison, il devait l'attendre tout près de là. « Il a promis de m'accompagner plus loin et de m'aider ; je dois reprendre le train à Langon. »

Le type en question ne devait pas être très loin ; je la priai de rester tranquille et de m'attendre et je sortis pour jeter un coup d'œil.

Tout près, dans le noir, Jeannot attendait appuyé sur son vélo. « T'as pas vu une femme avec un bébé, par là autour ? »

Je l'amenai, la pauvre fille était rassurée de voir qu'elle avait retrouvé son guide, qu'elle n'était pas abandonnée ; on parla un moment pendant qu'elle berçait l'enfant qui s'était endormi. Puis ils partirent, par « Mauhargat » d'abord pour éviter la grande route et ensuite par le chemin du bas.

Jeannot me raconta par la suite qu'il l'avait conduite chez son oncle qui habitait tout près de la gare ; il avait attendu avec elle l'heure du premier train, celui qu'on appelait « le train des ouvriers ». Grâce à Jeannot, elle embarqua sans problèmes.

C'était pour nous une très bonne chose de ne plus être obligés de franchir la frontière. Les allemands devenaient de plus en plus nerveux ; pour un oui ou un non, ils faisaient déshabiller et fouiller ceux qui se présentaient au poste. Ce n'était plus pareil, même les douaniers étaient à cran. Mon père l'avait prévu... Ils étaient devenus mauvais.

Il y avait le front russe où la bataille faisait rage à Stalingrad ; on se battait avec furie dans les faubourgs de la ville, de part et d'autre il n'y avait pas de quartier...

LES BOMBARDEMENTS ALLIES A BORDEAUX

Il y avait aussi les bombardements des anglo-américains qui semaient toutes les nuits des centaines et des centaines de tonnes de bombes sur l'Allemagne et les pays occupés. Qu'elle était loin l'arrivée triomphale en France avec les entrepôts et les magasins archipleins, les récoltes sur pied, les stocks abondants et intacts.

Les objectifs ne manquaient pas sur Bordeaux et sa banlieue, la base sous marine et le port, bien sûr, mais aussi la gare, les casernes, l'aéroport de Mérignac et les usines d'aviation Bloch et Blériot. Seuls la base sous-marine et les bassins à flot étaient protégés par le réseau des ballons de barrage ; pour tout le reste une DCA bien équipée d'un grand nombre de canons à tir rapide répartis dans les sites à risque, la « Flak ».

L'extension et la violence des bombardements avaient contraint les allemands à mettre en place un système qui permettait de noyer rapidement la ville et sa banlieue sous un épais brouillard artificiel.

C'était très simple ; deux fûts métalliques de deux cent litres environ, accolés et contenant l'un, de l'anhydride sulfureux, l'autre de l'ammoniac, étaient reliés par une sortie en Y. Le mélange des deux composants produisait du sulfite d'ammonium, gaz épais, lourd, dense et accroché au sol ; il fallait un vent assez fort pour arriver à le dissiper en plusieurs heures.

On voyait la paire de bidons partout ; c'était des prisonniers russes qui étaient chargés d'ouvrir les robinets dès l'alerte. Le gaz était nocif, irritait les yeux et les poumons ; évidemment les russes étaient les premiers servis et ne tenaient pas le coup longtemps, mais c'était pour les allemands le petit coté de la question, les prisonniers russes ne manquants pas.

Je m'étais trouvé une fois non loin de la gare Saint Jean lors de la mise en place des fûts pleins et le remplacement des fûts vides ; c'était la première fois que je voyais des prisonniers russes, le teint blafard, squelettiques dans les haillons déchirés qui avaient été leur uniforme, ils étaient pitoyables. Ils étaient traités comme des esclaves dont la peau ne valait strictement rien.

LES RUSSES EVADES

Il y avait chez nous, à l'angle du mur de clôture de la propriété voisine, un vieux sureau touffu envahi par le lierre et dont les branches retombaient jusqu'au sol. C'était le paradis des grives et des merles.

Ce matin-là, une pluie fine tombait d'un ciel gris et morne ; je jetai en passant un coup d'œil machinal et je sursautai. Deux hommes, deux fantômes plutôt étaient cachés dans l'épaisseur du lierre. Je m'approchai ; deux vieux sacs à charbon en coin recouvraient leur tête et leurs épaules, ils étaient trempés jusqu'aux os ; l'un deux fut pris d'une quinte de toux qu'il tenta d'étouffer avec sa main.

J'avais compris, je questionnai : « Rouski ? »

Ils me fixaient de leurs yeux caverneux et méfiants, visiblement ils hésitaient ; puis l'un deux fit de la main un signe affirmatif et demanda : « Larréol ? »

Je fis signe que j'avais compris, mais j'expliquai en montrant les dernières maisons. « Deutches soldaten ! Atchung ! »

Il pleuvait et la visibilité était nulle ; c'était le moment ou jamais, je mis un doigt sur mes lèvres et leur fit signe de me suivre, ils se regardèrent et sortirent de leur cachette. Ils étaient dans un triste état et avaient dû marcher toute la nuit ; l'un deux avait entouré ce qui restait de ses souliers avec du fil de fer.

Il fallait faire vite, s'approcher tout doucement en longeant le mur du cimetière... Je les fis à nouveau cacher dans un recoin de la maison de « Cournaout » et j'allai voir si la voie était libre.

Les allemands devaient être dans la baraque bien à l'abri. Sur le chemin il n'y avait âme qui vive ; je revins chercher les deux hommes ; toujours derrière moi, ils traversèrent le chemin. Longer la haie, masqués par elle, rattraper le petit chemin creux qui partait de la Fontaine du Château...

Nous avions dépassé le poste français, ils étaient sauvés ! Je m'arrêtai et montrai Saint Pierre : « Franzouski ! Deutchland fertich ! Gut ! »

Ils comprirent mon sabir ; j'ouvris la main trois fois et montrai la direction : « La Réole, quinze kilomètres... »

Ils firent tous les deux un rapide merci de la tête et foncèrent ver l'est ; je les regardai un moment s'éloigner… Une eau noire coulait des sacs de charbon délavés par la pluie… Ils étaient libres ; ils avaient probablement à La Réole un contact qui s'occuperait d'eux.

J'essayai, plus tard de savoir si à Saint Pierre, quelqu'un les avait vus ; personne n'avait rien remarqué, ils avaient du continuer à marcher en suivant le bord de la Garonne, en évitant les maisons. Ils pouvaient se nourrir, il y avait des vergers partout et les fruits ne manquaient pas. Je n'ai jamais su ce qu'ils étaient devenus ; ils avaient eu beaucoup de chance de réussir leur évasion, beaucoup de leurs camarades n'étaient plus en état de tenter l'aventure.

LES AVIONS AMERICAINS

Ce matin-là, il était à peu près dix heures et nous étions devant chez Chavaneau en train de discuter de la préparation du fauchage des prés, travail que nous devions exécuter en commun avec nos deux bœufs liés à la paire. Le temps avait viré au beau, le ciel était clair et d'un bleu magnifique ; depuis un instant nous étions intrigués par une sorte de grondement, un bruit sourd et lointain qui s'amplifiait et se rapprochait. Aucun doute, ça venait du ciel, c'était des avions.

Les allemands du poste avaient entendu, eux aussi ; l'un d'eux était dehors et scrutait le ciel, comme nous.

Tout d'un coup ils apparurent ; ils venaient de l'est en ordre parfait, serrés les uns contre les autres comme un essaim gigantesque.

Le douanier se tourna vers nous et proclama, d'un ton péremptoire : « Luftwaffe ! »

Les autres étaient sortis à leur tour ; l'un d'eux braqua vers le ciel d'impressionnantes jumelles et se mit à hurler : « Nein ! Nix Luftwaffe ! American ! »

Pas un chasseur ne les gênait ; ils avançaient vers l'ouest et la mer ; ils venaient de bombarder une ville allemande et rentraient en Angleterre en faisant un large détour pour éviter les chasseurs et la DCA de la mer du nord et de la Manche. Un rapide comptage des escadrilles nous amena au nombre de trois cent cinquante appareils.

Un douanier avait sauté au téléphone ; nous l'entendions vociférer, mais ça ne servait à rien. Il y avait très peu de chasseurs et la seule DCA efficace était autour et dans Bordeaux ; les bombardiers ne risquaient rien.

Jamais personne n'avait vu autant d'avions ; tout Saint Macaire était sur les portes, la tête tournée presque à l'envers pour ne rien manquer du spectacle ; on sentait que la balance commençait à pencher du bon coté… Les avions disparurent dans le lointain… La « Propaganda Staffel » pouvait raconter ce qu'elle voulait, la démonstration était faite.

Depuis le début de l'occupation, deux choses avaient fait leur apparition dans toutes les maisons : Le portrait du Maréchal Pétain et les cartes des principaux théâtres d'opérations.

Le portrait du Maréchal avait été mis en place pour prouver que l'on était partisan de sa politique en cas de visite surprise des allemands ou de leurs sbires français ; cela aurait pu y faire si tout le monde n'avait pensé la même chose. Alors le Maréchal devenu inutile séchait contre le mur ou sur la cheminée, le visage constellé de chiures de mouches…

Les cartes, par contre, s'avéraient indispensable pour suivre les opérations militaires et apportaient aussi une chose que beaucoup avaient oubliée, la géographie. L'analyse journalière des positions dans l'immensité russe nous avait rendus familiers des noms de villes, de cours d'eau ; tout le monde savait où coulaient le Dniepr, le Don et la Volga que les allemands venaient d'atteindre à Stalingrad. Le Pacifique et le Sud-Est Asiatique procuraient aux vrais amateurs une jouissance exceptionnelle ; on découvrait les îles lointaines, Java, Sumatra, Bali…

Avant la guerre, beaucoup de mes semblables auraient été incapables de dire si Bornéo était une île qui se trouvait quelque part, bien loin ou bien un point d'ancrage des péniches entre Castets et Marmande, sur le canal…

On savait quand même que les sous marins allemands se ravitaillaient dans les ports de certains pays amis en Amérique du Sud et opéraient très près des cotes.

Seul, le continent américain, épargné par la guerre avait jusque là évité d'être épinglé contre le mur, avec les autres.

LE PORT DE BORDEAUX, LES SOUS MARINS

Les sous marins ! Beaucoup partaient de Bordeaux, depuis la toute nouvelle base sous marine, formidable abri de béton au bord des bassins à flot ; ils coulaient beaucoup de bateaux alliés mais leurs pertes étaient très lourdes, les chantiers navals allemands construisaient les sous marins à une cadence très rapide. On voyait au cinéma des reportages sur cette fabrication en grande série et la mise à l'eau des bateaux prêts à partir, lancés en travers par groupe de quatre. Les allemands étaient en cette matière les meilleurs spécialistes du monde et à la pointe du progrès.

Le point faible était les équipages ; formés aussi vite que les bateaux étaient construits, ils embarquaient pour leur première mission qui était souvent la dernière. On pouvait voir à Bordeaux ces jeunes marins de dix-sept à dix-huit ans sous les ordres d'un commandant qui n'en avait pas vingt-cinq.

Il y avait aussi, amarrés le long des quais quelques patrouilleurs ou dragueurs de mines chargés de la sécurité du port, des passes et de l'entrée de l'estuaire. Mais il y avait surtout des cargos armés en corsaires ou « forceur de blocus » ;

leurs équipages avaient l'estime et la considération de tous les français qui travaillaient ou gravitaient dans le port.

C'était de rudes marins ; les commandants et les équipages étaient tous de vieux routiers des mers, aguerris, fins navigateurs et rusés comme des renards, leur rôle était d'aller chercher du caoutchouc naturel et d'autres produits stratégiques qui manquaient en Allemagne, dans les pays producteurs Malaisie ou autres contrôlés par les japonais. Ils devaient à l'aller comme au retour faire les trois quarts du tour de la planète, seuls, sans aucune protection dans des mers quadrillées par les flottes alliées. Beaucoup étaient repérés et coulés, quelque fois tout près de la fin du voyage.

Les contre torpilleurs basés au Verdon partaient à la rencontre de ceux qui avaient réussi et les escortaient triomphalement jusqu'aux quais de Bordeaux. Ils remontaient le fleuve, acclamés par les équipages des autres bateaux ; je fus témoin de l'arrivée de l'un d'entre eux, un matin, il était venu s'amarrer non loin des Quinconces, très bien camouflé il était peint en gris de différentes nuances, claires ou foncées, depuis la coque jusqu'à la pointe des mats. Il était aussi marqué par de nombreuses taches de rouille.

Le temps de poser leur précieuse cargaison qui était acheminé par train jusqu'à sa destination finale, les bateaux allaient radouber en cale sèche aux chantiers de la Gironde ou ailleurs, avec une rapide remise en état pour un autre voyage.

L'entrée en guerre des Etats-Unis avait terriblement compliqué leur tache et de plus en plus, le retour à bon port tenait du miracle.

LA FOIRE DE BORDEAUX

Les foires aux plaisirs de mars et d'octobre avaient été maintenues et ramenaient un peu de vie dans un Bordeaux qui en avait bien besoin ; c'était aussi gai et animé qu'avant, peut-être plus même ; c'était une aubaine pour les marins et les soldats que les hasards de la guerre avaient conduit là.

Les attractions étaient les mêmes, les manèges, le grand huit et la descente en luge. Par contre, les nègres mangeurs de feu et dansant sur des charbons ardents avaient disparu et les deux ménageries qui venaient depuis très longtemps, « La Jungle » de Marfa la Corse et la ménagerie Pezon, n'avaient pu conserver que deux ou trois lions faméliques nourris péniblement avec toutes les saloperies imaginables.

« Les Folies Montmartroises », baraque dans laquelle les « plus jolies filles du monde » étaient censées exécuter des danses à vous couper le souffle, pratiquement à poil bien sûr, avait la faveur des militaires.

Nous avions onze ou douze ans quand, avec mon cousin Jean qui était d'un culot à toute épreuve, nous nous étions présentés pour entrer avec la fournée habituelle des spectateurs ; nous avions été impitoyablement refoulés par une grosse femme qui tenait la caisse et qui nous avait lancé d'une voix à ébranler les colonnes d'un temple : « Barrez-vous, merdeux, vous avez le temps d'allez voir les gonzesses ! » Les gens s'étaient marrés en nous regardant détaler.

Le temps avait passé, et les filles qui se trémoussaient aux « Folies Montmartroises » pendant la guerre n'étaient pas guère plus grasses que les lions de « La Jungle ».

Le public bordelais allait surtout voir les lutteurs. La lutte avait été de tout temps un sport très prisé et pratiqué dans l'agglomération bordelaise ; les clubs étaient nombreux et d'un bon niveau.

La baraque d'Alain Aimé était vaste, le ring bien éclairé ; à l'extérieur, l'estrade servant à la parade occupait tout le devant. Alain Aimé luttait et avait aussi dans son équipe une femme qui, à grands coups de gueule défiait les amateurs.

Les gens se ruaient dans la baraque après la parade ; les combats ne duraient que quelques minutes, il fallait à la fois faire vite et en donner au public pour son argent. Alors, de l'extérieur, on entendait les cris de douleur de l'amateur et le rire triomphant de la lutteuse.

Alain Aimé ressortait avec toute son équipe sur l'estrade, bombant le torse, étalant sa puissante musculature en jonglant avec des poids de fonte. Le public s'amoncelait, la prochaine fournée était prête…

Je devais revoir Alain Aimé une dernière fois, dans les années cinquante, après la guerre.

Hémiplégique, le visage bouffi et violacé par l'alcool, s'aidant d'une béquille, il promenait sa détresse dans la foire d'où sa baraque avait disparue ; il était pitoyable… « Sic Transit Gloria ! »

La descente en luge avait elle aussi beaucoup de succès, parce que pour accéder au départ, il fallait monter par un tapis roulant ; c'était très haut et certains pris de vertige s'accrochaient à la rambarde et provoquaient le déséquilibre et tout le monde dégringolait « cul par-dessus tête » dans l'étroit couloir. C'était sans danger, gratuit pour ceux qui regardaient depuis en bas ; le tapis roulant était l'une des meilleures attractions de la foire.

C'était la fête des italiens ; leur naturel méridional et expansif avait besoin de ce défoulement bruyant. On les voyait s'amuser partout, sur les manèges où ils menaient grand tapage, le ridicule de leurs uniformes ne les empêchait pas d'avoir avec eux un bel assortiment de filles. Ils paraissaient être sans souci et sans problème. C'étaient des italiens…

Les allemands, eux se promenaient lentement froids et silencieux ; les jeunes sous mariniers, timides et souriants, regardaient de tous leurs yeux. Leur uniforme très bien coupé et d'un bleu très foncé faisait ressortir leur blondeur naturelle ; cela les révélait encore plus jeunes, à peine sortis de l'enfance.

Tous ceux qui les voyaient savaient qu'avant peu la majeure partie d'entre eux serait condamnée à une mort horrible, aussi horrible que celle qui attendait les équipages des bateaux torpillés par eux. Mais personne ne les plaignait. C'étaient des allemands...

LES PASSEURS PROFESSIONNELS

Les nouvelles mesures prises en zone occupée à l'encontre juifs avaient poussé certaines familles à se cacher pour échapper aux rafles et à l'arrestation et à gagner à tout prix la zone libre. Ces gens-là, pour la plupart des commerçants fortunés, étaient une proie rêvée pour les passeurs professionnels ; fuyant comme des bêtes traquées, apeurés, désorientés, ils emportaient avec eux tout ce qu'ils avaient de précieux, argent, bijoux, or en pièces ou en lingots.

Les passeurs avaient des complices à l'affût dans les gares, ou parmi le personnel des hôtels, qui détectaient facilement ces familles inquiètes et aux abois, et les mettaient en relation avec le passeur. Ce dernier faisait payer le prix du passage d'avance bien entendu ; s'ils avaient avec eux de lourdes valises, le passeur s'arrangeait pour les affoler, juste avant la frontière ; il faisait monter la pression, ayant l'air de déceler un danger, et tout d'un coup...

« Voilà les allemands ! Sauvez vous ! Courez vers le gros arbre, là-bas... Lâchez les valises, courez, courez, vite, vite, courez, courez ! »

Les malheureux épouvantés, fuyaient à toutes jambes vers la zone libre et le salut, pour ceux qui n'avaient pas la malchance de tomber sur deux douaniers en planque dans un buisson. Le passeur, qui en général avait un complice pas très loin, repartait dare dare avec les précieuses valises en attendant les prochains « pigeons ».

Pierre Déjean, qui avait une vigne au pied du coteau, trouva un matin sur son allée un superbe « Louis d'or » ; plus loin, en direction de Saint Pierre, les uns ou les autres en trouvèrent une dizaine, semés la nuit par un fugitif.

Il y avait un type de Langon qui exerçait ce sordide « travail ». C'était un homme d'une quarantaine d'années, grand, athlétique, doué d'une force redoutable ; je l'avais vu une fois, rue Maubec, un jour de foire, assommer d'un seul coup de poing un colporteur qui avait refusé de lui vendre une ceinture au prix dérisoire qu'il lui offrait. Je devais le revoir à la libération de Langon, la poitrine bardée de décorations, arborant les galons de capitaine FFI et menant grand tapage.

Nous en avions repéré un autre qui venait de Barsac avec une carriole attelée d'un petit cheval ; il passait en plein milieu de l'Ardilla, en suivant les allées de vigne. Il avait toujours deux ou trois passagers sur la carriole ; arrivé à cent mètres de la frontière, il lançait son cheval au trot ou au galop et traversait carrément, les passagers secoués cramponnés à leurs valises. L'aisance et le culot de ce type nous avait étonnés jusqu'au jour où nous vîmes les douaniers du poste suivre à la jumelle et en riant son passage dans les vignes ; il leur aurait été très facile de lui couper le devant et de le coincer.

Mais quelques jours après les douaniers arrêtaient le Barsacais et son chargement de fugitifs ; conduits au poste ils furent embarqués dans un camion et emmenés avec leurs bagages. Quelques instants après, le Barsacais repartait allègrement chez lui avec son attelage ; il était manifestement de mèche avec les allemands et leur signalait les prises intéressantes en échange de leur bienveillance. Quelques jours après, il repassait avec un nouveau chargement.

C'était un petit homme rondelet, à l'air bonasse ; il n'en était pas moins une crapule au service des allemands. A la libération, il avait disparu ; peut-être fut il arrêté ailleurs, qui sait... En tout cas, on ne le revit jamais.

« CAMARADES FRANCAIS »

Avec les copains, pendant les belles soirées d'été, nous avions l'habitude d'aller pendant une heure ou deux, nous asseoir à la terrasse du Café de l'Eldorado pour discuter devant une bière en attendant le couvre feu.

Ce soir-là, nous étions sept ou huit autour de la grande table de fonte recouverte de marbre blanc. On sentait venir la fin de l'été, mais il faisait encore très bon ; ça discutaillait ferme et de grands éclats de rire coupaient de temps en temps la conversation.

Non loin de nous, un capitaine allemand était seul à un guéridon et se sustentait au cognac ; il nous écoutait avec beaucoup d'intérêt et riait lui aussi de nos propos. Il se leva, vint vers nous en souriant et nous demanda dans un français impeccable la permission de se joindre à nous ; il avait l'air d'un brave type, mais de toute façon il était hors de question de refuser.

Il commença à parler ; il arrivait du front russe pour une brève convalescence et un peu de détente avant de repartir au combat. « Jeune français, nous dit-il, vous avez de la chance, la guerre vous a laissés de coté ; les jeunes allemands et leurs alliés se battent pour sauver l'Europe... Moi, j'aime la France...Français et allemands il faut nous comprendre et nous entendre... Il y a chez vous des hommes qui ont compris l'importance du combat que nous menons et se joint à nous... »

Les cognacs se succédaient et le capitaine parlait toujours. « J'aime la France ! Je venais souvent à Paris avant la guerre... Braves, braves français !... Nous étions à une certaine époque dans le même secteur que la Légion des volontaires français ; un jour, après une opération contre des partisans, nous nous sommes trouvés ensemble dans un village d'Ukraine... Allemands et français sous le même uniforme... C'était très émouvant vous savez... Nous avons fait la fête... Beaucoup ri, beaucoup bu ! »

L'homme hochait la tête, riant doucement, son ballon de cognac à la main. « Ah quelle fête !... Quel bon souvenir !... Alors pour finir... Car il fallait bien finir, n'est ce pas ? »

Il faisait lentement tourner l'alcool dans son verre, toujours souriant. « Nous avons rassemblé les habitants du village et nous les avons pendus... Tous ! ...Puis nous avons mis le feu partout, avant de partir pour d'autres combats... »

Nous étions pétrifiés ; personne ne soufflait mot ; lui riait franchement, il s'étonna de notre silence, il voulait payer à boire à tout le monde, car il aimait les français... Ah oui ! Les braves camarades...

L'un d'entre nous regarda sa montre ; nous prétextâmes la proximité du couvre feu pour nous défiler, écoeurés, l'estomac au bord des lèvres.

C'était un capitaine d'infanterie, un officier comme beaucoup d'autres ; ce n'était pas un SS, mais c'était la guerre qui devenait plus dure et impitoyable chaque jour... La guerre avec son cortège de héros et de monstres... La guerre...

LE RETOUR DES SS

Ce samedi-là, j'étais allé chez Lucien, le coiffeur, nous étions quelques uns à attendre notre tour, parlant bien évidemment de la guerre et des combats terribles que l'armée allemande livrait à Stalingrad. Les russes se battaient avec une énergie farouche et ne reculaient plus. Ils avaient stoppé toute la sixième armée allemande et une bonne partie de l'armée Roumaine.

Quelqu'un dit : « Putain ! Qu'est-ce qu'ils dérouillent ! Les « Têtes de mort » qui étaient ici doivent regretter Saint Macaire ! »

Lucien s'arrêta de couper les cheveux et dit : « Mais je sais moi ce qu'ils sont devenus « nos SS ».

Et il raconta que le mois précédent, les gens qui se trouvaient sur la place avaient vu arriver une voiture allemande portant le sigle et l'immatriculation des « SS Totenkopf » ; la voiture s'arrêta et quatre hommes en descendirent, c'était des anciens du bataillon qui avait été cantonné à Saint Macaire. Les quelques personnes qui se trouvaient là s'approchèrent intriguées ; la conversation s'engagea très vite, ils venaient d'un camp de regroupement dans la région et avaient profité de l'occasion pour venir revoir Saint Macaire. Ils racontèrent leur histoire...

Après une avance foudroyante en Russie, ils s'étaient trouvés arrêtés par l'hiver et les contre attaques de plus en plus dure de l'armée rouge. Leur unité faisait partie d'une force qui avait été chargée de tenir une position fortifiée, un « hérisson » comme il disait. Les « hérissons » avaient été répartis tout le long du front, le gros de l'armée était à l'abri derrière ces défenses et pouvait attendre le printemps.

Les SS avaient été chargés de tenir le secteur fortifié autour de Démiansk en Russie Blanche. Tout de suite encerclée, isolée, manquant de tout, presque sans ravitaillement, la position avait été tenue au prix de pertes énormes, dans des combats incessants et d'une violence inouïe.

Lorsqu'au printemps le gros de l'armée put enfin les dégager, il ne restait plus qu'une poignée d'hommes dont très peu étaient intacts ; en dehors des blessures, les pieds, les mains ou les yeux gelés étaient monnaie courante.

De cette troupe d'élite fière et disciplinée qui avait occupé Saint Macaire pendant près d'un an, il ne restait plus que ces quatre hommes haves, usés et épuisés. Les gens s'approchaient, de plus en plus nombreux ; les questions fusaient : « Le caporal Wolf, qui logeait chez moi qu'est il devenu ? Et le SS X ? Le feldwebel Y ? »

Pour beaucoup la réponse était invariable : « Kaputt ! »

Parfois un geste éloquent évoquait une amputation, ou désignait les yeux…

Ils allèrent saluer les personnes chez lesquelles ils avaient logé, puis se promenèrent dans la ville, heureux de retrouver des gens qui les reconnaissaient. Le soir venu ils repartirent vers un camp où on les avait rassemblés avec les débris d'autres régiments détruits.

« Je n'étais pas là et je n'ai pas pu savoir si le mien aussi était mort ; un mètre quatre vingt seize il mesurait… Avec une taille pareille il devait paraître de loin !… »

Le SS Willy Wartmann avait fini par faire partie du décor, comme les vieux clients, les habitués familiers du salon de coiffure qui attendaient en jacassant leur tour de s'asseoir dans le fauteuil. Il nous semblait encore le voir passer devant nous, souriant, montrant son pantalon trop court… « Ia, ia! Feüer plancher ! Ha ha ! »

Personne ne fit de commentaire… Mais lui comme ses copains, n'avait jamais eu la moindre pitié pour personne ; en service ils n'étaient que des mécaniques bien réglées, totalement déshumanisés, c'étaient eux qui avaient tué Louis Racois, la femme inconnue de l'Ardillat, et la nuit, d'autres encore que nous n'avions pas vus. C'était l'un deux qui m'avait par deux fois tiré dessus faisant consciencieusement tout son possible pour descendre ; c'était eux qui avaient traqué, arrêté, brutalisé tout un tas de pauvre gens, chez nous et ailleurs.

Personne ne souffla mot, chacun garda ses réflexions pour soi… Il n'y eut pas d'oraison funèbre pour les « Têtes de mort ».

On devait pourtant savoir ce qu'il était devenu ; après la guerre, un des rares survivants du bataillon revint discrètement à Saint Macaire saluer ses anciens logeurs et apporta au coiffeur et à sa femme des nouvelles de leur ancien pensionnaire, le grand Willy leur envoyait toutes ses amitiés, il avait survécu à l'hécatombe mais avait laissé une jambe en Russie…

L'ARRESTATION DU CURE LALANNE

Le curé Lalanne était à Saint Macaire depuis une vingtaine d'années ; il venait de temps en temps lui aussi au salon de coiffure et attendait son tour en lisant son bréviaire, il avait un petit mot gentil pour tout le monde, mais ne se mêlait pas à la conversation.

Il avait traversé la période tourmentée par l'agitation sociale qui avait amené le Front populaire à la direction du pays sans s'engager politiquement, contrairement à d'autres. Certes, on savait de quel coté allait ses sympathies, mais il ne le monta pas ; et bien que la prise de position du clergé espagnol en faveur de Franco n'ait pas facilité les choses, le curé de Saint Macaire sut parfaitement rester neutre. C'était un homme discret et paisible.

Je ne me souviens plus très bien à quelle date les allemands vinrent arrêter le curé, la nouvelle stupéfia tout le monde ; pourquoi avait on arrêté cet homme tranquille et sans histoires…

Le maire demanda des explications aux autorités allemandes, sans résultat ; les milieux catholiques et l'archevêché était intervenu sans bruit à un très haut niveau avait on dit, là aussi en pure perte. Les langues allaient bon train ; on parlait de vengeance, de dénonciation, le curé avait eu des problèmes avec un personnage voisin quelque peu envahissant, mais pas au point de susciter une telle rancune.

Le temps passait, et on ne donnait plus bien cher de la peau du curé, lorsqu'après plusieurs mois de détention il fut enfin libéré. Paroissiens ou non, les macariens se réjouirent de cette fin heureuse ; les curés des environs vinrent un dimanche célébrer une grande messe solennelle en son honneur pour fêter son retour.

Pâle, amaigri, visiblement épuisé, il monta en chaire pour remercier l'assistance ; très ému, il ne put que prononcer quelques paroles maladroites et on s'aperçut alors qu'il avait aussi été touché sur le plan mental.

Entouré de la sollicitude de tous, aidé et ravitaillé, il retrouva assez vite ses forces et son équilibre ; il reprit ses activités sans révéler à personne les raisons de son arrestation, et les tourments qu'il avait endurés. Il est probable que ses supérieurs, dans la hiérarchie religieuse connurent la vérité, mais lui ne parla jamais.

LES FILLES MICHAUD

Une fois de plus on fit les vendanges, mais cette fois il y avait quelque chose de changé ; plus de barrière, plus de papiers à déballer, plus de contraintes d'horaires, c'était presque la liberté.

Notre petite récolte ne justifiant pas l'emploi d'une nombreuse main d'œuvre, nous n'avions embauché que deux vendangeuses occasionnelles, ouvrières à la scierie, qui gardaient leurs jours de congés pour avoir du temps libre pour les vendanges et gagner un peu d'argent. C'étaient les filles Michaud ; elles habitaient au Thuron dans la maison Poujardieu avec leur mère et une autre sœur plus jeune, Yvonne, infirme et handicapée mentale. Les deux aînées, Jeanne et Yvette avaient en 1940 déjà atteint la trentaine ; elles avaient désespérément cherché à se marier, mais leur rudesse et leur intransigeance décourageait les amateurs.

C'était pourtant de braves filles, franches, vaillantes et honnêtes ; dures au travail, elles avaient entrepris la culture d'une soixantaine d'ares de vigne sur le flanc du coteau dans un terrain argileux, mauvais à travailler, elles avaient fait un boulot extraordinaire pour arriver à faire pousser entre les rangs de vigne, des patates, des haricots et tout ce qui pouvait se manger. Les deux filles emmenaient avec elles leur jeune sœur Yvonne dans une petite voiture en bois qu'elles avaient fabriqués elles mêmes.

Le père Michaud, ouvrier charpentier, supportait très mal les restrictions alimentaires ; tous les soirs, après la journée de travail à l'usine, la famille partait bécher et piocher l'argile. Il goûtait peu le plaisir de piocher et de gratter le chiendent ; le plus souvent, il restait étendu sur l'herbe de l'allée, amaigri, épuisé, vidé, il était insensible aux sarcasmes et aux reproches de sa femme et de ses filles.

Les trois femmes le poursuivaient aussi d'une sourde rancune, l'accusant d'être responsable du triste état de leur jeune sœur, conçue, d'après elles, « Un soir de cuite ». Un jour, après concertation, elles décidèrent de le foutre à la porte ; comme il refusait de s'en aller, arguant du fait qu'il était le maître chez lui, les trois femmes l'empoignèrent, le jetèrent par la fenêtre d'abord, par-dessus la banquette ensuite. Meurtri, mâché et fâché, le père Michaud se réfugia dans une vieille maison abandonnée, non loin de là, rue du Port Nava.

Les trois femmes avaient pris deux vaches en métayage, en « gazaille » comme on disait chez nous ; cela leur permettait d'avoir du lait pour elles, et de se faire un peu d'argent en vendant du lait et leur part des veaux.

Nous les connaissions bien ; depuis longtemps notre famille était locataire d'une vieille maison à usage de chai qui jouxtait leur demeure, et nous avions toujours eu avec elles des rapports amicaux de bon voisinage.

Les services du ravitaillement avaient interdit au père Marquille de vendre du lait à l'étable de « Gabot » et l'avaient obligé à débiter contre tickets la totalité de la production dans son magasin, rue Yquem.

Il était pour nous hors de question d'aller faire la queue devant la porte pour obtenir ou pas un demi-litre de lait. C'est moi qui allais chez les Michaud deux fois par semaine chercher un peu de lait ; cela permettait de faire des bouillies pour retaper mon père qui venait de subir une opération et qui en était revenu très affaibli.

J'avais leur confiance et leur amitié.

Toutes jeunes ouvrières d'usine avant les années trente, elles avaient vécu la période de récession et les bouleversements qui avaient propulsé le « Front populaire » au pouvoir en 1936. Elles avaient adhéré au Parti communiste comme on entre en religion, attendant ardemment le jour où la France serait comme la Russie, un paradis sans patrons et ou les usines appartiendraient aux ouvriers ; l'écrasement de la Russie Soviétique les avaient profondément blessées, mais elles savaient que le pays était immense et les russes plus nombreux que les allemands. Alors, peut-être que, bientôt...

Tout en coupant les raisins sous le soleil de septembre, nous parlions ; l'approche de la quarantaine leur faisait supporter de plus en plus difficilement une virginité d'autant plus pesante qu'aucun soupirant n'avait fait acte de candidature pour les en débarrasser.

« Nous ne sommes pas en bois, disaient-elles, les jeunes gens d'ici ne nous ont pas voulues parce que nous sommes de pauvres ouvrières d'usine... Il faut être une Rothschild pour se marier à Saint Macaire »

Ayant une bonne quinzaine d'année de moins qu'elles, je n'étais pas compris dans le lot des réprouvés ; elles poursuivaient d'une haine implacable un ouvrier boulanger, René Bourgoint, qui au cours d'un bal où les deux sœurs dansaient ensemble, évidemment, leur avait fait traîtreusement un croc en jambe qui les avait fait s'étaler sur le plancher, déclanchant de ce fait l'hilarité de la salle. Relevées d'un bond, folles de rage, elles avaient foncé sur le coupable qui n'avait du son salut qu'à une fuite éperdue ; elles l'avaient poursuivi jusqu'à la porte de la boulangerie où il s'était barricadé ; sur le coup, elles l'auraient sûrement écharpé.

Telles étaient les fille Michaud ; elles faisaient partie de ce petit monde que formait les habitants du quartier du Thuron, habitués à gagner durement leur vie, mais se retrouvant tous pour aider celui que le malheur avait frappé.

Un seul était différent des autres ; malgré tous ses efforts pour se faire admettre, donnant du « mon cher ami » et de grands coups de chapeau « Champagnette » ne fut jamais des leurs...

LE MEURTRE DU VACHER DE MARQUILLE

Au tout début du mois d'octobre, le deux très exactement, je me préparais à descendre dans le puit pour le nettoyer lorsque notre voisine, Jeanne Belloc, arriva en courant pour nous annoncer que l'on venait de trouver le vacher de Marquille mort, tué d'un coup derrière la tête. C'était à « Gabot », tout près, en passant par le fond on y était de suite.

Il y avait déjà les gendarmes français, évidemment, les allemands n'intervenaient pas dans ce genre d'affaires ; les voisins faisaient comme nous et arrivaient aussi.

Le « baquey » était étendu de tout son long, la face contre terre, à coté de sa brouette, le type qui l'avait descendu ne l'avait pas loupé ; il s'était vraisemblablement servi d'une massette ou d'un merlin et lui avait foutu l'occiput en bouillie, le pauvre bougre s'était vidé de son sang par le nez et par les oreilles.

Le vacher était un homme d'une soixantaine d'années, célibataire, solitaire et toujours de mauvais poil ; le troupeau étant assez important, le père Marquille avait embauché quelques mois auparavant un jeune ménage pour aider le vacher et s'occuper de la vigne.

Les gendarmes interrogèrent le personnel et le voisinage et leurs soupçons se portèrent sur un autre employé, un jeune commis nommé Pierre Comma qui, à plusieurs reprises avait eu des mots avec la victime. Il fut rapidement mis hors de cause, ayant couché cette nuit à l'Hôtel de la Gare, et pas tout seul ; Pierrot était un bon copain qui sortait parfois avec nous et était tout à fait incapable de faire un pareil coup.

L'après-midi, on étendit le vacher sur une vieille porte posée sur deux tréteaux dans la grange. Les gendarmes étaient là et le médecin légiste commençait l'autopsie lorsque l'ami « Cacao », curieux comme une belette, s'approcha doucement pour profiter du spectacle... Quelques minutes plus tard, il foutait le camp, le visage livide, les yeux exorbités et l'estomac en proie à des contractions qui ne laissaient aucun doute sur la suite des évènements.

La nuit tombant vite, il fut décidé de laisser le corps sur place et de ne le transporter que le lendemain à la morgue de l'hospice.

Tous les rats de « Gabot », victimes eux aussi des restrictions alimentaires profitèrent de l'aubaine ; lorsque que le lendemain matin, le préposé municipal chargé du ramassage des ordures ménagères arriva avec son âne et le tombereau pur assurer le transport du corps, il constata avec horreur que les rats l'avaient presque entièrement dévoré.

On rassembla ce qui restait dans une bâche, et c'est ainsi que le « baquey » de Marquille partit pour son ultime voyage, dans le fond du tombereau aux ordures, tiré par l'âne de l'hospice.

Evidemment, les langues marchaient ; on savait qu'il se passait dans le coin un trafic un peu mystérieux, circulant à toutes heures autour de son étable, le vacher avait sûrement vu quelque chose et cela lui avait coûté la vie.

Une autre employée de Marquille, Henriette Dubos, me prit à part et me glissa dans le creux de l'oreille : « Tu vois, moi, je suis persuadée que le coup a été fait par quelqu'un qui lui voulait du mal ! »

J'abondais dans le même sens ; quelqu'un qui lui aurait voulu du bien n'aurait pas agi de la sorte...

L'affaire fut vite oubliée ; mais une dizaine d'années plus tard on eut des nouvelles du jeune couple qui travaillait avec le vacher au moment du crime et qui avait quitté le secteur peu de temps après, le mari atteint d'un cancer était mort, mais avant de quitter ce bas monde il avait avoué être l'auteur du « crime de Gabot ». Participant à un trafic d'abatage clandestin, ce personnage avait tué le vacher par « précaution », afin d'éviter qu'il ne surprenne quelque chose en rodant autour de son étable. On n'eut pas d'autres détails et l'affaire retomba définitivement dans l'oubli.

LES JUMELLES

Je voudrais évoquer aussi un autre épisode, moins sanglant certes, mais qui nous intrigua passablement.

Il était arrivé à Saint Macaire un couple d'agriculteurs qui travaillaient comme domestique sur une exploitation ; jusque là rien d'extraordinaire, mais ces gens là avaient deux filles, deux jumelles de seize ans, jolies, blondes comme les blés, avec des yeux bleus d'une limpidité magnifique. Elles étaient absolument semblables ; c'était deux beaux brins de filles mais on les voyait peu, elles ne sortaient jamais.

Quelle ne fut pas notre surprise de les voir un jour arriver aux « Grottes » au bras, ou plus exactement aux bras, car il en avait une de chaque coté, d'un officier allemand ; c'était incompréhensible, jusque là on ne les avait jamais vues en compagnie de jeunes gens, fussent-ils français ou autres.

On ne les voyait jamais rire ; elles subissaient les caresses et les privautés de leur compagnon avec une passivité qui ressemblait à de la résignation, on aurait dit qu'elles avaient l'esprit ailleurs, à la fin de la soirée, elles partaient partager la couche de l'officier.

Un jour aux « Grottes », il buvait le champagne avec une sœur sur chaque genou ; le serveur lui balança en passant un compliment ironique, il éclata de rire : « Ach ! Un bon officier allemand ne quitte jamais ses jumelles ! »

Peu après l'officier partit, affecté ailleurs, probablement en Russie, comme beaucoup d'autres ; on ne revit plus les deux sœurs, un peu plus tard, la famille quitta Saint Macaire. Nous pensions tous qu'il avait fallu une raison grave pour pousser ces deux pauvres filles dans le lit de cet officier ; elles seules auraient pu répondre... Personne ne sut jamais.

L'armée allemande avec ses divisions d'élite, les blindés ultra modernes qu'étaient les chars « Tigre » et « Panther », la formidable puissance de choc avait été bel et bien arrêtée par les russes ; les besoins en effectifs étaient énormes et l'on voyait bien que le front de l'est absorbait la meilleure part de la Wermacht.

Il fallait aussi tenir les pays occupés, assurer la gestion et la garde des voies de communication et des ouvrages d'art, ponts, tunnels et autres Il fallait aussi tenir la nouvelle ligne de fortifications qui allait du Cap Nord à la frontière d'Espagne que l'on commençait à entendre évoquer sous le nom de « Mur de l'Atlantique ».

Un jour, en passant sur le pont de Langon, je remarquai que le soldat qui faisait les cent pas d'un bout à l'autre de l'ouvrage, était vêtu d'un drôle d'uniforme ; il était en kaki, sa veste retouchée, était d'origine française, le pantalon aussi d'ailleurs. Les bandes molletières avaient été remplacées par des guêtres de toile, les chaussures étaient de bons vieux godillots de l'armée française ; il portait à l'épaule un fusil français modèle 1936, seul le casque et le brassard rouge croix gammée étaient allemands. Le soldat était vieux, il avait dépassé la cinquantaine, c'était un vétéran, un rescapé de l'autre guerre rappelé comme beaucoup d'autres ; ils raclaient les fonds de tiroir pour assurer les besoins en hommes.

LES REFRACTAIRES

Les ouvriers des pays occupés partaient de plus en plus nombreux travailler en Allemagne ; l'ordre de réquisition laissait dans le meilleur des cas un délai de vingt quatre heures pour se présenter à la gare de départ, Bordeaux, où ils étaient pris en charge et dirigés sur un train spécial. D'autres, ingénieurs ou ouvriers qualifiés étaient ramassés sans préavis dans leurs usines et embarqués aussitôt.

Parmi ceux qui avaient vingt quatre heures devant eux, il y en avait quelques uns qui profitaient de ce court répit pour prendre le large ; ils partaient chez des parents ou des amis au plus profond de la cambrousse, de préférence en zone libre, dans une exploitation agricole où le ravitaillement ne posait pas trop de problèmes.

Celui qui « ratait » le départ pour l'Allemagne était aussitôt qualifié du terme de « Réfractaire », signalé, recherché comme un hors la loi, dans l'incapacité d'utiliser ses papiers d'identité et ses cartes d'alimentation.

On fit rapidement la comparaison avec les bandits d'honneur Corses qui, lorsqu'ils étaient traqués par les gendarmes, se réfugiaient dans le maquis ; l'expression entra vite dans le vocabulaire journalier, on entendait : « Où est passé un tel ? » Après un rapide coup d'œil à droite et à gauche, l'interrogé répondait à voix basse : « Il n'a pas voulu y aller ! Il a pris le maquis ! »

Partout dans les pays occupés on recrutait des volontaires pour combattre aux cotés des allemands.

La presse et le cinéma avaient relaté et montré la remise de leur drapeau aux volontaires français par le Führer lui-même ; avec moins de tapage mais de façon très complète les journaux détaillaient les nombreux avantages attribués aux volontaires et à leurs familles : Primes confortables, allocations, tickets de ravitaillement doubles, protection de la police allemande et, récompense suprême, l'honneur de pouvoir obtenir après la guerre, la nationalité allemande.

Jacques Doriot, un ancien communiste entré en dissidence, avait créé avant la guerre le « Parti populaire français » ou « P.P.F. » qui avait tout de suite exalté et pratiqué la colla boration totale avec l'Allemagne. Doriot et son état major politique s'étaient aussitôt engagés pour participer à « la croisade contre le Communisme » ; promu tout de suite colonel, Doriot partit pour le front russe ou, parait-il son ardeur et sa valeur au combat furent exemplaires.

Décoré en grande pompe de la « Croix de fer », il revint en France ; très actif, en grand uniforme, il multipliait les meetings pour enthousiasmer les foules et susciter des engagements. En dehors de ses quelques partisans, personne ne le suivit.

Ce qui pesait le plus dans la balance, c'était les régiments entiers d'ukrainiens et de mongols qui étaient passés du coté allemands ; des unités hindoues travaillées par les indépendantistes étaient elles aussi passées en entier du coté de Rommel en Libye, tout ce beau monde était pris en main en Allemagne et utilisé selon les besoins dans les pays occupés.

LA BERGERIE

Les vendanges de 1942 étaient finies, la belle saison aussi ; j'avais recommencé à aller de temps en temps danse à la bergerie, en haut de Saint Pierre ; il y avait parmi les gars du Nord de très bons accordéonistes, deux surtout, Cordier et Pétrini qui venaient à tour de rôle, quelque fois ensemble. C'étaient des grands, des virtuoses, ils venaient pour le plaisir, pour les copains, pour se défouler et nous régaler de leur musique ; c'était un enchantement, il y avait une ambiance folle mais nous vivions tous dans la crainte du départ.

Il commençait à en manquer parmi les habitués, certains comme René Lartigue, avaient été appelés pour un séjour de six mois dans un camp de jeunesse comme tous les jeunes de sa classe résidant en zone libre.

Un soir, on vit arriver à la bergerie deux frères, nés en France de parents italiens ; ils avaient refusé la nationalité française, ce qui leur avait évité pas mal d'emmerdements. Mais ce soir-là, ils auraient mieux fait de rester chez eux ; à peine entrés ils furent accablés d'injures et expulsés à grands coups de pied bien placé : « Macaronis ! Tocards ! Connards ! Puisque vous êtes italiens, allez donc aider vos copains qui se chient dans les culottes en Libye ! »

Les filles n'étaient pas les moins excitées et les engueulaient aussi ; les deux frères s'enfuirent en courant sous les huées.

On dansait très tard à la bergerie ; le moral était bon, stimulé par le vin blanc qui coulait à flot.

Les vieux venaient voir avec curiosité cette nouvelle façon de danser qui n'était encore pratiquée que par quelques amateurs éclairés et qui avait été importée en campagne par les habitués des boites bordelaises : le Swing. Le Swing fit rapidement fureur ; plus qu'une façon de danser, ce fut pour les jeunes une nouvelle manière de vivre, de s'exprimer, de s'habiller.

Les cheveux longs dans le cou avec une superbe « tuffe » au dessus du front, un veston très long aux épaules tombantes, un petit pantalon étroit et court, des chaussettes multicolores dans des godasses invraisemblables, voilà pour les hommes.

Les filles aussi étaient dans le même ton ; trois étages de boucles ou de rouleaux superposés au dessus du front, robes très étroites, entravées et assez courtes. La pénurie de bas avait amené les filles à passer de la teinture sur leurs jambes ; pour enjamber ou monter sur quelque chose, la fille était obligée de retrousser sa robe et les larges coups de pinceau apparaissaient, faisant ressortir la blancheur originelle des cuisses de la donzelle.

Seule une partie de la jeunesse citadine ou étudiante aux parents fortunés adopta la nouvelle mode ; à première vue, tout ça était bien marrant, mais en profondeur, c'était le rejet pur et simple par effet contraire de « l'ordre nouveau » à l'allemande, du culte de la force physique et de la beauté plastique, exalté et symbolisé par les œuvres du sculpteur allemand Arno Breker.

C'était le même phénomène qui avait provoqué après la terreur et les horreurs de la Révolution, l'apparition des « Muscadins » et des « Merveilleuses ».

Les nouveaux convertis au Swing avaient eux aussi hérité d'un nom : « Les Zazous » ; la presse et la radio fulminaient contre ces « dégénérés » honte du pays. En face des jeunes allemands et de leurs homologues français des formations paramilitaires genre « Jeunes du Maréchal », « Compagnons de France », sans oublier la Milice et quelques autres assemblages de même acabit où l'on trouvait des gars à la nuque rasée, disciplinés et bombant la poitrine, obéissants mécaniquement aux ordres, Les « Zazous » se voulaient excentriques, râleurs, mal foutus et pour quelques uns tout au moins, un tantinet crasseux.

Seule, la nouvelle musique et la façon agréable et chahuteuse de danser, arriva jusqu'à nous ; nous étions trop fiers de nos muscles longuement travaillés aux anneaux et autre trapèze du club de gym de Saint Pierre pour nous habiller en guignols.

De toute façon, aucun de nous n'appartenait à la jeunesse dorée et oisive ; nous n'avions pas les moyens et d'autres soucis…

L'ENVAHISSEMENT DE LA ZONE LIBRE

Une fois de plus la nouvelle nous tomba dessus sans que personne eut prévu ou soupçonné quelque choses ; c'était un dimanche, le huit novembre exactement que nous apprîmes que les américains, appuyés par les britanniques, venaient de débarquer en Afrique du Nord, en plusieurs points du Maroc et de l'Algérie.

Radio Paris et Vichy vitupéraient contre les envahisseurs qui, avec la complicité du traître de Gaulle, voulaient faire main basse sur notre empire colonial ; mais ils allaient voir ! L'armée française et les Régiments africains allaient leur faire payer cher leur témérité. Tout ce verbiage ne trompait personne ; c'était un nouveau coup contre une Allemagne qui commençait à chanceler, mais rien n'était encore joué...

Le trouffion qui cette nuit-là était de garde au poste français eut la désagréable surprise de voir débarquer en haut de la cote de « Fonbonnet » les premiers camions de l'armée allemande. Sans hésiter, il leva la barrière, la cala, et se replia « en bon ordre et sans panique » chez le « Petit Louis ».

Le « Petit Louis » qui était un homme de décision, attrapa la bouteille d'eau de vie et déclara au soldat désemparé : « T'en fait pas, petit ! Cette fois ils sont foutus... Il n'y a rien à faire contre les américains, c'est les plus forts... Je les ai vus, moi, en 17... Bientôt on va les voir arriver avec les nôtres, la Légion, les « Bats d'Af' », les Tirailleurs, les nègres, les arabes et tout le bordel ! Cette fois ils sont foutus ! »

Et le « Petit Louis » entonna « Sambre et Meuse » pendant que la « Wehrmacht » déferlait dans ce coin de France que pendant deux ans on avait appelé « la zone libre ».

J'étais moi aussi, comme tout le village, au bord de la route à regarder passer les convois allemands.

Mais ce n'était plus les belles unités que nous avions vues en quarante, les longues files de camions « Blitz Opel » transportant des hommes jeunes et souriants, les véhicules blindés, l'artillerie tractée, le va-et-vient incessant de nombreux avions... Les convois qui se succédaient ce matin-là n'avaient plus grand-chose de commun avec l'armée de quarante ; les camions, en grande partie français, étaient remplis d'hommes mûrs, à l'air sombre et préoccupé.

Une unité de renfort de « l'Africa Korps » passa devant nous, insolite avec sa couleur sable ; les hommes vêtus de toile légère de la même teinte, étaient assis dans des véhicules découvert et ça faisait un peu « mince », car on était tout de même en novembre.

Quelques canons légers derrière des camions, pas un blindé, un seul Heinkel 111 patrouillait au dessus des convois ; une seule chose n'avait pas changé, c'était ce que nous avions remarqué en premier et qui nous avait frappé lorsque nous les avions vus pour la première fois en juin 40 heureux et fiers de leur victoire, c'était l'ordre !

Malgré la pauvreté et la disparité de leur équipement on ne relevait aucun laisser aller ; les colonnes se suivaient a égale distance sous le regard impitoyable des feldwebels et des officiers qui, de leurs voitures, veillaient à la régulation des convois.

La fin inutile de la flotte française à Toulon, le contrôle rapide du Maroc et de l'Algérie par les Alliés, le débarquement allemand en Tunisie, tout était allé très vite ; mais les allemands déclarèrent que la ligne de démarcation était maintenue, mais qu'une simple carte d'identité suffirait pour la franchir. La présence allemande en zone libre était une « précaution défensive » et en aucun cas une atteinte à la souveraineté française.

Ce fut donc le plus régulièrement du monde qu'avec les copains on fit un tour à Caudrot et pousser une pointe jusqu'à La Réole ; nous vîmes peu d'allemands, nous fîmes quelques bistrots le long des quais où nous savions trouver des connaissances, cela ne rata pas...

« Et c'est ça, ces fameux allemands qui vous foutaient la trouille ? Si une fois de plus nous n'avions pas été vendus, l'armée française de la zone libre ne les aurait pas laissé entrer ! »

On essaya bien de leur faire comprendre que la majeure partie de la « Wehrmacht », les divisions d'élite SS et les Panzers étaient engagés à fond en Russie et que ce qu'ils avaient vus n'était rien ou presque, on ne nous croyait pas, on ne nous écoutait pas.

Beaucoup prenait parti pour une action rapide et directe ; c'était un état d'esprit qui devait aboutir à beaucoup d'erreurs et de folles imprudences qui furent toutes chèrement payées.

Je devais, quelques mois plus tard en faire la douloureuse expérience...

HIVER 1942–43

L'hiver 42-43 fut pour nous moins dur que les précédents ; incontestablement, on se débrouillait mieux ; l'accès à l'ancienne zone libre, le bouche à oreille très au point permettait de trouver une combine à peu près pour tout. Abattage clandestin, faux tickets de pain ou autres, on s'arrangeait pour gratter un petit quelque chose en plus.

Ma mère avait obtenu en échange de vin deux pantalons taillés dans du tissu volé aux allemands et reteint ; c'était une femme de cheminot qui faisait ce trafic, elle habitait près de la gare de Bordeaux et, ayant le voyage gratuit ne ménageait pas sa peine. Elle descendait à Langon avec son chargement, puis prenait son vélo et partait chiner à travers la campagne ; le soir, elle repartait chargée de vin et de victuaille et se remettait aussitôt à préparer le voyage suivant.

Beaucoup de cheminots partaient pour l'Allemagne mais certains cadres de la SNCF prévenaient assez tôt les intéressés pour qu'ils aient le temps de se mettre à l'abri. Jeannot était inquiet et attendait la tuile ; René Lartigue avait fui de son camp de jeunesse et était passé dans un groupe armé. Il nous avait écrit à mots couverts pour nous avertir, et, quelque temps après, nous avait, toujours à mots couverts, donné une adresse si nous voulions le rejoindre : 120 Route de Paris à Montauban, il suffisait de demander un certain « Marius ». Il avait été d'une inconscience incompréhensible de nous donner cette adresse par lettre, n'ignorant rien du danger couru.

Léonce Calderon, le vieux copain de mon père, était avec Paul Vimeney et lui un des rares survivants du 7ème Régiment d'infanterie coloniale ; il avait un fils de mon age, André, qui s'était engagé pendant la drôle de guerre et avait été envoyé en Afrique du Nord. Il se trouvait en permission régulière à Langon lorsque les américains prirent pied en Algérie et au Maroc ; ramassé aussitôt, il fut mis dans un train et envoyé en Allemagne. Quelque part dans l'Oise le train fut bloqué sur une voie sabotée ; André en profita pour prendre le large et rejoindre les résistants du coin, et comme il était Sergent de carrière il prit très vite le commandement de ces jeunes, tous réfractaires et sans aucune expérience militaire.

Léonce m'avait dit : « Si un jour tu es appelé, je te donnerai la combine pour rejoindre André ! »

La question ne se posait pas encore, mais…

COMMANDOS DANS LA GIRONDE

Jeannette, la femme de Robert Thomas, revint de Ludon Médoc où elle était allée passer quelques jours dans sa famille ; elle ramena une curieuse information : Des commandos anglais ; probablement amenés jusqu'à l'entrée de l'estuaire de la Gironde par un sous marin, avaient remonté l'estuaire avec plusieurs kayaks et avaient fait sauter cinq ou six forceurs de blocus amarrés à Bassens. Les allemands étaient sur les dents et les recherches, perquisitions et interrogatoires des riverains se poursuivaient sans relâche dans toutes les localités bordant l'estuaire.

Chez nous, on n'avait entendu parler de rien ; ni la presse, ni la radio n'avait soufflé mot de cette affaire, et ce n'est qu'après la guerre que l'on sut la vérité sur cette opération audacieuse et réussie.

1943

Le premier janvier 1943 passa inaperçu ; pas de salves, on entendit tout juste un ou deux coups de canon dans le lointain. On ne gaspillait pas les munitions et le moral des allemands n'était plus au beau fixe.

Le passage de la ligne de démarcation ne posant plus de problème et se bornant à une rapide vérification d'identité, ma mère avait repris ses tournées à Barie. Elle partait avec du vin blanc et revenait avec des œufs et de la farine ; il n'y avait plus de poste français et si la barrière allemande avait été maintenue c'était pour justifier la non-ingérence dans l'administration française.

L'invasion de la zone libre n'était qu'une aide apportée au gouvernement du Maréchal pour protéger la France des convoitises anglo-américaines. La déroute des italiens malgré l'aide de l'Africa Korps, la résistance des russes qui avaient arrêté les allemands partout, même à Stalingrad où la puissante armée allemande, le « Fer de lance » qui devait traverser le Caucase et atteindre la mer Caspienne, cette armée était bloquée et s'épuisait dans un combat meurtrier. Oui, le moral des français remontait la pente...

Mais pour la poignée d'habitants de notre petit village, le seul fait de n'avoir plus à déballer nos papiers plusieurs fois par jour pour faire les quelques centaines de mètres qui séparaient notre domicile de notre lieu de travail, d'être dévisagés, fouillés, interrogés comme des repris de justice était un grand soulagement.

Nous n'avions plus de patrouilles la nuit, en planque devant nos portes, ou faisant une subite apparition devant la fenêtre pour voir s'il n'y avait pas à notre table un convive inconnu et supplémentaire, tout ça, c'était fini ; nos papiers d'identité étaient usés et crasseux à force d'avoir été tripotés par des centaines de mains.

LA BALANCE PENCHE DU BON COTE

A l'autre bout de la terre, la flotte américaine accrochait de plus en plus durement les japonais ; ça flambait de partout, batailles, bombardements... C'est au début de février que les russes gagnèrent la bataille de Stalingrad, exterminant la 6ème armée allemande et quelques divisions roumaines. Libérée, l'armée rouge fonça vers l'ouest, c'est à ce moment là que la balance pencha définitivement du bon coté.

Enfin ! Ça y était... Ceux qui avaient toujours avancé, détruit, incendié et massacré, pliaient et reculaient, pourchassés à leur tour.

Chez nous, tout le monde avait le sourire, sauf les deux ou trois douaniers qui restaient pour prendre du matin au soir une garde symbolique et qui savait que ce n'étaient plus pour très longtemps.

Karl, sa femme, les deux « souris grise », avaient été affectés ailleurs ; Hans, l'interprète était parti sur le front russe, le bon temps était fini, bien bouffer, bien boire et brosser gentiment « mamazel » à l'abri des bombes et des coups durs, tout ça c'était fini.

Le Grand Schipa, lui, était encore là, un matin, il se rendait au poste, pour une fois à pied ; il avançait raide et glacial comme à l'habitude, lorsqu'il fut à ma hauteur il salua, machinalement et subitement s'arrêta, s'approcha et me tendit la main : « Ponchour, mossié Baudet ! »

« Bonjour monsieur Schipa, alors ? Encore service ? »

« Ia ia ! Touchours service... » Il s'éloigna, ce fut la dernière conversation que j'eus avec Schipa ; pourquoi était-il venu vers moi la main tendue...

Je ne sais pas, mais, nous faisions partie de son entourage journalier depuis plus de deux ans et je crois qu'il se rendait compte que les beaux jours passés à

Saint Macaire touchaient à leur fin et allaient très bientôt être suivis d'un épisode beaucoup plus sombre. Les virées au bordel avec Ernest, le petit coup d'eau de vie que lui refilait de temps en temps le père Lecoeuvre : « Ponchour mosié Lecoeuvre, pas moyen avoir un peu chauffage central ? »

Il avalait l'alcool avec délice : « Ach ! Gut ! Pon chauffage central ! Danke ! »

Le petit monde qui était devenu son cadre journalier ; et c'est au moment où il allait le perdre qu'il se rendait compte de ce qu'il représentait. Nous savions nous aussi qu'un jour prochain, le Grand Schipa partirait vers l'abattoir du front de l'est ; il était le premier douanier arrivé chez nous, tout de suite il concilia ses fonctions avec notre façon de travailler et de vivre. Personne au village n'eut à se plaindre du « Grand Schipa ».

Les belles nuits fraîches et limpides du printemps ramenèrent les bombardiers gros porteurs alliés sur Bordeaux et la base sous marine. La population des quartiers proches avaient été évacuée ; parfois la sirène de Langon sonnait l'alerte, mais c'était le bruit des explosions des premières bombes et le tir ininterrompu de la « Flak » qui nous amenaient tous au bord de la route. Les traînées lumineuses des obus traçant, le balayage des projecteurs nous étaient devenus familiers.

Ce qui changeait et nous surprenait toujours c'était la puissance des bombes ; à chaque impact, le sol tremblait sous nos pieds, les vitres vibraient, les verres et la vaisselle s'entrechoquaient dans les placards... Brusquement tout finissait, le silence revenait, la sirène sonnait la fin de l'alerte, on repartait au lit.

J'allais toujours chercher le lait chez les filles Michaud, elles venaient aussi à la vigne travailler leurs cultures, le soir, après le boulot à la scierie. Elles étaient transfigurées, l'avance de l'armée rouge les galvanisait : « Ils avancent ! Ils sont partis pour jeter les allemands à la mer ! Rien n'arrêtera les russes, disaient-elles, Ils viendront jusqu'ici ! »

Un immense espoir était en elles et devenait le rêve de leur vie ; elles se mirent à attendre, fébrilement : « Les jeunes gens d'ici ne nous ont pas voulues parce que nous sommes de pauvres ouvrières ! Les russes eux, ne sont pas si bêtes, ils savent ce que c'est, les travailleurs... Ils sauront choisir les filles honnêtes qui n'ont pas couru avec les allemands... ! »

L'aînée, Jeanne, pudique et rougissante, ajoutait : « Oui, c'est vrai ! Et chez eux, même les officiers épousent les ouvrières ! »

« En tout cas, me dirent elles un jour, si tu es appelé pour aller travailler en Allemagne, nous espérons bien que tu n'iras pas, comme les autres couillons, fabriquer des obus pour tuer nos camarades de l'armée rouge ! »

« Bien sûr, avais je répondu, jamais je ne foutrai les pieds dans une usine boche ! »

J'étais sincère, elles étaient contentes... Mais je ne savais absolument pas où j'allais pouvoir me cavaler pour éviter la tuile...

JALOUSIE

L'été arriva lui aussi avec le travail bien sûr, la vigne, la cueillette des fruits, les foins.

Nous utilisions pour ce travail effectué en commun avec les Chavaneau, nos deux bœufs attelés à leur faucheuse, une des toutes premières, datant du début du siècle qui n'était efficace qu'a une certaine allure ; alors, on poussait les bœufs au maximum, en arrêtant de temps en temps pour les laisser reposer et souffler un peu.

On commençait à la pointe du jour pour cesser dès que la rosée avait disparue ; lorsque le foin était dans les greniers nous savions que la nourriture des bêtes était assurée pour l'hiver, c'était le souci majeur, les mauvais jours pouvaient venir.

Les jeunes agriculteurs n'avaient pas encore été trop touchés par le travail en Allemagne ; à Saint Macaire, la majeure partie des jeunes était déjà là bas exception faite de quatre ou cinq, passés en zone libre avant le débarquement en Afrique des anglo-américains. Ils s'étaient engagés dans l'armée et se trouvaient en Algérie ; on n'avait bien évidemment aucune nouvelle d'eux…

Je m'étais rendu compte à plusieurs reprises que certaines mères me regardaient d'un sale œil, leur fils était là-bas et pas moi. Je comprenais leur jalousie, mais je n'y pouvais rien ; je savais que quelques uns d'entre eux avaient eu la possibilité de se cacher en zone libre et ne l'avaient pas fait, reculant devant le risque et le danger en cas de capture. Je savais aussi qu'au moins l'un d'entre eux avait signé un contrat de volontaire, alléché par la prime et les avantages…

Alors, je restais le plus souvent avec les copains de Saint Pierre.

Jeannot Chavaneau fut appelé au moment des vendanges, cela se fit très vite et il disparut aussitôt ; sa présence dans un train n'ayant rien d'anormal du fait qu'il travaillait à la SNCF, il lui était facile de rejoindre Lartigue par l'adresse de Montauban. J'étais persuadé qu'il l'avait fait et ne posai aucune question à sa famille.

Jean Lecoeuvre fut appelé en même temps ; lui était agriculteur comme moi, son père m'arrêta et me dit : « Il est à l'abri quelque part dans la Lande, la où il est il n'y a plus de place ; mais je connais une autre possibilité, si tu veux, quand ce sera ton tour, viens me voir. »

Ça m'intéressait bigrement, d'autant plus que je ne me voyais pas partir dans l'Oise pour retrouver André Calderon, ou à Montauban pour rejoindre Lartigue et certainement Jeannot, je me serais fait ramasser dans le train, c'était immanquable.

Les vendanges se firent dans l'allégresse ; l'avance des russes sur tout le front, le débarquement des Alliés en Italie laissaient présager une défaite générale des allemands.

J'étais très souvent avec les copains de Saint Pierre, paysans comme moi ;

nous parlions tous du fameux papier apporté par le facteur…

Celui qui avait l'intention d'être réfractaire et hors la loi jouait les résignés et clamait qu'il n'allait pas faire le con et risquer sa peau, et qu'il était prêt à partir là où on l'enverrait. Ceux qui avaient la trouille et allaient obéir très docilement, prenaient un air mystérieux et laissaient entendre qu'ils étaient prêts à passer au maquis ; mais la grande majorité observait la règle absolue, le silence.

REQUISITION POUR LE STO

Décembre arrivait ; les départs s'étaient un peu ralentis et je commençais à croire que l'on m'avait oublié lorsqu'un jour…

L'ordre de réquisition précisait que je devais me présenter le lendemain matin à la gare de Bordeaux au bureau de l'Organisation Todt avec 24 heures de vivres, des chaussures et vêtements de rechange ; suivait l'énoncé des peines encourues par les récalcitrants… Ca faisait quand même froid dans le dos, outre la prison, la peine de mort y étant amplement évoquée.

Ca y était ! J'étais au pied du mur et il fallait agir.

Le père Lecoeuvre était devant son chai ; je lui fis part de la nouvelle, et lui demandai si son offre tenait toujours.

« Je t'envoie le premier maillon de la chaîne, me dit-il, c'est Jean Castaing. »

Je connaissais Jean Castaing depuis toujours, sa mère était la sœur du père Chavaneau ; ayant quelques années de plus que nous, il avait été mobilisé en trente neuf en première ligne. Il avait eu le genou fracassé lors de l'offensive allemande ; après un séjour à l'hôpital il était revenu au pays, en l'occurrence Gabot.

Jean arriva à la maison et nous dit : « Ce soir, je reviendrai avec quelqu'un qui te prendra en charge ; il te donnera les directives nécessaires, mais vas tout de suite à Langon te faire tirer six photos d'identité, c'est indispensable. »

Je voyais bien que tout ça ne plaisait pas à mon père qui ne cessait de me faire mille recommandations.

Je sautai sur mon vélo, direction Langon et le photographe ; en débouchant sur la route, je tombai sur Jeannot Lafourcade qui, à vélo lui aussi allait à Langon. Je lui annonçai que j'avais reçu mon ordre d'appel pour l'Organisation Todt, que j'allais probablement rester en France, affecté à la construction du « Mur de l'Atlantique » et que j'allais à Langon me faire tirer le portrait. Mon histoire se tenait ; il était vrai que certains jeunes agriculteurs avaient été envoyés sur la cote comme manœuvres pour la construction des « blockhaus » du coté de Royan. J'étais désolé de lui mentir, mais je ne pouvais faire autrement.

Il me tomba dessus : « Nom de Dieu ! Pas toi ! Tu ne vas tout de même pas être assez con pour y aller ! Viens à la maison et je te donnerai les tuyaux pour aller voir mon frère… Il s'occupera de toi. »

Je savais que son aîné, Maxime, était dans le secteur de Monségur-Pellegrue et connaissant son dynamisme et sa témérité, ça ne m'étonnait pas du tout qu'il soit embringué dans un réseau d'action clandestine. »

Je répondis évasivement, pas très à l'aise.

« C'est vrai, me dit-il, certains sont restés sur la cote ; aussitôt que ce sera possible, tu pourras te cavaler, et il insista sèchement, et il faudra que tu le fasses ! »

Il me quitta déçu et surpris par mon apparente résignation, mais déjà, j'étais pris dans le contexte qui allait faire de moi un hors la loi. Plus que jamais il fallait que je me taise et que je me méfie de tout et de tous, cela ne m'effrayait pas ; j'étais en cette matière beaucoup mieux préparé que n'importe qui.

Je me fis faire six photos d'identité que mon père irait chercher dès qu'elles seraient prêtes.

DEPART POUR LA CLANDESTINITE

Le soir, dès la nuit tombée, Jean Castaing revint accompagné d'un homme ; c'était un nommé Picot, un personnage plutôt bizarre établi comme peintre rue d'Auléde ; il vivait seul, et prenait pension au Port de Rendesse, chez Bagaud. Il avait le comportement et l'aspect d'un artiste ; il en avait aussi le talent et la manière quelque peu bohème. Il rassura tout de suite mais parents et affirma que le nécessaire était déjà fait ; il n'était pas question de leur dire où j'allais, mais il leur promit de donner de mes nouvelles pratiquement toutes les semaines.

« Départ demain matin avant le jour, pas de valise, tes affaires dans un sac sur le porte bagage du vélo ; tu te rendras au bistrot de Saint Martin où tu attendras en buvant une bière ; quelqu'un viendra te chercher, brûle ton ordre d'appel et tes papiers d'identité, aussitôt arrivé on t'en donnera d'autres. Pas de fausse manœuvre, celui qui doit venir te chercher est prévenu ; attend le calmement, il viendra. »

Mes parents étaient morts d'inquiétude, Picot n'avait pas bonne presse et ne leur inspirait aucune confiance ; malgré tout, l'étrange originalité du personnage me rassurait, pour se lancer dans une telle aventure lorsqu'on n'y était pas obligé, il fallait être motivé par un idéal politique ou patriotique, ou tout simplement aimer l'aventure et les combines. Cela pouvait être le cas…

Ma mère mit mes affaires dans un sac à patates ; avec le peu de rechange que nous avions ça ne faisait pas un gros volume ; elle glissa quelques billets dans une enveloppe, mon père coupa dans le dernier petit jambon un bon morceau avec consigne de le garder en réserve, au cas où…

Je jetai ma carte d'identité dans le feu de la cheminée avec ma carte d'alimentation et mon ordre d'appel ; quand le dernier papier fut consumé je compris que j'étais devenu un réfractaire, un hors la loi, un de ceux que la presse et la radio ne cessait d'accuser de crime contre la politique sage et bienfaisante du Maréchal et d'accabler d'injures en brandissant la menace d'un châtiment exemplaire.

J'avais choisi... Il fallait tirer un trait et foncer.

Tribulations d'un réfractaire
au STO
Décembre 1943–Août 1944

DANS LA CLANDESTINITE

Le jour se levait lorsque je traversai Saint Pierre sans rencontrer personne, et arrivai au bistrot de Saint Martin qui venait juste d'ouvrir. J'allai m'asseoir dans le coin le plus sombre et commandai un demi.

Les tenanciers, Etienne était leur nom de famille, avaient un fils de mon âge qui travaillait dans les bureaux de la SNCF, Jeannot Haveneau le connaissait bien, moi, beaucoup moins ; justement, il était là, il passa rapidement, jeta un regard machinal vers moi, tassé dans mon coin, le béret sur les yeux, il ne me reconnut pas.

J'attendais et le temps passait ; il y avait une bonne heure que j'étais là et personne ne s'était manifesté.

Il y avait à Caudrot un détachement de gendarmes, chargé d'assurer l'ordre dans la partie non occupée du canton de Saint Macaire ; si deux d'entre eux rodant dans le coin s'avisaient de venir boire un coup, à la seule vue de mon vélo avec le sac et mon absence de papiers j'étais cuit, l'épopée héroïque n'aurait pas duré longtemps...

Je commençais à me faire un sang d'encre lorsque je vis arriver un vieux copain qui habitait non loin de là ; nous faisions de la gymnastique ensemble à Saint Pierre, c'était Jean Léès.

Je me tassai un peu plus dans mon coin, tirai mon béret sur ma figure et feignis de dormir... Jean Léès entra : « Bonjour madame Etienne, alors ça va ? »

Il s'accouda au comptoir et me vit : « Oh putain ! Y'en a un qui roupille de bon cœur dans le coin ! »

J'entendis la mère Etienne qui murmurait : « Je ne sais pas s'il dort ou s'il fait semblant mais il est la depuis sept heures et ça commence à me paraître louche ! »

Mon inquiétude allait crescendo... Et quoi faire ?

Je devais faire viser ma feuille de réquisition à la gare de Langon, au départ ; ils avaient la liste et mon absence devait déjà être signalée... J'essayai de raisonner plus calmement. Après tout, il fallait que le type qui devait venir me chercher s'amène lui aussi à vélo, et quand on partait, on n'était jamais sûr d'arriver, les pneus archi usés rendant l'âme lorsqu'on s'y attendait le moins.

Mais tout de même dix heures avaient sonné et la mère Etienne ne me quittait pas des yeux ; je savais que je pouvais lui faire confiance et j'envisageais d'aller la rassurer lorsque la porte s'ouvrit, Jean Castaing et un inconnu entrèrent.

Enfin ça y était...

Jean échangea quelques mots à la patronne qu'il avait l'air de bien connaître...

Nous prîmes tous les trois la direction de La Réole, nous n'allions pas vite, Jean ne pédalait que d'un coté, sa jambe blessée s'appuyant sur un repose pied. On prit la route de Morizès que l'on traversa, puis des petits chemins à travers la campagne, on longea un ruisseau ; les bois de chênes et de châtaigner devenaient de plus en plus épais. Notre guide s'arrêta, montra une ferme à demi-cachée par de grands chênes, sur une butte.

« Nous sommes arrivés... C'est là ! »

LE PARADIS

Mise à part la solitude du lieu, ce qui me frappa tout de suite, ce fut la quantité de poules et de canards qui pataugeaient dans un océan de boue, devant l'entrée. On ne pouvait y accéder qu'en suivant un étroit trottoir de pierre qui longeait la façade.

Nous entrâmes ; la maîtresse de maison aidée par une gamine d'une douzaine d'années achevait de découper une dizaine d'énormes oies, je restai béat devant cet amoncellement de nourriture, les bassines et les corbeilles pleines de gras, de cuisses, de foies...

Jean Castaing me tapa sur l'épaule et dit : « Tu vois, déjà une chose est sûre, tu ne risques pas de mourir de faim ! »

Tout le monde s'esclaffa.

« Et il n'a pas tout vu ! » dit le type qui nous avait amenés ; il me prit par le bras. « Viens poser tes affaires à coté, on va passer à table dans un moment. »

Je le suivis et posai mon sac dans une chambre ; nous revînmes dans la cuisine où les deux femmes débarrassaient la viande pour mettre le couvert. A son tour, Jean Castaing me prit le bras. « Regardes par la fenêtre, tu vas avoir une surprise... »

Une silhouette s'avançait sur une allée en face, une silhouette bien connue et pour cause, c'était Jeannot Chavaneau que je croyais parti retrouver Lartigue. Pour lui comme pour moi, la surprise était de taille ; tous ceux qui étaient là riaient de notre émotion, Jeannot me dit à voix basse : « On discutera après... Je n'ai aucune nouvelle depuis que je suis arrivé ici. »

Il me tardait de lui parler seul à seul ; c'était inespéré, sur les lieux depuis plusieurs mois, il pourrait me tuyauter sur ma nouvelle situation, déjà le fait d'être ensemble était pour nous deux une chance et un réconfort.

REPAS PANTAGRUELIQUE

Jeannot mangea avec nous et le premier repas que je fis pour mes débuts de hors la loi fut inoubliable. Ailerons et cœurs d'oie, grillade, sauce et surtout pain blanc à volonté…

Un jeune homme de dix-sept ou dix-huit ans était venu se joindre à nous et s'était mis à table sans mot dire.

L'homme se présenta ; il s'appelait Marcel Guérinet et avais vingt sept ans, fait prisonnier il avait réussi à s'évader de son camp et avait traversé non sans peine une bonne partie de l'Allemagne en compagnie de deux copains évadés comme lui. (Je devais apprendre plus tard qu'ils avaient été obligés de tuer un vieux soldat qui gardait un passage dans la montagne, et avaient balancé son corps dans un ravin.) Lui et sa femme étant originaire du Blayais, il n'était pas possible de rester là-bas ; ils avaient trouvé cette place et occupé cette ferme dont l'isolement ne pouvait que les satisfaire. Il me dit qu'il était là en sécurité et moi aussi, du moins le pensait-il… Mais la sécurité en quarante trois était une chose tellement précaire !

Le jeune homme renfrogné et boiteux s'appelait Guy et était le frère de sa femme, Yvette ; la fillette était une petite réfugiée de Lorraine employée comme bonne. Elle s'occupait d'un petit garçon d'un an et demi qu'elle était allée chercher dans une chambre et qu'elle faisait manger.

Elle ne desserrait pas les dents, et à peine l'entendait on lorsqu'elle s'adressait au petit.

Ils étaient parfaitement renseignés sur moi et savaient qui j'étais et d'où et de quel milieu je venais.

Jean Castaing repartit sans s'attarder, pour lui la route était longue et pénible, Jeannot et moi allâmes l'accompagner jusqu'à la petite route.

Lorsque nous fûmes seuls il me dit : « Tu vois l'église et les quelques maisons sur la butte, de l'autre coté du ruisseau, c'est Saint Exupéry ; ici c'est la limite de Saint Laurent du Plan, derrière les bois de ce coté, c'est Camiran ; moi aussi je suis dans une ferme, à quelques centaines de mètres. Tout ça appartient à un nommé Laffargue qui a aussi une fabrique de balais à Gironde ; tu le verras, il vient de temps en temps. Jusqu'à maintenant, me dit-il, je n'ai pas eu d'ennuis mais je ne bouge pas de là ; heureusement que tu est arrivé on s'emmerdera moins ! »

Lorsque je lui dis que je croyais fermement qu'il était avec Lartigue il un signe de dénégation. « C'est trop loin, et quand j'ai eu la combine par mon cousin et Picot, je n'ai pas hésité. »

Je lui donnai des nouvelles du pays et de sa famille ; Picot venait souvent, et Jeannot le définissait comme un chineur et un pique-assiette, je le crus sans peine…

Après ce que j'avais vu, coté bouffe ça valait le déplacement, Jeannot me montra sa fausse carte d'identité que les gens chez qui il était lui avaient procurée ;

Jean Chavaneau était maintenant Jean Ratton né je ne sais dans quelle localité bidon et on l'avait vieilli de deux ans.

« Mais, me dit-il, ce n'est pas par la résistance que je l'ai eue ; ils n'ont pas voulu se mouiller et ont trouvé un autre moyen. Le type chez qui tu es, Guérinet, lui fait partie de la résistance, et c'est par cette filière que tu auras tes faux papiers ; ils s'occupent de planquer des réfractaires comme nous, des évadés ou des types en cavale après avoir eu des histoires avec les allemands. On entend parler d'armes… Je reviendrai ce soir ; maintenant il faut que je m'en aille, toi aussi, cet après-midi, ils vont te trouver quelque chose à faire, tu vas voir ! »

Je revins à la ferme ; entre temps deux hommes étaient arrivés, un de trente cinq ans environ et jeune de mon âge. Il vint vers moi la main tendue. « Je suis un réfractaire comme toi, me dit-il, il y a quelques mois que je suis planqué dans le coin, en face sur le versant du coteau. » Il avait l'accent du midi languedocien ; c'était un garçon avenant et sympathique et s'appelait Georges.

Son compagnon se présenta et me mit à l'aise tout de suite. « Tu vois, me dit-il, je suis moi aussi un prisonnier évadé ; mais, comme je suis de Morizès je suis rentré directement chez moi, quand c'était encore la zone libre. J'ai été démobilisé à Agen et il m'a suffit d'effacer le coup de tampon « Evadé » sur ma feuille de démobilisation, et je suis tout à fait peinard ! »

« Bon, dit Marcel Guérinet ; c'est pas le tout, maintenant il faut se mettre au boulot ! » Il me tira par la manche. « Viens par ici… »

PREMIERES ARMES

Par une porte latérale tout le monde passa dans la grange, laquelle était comme il se doit, flanquée de l'étable ; c'était la ferme typique où tout faisait bloc avec la partie habitable, le cuvier, les chais, la grange, l'étable et l'immense grenier à foin, le hangar… Il ne manquait aucun élément ; le parc à cochons, presque aussi vaste qu'une échoppe de banlieue, le poulailler surmonté d'un pigeonnier magnifique, la buanderie et le classique four à pain.

Pendant que je regardais, le boiteux avait amené dans la grange un gros bœuf qui soufflait en roulant des yeux épouvantés. Je compris de suite ; j'avais déjà vu le même cinéma en haut de Saint Martin, lorsque Jeannot faisait équipe avec les bouchers clandestins, tout était déjà prêt, la place dégagée, le trou pour le sang, la barre de fer enfoncée dans le sol pour attacher la bête à abattre.

Les deux évadés attachèrent le bœuf très court, la tête près du sol ; Guérinet prit une lourde masse de carrier, nous avions la même pour enfoncer les piquets de vigne, prit sa distance, puis se ravisa. « Tiens, dit-il en me tendant la masse, fais nous voir si tu es un homme ! »

Heureusement, j'avais déjà vu abattre de cette manière et je savais où il fallait frapper ; tout le monde me regardait en riant, pensant que j'allais me dégonfler. Sans rien dire je pris la masse, la levai très haut au dessus de ma tête et frappai très fort, juste derrière les cornes de l'animal. Le bœuf s'abattit ; aussitôt chacun se précipita avec un travail bien précis ; pendant qu'un lui ouvrait le cou pour le saigner, un autre lui trouait le front avec une cheville de fer en frappant à grands coups de marteau. Par ce trou, on enfonçait une tige d'osier dans le cerveau de l'animal pour l'achever, pendant que le sang coulait à flots par la gorge ouverte.

« Tu ne t'en tires pas mal du tout, » dit Marcel, non sans bégayer quelque peu ; j'avais déjà remarqué ce petit défaut d'élocution pendant le repas, mais, il avait l'air d'un type organisé, sachant ce qu'il voulait faire.

L'assistance approuva et me félicita pour ma force et ma dextérité.

Avec son accent du midi, Georges m'avoua qu'il avait « reculé devant le crime » ; on me donna un couteau et tout le monde se mit en devoir de peler le bœuf, ça aussi je l'avais vu faire, ça ne me dérangeait pas et j'arrivai assez vite à être aussi rapide et efficace qu'eux. La bête fut ensuite vidée, pendue avec un palan à une grosse poutre et ouverte en deux moitiés.

Ce travail avait duré toute l'après-midi et entamé largement la soirée ; après s'être nettoyé et changé, tout le monde passa à table. Après une soupe extra, le plat de résistance se limitait à quelques énormes tranches de foie de bœuf cuites à la graisse d'oie ; je n'en revenais pas...

Au même moment, chez nous, à quelques dizaines de kilomètres, mes parents avaient soupé avec deux ou trois patates bouillies, sans pain ; j'en connaissais qui avaient dû partir au lit sans rien bouffer.

Il y avait une belle tablée ; la femme et les deux fils du copain évadé étaient venus se joindre à nous et ça discutait ferme, exception faite de la petite bonne qui, coiffée d'une sorte de capuchon de laine grise, mangeait en silence. Même Guy, le boiteux s'était mis de la partie et plaçait de temps en temps un commentaire mâtiné de patois charentais.

J'apprenais en même temps pas mal de choses sur le petit coin où nous étions ; outre Jeannot et moi, trois ou quatre réfractaires avaient trouvé refuge dans les fermes voisines, tout paraissait tranquille, on ne voyait jamais d'allemands et personne n'avait l'air de craindre quoi que ce soit

Le deuxième évadé s'appelait Gaston Barathe ; il avait un frère qui grenouillait dans le commerce des vins et faisait du courtage pour Mau, le gros négociant de Gironde, je le connaissais de vue, il faisait ses tournées à vélo et venait souvent à Saint Pierre.

La ferme où étaient employés les Barathe appartenait aussi à Mau.

NOUVELLE VIE

Je partageais la chambre de Guy, le boiteux ; la jeune bonne couchait à coté, dans une sorte d'alcôve.

Le lendemain matin j'aidai à soigner et panser le bétail, sortir le fumier et nettoyer ; j'avais l'habitude et connaissais la musique... Ce travail terminé et les bêtes lâchées dans les prés, on passa à table pour le petit déjeuner ; viande, foie de bœuf, jambon, œufs...

C'était impressionnant, mais ce qui me frappait le plus, c'était la grosse miche de pain blanc dans laquelle on taillait à volonté ! La différence avec la vie que nous avions connue en zone occupée, bien qu'un peu moins rude qu'au début, était énorme ; d'un coté, une semi famine et de l'autre une abondance insolente, à seulement quelques lieues de distance !

On commença à découper et à préparer la viande pour la vente qui s'opérait l'après-midi ; les morceaux étaient suspendus à des crochets dans un box au fond de la grange, mais, au paravent Marcel avait décollé d'un coup sec les deux filets mignons. « Ca, me dit-il, c'est pour nous ! »

On dîna en vitesse ; des gens commençaient à arriver et la vente au détail débuta, je fus chargé de la pesée « à la romaine » et du calcul mental du prix. Ca marchait très bien ; quelqu'un emporta discrètement la part des gendarmes, c'était moins fébrile que chez nous, on voyait que tout le monde se sentait en sécurité, la clientèle était composée de paysans des environs habitués à bien vivre et ne rechignant ni sur la grosseur ou le prix des morceaux.

Le soir venu il ne restait plus grand-chose ; Marcel et Gaston firent leurs comptes, l'opération leur laissait un joli bénéfice, ils me racontèrent qu'il y avait un peu plus d'un an qu'ils avaient rassemblé leurs économies pour acheter leur première bête, et que ça avait tellement bien marché qu'ils abattaient une bête par semaine, quelquefois deux. Ils se faisaient pas mal d'argent.

Un homme d'une soixantaine d'années était resté dans la cuisine et attendait visiblement que tout le monde soit parti ; pendant la vente, il m'avait regardé travailler un moment, sans rien dire.

Marcel m'appela : « Viens un moment... »

L'homme s'adressa tout de suite à moi : « Alors... C'est toi qui n'a pas voulu aller travailler pour les boches ? »

« Eh oui, répondis-je, c'est bien moi. »

L'homme se tourna vers Marcel : « Ce soir, après manger, tu me l'amèneras, on parlera et on verra pour lui faire endosser une nouvelle peau. »

L'homme s'en alla, emportant un gros morceau de viande.

« Qui est-ce ? » demandai-je.

LES SOUAN

« C'est le père Souan, Louis Souan, me dit Marcel ; c'est un chef important de la résistance dans le Réolais, lui et son fils Raphaël font un boulot formidable, les réfractaires, les faux papiers, les armes… Il y a eu dernièrement un parachutage tout près d'ici ; j'y étais… C'est eux qui avaient tout organisé, ça a marché au poil, tu peux leur faire confiance. Regardes, la en face, sur la butte, de l'autre coté de la Vignague… La dernière maison, avec les grands sapins, c'est là qu'ils habitent. »

Je mangeai peu ; l'abondance brutale de viande et de toutes ces victuailles m'avait saturé l'estomac.

Il me tardait aussi de prendre contact avec ces gens-là ; il me fallait des papiers d'identité, et le plus tôt serait le mieux. Picot devait apporter mes photos dès qu'elles seraient prêtes.

Il faisait nuit lorsque nous descendîmes le pré derrière la maison ; on longea un moment le ruisseau jusqu'à un gué de rochers plats entre lesquels on entendait bruire l'eau ; puis nous remontâmes vers la demeure des Souan.

La maison et les dépendances témoignaient que ces gens là étaient visiblement aisés ; on nous fit entrer dans la cuisine où trois jeunes étaient encore attablés, le père Souan vint vers nous avec son fils Raphaël.

Deux femmes s'affairaient et un bruit de vaisselle qu'on lave venait d'une souillarde ; des trois types qui étaient encore à table, deux avaient mon âge et étaient sûrement des réfractaires. Le troisième était nettement plus âgé, vingt sept ou vingt huit ans à peu près ; il portait une culotte de cheval et un blouson kaki. Il s'était levé et me regardait fixement, sans rien dire ; il était très grand…

Le père Souan me questionnait sur Saint Macaire, me demandant si je connaissais un tel ou un autre ; il me parla du maire Fernand Montet, qu'il connaissait bien car ils avaient milité ensemble au Parti socialiste. Evidemment Montet avait suivi le maire de Bordeaux dans la dissidence, « mais, me dit-il, Fernand est resté un ami, et je sais que si j'ai besoin de lui je pourrai compter sur son aide. »

Cette conversation ne me gênait pas ; j'étais sur mon terrain, connaissant tout le monde chez nous, mais, le comportement du grand type à la culotte de cheval qui ne desserrait pas les dents et me fixait toujours de son regard glacé était bizarre et m'inquiétait un peu.

Une des femmes l'appela depuis la pièce à coté : « Pierre, viens une minute, je te prie… »

Toujours sans rien dire le dénommé Pierre tourna les talons et passa de l'autre coté.

« Bon, dit le père Souan, aussitôt que tu auras tes photos il faudra nous les apporter de suite ; on t'établira une carte d'identité et une carte d'alimentation, comme tout sera faux, il te faudra apprendre par cœur ta nouvelle identité, les lieux et dates, te fabriquer des parents et te mettre dans la tête une histoire plausible. Il suffit que tu te tropes lors d'un contrôle pour te faire ramasser et d'autres avec… »

Je le rassurai, des contrôles j'en avais eu ma part avec les « Têtes de mort », j'avais appris la leçon…

A travers champs, dans la nuit la plus noire nous fîmes à nouveau le chemin qui nous séparait de la ferme.

EN PLEINE NATURE

Cette ferme portait un nom évocateur : « Brousséous » qui, en français, pouvait se traduire par « broussailles » ce qui n'avait rien d'étonnant vu l'abondance des haies et des buissons qui l'entouraient.

Le lendemain Marcel partit de bonne heure chercher du bétail à acheter ; avec le boiteux je m'occupai des animaux de la propriété, une paire de bœufs, deux vaches de travail, une laitière et un jeune taureau. Avec la paire de bœufs et un grand tombereau nous allâmes charger du bois de chauffage au fond d'un petit vallon ; la végétation était très dense, chênes, hêtres et châtaigniers émergeait des genêts et des fougères géantes.

On ne voyait âme qui vive ; le ciel était gris et bas et l'on entendait seulement le bruit du vent dans les branches… C'était à la fois lugubre et rassurant. Il y avait pas mal de blé sur la propriété, ce qui expliquait l'abondance du pain blanc ; mais il y avait aussi du maïs, des prés et un peu de vigne.

Mettre le bois en place, préparer la nourriture et la litière des bêtes qui passaient toute la journée dans les prés et les bois ; lorsque Marcel revint, nous avions fini. Il était content, il avait acheté des bœufs et des vaches qui devaient nous être amenés un par un, la veille du jour de l'abattage ; il m'expliqua que c'était le meilleur moyen, de cette manière, il n'y avait jamais de bêtes en surnombre sur la propriété.

« Tu comprends, me dit Marcel, le patron est très chic il me laisse faire mon petit commerce dont il profite aussi, il y a toujours un bon morceau pour lui. Mais comme je suis le seul salarié et pour éviter que le travail n'en souffre, j'ai fait venir mon beau-frère pour m'aider ; avec toi en renfort, le patron n'aura pas à se plaindre ! »

Le lendemain matin, j'eus la surprise de voir arriver Picot ; il apportait mes photos, six exactement. Après être allé voir Jeannot, il mangea avec nous et repartit avec plusieurs kilos de viande, des œufs et de la farine.

Marcel me dit que Picot était un brave type, mais qu'il ne fallait pas se fier à lui ; mise à part la recherche des réfractaires, il n'était au courant et ignorait

l'existence et l'activité des Souan, il me recommanda de ne rien lui raconter.
« Nous irons après souper leur porter tes photos ! »

LE GRAND PIERRE

Même parcours dans l'obscurité, passage du gué, un quart d'heure après nous étions chez Souan. Les deux jeunes n'étaient plus là ; à leur place, un gros rougeaud nettoyait consciencieusement un pot de confiture, le père Souan et le grand type que j'avais entendu appeler Pierre étaient debout et nous attendaient.

Le père Souan prit les photos, les regarda rapidement et les passa au grand Pierre ; ce dernier y jeta un coup d'œil et dit : « C'est bien ça… Ce sont les mêmes, vous voyez bien que je ne me suis pas trompé ! »

Il avança sur moi : « Maintenant tu vas nous expliquer comment et pourquoi ces mêmes photos sont arrivées à notre centre, à La Réole, pour établir de faux papiers pour un type qui, parait-il, est déjà sur la cote, au boulot avec les Fritz. Avoues que c'est difficile à avaler… Alors raconte nous ton histoire et expliques nous pourquoi tu es ici ! »

Je n'y comprenais rien… Raphaël s'était approché, le gros rougeaud et les deux femmes étaient là aussi ; tout ce monde me regardait d'une façon qui n'avait rien d'amicale.

Je racontai point par point et heure par heure ce que j'avais fait depuis que j'avais reçu mon ordre de réquisition, comment j'avais suivi les directives et étais parti à Langon me faire tirer le portrait ; il avait été convenu que le photographe devait me faire six épreuves le plus rapidement possible. C'était les six photos que Picot avait apportées, et que mon père était allé lui-même chercher à Langon. Je ne comprenais absolument pas comment six autres photos avaient atterri à La Réole, où je ne connaissais absolument personne.

Le père Souan réfléchissait ; il dit au « Grand Pierre » : « Voyons, dit-il, ces photos, qui nous les a apportées ? »

Sans me quitter des yeux, l'autre répondit : « Je crois que c'est Paulette. »

« Bon, dit le père Souan, alors demain, on saura ! Revenez demain soir. »

Marcel était inquiet, certes, il ne doutait pas de ma bonne foi, mais butait lui aussi sur l'étrangeté de la situation.

Je n'en dormis pas de la nuit ; j'avais beau me torturer la cervelle, je ne comprenais pas pourquoi Larrey, le photographe, avait tiré six photos de plus pour quelqu'un de La Réole, je ne trouvais aucune explication.

C'était surtout la réaction du « Grand Pierre » qui m'inquiétait, ce type-là me rappelait les SS ; la taille, mais aussi le regard dur et glacé. C'était le même que celui qui était dans les yeux du feldwebel qui nous avait arrêtés un soir, après le couvre feu, et qui m'avait esquinté les cotes avec le canon de son pistolet. Le

« Grand Pierre » ne devait pas être du genre plaisantin… Comme les SS, il sentait la mort… Je ne devais savoir que quelques mois après à quel point j'avais vu juste…

La matinée se passa en travaux divers, autour de la ferme ; vers midi, le père Souan vint chercher de la viande, il ne s'attarda pas. « A ce soir, sans faute ! » nous dit-il.

Il me tardait qu'il arrive, le soir ! Je ne savais plus où j'en étais et je ne savais pas ce qui allait découler de cette situation équivoque.

Lorsque nous arrivâmes chez les Souan, tout le monde était là, sauf le gros rougeaud qui avait disparu ; j'eus l'impression de comparaître devant un tribunal…

Le Grand Pierre et Raphaël étaient là ; les deux femmes desservaient la table, ce fut le père Souan qui s'adressa à moi : « Voyons, dit-il, d'après ce que nous savons, tu n'habites pas très loin de Saint Pierre… Tu dois connaître quelques habitants ? »

« Bien sûr, répondis-je ; je connais tout le monde exception faite de quelques familles de réfugiés, je faisais de la « gym » aux Bleuets, j'allais au bal, au bistrot… »

« C'est ça ! Les bistrots… Parles-moi des bistrots ! »

« Ce sera vite fait, répondis-je ; il y en a trois : le Cercle, où ne vont que quelques vieux pour jouer à la manille, celui de Paul Lafarge, et un peu plus loin, celui de la mère Lafourcade. »

Les deux femmes s'étaient levées et écoutaient mes explications ; Raphaël et le Grand Pierre en faisaient autant, le père Souan me questionna à nouveau : « Parles-moi un peu des Lafourcade… Tu les connais ? »

« Je les connais bien, dis-je, le père est mort et c'est madame Lafourcade qui fait marcher le café ; l'aîné des fils Maxime est marié avec Paulette Vimeney, elle, son frère et moi nous nous sommes élevés ensemble. Nous étions voisins et nos parents étaient très liés, Paul Vimeney et mon père avaient fait la guerre ensemble, au 7ème Colonial. Maxime, qui était aux Ponts et Chaussées de Langon est maintenant du coté de Monségur je crois, le second, Jeannot en avait pris pour cinq ans dans la marine, marié, lui aussi, il est revenu à Saint Pierre, je l'ai vu la veille de mon départ. »

Le père Souan arbora un large sourire et me donna une tape amicale sur l'épaule. « C'est lui, c'est Jeannot Lafourcade qui nous a donné ces photos ; tu lui as dit que tu allais du coté de Royan, aux fortifications, lorsqu'il a su que tu allais au photographe, il est allé derrière toi chez Larrey qui sait à quoi s'en tenir et a tiré tout de suite douze photos. Le lendemain nous les avions ; tes faux papiers sont prêts, ils devaient servir à te faire évader. Tu aurais pu lui dire la vérité, mais tu as bien fait de ne pas parler. »

LES FAUX PAPIERS

Le Grand Pierre, qui jusque-là n'avait rien dit me fit signe d'approcher et étala sur la table une carte d'identité et une carte d'alimentation.

« Voilà, dit-il, tu t'appelles maintenant Bonnet Roland, né le 16 septembre 1925 à Versailles, domicilié à Hure. Le fait d'être né en 25 te met pour un moment à l'abri des réquisitions ; apprends tout par cœur et habitues toi à signer Bonnet. Je te fais remarquer que, s'il est facile de faire une carte d'identité, il est beaucoup plus difficile de se procurer une carte d'alimentation. Il y a des gens qui ne craignent pas de jouer leur liberté et leur vie pour aller faucher ces papiers… Bientôt, ce sera ton tour d'aller te mouiller pour en aider d'autres, lorsqu'on aura besoin de toi, on te le dira. » Le Grand Pierre tourna le dos et partit discuter avec Raphaël Souan.

Je respirai un bon coup, le malentendu était dissipé, j'avais oublié ma conversation avec Jeannot Lafourcade, mais lui n'avait pas perdu de temps pour agir, je sus par la suite que le truc avait déjà été employé pour des requis travaillant sur la cote, ou à la base sous marine. On leur faisait discrètement passer les faux papiers et, à la première occasion, ils foutaient le camp.

Je devais apprendre ainsi que la dénommée Paulette qui avaient apporté mes photos à leur centre de La Réole était une jeune fille qui faisait l'agent de liaison, mais, je ne la vis jamais.

Nous restâmes un bon moment à parler ; j'étais entré dans la « famille », le père Souan me donna pas mal de conseils, mais au contraire, plus il parlait, plus je me rendais compte que c'était eux qui en auraient eu besoin.

Je voyais aussi qu'ils méconnaissaient et sous estimaient la présence et l'efficacité des méthodes allemandes ; je constatai une fois de plus la profonde différence, le niveau de vie, bien sûr, mais surtout la conception et la mentalité. L'entrée des allemands en zone libre n'avait rien changé pour eux, le choc de la défaite et de l'occupation avaient oublié leur petit village. Mais ils ne savaient pas, et moi non plus d'ailleurs, que leur douce quiétude allait bientôt se transformer en cauchemar.

Marcel, lui, avait subi en Allemagne avant de pouvoir s'évader suffisamment de brimades et d'humiliations pour redouter les allemands. Mais il me rassurait en me démontrant que, loin des grandes voies de communication, ce petit coin isolé et uniquement desservi par un chemin minable, avait peu de chances de voir arriver des soldats allemands. Je ne demandais qu'à le croire…

« Demain matin, me dit-il, on ira attraper quelques lapins ; ça nous changera du bœuf ! »

Je ne connaissais pas la chasse au furet ; personne ne la pratiquait chez nous, il y avait bien trop de monde pour opérer discrètement et impunément ; le terrain peu boisé et sans rocailles ne s'y prêtant pas. Mais là, dans les bordures et sous les rochers, il y avait une quantité astronomique de lapins ; Marcel m'avoua qu'il avait lâché dès son arrivée quelques grosses lapines domestiques qui, croisées avec les garennes avaient donné de superbes produits.

Le premier travail consistait à obstruer à grands coups de bêche l'orifice trop gros ou mal placé des terriers ; on ne gardait que deux ou trois sorties par chasseur et on accrochait devant chaque trou une poche en filet, à fermeture coulissante.

On envoyait le furet et très vite on entendait sous terre la galopade des lapins affolés ; une boule de poil s'engouffrait dans la poche, un petit coup de trique derrière la tête et au sac, ce matin là, tout alla bien et nous rentrâmes avec neuf lapins, après deux heures de chasse.

Marcel portait le furet sur lui ; bien calé et au chaud entre la chemise et le tricot, et lui parlant et le caressant souvent pour bien l'habituer à la voix de son maître. C'était indispensable car, si au fond d'un terrier, le furet crochait un lapin et le saignait, il s'endormait repu, le ventre plein ; alors, il fallait attendre qu'il s'éveille, en appelant la bouche le plus près possible du terrier.

« Vous auriez dû en prendre quatre ou cinq de plus, dit Yvette Guérinet, il m'en faut pour l'épicière de Morizès ; avec ça, j'aurai du sucre, et elle m'a aussi promis du poivre ! »

Du poivre ! Chez nous, on en avait oublié l'existence... Dès les premiers jours de l'occupation tout avait été raflé ; alors on avait fait sécher au soleil des piments rouges que l'on passait ensuite dans un vieux moulin à café, pour sécher à nouveau et repasser au moulin. La mouture ainsi obtenue, sèche, était censée remplacer le poivre ; on en mettait très peu car ça brûlait terriblement.

La monnaie d'échange ne manquait pas et, jusqu'à l'entrée des allemands, la zone libre recevait par Marseille des produits d'outre mer... Alors !

Le père Souan vint à nouveau chercher de la viande ; il y en avait encore quelques morceaux suspendus dans le box au fond de la grange ; nous étions en décembre et la conservation ne posait pas de problème.

« Il y a du monde chez nous ce soir, dit-il, deux de plus viennent d'arriver dont un est spécialisé dans le sabotage des pylônes électriques ; il a failli se faire prendre à Hostens au moment où il plaçait sa charge... Mais il courait plus vite qu'eux et ils ne l'ont pas rattrapé ! »

Mais pourquoi donc ce brave homme racontait-il tout ça... Même dans ce coin perdu le danger était immense ; on ne faisait jamais assez attention, la moindre allusion tombant dans une oreille attentive pouvait avoir des conséquences tragiques.

Il devina mon inquiétude : « Mais nous ne risquons rien, me dit-il en riant, n'aies pas peur... Tu vois des allemands partout, ça passera... Dans quelques jours tu seras complètement rassuré, je te dirai pourquoi tu n'as pas à t'en faire ! »

Marcel lui donna du bœuf et deux lapins.

Je commençais à m'habituer et même à aimer cette nouvelle vie ; le travail était le même que chez nous avec moins de vigne et plus de bétail, mais cette solitude au milieu des bois avait un attrait extraordinaire, la chasse au furet m'avait fait découvrir en bordure de la Vignague des sites d'une beauté remarquable. Mais chaque fois que je m'asseyais devant la table débordante de victuailles, j'avais comme un pincement au cœur, j'avais toujours devant moi l'image de tous ces pauvres bougres qui, chez nous, étaient morts de faim.

Noël arriva, c'était le cinquième Noël de guerre. Qu'il était loin le petit réveillon à Caudrot avec Adrienne et ses copines, arrosé au mousseux de « Champagnette ».

On fit réveillon chez Barathe ; Georges, le réfractaire avait fait venir son père, ouvrier à Montpellier, lui non plus n'en revenait pas de voir une tablée pareille. Cette profusion de viandes, bouillies, rôties, en sauce, sans parler de l'énorme dinde, le vin coulait à flots, le lait, les œufs, le sucre et la farine ne manquant pas, les femmes avaient fait des pâtisseries en quantité... Quel festin !

Nous rentrâmes chez nous à l'aube, par un froid glacial.

LA CHASSE AU FURET

Après avoir bien dormi et, pour nous aérer un peu, nous repartîmes à la chasse au furet ; j'en profitai pour prendre des repères dans les bois, au cas où...

Marcel me montra l'entrée d'une galerie souterraine, bien cachée, et d'où coulait un filet d'eau claire ; c'était accessible, et peut-être praticable en profondeur, je décidai d'en parler à Jeannot et d'y revenir voir d'un peu plus près à la première occasion. Marcel repartit le lendemain faire sa tournée habituelle.

Pendant ce temps, le boiteux et moi faisions marcher le travail ; Yvette et la petite bonne ne s'occupaient que de la maison et du petit, de temps en temps, il venait toujours quelqu'un pour voir s'il y avait de la viande de reste. C'est ainsi que je fis la connaissance de quelques filles du voisinage ; l'une d'elles m'invita à aller chez elle.

« On s'amuse, on danse... Viens. »

La fille n'était pas mal du tout, gentille et agréable, ça avait l'air bien parti et j'avais l'intention de pousser plus avant.

Le jour de la Saint Sylvestre, un propriétaire qui habitait un peu plus loin, au hameau des Fages, vint demander à Marcel s'il ne pouvait pas venir chez lui avec le furet pour le débarrasser des lapins qui lui bouffaient tout un carré de luzerne.

« C'est facile, dit-il, les terriers sont sous un roncier, mais avec mon fils nous venons de faucher et dégager le coin ; on voit bien toutes les entrées et ça devrait marcher sans difficulté ! »

« C'est d'accord, monsieur Tartas, dit Marcel, mais une heure avant le jour il faudra lâcher les chiens pour faire rentrer dans leur trou les lapins qui sont en plein champ ; après, on n'en ratera aucun ! »

Cela se passera très bien ; en très peu de temps nous sortîmes dix huit lapins superbes, carrés comme des briques, le père Tartas n'en revenait pas, il les palpait, les soupesait les uns après les autres.

C'était un type costaud, un poids lourd qui dans sa jeunesse avait pratiqué la lutte et le catch. Il avait perdu son fils aîné en quarante, pendant la « drôle de guerre » ; le second fils, Roland, n'avait que dix-sept ans, mais il avait déjà la carcasse de son père et des mains comme des battoirs.

Comme il se doit, on nous garda à dîner ; je croyais avoir atteint le sommet au réveillon de Noël chez Barathe, mais c'était peu de chose à coté de la table de la maison Tartas. De la volaille, du cochon, du veau, du bœuf... Je ne sais pas tout ce qui défila sur la table accommodé de toutes les manières ; au bout d'un moment je me sentis glisser dans une sorte de léthargie.

Dans un rêve, j'entendis le père Tartas qui me disait : « Manges ! Nom de Dieu... Ce n'est pas étonnant que tu sois maigre comme un pic ! »

Je n'en pouvais plus... Les autres convives s'en foutaient plein la lampe, avec de grands coups de gueule et des éclats de rire.

A coté de moi, la jeune veuve mangeait en silence, j'avais essayé d'engager la conversation par quelques banalités, elle répondait poliment et se replongeait dans son silence. C'était une jolie fille d'une vingtaine d'années, vêtue de noir, elle paraissait absente et n'avait pas l'air d'apprécier ce genre de réjouissance.

Au bout d'un certain temps, je n'étais plus en état d'engager la conversation avec qui que ce soit ; je ne touchais plus à aucun plat, je n'avais pas osé demander de l'eau, ce qui aurait sans aucun doute stupéfié l'assistance. J'attendais doucement que le brouillard se dissipe.

Marcel me prit le coude. « Ca va ? »

« Je n'en peux plus, lui dis-je, je vois tout trouble, et je m'endors ! »

« T'as de la veine, répondit Marcel, moi je n'y vois plus du tout et j'ai les jambes comme paralysées, je ne suis pas foutu de pouvoir me lever ! »

Les tartes et les beignets suivirent la barbaque et l'eau de vie avait remplacé le vin ; c'était hallucinant de voir descendre les verres les uns après les autres...

Je n'avais plus qu'un désir, rentrer au plus vite et me coucher après avoir bu au moins deux litres d'eau. Il fallut se lever, le père Tartas me donna une tape sur l'épaule qui me fit plier les genoux...

« Réveilles-toi nom de Dieu ! On va repartir attraper des lapins dans un autre coin ! »

Marcel me fit un signe d'impuissance ; lui aussi aurait bien voulu s'en aller, mais il ne put refuser en raison de la manière dont nous avions été reçus.

Nous repartîmes à travers bois, pas très lucides... Marcel me glissa tout bas à l'oreille : « On va lui en attraper cinq ou six de plus ; comme ça il sera content et on en profitera pour foutre le camp, il ne faut surtout pas se faire coincer pour le repas du soir, sinon nous sommes foutus ! »

« C'est là ! » s'écria le père Tartas.

C'était contre un très vieux mur de soutènement ; on voyait entre les pierres les entrées des terriers. Très vite, tout le monde fut en place, on entendit tout de suite la galopade effrénée et souterraine des lapins affolés par le furet, le jaillissement hors du trou et la fin dans la poche.

Puis, ce que nous redoutions le plus arriva ; le furet, surexcité, crocha un lapin, le saigna et s'endormit bien au chaud au fond du terrier.

C'était la catastrophe ! Il fallut dégager les pierres, élargir l'entrée, creuser… À plat ventre, la tête dans le trou, Marcel appelait : « Coco, réveille-toi ! Viens vite mon petit coco ! »

Il fallut encore enlever des pierres, piocher… Marcel, dont on ne voyait plus que les pieds, finit avec un fil de fer par accrocher le lapin mort ; le furet réveillé suivit.

Nous avions malgré ce contretemps sorti une dizaine de pièces.

« On repasse à la maison boire une petite goutte ! » dit le père Tartas.

Nous fûmes obligés de suivre, pour poser les outils et les lapins ; mais je refusai catégoriquement d'ingurgiter quoique que ce soit, nous rentrâmes à la maison, dans un état semi comateux, sales, couverts de terre, maculés du sang des lapins.

HORS LA LOI (1944)

C'était le premier janvier 1944 ; le cinquième premier de l'an de la guerre, le seul aussi que je n'avais pas passé chez moi. Le calme et la solitude des bois, l'absence d'allemands, l'optimisme de tous et la bonne chère auraient du me rassurer ; mais au fond de moi, je sentais monter une appréhension, un pressentiment.

Jeannot pensait comme moi ; c'était surtout l'excès de confiance et l'absence de discrétion qui nous inquiétait le plus.

Nous nous concertions souvent et avions décidés de redoubler de vigilance.

J'étais seul dans un champ proche de la ferme lorsque je vis arriver le père Souan.

« Viens ce soir à la maison, me dit-il, j'ai besoin de toi, tu es costaud et tu trouveras l'occasion de montrer ta force, tu arriveras à neuf heures, à la nuit ! »

Il riait doucement. « Et puis ne penses plus aux allemands… Ils ne viendrons pas ici ; nous avons à la Milice d'Agen quelqu'un qui nous tient au courant de tout, si une visite quelconque devait se produire, nous en serions immédiatement informés… A ce soir ! »

CAISSES D'ARMES

Je prévins Marcel qui me recommanda de dire que j'allais voir Jeannot ; il se méfiait de son beau frère le boiteux, personnage obtus et illettré, qui avait tendance à trop parler.

Je partis à travers champs à la nuit noire ; je connaissais les repères pour trouver le gué de rochers plats, lorsque j'arrivai chez Souan, il y avait à l'intérieur de la grange un attelage de deux vaches avec un tombereau. Un homme se tenait devant les bêtes, un peu inquiètes et les calmait en leur parlant doucement. A terre il y avait quelques caisses ; Raphaël arriva.

« Allez hop ! Enlevez-moi ça en vitesse » dit le père Souan.

Raphaël prenait d'un bout, moi de l'autre ; c'était lourd... Je compris que malgré leur confiance, les Souan ne tenaient pas à garder ça chez eux. L'une après l'autre, les caisses furent placées dans le tombereau ; le bouvier n'avait ni bougé, ni desserré les dents ; une bâche et quelques fagots par-dessus, le portail de la grange ouvert, l'attelage partit à travers champs pour une destination inconnue.

« Viens boire un petit coup de vin blanc. »

Je pris un doigt de vin blanc sans poser de questions ; personne ne donna d'explications contrairement à l'habitude...

Je rentrais, toujours par le même chemin et tout en marchant, je réfléchissais ; les caisses, assez sales, étaient trop courtes pour contenir des armes, c'était sûrement des balles ou des grenades. Je n'avais pu lire aucune inscription, mais j'avais vu les mêmes emballages lorsque les aviateurs de Mérignac avaient stocké leur matériel dans la salle des fêtes de Saint Pierre. Il ne pouvait s'agir que de munitions récupérées sur les quantités abandonnées par l'armée française pendant la débâcle, ou lors de l'entrée des allemands en zone libre, et que l'on allait planquer quelque part, pas très loin sans doute...

Les jours passaient et ma vie changeait ; certes, on travaillait, mais la boucherie clandestine amenait une animation et des visites dont parfois, je me serais bien passé.

Très peu de gens posaient des questions sur ma présence, j'étais un cousin, venu en famille pour quelques temps. Combien crurent en cette histoire je n'en sais rien ; mais je risquais un jour d'être reconnu par quelqu'un de chez nous, car la viande attirait une clientèle de plus en plus lointaine.

Il m'arrivait de passer en vitesse dans la pièce à coté lorsque je voyais arriver sur le chemin une silhouette que je croyais reconnaître. Tout le monde riait lorsque l'alerte était passée, mais je n'étais pas plus tranquille pour autant.

La ferme où Jeannot était planqué appartenait elle aussi au même propriétaire ; les fermiers étaient de rudes travailleurs qui, outre le travail classique de la terre, entreprenaient l'hiver des coupes de bois de chauffage et la confection de fagots ou bourrées d'ajoncs et de genêts pour chauffer les tuileries de Morizès.

Il y avait un fils et une fille de notre âge et un autre garçon un peu plus jeune ; ces gens là, les Sobole étaient très aimables et j'allais parfois chez eux voir Jeannot, mais le plus souvent nous nous rencontrions dans le petit chemin de terre qui reliait les deux exploitations.

Nous avions comparé nos faux papiers ; il s'avéra que sa carte d'identité exécutée par un faussaire n'aurait pas abusé dix secondes le moindre gendarme. La mienne, venant directement de la Mairie de Hure était parfaite et pouvait passer aux contrôles de routine.

Nous allions une matinée à la chasse au furet, le mardi ou le mercredi, et tous les dimanches matins ; Yvette, avec des lapins, trouvait à peu près ce qu'elle voulait ; autrement dit, nous ne manquions de rien...

Ce changement brutal de régime alimentaire, cette abondance de viande et de gras m'avait provoqué de l'entérite et de la dysenterie ; je partais coupé en deux par des coliques et des diarrhées épouvantables, mais il parait qu'ils y étaient tous passés et que, peu à peu, l'organisme s'habituait. Je n'osais plus manger de bœuf, mais la volaille et les garennes rôtis ou en civet ne m'arrangeaient pas non plus ; alors, j'allais en cachette piquer des patates bouillies sur la chaudière des cochons...

Un matin, un homme arriva et proposa à Marcel l'achat d'une paire de bœufs.

« Venez les voir, dit-il, et ça ne m'étonnerait pas que l'on fasse affaire ! »

Marcel partit avec lui et acheta les bœufs.

« On ira les chercher demain matin et on en tuera un de suite et l'autre la semaine après, tu viendras avec moi, dit-il à Guy le boiteux ; on ira avec les vaches et le tombereau, ce sera plus facile, on les attachera derrière au lieu de les traîner à pied, on partira avant le jour. »

Je n'attachai pas d'importance, son beau frère avait l'habitude de se servir des vaches, et c'était évidemment bien plus commode.

L'expédition revint au bercail en fin de matinée ; on rentra les bœufs à l'étable et Marcel fit reculer le tombereau dans la grange. Dans le tombereau il y avait de la paille et sous cette paille quatre balles de cinquante kilos de magnifiques feuilles de tabac.

« Deux cent kilos ! dit Marcel, on va faire un joli coup, on va les couper bien fin et sur Bordeaux ça se vendra comme des petits pains ! »

Je n'en doutai pas une seconde ; j'avais trop vu chez nous les fumeurs se rabattre sur n'importe quoi et bourrer leur pipe ou rouler les cigarettes avec de la barbe de maïs, des orties séchées, des feuilles de topinambour, des queues d'ail et j'en oublie. Mais là, avec ce magnifique tabac on pouvait faire quelque chose de bien et il fallait étudier la question très sérieusement ; le tabac avait été détourné lors d'une livraison à l'entrepôt de La Réole et revendu à Marcel.

Décidément, j'étais bien devenu un hors la loi...

PICOT, SUJET A CAUTION

Nos parents ne savaient pas où nous étions, Jean Castaing n'avait rien dit, fidèle à la consigne de silence et Picot tenait notre planque secrète ; Jeannot qui le « pratiquait » depuis plus longtemps que moi, n'avait plus aucune confiance en lui.

Un peu avant que je n'arrive, Jeannot lui avait demandé de porter un morceau de veau à ses parents ; il lui avait remis en même temps une paire de chaussettes à raccommoder et une petite pelote de laine dans laquelle il avait mis un mot d'écrit annonçant l'envoi de viande et demandant une réponse par le même chemin. Picot avait emporté le tout sans ne se douter de rien ; la réponse était arrivée quinze jours plus tard avec le reste de la laine, la famille Chavaneau n'avait pas reçue un gramme de viande...

Nous primes la décision de faire venir nos parents à la première occasion ; mais pour cela il nous fallait attendre la venue de Jean Castaing. Avec lui on arrangerait quelque chose, en dehors de Picot ; mais on était en janvier, les jours étaient courts et le pauvre Jean, avec une seule jambe n'était pas en mesure de faire la route aller et retour. Il nous fallait attendre encore un peu.

Marcel m'avait dit qu'il avait connu Picot par madame Bagaud qui s'occupait elle aussi de bétail et possédait un troupeau important de vaches laitières. Elle allait prospecter en zone libre et avait rencontré Marcel ; Marcel m'avait confirmé que Picot ne connaissait pas les Souan et ignorait leur existence et leurs activités. C'était beaucoup mieux ainsi... Pour le moment tout allait bien mais nous n'étions pas tranquilles ; pourtant il n'y avait rien d'inquiétant.

Le soir, seul le bruit des bêtes que l'on rentrait à l'étable et le galop d'un cheval qu'une splendide fille blonde enfourchait d'un saut pour le ramener à l'écurie à bride abattue rompaient la sérénité de la petite vallée. Nous la regardions passer à quelques centaines de mètres sur le versant opposé, les cheveux au vent et les cuisses à l'air, grisée, riant aux éclats en encourageant son cheval.

Elle habitait une ferme du hameau voisin ; elle vint un jour chercher de la viande et je ne la vis de près que cette fois la. C'était une fille très belle ; elle était fiancée et se maria au printemps.

L'AMI GUIRAUDON

J'avais entre temps fait la connaissance de deux réfractaires planqués eux aussi dans le coin, et puis, une autre tout à fait imprévue celle-là.

Parmi les habitués qui venaient se ravitailler en viande, il y avait un homme d'une cinquantaine d'années, brun, costaud, aux fortes moustaches noires ; il exploitait lui aussi une ferme voisine et était un adepte de la chasse au furet, il restait souvent à parler avec Marcel et ils avaient envisagé de faire ensemble un petit élevage de furets.

Un soir où nous étions tous ensemble, il m'écouta parler et me demanda à brûle pourpoint : « Mais… D'où sors-tu, toi ? »

Tout confiant dans ma nouvelle identité et possédant à fond la leçon apprise je répondis d'un ton assuré : « De Hure ! »

Il me regarda en souriant. « Toi, tu n'as jamais foutu les pieds à Hure, les gens de Hure ne parlent pas de cette façon ; toi, tu as le parler de Langon, ou plutôt de Saint Macaire. Oui… C'est le parler de Saint Macaire ! »

Je restai abasourdi, la bouche ouverte, ma nouvelle identité n'avait pas tenu le coup longtemps. Marcel et Barathe riaient de bon cœur.

« Ben mon vieux, dit Marcel, tu as intérêt à travailler l'accent de Hure… ! L'ami Guiraudon t'a repéré tout de suite, mais sois sans crainte, son fils est comme toi. »

L'homme précisa : « La mère de Marc Armand et celle de Raymond Grellety sont mes deux sœurs ; tu as du connaître ma mère « la guichenette » ? Et toi, de qui est tu le fils ? »

Lorsque je lui révélai qui j'étais, il me mit à l'aise : « Si tu as besoin de quoi que ce soit, viens à la maison, sans crainte, du reste, je vais avoir moi aussi d'ici quelques jours un réfractaire chez moi. » Il repartit chez lui en traversant les bois…

La famille Guiraudon était parmi les plus anciennes de Saint Macaire ; le père de celui qui venait de me reconnaître était une célébrité locale qui avait défrayé la chronique par des faits d'armes qui restaient dans les annales. Il répondait au surnom de « Barbe Bleue », d'une stature imposante, il avait été l'une des têtes qui avaient organisé et mené les dures grèves des tonneliers au début du vingtième siècle, affrontant au premier rang les charges des gendarmes à cheval.

Il avait aussi activement participé aux manifestations et aux empoignades qu'avait suscitées la loi sur la séparation de l'église et de l'état ; je connaissais à fond cette histoire car mon père et mon oncle René étaient eux aussi dans le gros de la troupe.

Mais « Barbe Bleue » avait atteint le sommet avec le pari qu'il avait fait d'aller la nuit de Noël arrêter le curé célébrant la messe de minuit. Il avait par l'allée centrale remonté toute la nef, gravi majestueusement les marches de l'autel et posé sa main sur l'épaule du prêtre en proclamant d'une voix puissante : « Au nom de la loi, je vous arrête ! »

Les paroissiens s'étaient précipités sur « Barbe Bleue » qui avait été obligé de battre en retraite, accablé par le nombre, tiré ou poussé par les fidèles vers la porte la plus proche. Dans le fond de l'église, les copains tonneliers, morts de rire, pouvaient attester que « Barbe Bleue » avait gagné son pari.

C'était son fils que j'avais eu devant moi, et je savais que je pouvais me fier à lui ; Guiraudon était un chic type, il allait souvent à Saint Macaire depuis que le franchissement de la ligne avait été assoupli. Lorsqu'il venait, nous parlions du pays et des vieilles familles.

La semaine après, débarquait chez lui le nouveau clandestin, un grand type maigre et dégingandé que l'on surnomma illico « la Ficelle ».

PREMIERE IMPRUDENCE

Peu à peu je reprenais confiance. C'était vrai, on ne voyait jamais d'allemands, pas plus que de gendarmes, ou autres policiers français.

Je m'enhardis à raccompagner un jour la jeune fille qui m'avait invité chez elle ; c'était une jolie brune, bien balancée et peu farouche.

« Viens dimanche après-midi, me dit-elle, tu verras ma sœur et son fiancé, il est chez nous car il n'a pas voulu aller en Allemagne, je t'attendrai au « Pont rompu ».

Le dimanche après-midi, je me mis sur mon « trente-et-un » et tout se passa comme prévu, au début tout au moins ; elle m'attendait bien au pont, mais lorsque nous arrivâmes chez elle la maison était pleine de monde, des jeunes, des vieux autour d'une grande table avec du vin blanc et des gâteaux.

Nous nous assîmes parmi les jeunes et les questions commencèrent à pleuvoir : « On ne t'a jamais vu dans le coin ? Qui es tu ? D'où viens-tu ? »

Je répondais par monosyllabes ; j'avais une envie folle de foutre le camp et de me tirer de ce guêpier où je m'étais bien imprudemment fourré ; le vin blanc les avait rendus volubiles et ils n'arrêtaient pas de me questionner.

La petite comprit mon désarroi ; je pris rapidement congé avec de vagues excuses, la majorité de l'assistance me prit sans aucun doute pour un pauvre couillon qui ne savait pas s'amuser. En tout cas, eux ne s'emmerdaient pas ; mais ce n'était pas le moment pour moi de faire le « marriolle » et les petits coins tranquilles ne manquaient pas pour retrouver la jolie brune.

ABBATAGE CLANDESTIN ET COMMERCE DE LA VIANDE

Lorsque j'arrivai chez Marcel il y avait deux hommes, deux frères qui venaient eux aussi régulièrement chercher de la viande et que je connaissais un peu. C'était les frères Mandin, deux types musclés et résolus, deux durs ; je savais qu'ils étaient dans la résistance avec les Souan et qu'ils n'avaient pas peur de grand-chose.

Ce soir-là, ils étaient venus proposer à Marcel une paire de bœufs ; c'était une histoire assez curieuse, les Mandin possédaient la plus belle paire de bœufs de race gasconne de toute la région, deux animaux superbes, blancs avec les naseaux, les yeux et la queue noire et des cornes hautes et longues.

Il y avait à peu près deux mois l'un des deux était mort, les Mandin en avaient aussitôt acheté un autre, mais le survivant avait voué une haine féroce au nouvel arrivant et le bourrait de coups de corne chaque fois qu'il en avait l'occasion, il aurait fini par l'éventrer. Alors ils avaient décidé de vendre les deux bœufs ; Marcel conclut l'affaire et l'on tua tout de suite le plus faible meurtri par les coups de corne dans les flancs, il ne mangeait plus et était plein de grosseurs suspectes. Par précaution on jeta le foie et on enleva les parties douteuses, le reste se vendit comme à l'habitude.

Nous devions abattre le deuxième, le gascon féroce la semaine après ; les deux frères devaient nous l'amener au dernier moment et nous aider à le mettre en place. Tout le monde craignait que l'animal déjà perturbé par la mort de son compagnon ne devienne fou furieux ; cela s'était produit déjà une fois, peu de temps avant mon arrivée, un vieux taureau affolé par l'odeur du sang avait arraché la barre de fer et foncé sur tout ce qu'il voyait. Le portail étant toujours fermé pendant l'abattage il ne pouvait s'enfuir et les dégâts avaient été énormes.

Inutile de dire que le personnel de la boucherie avait bondi dans les positions de repli, les crèches et le grenier à foin ; ils avaient fini par lui passer un câble autour des cornes et à le coincer contre un pilier où Barathe l'avait tué avec un long couteau, en plein cœur.

Alors, pour le bœuf de Mandin la grange fut dégagée de tout matériel, les fermetures vérifiées et des places bien précises attribuées à chacun. Mais tout se passa très bien et la bête, magnifique, rapporta un beau paquet d'argent aux deux associés.

Ce jour-là, ce fut le père Souan qui vint chercher la viande, il m'appela : « Viens avec moi un moment… »

Je le suivis.

« Dis donc, il parait que tu as fait une conquête ? »

Je répondis qu'en effet je « flirtais » quelque peu avec la fille en question, mais que ça n'avait pas beaucoup d'importance.

« Tant mieux, me dit-il, ce ne sont pas de mauvaises gens, mais surtout évite d'aller chez ne bonne planque, et ça nous est de plus en plus difficile à trouver. »

J'abondai dans le même sens et je lui dis que je m'étais bien promis de ne jamais remettre les pieds chez elle, vu la mésaventure du dimanche passé et que j'allais laisser tomber rapidement.

« Ce sera beaucoup mieux comme ça, me dit-il, tu risques ta liberté, ta peau et notre sécurité à tous, ne l'oublies pas ! »

De toute façon je ne voulais pas me lier trop étroitement et ma nouvelle vie était plutôt agréable ; avec Georges Maury qui était planqué chez Barathe venait un autre réfractaire qui avait été placé tout près, chez les Seuve, il s'appelait Yves et était de Podensac.

Nous nous retrouvions souvent ; il n'y avait que le pauvre Jeannot qui pouvait difficilement se dégager ; les gens chez qui il était, les Sobole, étaient des bourreaux de travail, comme je l'ai déjà dit, ils avaient entrepris de faire des fagots d'ajoncs qu'ils vendaient aux tuileries.

C'était un travail très dur, il fallait pénétrer dans les fourrés épais, couper les ajoncs plein de piquants et les lier en fagots bien serrés ; Jeannot, à qui on avait donné une paire de vieux gants déchirés commençait à la trouver amère. Il avait les mains crevassées et abîmées et goûtait de moins en moins le plaisir des bois...

Le mois de janvier tirait à sa fin ; il faisait très froid et le feu brûlait jour et nuit dans la grande cheminée.

Il fallait du bois et Marcel nous envoya un matin Guy et moi en chercher une charrette, il y en avait en quantité, en tas rectilignes en bordure d'un chemin creux. Nous avions presque fini le chargement lorsqu'un cycliste déboucha dans un virage ; nous nous trouvâmes nez à nez, aussi surpris l'un que l'autre.

« Nom de Dieu ! C'est toi qui es là ! Tout le monde te croit du coté de Royan à travailler pour les boches ! »

L'arrivant n'était autre que Louis Teynié, dit « Giron » le dernier marinier de Saint Macaire ; c'était un homme droit, intègre, ami de toujours de mes parents.

Quand j'étais petit et que nous habitions Saint Macaire, au Thuron, il y avait encore deux bateaux au quai de Saint Macaire ; la vieille gabarre de Gérard Dupeyron, et « l'Espérance » de Louis Teynié. Dupeyron était un copain d'enfance de mon père et habitait tout près de chez nous ; parfois, les soirs d'été, nous allions manger sur le pont de l'antique gabarre, Louis Teynier et sa femme venaient aussi nous retrouver et pendant qu'ils discutaient dans le calme et la tiédeur du soir, je descendais dans la cale coller mon oreille aux vieilles planches goudronnées pour écouter le clapotis de l'eau.

« Je vais chez mon copain Guiraudon, me dit-il, il se démerde et me trouve de la viande, je viens toute les semaines ! »

Sans l'ombre d'une hésitation je lui racontai mon histoire et lorsque je lui révélai que j'étais « garçon boucher » au magasin où Guiraudon s'approvisionnait, il rigola franchement. Je le chargeai de rassurer mes parents ; lui aussi me conseilla de me méfier de Picot.

C'était une chance d'être tombé sur lui, si j'avais été reconnu par quelqu'un d'autre, j'aurai été obligé de foutre le camp.

Je fis part de la rencontre à Jeannot.

« Tant mieux, me dit-il, nos parents sauront maintenant où nous sommes, ça fait loin pour eux en vélo mais mes frères pourront venir toutes les semaines s'ils veulent faire le plein pour tous. »

L'horizon commençait à s'éclaircir ; après tout, la vie de hors la loi n'était pas si moche... !

Raphaël Souan vint un soir à la nuit tombée avec un jeune type de vingt et quelques années ; Marcel était parti avec son beau frère, Yvette préparait le repas du soir.

« Il me faut vingt kilos de viande, » dit le jeune, il en restait plusieurs morceaux et le type choisit ce qu'il voulut ; nous étions seuls, Raphaël était allé parler avec Yvette. Il déplia un sac de marin et enfourna la viande à l'intérieur ; visiblement c'était un matelot, pas très grand, mais râblé et les épaules carrées, il avait un ceinturon décoré d'une ancre, souvenir de la marine nationale.

« Tu m'en gardes encore vingt kilos pour la semaine prochaine ; c'est moi qui viendrai la chercher, marques bien vingt kilos pour Claude. »

« Tu es nouveau dans le coin, dis-je, c'est la première fois que tu viens ! »

La réponse claqua sèchement : « Qu'est-ce que ça peut te foutre ! Occupes-toi de ta barbaque et fermes ta gueule ! »

Je me le tins pour dit, il paya et repartit avec Raphaël ; bien évidemment ce type ne campait pas très loin, avec d'autres, le pays s'y prêtait admirablement, fermes isolées au milieu des bois, ravitaillement assuré et possibilité de disparaître dans la nature en cas d'alerte.

Le père Souan vint le lendemain et me le confirma ; il avait le sourire : « Tu sais, me dit-il, nous venons d'être prévenus par Londres d'avoir à nous tenir prêts ; quelque chose va se passer courant février, probablement un débarquement. Ne t'éloignes pas, il faudra être prêt au premier appel à rejoindre les autres. »

Nous étions en 44 ; cette fois c'était la bonne et il allait falloir y aller, je n'avais reçu aucune instruction ou préparation militaire mais j'avais l'habitude du tir, de la chasse et de certaines armes. Mais j'avais aussi l'habitude des allemands et de leurs méthodes et j'avais vu tant de pagaille et de désordre du coté français que je n'imaginais pas affronter l'ennemi avec quelque chance de succès. A moins que… Bah ! On verrait bien…

Nous étions prêts à passer à table pour le repas du soir ; Marcel s'était attardé dans la grange pour soigner son furet, il lui donnait un œuf ou un morceau de foie, mais chaque fois que l'on abattait une bête, il avait droit à une bonne tasse de sang chaud. Marcel ne laissait à personne le soin de s'occuper de ce petit animal sanguinaire, mais très fragile.

L'AMERICAIN DES CORDELIERS

On entendit marcher à l'extérieur ; Yvette murmura : « C'est encore quelqu'un qui vient chercher de la viande ! »

Les arrivants pénétrèrent dans la grange ; il y eut un bref conciliabule, puis Marcel entrouvrit la porte de communication et s'adressa à moi : « Viens par ici, un moment… »

Je passai dans la grange, les frères Mandin étaient là.

« Bon, dit l'aîné, nous savons que tu es de Saint Macaire ; tu dois connaître pas mal de monde la bas, surtout les jeunes ? »

« Bien sur, répondis-je, j'y suis né, allé à l'école et, autant du coté de mon père que de ma mère, toute ma famille sort de là. A part quelques nouveaux débarqués, je connais tout le monde et tous les jeunes, bien sûr. »

« Voilà, dit Mandin, il vient d'arriver chez les Merlande un jeune homme de ton âge, soi disant pour se planquer. Mais il a un drôle d'air, et par moments il hésite et cherche ses mots ; il n'a pas d'accent, mais une façon de parler pas bien franche, de plus c'est un blond, et il a toute la gueule d'un boche ! Il prétend être de Saint Macaire ; alors tu vas venir avec nous pour voir si tu le connais, mais ça m'étonnerait, en tout cas si c'est un mouchard il faut l'alpaguer et l'emmener chez Souan pour lui faire cracher ce qu'il sait. Après on aura vite fait de le flinguer et de le foutre dans un trou ! »

En cheminant à leur coté je réfléchissais ; des blonds chez nous, il n'y en avait pas beaucoup, je ne voyais pas lequel des deux ou trois copains qui avaient les cheveux de la même couleur que les miens avait pu échouer là. Ils étaient en Allemagne ou en Afrique du Nord pour l'un d'entre eux.

Nous arrivâmes sans bruit devant la maison. Dans la cuisine éclairée on voyait par la porte vitrée plusieurs personnes.

« Regardes bien, me dit Mandin, c'est le type qui est debout contre le mur. »

Je regardai, en effet il était blond et avait à peu près mon âge et ma taille, mais une chose me sauta tout de suite aux yeux : Ce type-là, je ne l'avais jamais vu nulle part !

Nous entrâmes ; tous les regards étaient fixés sur l'inconnu debout contre le mur et presque aussi blanc que lui ; visiblement il n'était pas très à l'aise et l'inquiétude se lisait sur son visage.

J'étais en face de lui et le regardais dans les yeux. « Alors c'est toi qui es de Saint Macaire, il parait ? »

« Oui, dit-il lentement, je suis bien de Saint Macaire... »

« C'est curieux... Moi j'y suis né, j'y ai toujours vécu et je connais tout le monde... Mais toi, je ne t'ai jamais vu... Tu mens ! Tu n'es pas de chez nous ! »

Il hésita, cherchant ce qu'il allait dire, il parlait toujours lentement, détachant ses mots : « Mes parents... Ma famille... Nous sommes arrivés à Saint Macaire au début de la guerre... Mais nous ne sortons pas beaucoup et à part quelques voisins nous ne connaissons personne. »

A coté de moi Marcel et les frères Mandin, l'air farouche étaient prêts à lui sauter dessus, le reste de l'assistance n'était pas plus amène...

De plus en plus soupçonneux, je demandai : « Dis-moi... Expliques-moi... Dans quel quartier, dans quelle rue habites-tu ? » J'avais conscience de tenir sa vie entre mes mains, de ses réponses allaient dépendre beaucoup de choses...

Toujours avec son parler hésitant, il expliqua... « Nous habitons aux Cordeliers, dans un petit logement à coté de l'étude de maître Allien, le notaire... Mais à part lui et quelques voisins, nous ne connaissons personne à Saint Macaire... »

Subitement tout s'éclaira...

« Nom de Dieu ! dis-je aux autres ; il est de bonne foi, maintenant, je sais qui il est ! »

Je m'avançai et lui tapait sur l'épaule. « Tout va bien, lui dis-je, maintenant je sais qui tu es, tu as aussi une sœur, une superbe fille... Elle je l'avais déjà vue, mais pas toi... Excuses nous, mais nous devons faire très attention aux nouveaux venus... »

Je me retournai vers les autres. « Je vais vous dire qui il est, bien que je ne sache pas son nom, et vous comprendrez pourquoi il a cette façon de parler hésitante et bizarre... C'est un américain ! »

Tout le monde se précipita vers lui ; on le tira vers la table, on lui serrait les mains, avec des tapes amicales. Les verres, le vin blanc apparurent comme par enchantement ; abasourdi, mais souriant et visiblement soulagé il m'écoutait...

Car c'était à moi de lui parler et de le rassurer après lui avoir flanqué la plus belle trouille de sa vie... Je lui racontai comment dans la jeunesse on avait remarqué sa sœur, et qu'on avait su qu'elle était la fille d'américains installés aux Cordeliers mais personne ne les voyait et on les avait oubliés.

« Je suis comme toi, lui dis-je, j'ai foutu le camp de chez moi pour ne pas aller en Allemagne ; nous sommes quelques uns ici dans la même situation, ceux qui m'ont pris en charge vont aussi s'occuper de toi. »

« Oui, dit Marcel, demain matin j'irai prévenir chez Souan et ils feront ce qu'il faut ! »

L'équivoque étant dissipée et les bouteilles vides, chacun regagna ses pénates.

Le lendemain l'américain vint chez nous accompagné de l'un des Mandin ; avec Marcel, ils partirent chez Souan. Au retour, il resta un moment avec moi pendant que Marcel et Mandin parlaient « bestiaux » dans la grange ; il se présenta.

Il s'appelait Paul Arnato, et sa sœur Mildred ; comment étaient ils en France et avaient ils échoué à Saint Macaire, il ne me le dit pas ; mais l'entrée en guerre des Etats-Unis les avait obligés à fuir et à se cacher pour éviter l'arrestation et le camp de concentration. Quelques jours plus tard, il fut doté d'une nouvelle identité : il devint Paul Amandieu, agriculteur, né je ne sais plus ou, mais en France.

C'était visiblement un garçon de très bonne famille, très bien élevé et d'une éducation parfaite ; il était surpris et déconcerté par nos manières brusques et notre langage véhément et imagé ; je l'avais présenté aux autres réfractaires, mais je me rendis vite compte qu'il préférait ne pas trop se lier, il paraissait soucieux, peut-être était-il inquiet pour les siens, c'est possible. J'étais le seul à avoir des contacts avec lui et je pense qu'il avait confiance en moi ; je lui avais parlé de la résistance et des précautions que nous devions prendre pour ne pas courir de risques.

Un jour, au hasard d'une conversation je crus comprendre qu'il était juif, je ne lui posai aucune question... Peut-être m'étais-je trompé.

Je ne sus jamais comment il était arrivé chez Merlande, mais j'ai toujours pensé que c'était le notaire, Maître Allien qui l'avait envoyé là sans révéler sa nationalité. Très peu de gens ont su, après la guerre, que le notaire Allien était un agent du 2ème Bureau français.

LES « FORTERESSES VOLANTES »

Ce matin-là, nous étions partis tous les trois, Marcel, Guy et moi, rassembler et entasser du bois de chauffage au milieu d'une petite clairière, dans un bas fond.

Le temps était superbe ; un vent de nord sec et glacial balayait le ciel d'un bleu très pur que n'entachait le moindre nuage, les chênes nombreux et touffus qui nous entouraient coupaient le vent et nous étions très à l'aise pour travailler. Il régnait un grand silence qui n'était troublé par moments par le criaillement des Geais et le bruissement du vent dans les hautes branches.

Vers les dix heures, un grondement sourd qui s'amplifiait parvint jusqu'à nous ; Marcel avait compris et moi aussi, j'avais déjà entendu le même grondement et je revoyais le douanier hurlant, ses jumelles à la main : « Nein ! Nix Luftwaffe ! Amerikan ! Amerikan ! »

Et là aussi ils apparurent, en formation serrées, épais comme des mouches ; mais il y avait un autre bruit que celui des moteurs, il y avait celui des mitrailleuses lourdes et des petits canons à tir rapide des « Forteresses volantes ».

On voyait très bien l'éclair au départ des coups en direction des quelques « Messerschmitt » qui leur tourbillonnaient autour en faisant feu de toutes leurs mitrailleuses ; ils étaient peu nombreux, trois ou quatre pas plus, et il leur fallait un grand courage pour affronter le rideau de feu qui sortait de la masse des bombardiers.

L'une des Forteresses avait l'air d'avoir écopé ; l'avion peinait visiblement et laissait échapper une petite trainée de fumée.

Nous regardions le spectacle ; malgré la guerre et la mort, c'était quand même un magnifique spectacle, les escadrilles disparurent, le silence, peu à peu, revint sur les grands bois...

Londres nous dirait ce soir quelle était la ville allemande qui avait été détruite. Maintenant ils ne faisaient plus le détail ; une première vague d'avions éclaireurs arrosait et entourait l'objectif en lâchant des myriades de petites bombes incendiaires au phosphore ou au napalm. Le gros des bombardiers se guidait à la lueur des incendies ; il tombait de tout, depuis la bombe de dix tonnes qui rasait tout un quartier et d'autres plus petites mais tout aussi efficaces, l'opération se terminait souvent par un nouvel épandage de bombes incendiaires sur les ruines.

Les pertes civiles étaient énormes, les Alliés avaient vu juste car c'était cela qui démoralisait l'armée allemande, les soldats se battaient comme des lions contre un ennemi dont la puissance et l'efficacité ne cessait de croître ; mais l'idée que leurs familles étaient décimées par les bombardements leur était insupportable.

C'était la guerre, et la roue du destin avait tourné...

En rentrant à midi, nous rencontrâmes les Sobole et Jeannot qui, eux aussi étaient encore tout excités par ce qu'ils avaient vu ; mais, mieux placés que nous qui étions au fond d'une cuvette, ils avaient pu apercevoir l'avion touché fumer de plus en plus et décoller de la formation.

PREMIERE ALERTE

Deux jours plus tard, au lever du jour j'étais en train de me débarbouiller ; torse et pieds nus je n'avais pas froid, devant la cheminée où un grand feu crépitait, Yvette préparait le petit déjeuner.

Marcel accrocha une glace à la fenêtre et commença à se raser ; tout d'un coup, il sursauta : « Fous le camp, vite, vite ! Voilà des boches... Par la porte du fond, file dans les bois ! vite ! vite ! »

En un éclair j'atteignis la porte par laquelle on sortait le fumier, au fond de l'étable ; cent mètres de prés à découvert, puis les bois, un coup d'œil à droite et à gauche, rien, je traversai le pré comme une flèche et atteignis le bois tout étonné de ne pas avoir entendu crier « Halt » et claquer les coups de fusil.

Tout était blanc de gelée et de givre ; quelques bancs de brouillard trainaient dans les bas-fonds ; je m'enfonçai dans le bois en suivant le sentier, pieds nus, je prenais garde aux ronces et aux piquants de toute sorte, mais j'étais à l'abri, hors de vue.

J'écoutais attentivement, cherchant les bruits qui pouvaient venir de la maison mais je n'entendais rien ; les allemands ne devaient pas être très nombreux, je n'entendis aucun commandement. J'étais frigorifié, paralysé, pétrifié...

Il devait y avoir une heure que j'étais là lorsque j'entendis Marcel qui m'appelait doucement depuis la lisière, je m'approchai.

« Ils sont partis, me dit-il, mais sacré nom de Dieu quelle alerte ! »

Tout en parlant il m'avait jeté sa veste sur les épaules et passé une paire de savates ; en revenant il m'expliquait : « Il cherchent des aviateurs Alliés que l'on a vu un peu plus loin sauter en parachute de leur avion en feu ; ils ont fouillé partout, ouvert les armoires, regardé sous les lits. Ils ont visité le chai, l'étable, la grange, le poulailler et le parc à cochons, tout ce qui pouvait servir de cachette.

« Puis ils sont montés au grenier et ont lardé le foin avec leurs baïonnettes, c'est là que l'un d'eux a senti qu'il piquait quelque chose d'autre, il a foutu un coup de gueule et ils m'ont mis en joue tout de suite, puis ils se sont reculé et ont braqué leur fusil. Ils m'ont fait dégager le foin à la fourche ; ils s'attendaient à voir sortir quelqu'un, j'ai tiré le premier ballot de tabac et je leur ai dit qu'il y en avait trois autres, ils ont voulu les voir et il a fallu que je les sorte du foin. Je leur ai dit que c'était du tabac en surnombre que l'on avait passé « à gauche », ils s'en foutaient, ce n'était pas ce qu'ils cherchaient.

« Ils nous ont dit avant de repartir : « Si vous cacher, aider aviateurs anglais, vous fusillés... Mais si vous venir Kommandantur dire où être aviateurs, grosse récompense ! »

« Enfin ils sont partis ; ils n'étaient que trois mais par petits groupes ils doivent ratisser le coin, maison par maison, ils ont regardé nos cartes d'identité et ne m'ont pas demandé mes papiers militaires, heureusement ! »

« Pourquoi ? demandai-je. »

« Parce que lorsqu'un prisonnier évadé se présentait à un bureau de démobilisation en zone libre, les ordres étaient donnés et il y avait toujours un con de scribouillard avec un tampon qui marquait « évadé » en grosses lettres sur chaque feuille, ce qui rendait impossible le retour en zone occupée. Mais maintenant ils sont de ce coté... J'ai bien essayé d'effacer, ça a pali mais c'est toujours visible. »

J'étais gelé, je finis de m'habiller devant le feu, puis j'aidai Marcel à dégager la grange pour le prochain abattage ; nous finissions de diner lorsque le père Souan arriva, il venait aux nouvelles et nous dit que les allemands avaient fouillé toutes les fermes du secteur, sans bruit par petits groupes. Il nous confirma qu'en effet quelques membres de l'équipage de l'avion touché avaient sauté en parachute et que l'appareil s'était écrasé quelque part dans les pins, après Langon.

« Nous aussi nous les cherchons, dit-il, mais on ne les a pas encore trouvés... Vous avez vu cette démonstration de puissance ? Ca ne va pas aller bien loin, ils ne pourront pas supporter longtemps de tels bombardements ! »

Les Sobole aussi avaient eu la visite des allemands, mais Jeannot et les autres étaient déjà dans les bois ; seule, la mère était à la maison ; l'inspection fut tout aussi méticuleuse.

EXPLORATION SOUTERRAINE

Nous avions depuis quelques temps mis dans nos projets d'aller faire un tour dans la galerie souterraine qui débouchait à flanc de coteau, après le moulin.

La venue des allemands nous fit précipiter les choses ; ce lieu pouvait servir de refuge en cas de danger, il nous fallait de la lumière mais il y avait belle lurette qu'on ne trouvait plus ni lampes, ni piles ; alors nous fîmes des torches avec du gros papier enduit de suif et de résine et roulé bien serré, on fit les essais, ça éclairait !

Un dimanche après-midi nous partîmes avec Jeannot, les deux fils Obole et le boiteux qui avait suivi. Nous avions assez de corde pour nous relier tous ; l'entrée de la galerie était assez vaste, j'entrai le premier, attachai la corde à ma ceinture et fis le porteur de flambeau en même temps que le premier de cordée.

Il y avait peu après l'entrée un étranglement, une faille étroite et inclinée où il n'était pas facile de se faufiler ; seul un des deux fils Sobole et Guy le boiteux suivirent, les autres renoncèrent. Ce mauvais passage franchi la galerie devenait praticable, un petit courant d'eau ruisselait entre les roches ; nous trouvions de loin en loin des creux remplis d'une eau limpide et tiède, nous avancions trempés jusqu'au ventre. On pouvait voir sur le rocher poli par le temps et éclairé par la lueur vacillante de la torche, des traces qui prouvaient que l'eau atteignait parfois le sommet de la galerie.

Nous avancions toujours ; nous avions convenu de faire demi-tour si nous nous trouvions devant un embranchement pour ne pas nous égarer, l'avance se poursuivait avec une alternance de trous d'eau, de failles étroites ou d'éboulis, par endroits l'eau avait déposé du sable fin.

Combien de centaines de mètres avions nous parcourus lorsque la dernière torche s'éteignit, je ne sais pas, mais nous pensions tous les trois avoir bouclé pas d'un kilomètre.

Il fallut retourner dans le noir absolu, sans la moindre lumière ; tour à tour nous nous étalâmes dans les trous d'eau, lorsque nous revîmes la lumière du jour nous étions trempés jusqu'aux os.

Dehors il gelait à fendre les pierres ; retour à la maison à toute vitesse pour enfiler des vêtements secs et chauds ; tout compte fait l'expédition avait été positive, on pouvait se cacher et probablement s'enfuir par ce souterrain. Il devait y avoir une sortie quelque part dans les bois ; nous décidâmes, Jeannot et moi, de faire une deuxième expédition et de la pousser beaucoup plus loin ; il nous fallait la préparer avec beaucoup de soin, autant que possible sans en parler aux autres.

VENUE DES PARENTS

Picot vint chercher de la viande et nous annonça la venue de nos parents pour le dimanche suivant ; on voyait que ça ne l'enchantait pas mais il n'avait pas pu faire autrement, son auréole « d'agent secret de la résistance » s'amenuisait de plus en plus et n'abusait plus personne, Picot n'était qu'un combinard et un pique assiette…

Ils arrivèrent enfin, Marthe et Emile Chavaneau avec mes parents et Picot ; la route était longue et pénible sur des vélos équipés de pneus pleins, eux-mêmes taillés dans de vieux pneus de voitures lorsqu'on avait la chance d'en trouver, sinon c'était le tuyau d'arrosage bourré de sable ou de sciure.

Bien évidemment on parla ; mon père fut effaré lorsque je lui révélai l'activité et la confiance aveugle des responsables de la résistance.

« Chez nous, me dit-il, ils continuent de patrouiller un peu partout, au pont de Langon et en ville, ils font des contrôles d'identité de façon très méticuleuse. Il est arrivé une unité entière d'hindous, anciens prisonniers qui ont tourné casaque et sont passés du coté allemand ; ils sont utilisés pour la chasse aux soi disant terroristes, ce sont des sauvages qui tuent, volent et foutent le feu aux maisons. On sait qu'à Langon des femmes ont été violées ; très peu se sont plaintes, ça n'aurait servi à rien, on en cite deux à Saint Macaire qui y sont passées. »

CHARLES TOITOT

« Il est arrivé aussi de jeunes recrues, tous alsaciens ou lorrains, il y en a une compagnie à Saint Macaire ; avec ceux la aussi il faut faire attention... Je vais te raconter ce qui est arrivé à Charles Toitot, ça aurai pu tourner au tragique ! »

Charles Toitot était le grand copain de mon père ; du même âge, ils avaient passé leur enfance et leur jeunesse ensemble, les Toitot étaient selliers bourreliers de père en fils et avaient leur atelier en face de l'arbre de la liberté. Charles avait perdu sa femme quelques années auparavant, il avait trois enfants ; la fille aînée était mariée à Bordeaux, le second, Paul s'était engagé dans l'armée d'Afrique, il était un peu plus jeune que moi, le dernier garçon Maurice n'avait que quatorze ans.

Mon père raconta : « Charles était dans son atelier entrain de travailler lorsqu'un soldat allemand entra.

« Bonjour, monsieur, je viens voir si vous pouvez me faire un portefeuille avec ça. » L'allemand déroula un morceau de cuir et le montra à Charles.

« Magnifique ! s'exclama ce dernier admiratif, quelle qualité ! Ah oui, je peux te faire un très beau portefeuille avec ça !... Mais tu parles un français impeccable, toi »

« L'allemand se mit à rire. « Je suis lorrain, dit-il, j'ai commencé mon service militaire en trente neuf, à Metz ; maintenant que la Lorraine est redevenue allemande, je suis soldat allemand ! »

« Et comment as-tu eu ce beau morceau de cuir ? » demanda Charles.

« Bah ! dit le soldat, depuis que nous sommes ici on nous envoie faire la chasse à ces salauds de terroristes et, il y a quelques jours, nous sommes allés quelque part dans la cambrouse investir un château dont les propriétaires cachaient et ravitaillaient des hors la loi. Nous n'avons pas pu les coincer, ils avaient foutu le camp ! On a quand même arrêté deux ou trois personnes dans le château et tué tous les animaux à la mitraillette ; nous faisons la même chose partout, de cette manière les terroristes n'ont plus ni abri, ni ravitaillement, on tue tout et on met le feu ! Alors avant de foutre le feu au château, j'ai découpé ce morceau de cuir dans un canapé... Ca aurait été dommage de le laisser cramer, non ? »

« Charles Toitot, silencieux, tenait le morceau de cuir entre ses mains.

« Et, ajouta l'allemand, puisque vous êtes un brave type et que vous allez me faire un portefeuille, moi aussi, je vais faire quelque chose pour vous… Si vous connaissez des jeunes qui n'ont pas voulu aller travailler en Allemagne, si vous me donnez des noms et des renseignements qui nous permettent de les coincer, je vous ferai avoir une prime de trente mille francs par tête, double carte d'alimentation, des bons de vêtements et de chaussures… C'est intéressant non ? »

« Charles était blême ; il tendit le rouleau de cuir au soldat. « Ecoutes-moi bien, dit-il à l'allemand ; des jeunes qui n'ont pas voulu aller travailler en Allemagne, je n'en connais qu'un, c'est mon fils, il est soldat en Afrique, engagé dans l'armée qui se bat contre tes copains, il y a bien longtemps que je suis sans nouvelles de lui… Je ne sais pas s'il est encore vivant ou s'il est mort… Alors reprends ton cuir et cherches quelqu'un d'autre ! »

« L'allemand le regardait, ne sachant que dire ; Charles explosa : « Fous le camp ! Fous-moi le camp d'ici nom de Dieu ! »

« Le soldat prit la porte et fila. »

Contrairement à ce que l'on aurait pu redouter, Charles Toitot n'eut pas d'ennuis ; vraisemblablement le soldat ne raconta pas l'incident à ses chefs.

Ma mère m'apporta les amitiés et les encouragements des filles Michaud. « Je leur ai dit que tu étais parti du bon coté ; ça leur a fait plaisir de savoir que tu n'étais pas entrain de « forger des armes des armes contre les russes, comme les autres couillons ». Elles les attendent et suivent leur avance sur la carte pendue au mur.

Emile et Marthe Chavaneau avaient mangé chez les Sobole ; Jeannot put ainsi les mettre au courant du comportement de Picot, ce dernier étant resté à table chez nous. Il fut convenu que Joseph ou Yves, les frères de Jeannot, viendraient à tour de role chercher de la viande pour tout le monde.

Nos parents respectifs firent un repas dont ils avaient depuis longtemps perdu l'habitude ; nous avions tous passé une bonne journée et le contact était renoué.

Avant de partir, mon père m'exhorta une nouvelle fois à la prudence ; il avait raison… La guerre continuait et la répression de plus en plus dure.

Nous étions bien conscients Jeannot et moi que notre douce quiétude aurait un jour une fin.

C'était vrai, et beaucoup plus proche que nous le pensions…

FABRICATION DE CIGARES

Il faisait toujours très froid, et ce mois de février fut particulièrement rigoureux ; nous abattions deux bêtes par semaine, la vente était rapide et ne posait aucun problème, la conservation non plus d'ailleurs. Il nous fallait fermer soigneusement les ouvertures pour éviter de trouver le matin la viande gelée sur les crochets.

Nous avions aussi commencé le soir, à préparer le tabac ; nous opérions par petite quantité car c'était un travail délicat, il fallait plonger les feuilles dans de l'eau bouillante, les essorer et les passer dans une petite machine à trancher qui, en principe, devait hacher le tabac très finement.

Mais aucun de nous ne put réussir à régler cette damnée mécanique et le résultat ne fut pas brillant ; un autre prisonnier évadé venait lui aussi chercher de la viande, et un jour, où Marcel lui racontait ses déboires de marchand de tabac, le type lui dit : « J'ai un copain qui a inventé et fabriqué une petite machine à couper le tabac pour son usage personnel ; je l'ai vue fonctionner, tu peux si tu veux couper aussi fin que tu le désires. »

« Bon Dieu ! dit Marcel, dis-moi où il est, ton copain, et je lui achète son truc, je suis trop emmerdé ! »

Le type répondit : « Il ne te la vendra pas ; mais je peux toujours lui demander de te la prêter... Mais ce n'est pas la porte à coté... Il habite à Pian... »

Je n'avais pas bougé, Marcel demanda pour moi : « Et comment il s'appelle ton copain ? Je connais un peu le coin et si tu ne veux pas y aller, moi j'irai ! »

L'autre hésita un peu. « C'est un nommé Foucaud, Jean Foucaud charpentier de son métier, mais il a aussi de la vigne... Lui aussi il se démerde comme il peut pour vivre ; mais laissez-moi faire, je lui dirai de venir et il portera sa machine... Cela vous coutera certainement quelques kilos de viande... Je vous l'amènerai ! »

Je connaissais assez bien Jean Foucaud, qui était bien de Pian, mais du haut ; une indiscrétion étant toujours à craindre j'aimais autant qu'il ignore ma présence en ces lieux, et je prévins Marcel que je ne manquerai pas de me tirer des pattes dès qu'il serait signalé.

FABRICATION DU SAUCISSON

Nous avions aussi été amenés à innover pour la boucherie ; Marcel avait acheté un beau bœuf, gros et gras, dont la vente devait rapporter un joli paquet d'argent. Mais pour conclure l'affaire il avait été obligé de prendre avec le bœuf une vieille vache maigre et épuisée. Pas question de débiter la vache, il fallait trouver autre chose...

Du saucisson ! On allait mettre toute la vache en saucisson... Avec quatre grosses machines à hacher empruntées aux voisins, tout le monde se mit au travail ; la viande très dure passait mal et nous nous remplacions pour tourner la manivelle, on incorporait un peu de suif de bœuf pour remplacer le lard.

Georges disait, l'air profondément dégouté : « Ah bonne mère ! Si ma petite me voyait entrain de tripoter cette barbaque infâme, elle me foutrait en plan c'est sûr ! »

La fabrication du saucisson se poursuivait dans la rigolade ; il ne manquait pas de boyaux pour le remplissage et les saucissons étaient aussitôt pendus dans une pièce vide pour le séchage qui s'effectuait très vite, la viande déshydratée ayant déjà la consistance du caoutchouc.

Lorsque tout fut fini, les saucissons ressemblaient plutôt à des matraques dans lesquelles le couteau avait peine à entrer. Cela avait bon goût, mais il fallait le mâcher comme du chewing gum, on arriva péniblement à liquider le lot et l'expérience ne fut pas renouvelée.

Le copain prisonnier vint un soir avec Jean Foucaud amener la machine à tabac ; j'étais parti chez Barathe et à mon retour nous procédâmes aux essais et le tabac commença à s'amonceler, très fin et absolument semblable au produit de première qualité distribué avant la guerre ; emballé en paquets de cent grammes, le tabac commença à partir comme des petits pains.

Une jeune espagnole que j'avais connue à Langon, avait travaillée avec sa mère dans une fabrique de cigares « Tra los montés » ; elle m'avait montré comment on les roulait à la main, mais aussi comment on découpait les feuilles de tabac en larges bandes en prenant bien soin d'enlever les nervures. La tentation était trop forte et après deux ou trois essais portant sur la proportion de feuilles de tabac fin, je réussis à rouler des cigares impeccables.

Je ne fumais pas, mais Barathe et Marcel tirèrent quelques bouffées ; deux minutes après ils étaient au bord de la nausée, le tabac était très fort et il fallait un sacré tempérament pour venir à bout de mes cigares.

Sans rien dire, nous en offrîmes deux à un vieux qui, fumeur invétéré, se lamentait toujours sur la pénurie et la mauvaise qualité du tabac distribué avec parcimonie par l'état. Il les reniflait avec délectation ; lorsqu'il revint quelques jours après, il nous dit : « Ca c'est du tabac ! Ça change du foin que ces salauds du ravitaillement nous collent, je me suis régalé... »

Mais comme pour le saucisson, l'opération « cigare » demeura expérimentale.

LES MOUCHARDS

Le père Souan arriva un soir comme d'habitude pour chercher de la viande ; mais il avait l'air soucieux et nous entraîna dans la grange sous un vague prétexte.

« Voilà, dit-il, nous avions été avertis et incités à nous tenir prêts, a être en alerte car quelque chose allait se produire en février ; il n'en est plus question, par contre l'indicateur que nous avons à Agen nous a prévenus qu'un et même plusieurs mouchards étaient partis opérer dans le Réolais. Alors, ouvrez l'œil, et attention aux figures nouvelles ! Quant à toi, me dit-il, monte demain soir à la maison, nous en saurons certainement un peu plus. »

Lorsque j'arrivai à la ferme des Souan le lendemain soir, un homme en sortait ; il sauta sur son vélo et disparut dans l'obscurité.

« Voilà, me dit Souan, c'est maintenant sûr, ils sont plusieurs et il y aurait même des femmes ; celui que tu viens de voir partir est un gendarme de La Réole qui est des nôtres, c'est lui qui a fait et légalisé tes faux papiers, c'est un homme sûr et efficace. Il surveille ça de près et nous a recommandé la plus grande prudence. Alors attention, plus de sorties hors de la propriété... Mais si j'ai d'autres précisions, je viendrai vous avertir. »

Le lendemain, j'allais mettre Jeannot au courant.

« Merde ! me dit-il, ça commence à sentir le roussi... Ca allait trop bien ! Enfin peut-être que les mouches ne viendront pas voler dans ce coin perdu. En tout cas il va falloir avertir chez nous et tacher de trouver une autre planque. »

Pour lui c'était relativement facile, il était libre de tout engagement ; pas moi, je dépendais des consignes que me donneraient les Souan, et je craignais qu'ils ne m'envoient rejoindre le groupe armé qui gravitait dans les environs.

Je savais aussi qu'ils allaient « cambrioler » les mairies des environs pour se procurer les imprimés officiels, carte d'identité, d'alimentation ou autres tampons qui s'avéraient précieux. Tous les papiers qui émanaient du centre, à La Réole, n'avaient pas d'autre provenance.

Le Grand Pierre m'avait dit : « Un jour, il faudra que toi aussi tu te mouille pour les autres ; quant on aura besoin de toi, on te le dira ! »

Depuis quelques semaines on savait que toutes les mairies environnantes avaient été ratissées ; la subite apparition de mouchards n'avait, peut-être, pas d'autre cause.

LES BOUTEILLES DE SANG

Ce soir-là, nous étions à table lorsqu'on frappa à la porte ; l'homme qui entra portait à l'épaule une musette qui contenait des bouteilles vides... Il se présenta : « Voilà ce qui m'amène, dit-il, je suis employé dans la propriété qui est de l'autre coté, en haut de la butte, je suis là avec ma femme et nous avons trois enfants, ils sont malades, j'ai fait venir le docteur qui nous a dit : « Vos petits n'ont rien, mais ils sont anémiés par le manque de nourriture, ils sont trop faibles et risquent de devenir tuberculeux ; ils crèvent tout doucement de faim. »

« Alors voilà ; je sais qu'il y a pas loin d'ici un abattoir clandestin, allez leur acheter de la viande, mais surtout faites vous remplir des bouteilles de sang et faites en cuire, mais, s'ils peuvent l'avaler, faites le leur prendre tel quel, cru, à la cuillère. Je vais vous donner une poudre qui vous permettra de le conserver bien aux frais, deux ou trois jours, il faut les remonter tout de suite, le temps presse. »

L'homme présenta ses bouteilles. « Je sais que vous allez tuer demain... Alors si ça ne vous ennuie pas, remplissez mes bouteilles de sang ; voilà la poudre pour mettre dedans. »

« Bien sûr, dit Marcel, on va vous remplir tout ça et on le mettra au frais ; et comme viande, qu'est-ce que vous voulez ? »

L'homme pâlit. « C'est que, dit-il, je n'ai pas beaucoup d'argent, je gagne très peu et nous sommes cinq à vivre sur un salaire de misère... Si mes petits en sont là, c'est parce que je n'ai pas les moyens de les nourrir comme il faudrait à leur âge... »

« Nom de Dieu ! dit Marcel, ça ne m'étonne pas ; je connais votre patron, c'est un radin, un rapiat qui est riche à pourrir ! Revenez demain soir, vos bouteilles seront pleines et il y aura avec un petit quelque chose pour requinquer votre marmaille. Ne vous inquiétez pas pour le paiement on s'arrangera toujours. »

L'homme balbutia quelques mots de remerciement et partit en essuyant furtivement ses yeux.

« Quel malheur ! dit Yvette ; sans argent il n'a pas osé venir plus tôt ; je vais m'en occuper moi de ses petits et de sa femme qui n'est pas en meilleur état. Demain je préparerai ce qu'il faut. »

Elle tint parole ; lorsque l'homme vint chercher ses bouteilles de sang, il emporta en plus un gros morceau de foie. Le lendemain, sans rien dire, elle prit un carré de cuisse et partit le porter à ces pauvres bougres.

L'homme s'appelait Gilbert ; je devais le revoir plus tard, après la guerre, il avait trouvé du travail à Saint Pierre et venait de temps en temps donner quelques journées chez Jeannot Lafourcade. Il ne me reconnut pas ; j'aimais autant, ça l'aurait peut-être gêné...

Mais tant que Marcel pratiqua l'abattage, il eut son paquet de viande et d'abats toutes les semaines. Ses enfants avaient tenu le coup, et dans les années cinquante et quelques, le fils aîné passait à vélo pour aller travailler à Langon ; c'était un beau gaillard blond, aux larges épaules. Le traitement au sang de bœuf et à l'entrecôte avait été une réussite...

RENCONTRES

Quelqu'un avait indiqué à Marcel un petit bois garni de rocailles où, paraît-il, les lapins pullulaient ; c'était assez loin, vers Sainte Foy. Marcel décida d'y aller.

La virée ne m'enchantait pas car il fallait faire un bout de chemin à vélo et après ce que m'avait dit le père Souan, je n'étais pas tellement chaud pour aller vadrouiller bien loin.

Mais Marcel était sûr de trouver l'endroit sans peine, m'assurant qu'il n'y avait aucun danger, le bout de route que nous devions emprunter étant en plein bois et pratiquement désert.

Nous partîmes donc, mais l'endroit se révélant moins giboyeux que prévu, Marcel décida de ne pas poursuivre la chasse plus avant et de rentrer chez nous.

Nous descendions assez vite une cote qu'en face de nous deux femmes emmitouflées gravissaient à pied.

Un cri : « C'est toi ! C'est toi ! »

Je sautai à terre. « Mes petites biches ! Mais d'où venez-vous ? »

Adrienne m'avait sauté au cou... « C'est toi ! »

Je fis aussi la bise à la copine, la petite Juliette qui habitait en haut de Caudrot et dont le mari qui avait eu le mauvais goût de se laisser capturer par les allemands croupissait dans un camp de prisonnier.

Pour se consoler d'une aussi longue absence, la petite Juliette fréquentait assidument le bal de la bergerie où elle trouvait toujours quelqu'un pour compatir à son triste sort.

« Je suis sur la cote, près de Royan, et je suis venu en permission chez un copain. »

Adrienne me regardait et hochait la tête, parfaitement éclairée sur ma véritable situation.

Je présentai Marcel et pendant qu'il frétillait avec la petite Juliette, Adrienne me tira à l' écart. « Je sais... Je sais que tu n'es pas à Royan, mais fais bien attention, ça fusille pour un oui ou un non ; n'oublies pas ce qui est arrivé Pierrot Gémin, ne te fais pas choper ou tu es foutu ! Tout le monde sait que tu as manqué le train... »

Je savais qu'Adrienne ne dirait rien.

Embrassade générale et chacun repartit de son coté ; lorsque nous arrivâmes à la maison Raphaël Souan était là et nous attendait, il n'y avait pas eu d'autres précisions sur le nombre et l'aspect des mouchards ; il était confiant.

« Bah, dit-il, ils sont probablement restés sur le Marmandais, mais il faut quand même veiller. »

Rien ne se passait et nous commencions doucement à reprendre confiance ; exception faite des habitués qui venaient le soir chercher de la viande, on n'entendait que le bruit du vent dans les grands chênes, ou l'aboiement d'un chien dans le lointain.

LA VENUE D'UNE FEMME SUSPECTE

Il y avait un carré de vigne en bordure de l'allée qui menait à la maison ; nous avions, le boiteux et moi, commencé à tailler lorsqu'une femme de vingt cinq à trente ans entra dans le rang et vint vers nous. Elle était vêtue sobrement, comme toutes les femmes des fermes environnantes.

« Pardon, jeunes gens, c'est aujourd'hui qu'on débite la viande ? »

« Ben oui, dit le boiteux, le plus gros est fait mais il en reste encore, vous pouvez y aller. »

« Merci, dit la femme, je vais y aller voir. »

Mais elle ne bougeait pas et nous regardait travailler. « Vous taillez bien la vigne, dit-elle, on dirait que vous n'avez jamais fait que ça... »

« Mais c'est le cas, madame, la vigne, les bêtes, c'est mon métier. » Tête baissée, le boiteux continuait, penché sur les pieds de vigne ; comme à l'habitude il était de bourre et taillait à grands coups de sécateur.

« Tu tailles trop long, Guy, on n'est pas dans les Charente, ici ! »

Ca ne rata pas, il prit la mouche et maugréa : « T'as qu'a t'le faire... Moi j'fous l'camp ! »

Je haussai les épaules et le regardait s'éloigner, trainant sa jambe atrophiée. La femme le regardait, elle aussi ; c'était un infirme qu'aucun bureau de recrutement n'aurait envoyé en Allemagne, et moi, j'étais un paysan du coin qui ne serait sûrement pas resté là s'il n'avait été parfaitement en règle.

En tout cas, ma façon de parler et de tailler la vigne prouvait que je n'étais ni un étudiant, ni un bureaucrate planqué dans la cambrousse.

La femme remonta vers l'allée.

« Vous n'allez pas chercher de la viande ? demandai-je. Suivez le boiteux, il va vous conduire. »

« Non, dit-elle, je reviendrai la semaine prochaine. »

C'était un comportement assez bizarre et je partis raconter l'affaire à Raphaël ; je lui décrivis la personne, en lui précisant bien que jusque là on ne l'avait jamais vue.

« Tu as peut-être vu juste, me dit-il, cette femme n'étant jamais venue, il est possible que ce soit une moucharde et elle ne reviendra pas. Tu as bien fait de venir, et surtout n'hésites pas à nous prévenir si tu vois quelque chose qui ne te parait pas clair. On nous a aussi alertés parce qu'un jeune inconnu est arrivé au bistrot, à Labarthe, il a dit qu'il cherchait un coin tranquille pour se planquer ; il est venu roder tout près d'ici et il a fait parler la pauvre vieille qui garde ses deux vaches sur le bord du chemin, mais quand on a voulu le coincer et voir ce qu'il avait dans le ventre, il avait foutu le camps. C'était peut-être un mouchard, lui aussi ! »

Il continua : « Il va falloir faire très attention et te tenir prêt à partir si la menace se précise ; nous tacherons de te planquer dans un secteur moins exposé, en dernière extrémité tu irais rejoindre les autres dans les bois. »

« Et vous ? » demandai-je.

Il sourit : « T'en fais pas pour nous, nous ne risquons rien ! »

Raphaël riait et avait l'air tout à fait sûr de lui ; peut-être avait-il raison, mais je connaissais la façon de faire des allemands et je savais que le ou les mouchards n'avaient pas du repartir les mains vides. Je les avais vus opérer aux « Grottes » ou dans les gares et je savais que, partant de leurs indications les allemands prépareraient quelque chose avec minutie et que rien ne serait laissé au hasard ; ces gens-là ne frappaient qu'à coup sûr...

Le mois de février venait de se terminer ; on ne parlait plus de mouchards, les Souan père et fils avaient retrouvé leur bel optimisme. Ils avaient tort, mais ils ne le savaient pas... Nous non plus d'ailleurs... !

La femme qui était venue nous voir dans la vigne était un agent redoutable au service des allemands ; elle devait participer activement peu de temps après à l'élimination et à l'extermination des groupes armés dans le secteur de Sauveterre. Elle fut arrêtée et fusillée par des maquisards qui l'avaient reconnue, quelque mois plus tard à Escassefort, dans le Lot-et-Garonne. Elle s'appelait Eliette Cumenal et était de Pellegrue...

Marcel et Gaston Barathe, prisonniers évadés et ayant tâté de l'allemand n'étaient pas, eux non plus, très tranquilles et se demandaient si le danger était vraiment passé. Barathe avait envoyé Georges, son réfractaire, chez des amis sûrs à une douzaine de kilomètres de là ; Yves, celui était planqué à coté avait pris le large lui aussi.

Raphaël m'avait dit qu'ils avaient aussi l'intention d'éloigner l'américain.

CHANGEMENT DE PLANQUE

Nous commencions, Jeannot et moi, à passer en revue toutes les éventualités lorsque le père Chavaneau nous arriva un matin avec sa carriole et la jument aveugle dont l'armée n'avait pas voulu. « Les gars, j'ai du nouveau... Je crois qu'on va trouver quelque chose pour vous du coté de Sauveterre, dans deux fermes voisines, c'est par nos cousins de Coimères qu'on a eu le tuyau, ce sont des amis à eux et ils y vont de temps en temps. Tenez vous prêts, Joseph viendra vous prévenir dès qu'il faudra partir. »

Je savais que j'allais regretter les Guérinet, la vie facile et très prés de la nature, la chasse au furet, l'abattage clandestin, l'amitié de Marcel, de Barathe, du père Guiraudon et de quelques autres.

Qu'allai-je trouver dans ma nouvelle planque, la sécurité ou d'autres alertes...

Pour Jeannot, c'était plutôt un soulagement ; les gens chez qui il était ne connaissaient que le travail ; il rentrait le soir complètement crevé, les mains abimées par les piquants d'ajoncs. Ca ne le dérangeait pas du tout de changer de « crémerie », d'après le père Chavaneau, ça n'allait pas trainer.

Marcel et Yvette préféraient aussi que je parte. « S'il y a une descente, me dit Marcel, je crois pouvoir m'en tirer ; nous sommes en place, recensés et parfaitement en règle, je peux montrer mes papiers d'identités et oublier mon livret militaire, quant à Guy, il est infirme, inapte et ne risque rien. Mais toi, si on te trouve ici et qu'on s'aperçoive que tes papiers sont faux, on nous ramasse tous ! »

Quelques jours passèrent et il me tardait de plus en plus de partir ; un matin, à la pointe du jour, nous fûmes réveillés par des coups frappés à la porte. J'enfilai mes vêtements à toute vitesse et m'apprêtais à sauter par la fenêtre qui donnait sur les bois ; Marcel alla vers la porte derrière laquelle on entendait un piétinement de mauvais augure et demanda : « Qui est là ? Que voulez vous ? »

Une voix de femme répondit : « Excusez moi d'arriver d'aussi bonne heure, mais j'amène notre vache au taureau, elle est en pleine crise, complètement folle et il faut en finir ! » dit-elle en riant.

Nous avions tous les nerfs tendus, nous nous attendions à tout autre chose... Avec soulagement nous joignîmes nos rires à celui de la femme.

Le boiteux alla chercher le taureau, un Normand de deux ans et demi ; il couvrit la vache à plusieurs reprises.

« C'est bon ! C'est bon ! » disait Marcel.

Le taureau rentra paisiblement à l'étable, la vache calmée, s'était mise à ruminer ; Yvette encaissait les cinq francs, prix de la saillie lorsque nous vîmes apparaître deux silhouettes au bout de l'allée.

C'était Joseph Chavaneau et son cousin de Coimères qui venaient nous communiquer les renseignements sur nos nouvelles planques. C'était dans le petit village de Puch, après Sauveterre ; nous devions nous y rendre le lendemain matin.

Il nous tardait de changer d'air ; nous avions le pressentiment que cette histoire de mouchards allait amener un déballage d'allemands et de miliciens, encore plus vaches que leurs maîtres.

Il fut décidé que Marcel irait prévenir les Souan et leur dire où j'allais ; entre temps, ils avaient aussi éloigné l'américain vers un lieu plus sûr.

Nos affaires emballées dans le sac à patates, pas de valise et surtout pas de valise dans un sac, c'était la règle ; pour gagner Sauveterre il nous fallait passer par les petits chemins de manière à ne rouler que très peu sur la grande route.

Marcel tint à nous accompagner. « De toute façon, me dit-il, si ça ne va pas et que ça se calme chez nous, tu t'en reviens... »

Je me retournai et regardai cette jolie petite vallée de la Vignague, la vieille église de Saint Exupéry dont les quelques maisons s'étiraient sur la crête, la grande bâtisse où logeaient les Barathe et tout au bout, à demi cachée par les arbres, la ferme des Souan.

Je redoutais le pire pour eux, ils étaient trop confiants et parlaient bien trop ; je souhaitais, sans trop y croire, que les mouchards n'aient rien trouvé et que ce petit pays si agréable continue à vivre en paix...

ARRIVEE A PUCH

Le sort était jeté ; Marcel, Jeannot et moi, prîmes la direction de Sauveterre que l'on contourna. La petite église de Puch au bord de la route, une grande allée bordée d'arbres, tels étaient nos repères.

La maison des métayers se trouvait tout au bout de l'allée précédant une superbe résidence, plutôt Manoir que Château... Un vaste parc, des arbres séculaires, des volailles partout.

Une jeune femme sortit de la maison. « Ah, vous voilà, dit-elle, j'appelle mon mari ! »

Le mari arriva ; c'était un homme qui n'était pas loin de la quarantaine, à l'air énergique et résolu.

Présentations, on fit vite connaissance ; il s'appelait Julien Lauzeille et sa femme Yvette, comme celle de Marcel, ils avaient deux enfants, une fillette de sept ans, Simone et un petit garçon d'un an et demi, René. Julien, comme beaucoup d'autres avait été fait prisonnier, mais malade il avait été rapatrié quelque mois après. Les Lauzeille étaient métayers et les propriétaires, monsieur et madame Thibaut, habitaient la superbe demeure tout à coté.

Julien Lauzeille vint avec nous accompagner Jeannot à sa nouvelle planque ; ce n'était pas très loin, c'était une très grosse ferme, à l'écart de la route et bien isolée au milieu d'un massif de chênes. Une profusion de volaille, des vaches, une mare aux canards abondamment peuplée... On voyait de suite que le plat du jour ne posait pas de problème !

Les propriétaires de ces lieux paradisiaques étaient la famille Cassat ; le père, la mère, leur fille de vingt-six ans dont le mari était prisonnier, son petit garçon âgé de cinq ans et deux jeunes commis d'une quinzaine d'années habitaient sur place.

Le père Cassat avait l'air d'un joyeux drille et d'un bon vivant, de toute évidence Jeannot était bien tombé... On le laissa dans la famille.

Marcel fut invité à manger avant de repartir, les deux hommes ayant été prisonniers tous les deux facilitait les choses ; Marcel leur expliqua les raisons de notre départ à Jeannot et à moi.

Les propriétaires, les Thibaut, n'avaient pas d'enfants, ils avaient avec eux leurs mères et une bonne d'une cinquantaine d'années assurait le service intérieur.

« C'est d'elle qu'il faut se méfier, dit Yvette Lauzeille, non pas parce qu'elle est mauvaise, mais elle a une langue... ! Alors nous avons dit que nous avions embauché un commis pour nous aider, personne au village ne trouvera ça bizarre avec le travail que nous avons, tous ici connaissent notre famille et il n'était pas question de vous faire passer pour un quelconque parent ou cousin, mais, si vous ne faites pas d'imprudences tout se passera bien. »

Marcel et Julien se racontaient mutuellement leur courte guerre et leur captivité ; l'ambiance était franche et bonne et je voyais que pour moi aussi, ça avait l'air de bien se présenter.

J'avais le cœur un peu serré en voyant s'éloigner Marcel, mais j'étais quand même soulagé car mon départ de chez eux supprimait un risque certain ; trop de personnes étaient au courant de l'activité des Souan et, je ne me faisais aucune illusion, tôt ou tard ça aller se gâter… Mais je savais aussi que je reviendrais souvent sur les bords de la Vignague.

NOUVELLE PLANQUE

Julien me fit faire le tour des bâtiments, me montra ses bœufs, sa jument ; la propriété était vaste, il y avait de la vigne, du blé, du maïs, des prés de fauche. Ils faisaient aussi de la culture légumière, pommes de terre, haricots et aussi des gesses, jusque là, je n'en avais jamais vu ; chez nous cette plante était tout à fait inconnue et c'était bien dommage car je devais très vite me rendre compte que c'était excellent.

Nous passâmes derrière les bâtiments. « Tu vois, me dit Julien, au bout de cette allée il ya un grand château qui appartient à des gens de Bordeaux ; on les voit peu, et ce qui y travaillent sont aussi des bordelais. Tu n'as rien à redouter d'eux, ils font leur boulot et ne s'occupent de personne.

« Par contre, il faudra te méfier de ceux là (il me montra une maison à coté de l'église), ce sont des suisses, la famille P—— ; des allemands viennent toutes les semaines chercher des œufs, du lait et de la volaille, ce sont toujours les mêmes et jusqu'à maintenant ils n'ont emmerdé personne. Si les P—— essaient de te questionner, répond évasivement et surtout ne t'approches pas des filles, ce sont des garces ! »

Je vis en effet les deux filles blondes comme les blés ; elles passèrent prés de nous en riant.

Julien maugréa et me tira par le bras. « Viens, je vais te montrer ton logement. »

Je disposais d'une chambre dans une petite maison vacante dans l'alignement des bâtiments ; je serais seul, tranquille, mais il y avait tout de même un « os », il n'y avait pas de sortie de secours par derrière. A moi d'ouvrir l'œil et de ne pas me laisser coincer.

Julien était un type sec et musclé, comme beaucoup de ceux qui avaient travaillé la terre depuis leur plus jeune âge et peiné pour gagner leur vie. Il me raconta qu'avant lui ses parents aussi avaient été métayers chez les Thibaud ; puis ils avaient acheté en plusieurs fois une petite propriété voisine qu'ils exploitaient avec leur plus jeune fils, prisonnier lui aussi.

« Ce n'était pas de chance pour eux, dis-je, deux fils et tous les deux prisonniers ! »

Julien se mit à rire. « Nous sommes trois, dit-il, et je ne suis que le second ;

mon frère aîné, Louis, a lui aussi été ramassé et en ce moment il est au tonnerre de Dieu, dans un camp, près de la Pologne. Alors j'aide à la fois mes parents et ma belle sœur, je vais de temps en temps lui donner un coup de main à Blasimon. »

« Où c'est Blasimon ? » demandai-je.

« A quelques kilomètres... Ce petit chemin nous y mène ; ma belle sœur exploite une ferme avant d'arriver au bourg. »

J'étais tout petit... Ma mère m'avait trainé à l'église un soir de la semaine sainte pour écouter le sermon d'un curé qui était venu tout exprès de sa lointaine paroisse de Blasimon porter la bonne parole. Je m'étais endormi tout de suite et n'avais rien entendu du prêche du curé... Mais j'avais retenu le nom du patelin, à cause du curé... Blasimon, le curé... Je ne savais pas encore que je ne les oublierai jamais...

Un monsieur en costume clair, cravaté, vint vers nous ; c'était monsieur Thibaud. « Alors Julien, voici donc ton nouveau commis ? »

« Oui monsieur, il est arrivé ce matin. »

Je m'approchai. « Bonjour monsieur, » dis-je.

« Bonjour jeune homme ; on vous appelle comment ? »

« Roland, monsieur. »

« Alors Roland, soyez le bienvenu chez nous ; ici il y a de quoi faire, le travail ne manque pas ! Tu sais, Julien, d'ici peu il va falloir préparer le potager ; ces dames veulent faire leur semis, il faudra étendre une bonne couche de fumier, labourer profond et passer le disque pour bien ameublir la terre. »

« Oui monsieur, quand vous voudrez, » dit Julien.

Je les priai de m'excuser, arguant du fait qu'il me fallait déballer mes affaires et les laissai discuter de leurs projets. Je revins vers la maison.

« Où est Julien ? » me demanda sa femme.

« Il est resté à parler avec monsieur Thibaud, une histoire de potager à préparer, je crois... »

« Si c'est pas malheureux ! Il va falloir aller encore leur faire le jardin et tout leur mettre en ordre... Il semble que ça leur est dû... ! Et on va y aller une fois de plus, comme de bons couillons, parce qu'on a toujours fait comme ça et qu'on ne discute pas les ordres de Monsieur ou de Madame ! Si ça ne tenait qu'à moi, je vous dis qu'ils pourraient se le gratter, leur jardin ! »

Je n'avais pas de commentaire à faire ; cela ne me regardait pas et je partis finir de m'installer dans ma nouvelle demeure.

Julien revint. « Demain matin, me dit-il, nous irons aider mon père à plier la vigne. »

Cela ne me dérangeait pas, bien au contraire, c'était mon métier, j'étais vigneron...

Le pépé Lauzeille avait largement dépassé les soixante-dix ans, mais l'homme était alerte et avait l'œil vif ; d'entrée il me regarda de travers et répondit à mon salut par un grognement bref. Il prit les paquets de vîmes sous son bras et nous partîmes tous les trois vers une parcelle de vigne que Julien me montra, pas très loin, en bordure des bois.

Le pépé Lauzeille s'adressa tout de suite à son fils, en gascon : « Mais où es tu allé chercher ce type ! On ne sait même pas d'où ça sort ! C'est sûrement un beau fainéant qui ne sait rien faire de ses dix doigts et est tout juste bon à se remplir le ventre à table ! Ca ne marchera pas, ça ne vaut rien ! A la première occasion fous-moi ça à la porte... ! »

Je me mis à rire, le vieux me regarda étonné : « Ne vous faites pas de mauvais sang, pauvre homme, commençai-je dans la même langue ; je suis un paysan comme vous et en ce moment mon père doit faire le même travail, il doit même rouspéter fort parce qu'il est tout seul ; nous avons de la vigne nous aussi, et s'il n'y avait pas ces foutus allemands, je ne serais sûrement pas ici, à Puch... Alors ne vous inquiétez pas, vous verrez, tout ira bien... »

Julien riait ; le vieux s'arrêta et me prit la main : « Excuses-moi, mon drôle, mais tu sais, ici, il faut faire attention et savoir à qui on parle... Il y a par là autour des nouveaux débarqués qui ne valent pas cher ; alors, les inconnus on s'en méfie ! Et toi, puisque tu es un paysan comme nous, il faudra que tu t'en méfies aussi. »

« C'est vrai, dit Julien, je te les montrerai. »

Lorsque nous fûmes au travail, les Lauzeille père et fils virent que je ne leur avais pas menti, je faisais aussi bien qu'eux, et aussi vite ; mais je pus me rendre compte que de leur coté, ils étaient de rudes travailleurs, habitués à ne pas perdre leur temps. On parla vigne, de la taille qui n'était pas tout à fait la même que chez nous ; tout en travaillant, le grand père me raconta que dans sa jeunesse il avait navigué comme matelot sur une gabarre.

Il connaissait bien la Garonne et le canal et se souvenait avoir, à plusieurs reprises fait escale à Langon et à Saint Macaire ; il y avait là un vaste sujet de conversation et le pépé était heureux d'avoir avec lui un compagnon qui connaissait la vie sur le fleuve et avec qui il pouvait évoquer ses souvenirs de jeunesse.

Le soir venu, j'avais gagné la confiance de tous et l'amitié du grand père.

Le travail et le mode de vie étaient à peu près les mêmes que chez nous ; seules l'étendue de la propriété et l'abondance des cultures céréalières ou légumières faisaient la différence.

J'étais chez des gens sérieux et travailleurs, exception faite des suisses, le voisinage assez clairsemé ne posait aucun problème particulier. La proximité de la route était effacée par les nombreux sentiers ou petits chemins qui permettaient d'aller d'un point à un autre sans mettre les pieds sur le goudron. La nourriture se composait bien évidemment de porc, de volaille et d'œufs, mais aussi de légumes et de succulents plats de gesses ou de haricots ; il s'en allait temps pour moi de changer de régime car la surabondance de viande rouge m'avait mis l'intestin dans un fichu état.

Jeannot vint me voir quelques jours après.

« Je suis bien tombé moi aussi, me dit-il ; ce sont de braves gens et ils n'ont pas l'air de manquer de grand-chose... Le père Cassat s'occupe de maquignonnage et part acheter du bétail à engraisser ; je suis avec les deux commis et on fait marcher le boulot. Il y a peu de cultures, mais beaucoup de bétail et une immensité de bois, quand j'ai dit au père Cassat que je savais tuer et découper, que toi aussi tu avais été dans le coup à ta dernière planque et qu'en plus tu avais appris à défaire et à préparer le ventre de veau, il a décidé d'en tuer un la semaine prochaine ; il doit te demander de venir me donner un coup de main. C'est un coin parfaitement tranquille, on ne parle ni de la résistance, ni du maquis ; j'ai fait parler les deux jeunes, ils ne savent rien, je crois qu'enfin on va être peinard. »

C'était vrai ; j'avais demandé à Julien si, lui qui connaissait tout le monde dans les environs, n'avait pas entendu parler de groupes armés planqués dans les alentours ; il m'avait regardé, étonné, et m'avait dit : « Tu sais, ici, nous avons toujours été en zone occupée, les soldats étaient à Sauveterre, mais les officiers logeaient au château et chez les Thibaud ; nous en avons vu de toutes les couleurs avec ces cons là... Crois-moi, s'il y a quelque chose d'anormal par là autour, quelqu'un l'aura vite vu ; même maintenant où il n'y a plus de boches ici, on se fait tout petits et on espère bien qu'il n'en viendra pas d'autres. Moi je les connais... J'ai failli claquer de faim et de misère chez eux avant d'être rapatrié, alors ils peuvent tous crever en Russie ! »

« Tu n'étais pas encore rentré, ajouta sa femme, il y avait un commandant qui avait sa chambre chez Thibaud, la plus belle bien sûr... Dans la petite pièce d'eau, là devant, il y avait des carpes et des poissons rouges, mais aussi une profession de grenouilles qu'on entendait toute la nuit et qui troublaient et dérangeaient le sommeil de l'officier.

« Un soir, on entendit des hurlements ; le commandant gueulait tant qu'il pouvait ; on entendit l'ordonnance passer en courant et balancer une grenade dans l'eau... Le lendemain, les poissons rouges, les carpes et les grenouilles jonchaient la pelouse à coté de la pièce d'eau à moitié vide. La nuit suivante l'officier dormit tranquille... Il n'y avait plus rien de vivant dans la pièce d'eau ! »

J'étais donc allé un soir donner un coup de main à Jeannot pour abattre et découper un gros veau chez les Cassat ; j'avais aussi préparé le ventre ; j'avais appris avec Marcel et je ne m'en tirais pas mal du tout. Tout le monde était content et l'on me garda à souper.

Bien évidemment, on parla et c'était d'autant plus intéressant que le père Cassat parcourait le pays en long et en large et n'avait jamais entendu dire que quelqu'un ait remarqué quoi que soit.

Je rentrai me coucher ; Jeannot avait raison, nous allions enfin être peinards...

PRESENCE DU MAQUIS

On sentait venir le printemps et les labours avaient commencé, partout on entendait le cri des bouviers encourageant les bêtes attelées par paires au brabant.

Le temps était beau et tout le monde en profitait ; ce soir-là je finissais de tirer les derniers tours de charrue avant que le soir ne tombe, lorsque Julien me dit : « Je pars devant avec les bœufs de mon père prendre la faucheuse et couper un chargement de luzerne ; quand tu auras fini, passes avec le tombereau et ramasses ce qui sera fauché. »

Je fis comme il avait dit ; au pas lent de la paire de bœufs, j'arrivai à la luzernière, la nuit était déjà là lorsque, le chargement terminé, je repartis vers la maison.

Soudain, je vis monter dans le ciel une fusée verte qui semblait avoir été tirée à quelques kilomètres vers l'est, au plus épais des bois. Il ne s'agissait sûrement pas d'allemands ; je ne connaissais pas encore bien le pays, mais le pépé m'avait décrit ces lieux boisés et désertiques comme le paradis des chercheurs de cèpes.

Je racontai la chose à Julien qui en fut tout surpris ; personne jusque là n'avait rien remarqué, mais il y avait sûrement quelque chose de nouveau.

Il pensa comme moi. Il n'y avait que deux éventualités : Ou c'était un couillon qui s'amusait avec un lance fusées récupéré pendant la débâcle, ou c'était un signal provenant d'un groupe armé installé depuis peu dans les grands bois. L'absence totale d'allemands à Sauveterre confortait cette dernière hypothèse.

Je décidai d'aller le dimanche matin faire un tour chez Marcel et je voulais aussi voir les Souan pour faire le point.

La confiance était revenue ; rien de fâcheux ne s'était produit.« Puisque tu es bien, me dit le père Souan, restes-y ; le principal est qu'on sache où te trouver, car au premier appel il faudra revenir de suite… Pour le moment il faut attendre. »

J'étais bien d'accord ; je ne parlai pas de la fusée verte et je repartis sans en savoir plus long… J'aimais autant…

VISITE AU PAYS

Nous avions projeté, Jeannot et moi d'aller faire une virée chez nous. Départ en fin d'après-midi de manière à arriver au pays la nuit tombée pour n'être vus de personne. Itinéraire par les chemins vicinaux de façon à rouler le moins longtemps possible sur la grande route.

Notre voyage se passa très bien ; pas de mauvaises rencontres, la nuit nous attrapa à Saint André du Bois, et à Pian personne ne remarqua notre passage.

Chez nous aussi le secteur était calme, la vigilance des allemands s'exerçant sur les ponts et la voie ferrée, la ligne de démarcation n'étant plus qu'un souvenir.

Rapide visite à ma vieille mémé, au Thuron ; je passai par les fonds de Gabot et ne rencontrai personne.

« Ca va bientôt finir, me dit-elle, ils reculent partout ; tu te rends compte, j'aurai vu trois guerres, en 1870 j'avais dix ans et j'étais à l'école au Château de Tardes... Il y avait aussi ta pauvre mémé Elia (ma grand-mère maternelle), et on nous donnait des sacs de chiffons blancs que nous devions défaire et mettre en charpie pour faire des pansements pour les blessés... Mais la guerre n'a pas duré. Et puis, il y a eu quatorze, et les morts, toute cette jeunesse décimée... »

J'aimais bien écouter ma vieille mémé ; elle se promenait dans le passé et racontait ses souvenirs avec une aisance et une lucidité qui me stupéfient encore aujourd'hui. Elle avait une mémoire extraordinaire qui lui permettait de restituer les anecdotes ou faits racontés par ses parents ou ses grands parents, elle déchiffrait et traduisait pour une de ses amies directrice de lycée, des documents ou parchemins en gascon. Je m'intéressais beaucoup à ce travail et je me félicite aujourd'hui d'avoir bénéficié de ses enseignements.

Pas d'imprudences... Personne ne s'aperçut de notre présence chez nous...

Mêmes processus pour le retour, départ juste avant l'aube ; le jour pointait quand nous passions à Saint André, les petits chemins que nous étions amenés à emprunter pour éviter la route étaient déserts.

UNE GRACIEUSE APPARITION

Nous venions de contourner Sauveterre et nous nous apprêtions à prendre la petite route qui menait à Blasimon qui nous faisait arriver à Puch par les derrières ; on coupait à angle droit par un petit chemin de traverse juste avant le hameau de Foncrose, c'était parfait. Donc, nous nous apprêtions à prendre la petite route en question ; nous avions mis pied à terre et nous avancions le vélo à la main, tout heureux de la réussite de notre petit voyage.

Une jeune fille surgit du chemin que nous allions prendre ; nous nous arrêtâmes tous les deux pour la regarder, c'était une fille superbe, elle venait vers nous « légère et court vêtue ».

Jeannot s'exclama : « Aah ! Je rêve... Pinces-moi, ce n'est pas possible, je dois rêver... ! »

« Mais non tu ne rêves pas ! Elle est vraie... Parlez-nous un peu mon enfant, rien qu'un tout petit peu pour qu'on puisse se rendre compte qu'on ne rêve pas ! »

La fille se marrait franchement en continuant sa route vers Sauveterre... On lui balança encore quelques compliments avant de repartir. Mais quel morceau... !

Je venais juste d'arriver quand Julien me dit : « C'est cet après-midi que nous allons faire le jardin chez les Thibaud ; on en aura jusqu'à ce soir. »

Epandage du fumier, labour au brabant, émiettage au disque, l'après-midi passa ; madame Thibaud et les deux mémés étaient venues surveiller les opérations et tiraient des plans pour répartir leurs plates bandes.

Le jardin fini, monsieur Thibaud dit à Julien : « Tu sais, il ya toujours ces deux charrettes de bois, sous le hangar ; il faudrait les poser et mettre le bois en tas, si tu veux, vous pourriez faire ça demain matin, de bonne heure. »

Julien était d'accord. « D'habitude, me dit-il, on déjeune là-bas ! »

LE REPAS CHEZ LES THIBAUD

Ce fut un sacré boulot de décharger et de mettre en tas bien régulier une bonne douzaine de stères de grosses bûches de chêne.

« Très bien, dit monsieur Thibaud ; bon travail ! Marthe prépare le déjeuner, aussitôt que ce sera prêt elle vous appellera. »

Un peu de mise en ordre, toilette rapide sous le robinet…

« A table ! » cria la bonne.

Je suivis Julien, Monsieur, Madame et leurs mamans étaient assis autour d'une grande table ronde, au milieu de la salle à manger ; une large porte à deux battants communiquait avec le vestibule.

« Venez, venez ici, » dit la bonne.

A coté de la cuisine il y avait un escalier de service qui menait je ne sais où ; Marthe s'avança sous l'escalier, rabattit un panneau pliant qui faisait office de table, disposa trois assiettes, autant de verres et une bouteille de vin, elle nous servit deux œufs à chacun et se contenta d'un.

« Tiens ! dis-je, c'est ici qu'on déjeune ? »

Marthe et Julien me regardèrent sans comprendre. « Et oui, dit la bonne d'un ton sec ; où voulez vous donc qu'on vous mette… Avec Monsieur et Madame peut-être ? »

La porte de la salle à manger était ouverte.

« Ma chère Marthe, dis-je, lorsque chez nous des journaliers ou des voisins obligeants viennent donner un bon coup de main, nous nous faisons un devoir et un plaisir de les recevoir à notre table ; mon père ne les envoie pas manger sous l'escalier… Tenez, je n'ai touché à rien, et je m'en vais déjeuner chez vous ! » dis-je à Julien.

J'avais parlé calmement, posément, sans un éclat de voix ; dans la salle à manger où l'on n'avait pas perdu une seule de mes paroles, régnait un silence absolu.

Le pauvre Julien, très gêné, balbutia quelques mots maladroits, la bonne, suffoquée, me fusillait du regard. Je m'en foutais pas mal…

Yvette était devant sa porte et me vit arriver seul. « Qu'est-ce qu'il y a ? » demanda-t-elle.

Je lui racontai l'incident.

« Ah, enfin… Vous avez bien fait de les moucher ! Il semble que c'est une grâce qu'ils vous font de vous faire manger deux œufs sous l'escalier avec cette vieille andouille de Marthe qui est là à leur lécher le cul du matin au soir... Vous n'avez pas remarqué qu'elle a une perruque ? »

« Non, dis-je, je n'ai pas fait attention. »

« Si, dit Yvette, elle en a même deux ; une pour la semaine, qui commence à se perdre le poil, et une autre toute frisottée pour aller à la messe le dimanche, et quand le curé de Sauveterre vient manger chez les Thibaud. Vous avez bien fait de leur donner une leçon ; lui encore ça peut aller, mais les trois femmes sont d'une avarice et d'une âpreté, je ne vous dit que ça ! Il faut les voir partager les patates et les haricots... On commence avec la grande mesure à blé, puis la petite ; après on prend un bol, et on finit à un pour chacun. C'est tout juste si on ne coupe pas la dernière patate et le dernier haricot en deux avec un couteau ! »

Le pauvre Julien revint, pas très fier. « Oh putain ! dit-il, ils t'on entendu... Tu y es allé quand même fort ! »

Sa femme lui tomba dessus : « Il a bien fait bon Dieu ! C'est comme ça qu'il faut les moucher ! Ca leur fait du bien, c'est très bien ! »

Je n'attendis pas la suite et filai vers l'étable, le pépé l'Auzeille arriva ; il y avait encore quelques tours de charrue à donner et je partis avec lui pour tirer les plans pour l'après-midi.

« LOU MARQUIS »

La mémé était dans sa cuisine et faisait bouillir des patates dans un grand pot de fonte. Elle était originaire de la Dordogne et ne parlait pas un traitre mot de français.

Elle m'attaqua en gascon : « Disets dounn ? Quis aco, aquet famus marquis qué hey parti fuseilles dé todes coulous denn lous boys, en bas dé Maouriac ? La bésille, la Valentine Boudeyron qué m'a dit « Aco lou marquis qué s'en ba sè truqua da plous Alémans ! »

Je traduis en français les paroles de la mémé : « Dites-donc ? Qui est ce fameux marquis qui fait partir des fusées de toutes les couleurs dans les bois, en bas de Mauriac ? La voisine, Valentine Boudeyron m'a dit que c'était le marquis qui allait se battre avec les allemands... Il faut qu'il en ait du courage ce monsieur pour aller se battre contre les allemands ! »

Ca y était ! C'était trop beau ! Il y avait donc bien un maquis armé pas très loin ; était-ce eux qui venaient chez nous se ravitailler en viande ? Claude le marin devait être des leurs ; probablement aussi le Grand Pierre qui avait toujours avec lui quelques hommes armés. Peut-être que tout ce monde s'était regroupé dans ce secteur, plus vaste et plus boisé que Saint Exupéry.

On verrait bien... Mais ces couillons-là feraient beaucoup mieux d'arrêter leur feu d'artifice ; ils étaient sans aucun doute déjà repérés et signalés, que d'imprudence, il suffisait de peu de chose pour que les allemands déclenchent une opération… Et alors…

Je ne pensais pas qu'il y ait dans ce groupe des militaires de métier, toutes ces imprudences le prouvaient ; il s'agissait probablement de réfractaires comme nous, ou de saboteurs recherchés et traqués qui avaient l'habitude de transiter chez Souan. Notre avantage, à Jeannot et à moi était dans le fait que nous connaissions à fond les allemands.

Dans le petit village, chacun racontait la sienne ; tout d'un coup la présence de ces hommes était devenue à la fois un sujet de conversation et d'inquiétude.

D'un coup de vélo je fis un saut chez Marcel ; les bords de la Vignague étaient magnifiques, tout verdoyait, les buissons étaient en fleurs, étalant par ci par là des taches de couleurs superbes.

J'étais arrivé à la mauvaise saison et je découvrais cet aspect printanier qui transformait et embellissait le paysage ; l'alerte des mouchards s'estompait, rien ne s'était produit et on n'en parlait plus.

Marcel, qui continuait à abattre une bête ou deux par semaine avec son copain Barathe, coupa une tranche de cuisse et me la tendit : « Tiens, pour que tu n'en perdes pas le goût ! » Il me raconta aussi qu'il avait vu les Souan qui lui avaient dit que le Grand Pierre avait renforcé et déplacé son groupe quelque part après Sauveterre.

C'était donc lui…! Je savais qu'il n'allait pas tarder à manifester sa présence. Je rentrai à Puch, toujours par les petits chemins.

ACCROCHAGE A SAUVETERRE

Deux jours après, on entendit des coups de fusil et de coutes rafales du coté de Sauveterre ; on eut rapidement l'explication.

Il y avait à l'entrée de la ville un entrepreneur de travaux agricoles, avec un matériel important ; on disait qu'il avait chez lui un stock de plusieurs centaines de litres d'essence, certains affirmaient qu'il en avait beaucoup plus.

Le Grand Pierre et sa troupe, ayant eu vent de la chose et jugé utile de « réquisitionner » le précieux carburant, ils étaient arrivés avec un camion et finissaient le chargement lorsqu'un petit détachement allemand fit irruption. La fusillade s'engagea aussitôt ; de part et d'autre les troupes étaient peu nombreuses ; une âme charitable ayant téléphoné, c'est un détachement de la Feldgendarmerie de Langon qui était intervenu. L'accrochage fut bref ; le camion démarra, protégé par le tir nourri des hommes du Grand Pierre ; on ne savait pas s'il y avait eu des morts, les deux cotés ayant ramassé les siens restés au tapis.

Un réfractaire, touché au ventre, livide, comprimait sa plaie avec les mains et essayait de rejoindre les autres.

Le bilan était facile à faire ; le Grand Pierre avait réussi son coup et avait de l'essence, mais son nom était sur toute les lèvres et les allemands savaient maintenant qu'une troupe armée sévissait autour de Sauveterre.

Tout ça laissait présager de folles réjouissances pour bientôt ; le soir, il y avait toujours quelqu'un qui regardait du coté des grands bois pour voir si une fusée allait monter...

Mais on ne voyait plus rien.

LE SALON DE COIFFURE

Nous allions nous faire couper les cheveux dans une maison bien cachée au fond du hameau de Foncroze ; c'était à peine à un kilomètre et c'était un bordelais, coiffeur de son métier et réfractaire lui aussi qui était venu se planquer chez ses grands parents maternels.

Il œuvrait sur place, ça rendait service à tout le monde et à nous en particulier pour qui l'air d'un salon de coiffure était plutôt malsain. Il s'appelait Jo Hidalgo, son père étant d'origine espagnole ; Jo était un brave type de vingt cinq ans environ et de surcroit exellent ouvrier.

Cela me changeait de Saint Exupéry où c'était Marcel qui coupait les cheveux à tout le monde ; ça donnait un résultat assez surprenant et original, les escaliers se croisant à tout les étages ; lui ne perdait pas au change, car, après c'était moi qui lui coupais les cheveux.

Un jour, le boiteux qui trouvait ma coupe à son goût se mit sur la chaise ; je lui fis une façon qui était un modèle de régularité, mais, comme il n'arrêtait jamais de vitupérer contre « ces'acrés d'salauds d'fainéants d'curés », je lui fis une magnifique tonsure comme à un jeune ecclésiastique fraichement ordonné.

Il était fou de rage ; tout le monde se marrait pendant qu'il hurlait tout ce qu'il savait d'injures dans son patois charentais. Il m'en voulut à mort, me fit la gueule quelque temps, puis les cheveux repoussant, ça se tassa.

J'aimais beaucoup aller chez les Hildalgo, Jo opérait dans une grande cuisine au sol de terre battue, avec une vaste cheminée en forme de hotte ; la crémaillère avec le pot de fonte, les landiers et deux petites chaises basses, face à face, directement sous la hotte. L'hiver, les vieux mangeaient là, le nez dans le feu... Au fond de la pièce il y avait un double rideau à grands carreaux blancs et bleus ; j'avais supposé qu'il y avait derrière un placard avec des étagères pour les pots de graisse ou de confits.

Un jour, un gémissement se fit entendre derrière le rideau.

« Ah ! dit quelqu'un, la mémé doit avoir besoin ! »

Une femme tira les larges pans d'étoffe ; un lit apparut avec une vieille grabataire gisant dans son jus, on s'affaira à torcher, laver, changer la pauvre vieille, puis on referma le double rideau. Dans la pièce flottait une odeur, mélange de pisse et d'eau de Cologne...

CHASSE AU FURET MOUVEMENTEE

J'avais rencontré chez Hidalgo un type qui, lui aussi était planqué un peu plus loin ; en parlant, il me dit qu'il avait un furet et des poches mais qu'il ne faisait pas grand-chose parce qu'il était tout seul.

« Je sais où sont les trous, personne n'y va et c'est plein de lapins ; à deux, on devrait se sucrer ! »

J'étais d'accord ; nous prîmes rendez vous pour le dimanche matin, à l'aube.

Il prit carrément la direction des grands bois. « Mais c'est par là qu'il y a le groupe » dis-je.

« C'est vrai, répondit-il ; mais on n'ira pas jusque là-bas, on va suivre le fond de la ravine, sous les rocailles ; c'est là que sont les lapins ! »

Il y avait en effet pas mal de terriers, tous très fréquentés ; manifestement les lapins pullulaient et la chasse s'annonçait bonne.

Nous avions commencé à boucher quelques trous peu commodes avec du bois et de la pierraille quand soudain une fusillade éclata un peu plus loin sur la hauteur ; nous nous étions arrêtés, inquiets, l'oreille tendue.

Tout d'un coup, le « tac tac » d'une mitrailleuse ou d'un fusil mitrailleur accompagné de coups de fusil se fit entendre à l'opposé, mais très prés de nous, les balles passaient juste au dessus de nos têtes et les branches cassées par les projectiles pleuvaient sur nous. Ce fut le signal d'une fuite éperdue, courbés en deux, trébuchant, nous étalant à tour de rôle dans le fond de la ravine.

Je ne revins jamais à la chasse au furet, le copain non plus d'ailleurs ; personne au village n'eut de détails sur l'accrochage, mais toujours est il que les allemands n'avaient pas laissé refroidir...

LE MAIRE DE PUCH

Mes faux papiers m'avaient fait naître en 1925, ce qui me rajeunissait de quatre ans ; jusque là, cette classe n'avait pas été recensée.

Un beau jour, le décret tomba, ordonnant à tous les jeunes gens nés en vingt cinq d'aller se faire recenser afin d'être munis d'une carte de travail. On savait ce que ça voulait dire...

Le problème pour moi se posait de la façon suivante : Ou je faisais le mort et me retrouvais doublement hors la loi sous mes deux identités, la vraie et la fausse, ou je jouais le jeu et allais me faire recenser afin d'être pourvu de cette carte de travail qui allait, en quelque sorte, officialiser ma fausse identité.

Le coup était jouable ; les Lauzeille pensaient comme moi et me dirent que je pouvais faire confiance au maire qui était un type bien.

Je partis donc voir le maire, un nommé Vergnolles qui avait une propriété assez importante et exploitait en même temps une petite scierie. Je n'y allais pas quatre chemins et expliquai clairement mon cas, Julien m'ayant assuré que je pouvais me fier à lui.

« Je sais qui vous êtes, vous et votre copain qui est chez Cassat ; je sais que vous êtes issus de bonnes familles, je me suis renseigné, c'est mon rôle de maire... Vous avez eu raison de venir, je vais vous recenser sous votre fausse identité et je vais vous établir la carte de travail correspondante ; de cette manière, si l'on vous contrôle, vous serez parfaitement en règle. »

Je le remerciai de son aide. « De toute façon, dis-je, si je suis encore appelé pour aller en Allemagne, il ne me restera plus qu'a aller rejoindre les autres, dans les bois... »

Il sursauta. « Malheureux ! s'écria-t'il ; vous ne savez pas dans quoi vous aller vous jeter ! Vous êtes un brave garçon, et s'il arrive un ordre d'appel venez me voir, je vous aiderai et vous trouverai une autre planque chez d'honnêtes gens... Mais ne partez jamais vous joindre à ces types... Ah non ! Pas avec eux ! »

Je le regardai sans comprendre.

Il avait pris sa tête dans ses mains et paraissait bouleversé. Il releva la tête et dit d'une voix toute changée en me regardant dans les yeux : « Ce sont des bandits, de véritables bandits ! Et mon fils est parti avec eux ! Mon propre fils avec cette bande... Au début, il n'y avait que quelques réfractaires comme vous et votre copain. Mais maintenant il est arrivé toute une pègre, attirée par le vol et les rapines... Ils écument la contrée, cherchant les fermes riches et isolées. Ils confisquent, réquisitionnent... Oh bien sûr, ils donnent des bons payables après la guerre ! Tu parles ! En même temps que les vivres, ils ramassent l'argent et les bijoux... Malheur à ceux qui protestent ou se rebiffent ; ils ont emmenés des gens avec eux et on ne les a pas revus. Ils se sont déjà battus entr'eux pour le partage du butin... Tout ça va finir bien mal ! Et mon fils est là-dedans ! Il faut me croire ! Je vous établirai d'autres faux papiers s'il le faut, mais surtout n'allez pas la bas ! »

Je le rassurai tout de suite ; bien évidemment je ne savais pas tout ça et il était hors de question pour moi d'aller faire de mauvais coups. Ce n'était ni dans les traditions ni dans les habitudes de ma famille ; je le remerciai, il venait de me rendre un grand service et j'aurais voulu moi aussi faire quelque chose pour lui. C'était un honnête homme, torturé par la conduite de son fils.

Il redoutait le pire et il avait raison... Un an plus tard, après le départ des allemands, son fils était arrêté pour l'assassinat d'un maquignon de Sauveterre nommé Lumeau, qu'il avait tué d'un coup de pistolet pour lui voler un magot de plusieurs millions. Pour ce crime, il fut condamné à vingt ans de travaux forcés.

J'allai voir Jeannot et lui racontai ce que j'avais appris ; il était inquiet lui aussi, il était devenu l'homme de confiance du père Cassat et il ne demandait qu'a rester là le plus longtemps possible.

Moi aussi d'ailleurs, bien que plus exposé que lui à cause des suisses et de la proximité de la route. Il avait fallu que le Grand Pierre et son équipe viennent faire les andouilles dans le secteur ; dès le premier jour où je l'avais vu chez les Souan il m'avait fait une drôle d'impression. Son comportement actuel ne me surprenait pas et n'avait rien de commun avec l'idéalisme pur et limpide des Souan père et fils.

NOUVEAU REPAS CHEZ LES THIBAUD

Monsieur Thibaud vint nous voir un soir où nous étions, Julien et moi, occupés à l'étable. « Bonsoir mes amis… »

« Bonsoir monsieur Thibaud, » répondîmes nous d'une seule voix.

« Voilà ce qui m'amène, dit-il, il y a tout un coté de la grange qui est encombré par un tas de choses qui sont à trier ; il y en a faire brûler, d'autres à monter au grenier, et le reste à mettre en tas, avec le bois de feu. Il y a pas mal de travail et à vous deux vous en aurez pour la matinée ; à midi vous resterez à dîner… »

Il se tourna vers moi, s'inclina légèrement. « Et vous mangerez à ma table… »

Je m'inclinai à mon tour d'une manière tout aussi aristocratique et acquiesçai d'un signe de tête.

Julien en était resté baba. « Ah bé merde ! Ne cessait-il de répéter ; il faut croire que la leçon de l'autre jour a porté… Ah bé merde ! Alors ça… ! »

Sa femme se marrait franchement. « Il me tarde d'être à demain pour voir comment ça s'est passé, dit-elle, parce que ça, personne ne l'a jamais vu… Aucun domestique ne s'est jamais assis à la table des Thibaud ! »

Le lendemain matin la grange fut nettoyée, le bois trié, diverses choses montées au grenier ; bref, à onze heures et demi tout était en place et la grange nette. Monsieur Thibaud était venu diriger les opérations, Madame intervenant de temps en temps Le temps de faire un peu de toilette, de passer des vêtements propres, et Marthe, la bonne, vint nous chercher.

Pour mettre son petit grain de sel. Elle me regardait de travers, moi le nouveau, admis à la table des maîtres, alors qu'elle qui rampait à leurs pieds depuis des années n'avait jamais connu un tel honneur.

La salle à manger était très belle, d'un style sobre et cossu ; des tentures et des tapisseries de belle facture, des tableaux, des portraits d'ancêtres dans de gros cadres dorés patinés par le temps.

Les deux mémés occupaient déjà leur place habituelle, Monsieur prit la sienne, Madame nous fit asseoir et pria Marthe d'apporter le potage. La conversation s'engagea ; Monsieur et Madame commencèrent à me questionner tout doucement mais pas plus qu'il ne convenait à des gens bien éduqués, sur mes origines.

« Je suis de Hure, dis-je, et ma famille a souvent résidé dans le Réolais ; cela serait un peu long et sans aucun intérêt de parler de mes pérégrinations, mais je suis heureux de me trouver ici, à Puch, où je suis en compagnie de gens tout à fait charmant... »

On commença à parler de la guerre, du maquis ; fort de ce que m'avait dit le maire, je développai ma pensée en disant qu'il fallait être très prudents qu'on ne savait pas trop ce qui se passait et que l'on commençait à entendre raconter par ci, par là de bien vilaine histoires. Ma façon de raisonner leur plut ; on philosopha un peu...

La conversation glissa sur la littérature, monsieur et madame Thibaud lisaient beaucoup, moi aussi j'avais pas mal lu pour essayer de combler en partie le vide laissé par une instruction rudimentaire. J'avais dévoré de nombreux livres prêtés par des amis érudits ; il y avait aussi chez mes grands parents une quantité de vieux bouquins tants historiques que philosophiques dont la lecture m'avait passionné.

A la fin du repas la conversation était devenue un papotage presque mondain, mâtiné de dissertations se voulant de « haut niveau », pour la plus grande joie des deux mémés ravies d'avoir à leur table un commensal à la langue aussi bien pendue...

Le pauvre Julien n'avait pas soufflé mot ; gêné, mal à l'aise dans toutes les positions, il lui tardait de foutre le camp.

Nous prîmes congé... J'étais en verve et trouvai les mots qu'il fallait pour remercier les Thibaud de leur accueil.

Le lendemain monsieur Thibaud me fit les honneurs de son petit domaine personnel ; son atelier de bricoleur, son garage où sa voiture, une grosse limousine attendait sur cales des jours meilleurs.

« Ah bé merde ! » répétait Julien...

MAQUISARD EN FUITE

Je retrouvai Jeannot une fois de plus dans le petit chemin creux qui débouchait entre les deux propriétés ; il nous arrivait presque chaque jour de nous rencontrer dans cet endroit pour parler un peu plus librement de nos problèmes.

Nous étions en train de discuter tranquillement lorsque les buissons s'écartèrent et un jeune homme apparut. Pas très grand, seize ou dix sept ans à peu près, il était vêtu d'un pantalon de l'armée et d'un blouson kaki ; un ceinturon et un béret sale complétaient l'ensemble.

« Pardon messieurs, par où faut-il que je passe pour attraper la route de Frontenac, je vous prie ?... » Il hésita, et demanda : « Euh... Dites, il... Il n'y a pas d'allemands dans le coin, par là autour ? »

« Oh non, lui dit Jeannot ; s'il y en avait, tu ne nous aurais pas trouvés là ! »

« Pourquoi demandes-tu ça, dis je, tu as foutu le camp du maquis ou quoi ? »

Il déballa, les yeux pleins de larmes : « Les allemands nous sont tombés dessus, derrière les bois de Soussac ; il y a eu des morts, mon frère, blessé a été pris, moi je me suis échappé, j'en ai marre, je n'ai pas envie de me faire prendre ou d'y laisser ma peau. Je rentre chez moi, à Verdelais. » Il tremblait encore et avait du avoir une sacrée trouille.

« Malheureux, dis-je, tu vas allonger beaucoup en passant par Frontenac ; tire tout droit dans cette direction en évitant Sauveterre et tu arriveras plus vite chez toi. Prends ce chemin, et après l'église tiens toi au large, mais suis la route de Langon. »

Il hésita un court instant, puis nous serra la main et s'en fut ; deux minutes après il revenait ventre à terre, les yeux exorbités. « Les allemands ! Ils... Ils sont là... Sur le bord du chemin... En face de l'église... Vite, vite... Il faut foutre le camp ! »

La surprise passée, on s'employa à rassurer le pauvre garçon : « Mais non, ce sont des habitués qui viennent chercher de quoi bouffer à la ferme à coté, chez des suisses ; tu n'as qu'a passer par derrière, tiens, par ici. »

Je montrai la direction, il s'écria : « Non ! Non ! Je préfère passer par Frontenac, j'ai fait la route plusieurs fois, à vélo. Je saurai me démerder ! »

On l'aiguilla dans la direction demandée et il partit à travers champs. Arriva-t-il à Verdelais ? Ni Jeannot ni moi n'en avons jamais rien su...

LES SUISSES

Au début, ça m'avait aussi un peu paniqué de me trouver nez à nez avec une voiture et deux ou trois allemands.

La première fois, je rentrais du travail avec le pépé ; nous marchions cote à cote, l'outil sur l'épaule et nous parlions en gascon ; le suisse nous entendait et pouvait se rendre compte que j'étais un paysan du cru. Il m'avait aussi vu labourer, faucher, mener les bœufs sans aucune difficulté ; il devait bien moucharder un peu, mais c'était plutôt un lécheur et un margoulin qui trafiquait avec les allemands. Je les avais vus lui porter de la camelote mais je n'ai jamais su ce qu'il lui donnait en échange de sa volaille. Du tabac ou des cigarettes peut-être ?

Sa nationalité et la pratique de la langue germanique le mettaient à l'abri des emmerdements ; du coté allemand, bien sûr car du coté français ça n'allait pas tarder à se gâter.

Après les deux filles blondes il y avait deux ou trois autres enfants plus jeunes et un commis de vingt cinq ans environ, suisse lui aussi.

Nous nous étions rencontrés à la limite de deux champs voisins pendant que les bêtes se reposaient un peu ; il s'était approché et avait essayé d'engager la conversation, c'était un type rougeaud, trapu, aux cheveux blonds filasse, il ne parlait pas très bien le français.

Je ne le refroidis pas, bien au contraire, mais je tentai de me faire comprendre de lui dans un charabia mi-gascon, mi-français ; il en eut vite marre et repartit à son boulot. Il parait qu'il était amoureux de l'une des filles et que ma venue l'avait inquiété.

Il pouvait dormir tranquille ; bien que les deux filles soient très jolies, je n'avais pas du tout l'intention de m'en approcher.

Depuis longtemps les Lauzeille ne saluaient plus les suisses...

Il y avait aussi dans le bâtiment où se trouvait ma chambre un deuxième logement, à l'opposé, sur le derrière ; il était occupé par une femme d'une trentaine d'années dont le mari était prisonnier. Elle venait souvent nous voir, complètement désœuvrée, traînant avec elle ses trois enfants ; Julien réfrénait, non sans peine, une envie folle de la foutre à la porte.

« C'est une salope, me dit-il, son dernier enfant c'est un allemand qui le lui a fait ; c'était une procession chez elle, entre son plumard et la baraque des suisses, ils rappliquaient comme des mouches. On ne pouvait plus foutre le nez dehors sans tomber sur un boche ! Fais attention, maintenant qu'elle est en « chômage », elle va essayer de te gaffer... »

Je riais, mais il avait raison ; elle était déjà venue me relancer à plusieurs reprises devant ma chambre et je ne savais pas trop comment m'en débarrasser ; je ne voulais pas la brusquer car elle était gentille, mais en même temps dangereuse, de plus, elle était au mieux avec les suisses qui ne manquaient sans doute pas de lui tirer les vers du nez.

Ses visites devenaient de plus en plus fréquentes, un jour, elle se pointa et s'accouda à ma fenêtre ; j'étais en train d'écrire. « Ah ! Je vous y prends ! Lettre d'amour ? »

« Eh oui, dis-je, lettre d'amour... Il me tarde d'aller la voir... »

« Et où est-elle, comment elle s'appelle ? »

Je lui décochai mon plus beau sourire. « Ca ma jolie, c'est le secret du monsieur... »

Elle comprit et n'insista pas, je fus toujours gentil avec elle, copain copain, sans dépasser certaines limites ; pour avoir reçu les confidences de S—— et de certaines de ses copines, je savais comment il fallait se comporter avec ce genre de femmes qui devenaient dangereuses que lorsqu'elles étaient amoureuses et jalouses. Elle se prénommait O—— et faisait partie du petit groupe d'habitants du village qui était devenu le mien.

Après les suisses il y avait une famille d'italiens, les Frittigotto dont le nombre d'enfants dépassait la dizaine ; c'était de braves gens, francs et démonstratifs, rudes travailleurs et amis de tout le monde.

Les Veyri habitaient à coté de chez nous et étaient très liés avec les Lauzeille ; l'entraide pour les gros travaux était de règle, de même qu'avec Boudeyron le cantonnier. C'est par les Veyri que j'avais des informations sur la guerre, car il n'y avait pas de radio chez nous.

GERBAUD LE SACRISTAIN

J'avais aussi remarqué un personnage d'une soixantaine d'années, sale et hirsute qui habitait une petite maison juste en face de l'église, de l'autre coté de la route. Il me rappelait Rochet ; il vivait de châtaignes, de champignons, donnant de temps en temps un coup de main aux uns ou au autres, il faisait le sonneur de cloche, entretenait le cimetière et devenait fossoyeur chaque fois que l'un des quelques vieux du village jugeait avoir assez vécu.

Il s'appelait Gerbaud ; sa vieille mère était morte et il vivait en solitaire dans son gourbi, je l'avais croisé à plusieurs reprises ; il parlait peu et je n'eus pas le temps de faire plus ample connaissance avec lui.

Un matin, la cloche ne sonna pas.

« Tiens, dit André Veyri, Gerbaud ne sonne pas ce matin ; il n'a jamais oublié… Ou il est malade, ou il est mort ! »

On alla chercher le maire et on força la porte ; le pauvre Gerbaud était bien mort… Le maire se chargea de prévenir le curé de Sauveterre et de s'entendre avec lui pour donner à ce pauvre bougre des obsèques religieuses et décentes. Julien et Veyri creusèrent la fosse, l'enterrement devant avoir lieu le lendemain.

VEILLEE FUNEBRE

On avait installé le mort dans une petite chambre, à coté de la cuisine, sur un vieux lit ; la coutume voulait que le mort soit veillé toute la nuit par les femmes du voisinage qui, de temps en temps disaient des prières en égrenant leur chapelet.

Les femmes arrivèrent après le repas du soir ; le premier travail fut de fermer la porte de communication avec la chambre mortuaire. Il y avait Yvette, la mère Frittigotto, la femme d'André Veyri, la fille Cassat et deux ou trois autres ; on égrena bien un peu les chapelets en marmottant un petit bout de prière, puis la conversation s'engagea.

Madame Veyri alla chercher du café et des tasses, et on papota pour meubler le temps ; ça papotait même dur quand, sur le coup de minuit un petit bruit se fit entendre dans la chambre. Tout le monde se tut...

« Qu'es aco ? » demanda une vieille avec un peu d'inquiétude.

On entendait plus rien ; les femmes reprirent leur conversation, mais quand même pas très à l'aise...

Un deuxième bruit, plus fort et plus long que le précèdent les glaça sur place.

« On... On dirait qu'il remue ! » dit l'une.

« C'est vrai, bafouilla une autre, on dirait même qu'il s'est tourné... »

La frousse s'était emparée de l'assistance ; elles étaient toutes debout, l'oreille tendue, les yeux fixés sur la porte de la chambre.

Tout d'un coup, une sorte de long gémissement lugubre suivi d'un grand bruit et quelque chose qui secouait la porte furent le signal d'une fuite générale et de hurlements d'épouvante.

« André ! André ! criait la mère Veyri, lèves-toi ! Vite... Vite ! »

Veyri fit entrer tout le monde et partit voir ce qui se passait. Le lit vétuste, haut perché et vermoulu sur lequel on avait étendu le pauvre Gerbaud s'était écroulé sous le poids de son dernier occupant ; le tout avait heurté et secoué la porte...

Lorsque André revint et rapporta l'explication du mystérieux vacarme, ce fut une franche rigolade ; mais aucune des femmes ne parla de reprendre la veillée funèbre, elle se termina chez Veyri avec des petits verres...

On enterra Gerbaud et ce fût le deuxième fils des Frittigotto, Mario, qui devint sonneur de cloche ; j'allai avec lui plusieurs fois, pour le plaisir de tirer sur la corde...

« L'AMIRAL » LAUGE

Un incident se produisit qui m'obligea à déménager, pour peu de temps il est vrai ; mais je crus bien que ma planque était éventée et que je ne reviendrais jamais à Puch.

Quelques années avant la guerre il était arrivé à Saint Macaire un employé de banque du nom de Laugé qui avait occupé, en trente neuf, le logement de l'ancienne boulangerie Boirac, laissé vacant par le départ du gérant pour la guerre. Il vivait là avec sa femme et ses enfants, et bien qu'il soit discret et aimable avec le voisinage, on savait qu'il était un partisan convaincu de la politique de collaboration avec l'Allemagne. C'était surtout un fervent admirateur de l'amiral Darlan qu'il ne manquait pas d'évoquer chaque fois que l'occasion se présentait.

A Saint Macaire, Laugé était devenu « l'Amiral » ; je n'ai jamais entendu dire qu'il ait menacé ou dénoncé quelqu'un, mais on se méfiait de lui, et la famille Laugé était un peu tenue à l'écart.

Moi, je le connaissais ; la boulangerie se trouvant presque en face du chemin de Tivoli, sa femme n'avait qu'une centaine de mètres à faire pour venir chez ma grand-mère porter ou chercher des affaires à tricoter. Je la voyais souvent, son mari l'accompagnait parfois et à plusieurs reprises nous avions parlé de choses et d'autres, sans pousser bien loin. En dehors de ça, bonjour et bonsoir et c'était tout.

Je sortais de chez le pépé Vauzelle quand je me trouvai nez à nez avec Laugé ; il venait de faire sa tournée de démarcheur et regagnait Saint Macaire. Incontestablement il me reconnut ; je marquai le coup moi aussi ; il ne dit rien et continua son chemin, lorsque j'arrivai chez Julien la bicyclette de Laugé était appuyée à un arbre devant chez Thibaud.

Je racontai ma mésaventure ; Yvette me dit : « Nous ne savions pas qu'il était de Saint Macaire, il vient souvent car c'est lui qui s'occupe de l'argent des Thibaud ; c'est même surprenant que vous ne vous soyez pas rencontrés plus tôt ! »

Si Laugé me dénonçait nous allions avoir de la visite sous peu ; ça n'allait pas surement pas traîner.

« Si on me demande quelque chose, gendarmes ou autres, je dirai que tu as foutu le camp sans rien dire en emportant tes affaires. »

Je fis rapidement mon baluchon et filai chez Marcel.

« Tu as bien fait, me dit-il, rien ne bouge dans le coin, mais par précaution on a laissé l'américain au large ; il vient de temps en temps, je l'ai vu encore hier. Georges est toujours dans sa nouvelle planque et parle d'y rester ; en tout cas demain matin on file à la chasse au furet et on s'arrêtera chez Souan. Après demain on a un bœuf à tuer ; tu vois, tu auras vite repris tes anciennes habitudes ! »

Je poussai jusque chez Sobole donner des nouvelles de Jeannot ; je les trouvais beaucoup moins rassurés que Marcel.

Le père, Pierre, me prit à part : « Tu comprends, me dit-il, je suis né tout près d'ici et je connais tout le monde à Morizès, Gironde et les environs ; les gens ont peur, le capitaine Olivier qui commande la gendarmerie de La Réole est un salaud et un collabo. C'est un ami des allemands et il les informe de ce qui se passe ; tu te souviens du gendarme Blanchet qui vient de temps en temps pour la viande, il ne va pas tarder à foutre le camp, ils sont deux ou trois qui se sentent menacés... Quant au capitaine, il lui suffit d'écouter pour être renseigné... On parle trop ! »

Il avait raison, rares étaient ceux qui savaient se taire ; il me tardait d'aller chez les Souan pour faire le point, au cas où je ne pourrais pas non plus rester chez Marcel.

Le lendemain, avant l'aube, nous étions déjà aplatis sous les rochers qui dominent le lit étroit de la Vignague, il y avait des lapins partout, à dix prises on arrêta et on monta jusqu'à la ferme des Souan.

LIEUTENANT « MAX »

Raphaël et sa femme étaient partis au travail mais les parents étaient là ; je racontai mon séjour à Puch et la mauvaise rencontre qui m'avait fait revenir, je parlai aussi de ce que les gens du pays pensaient de la conduite du Grand Pierre et de son équipe.

« C'est vrai, me dit-il, ils ont fait quelques conneries, il leur était arrivé une bande de bons à rien mais ils s'en sont débarrassés et le Grand Pierre partage maintenant le commandement avec le Lieutenant Max ; il a remis de l'ordre et repris les choses en main. De toute façon, lorsque tu les rejoindras tu seras en pays de connaissance... »

« Ah bon » dis-je, quelque peu interloqué...

Il sourit, et me dit en détachant les mots : « Parce que Max, le Lieutenant Max, n'est autre que ton copain Maxime Lafourcade ! »

En vérité cela ne me surprenait pas beaucoup ; Maxime était un garçon débordant de vitalité ; franc, passionné et démonstratif, aux coups de gueule retentissants, prompt à foncer dans n'importe quelle lutte sportive ou politique. Son frère Jeannot était différent ; calme et froid, calculateur, il pesait toujours soigneusement le pour et le contre avant d'agir. Au demeurant, ils étaient tous les deux d'excellents camarades et le petit bistrot tenu par leur mère à Saint Pierre était pour nous une halte coutumière.

Tout de même intrigué, je demandai au père Souan : « Mais alors, sa femme Paulette et les petites, où sont-elles ? »

Ma question le surprit... « Ma foi, dit-il, il n'en est pas très loin et doit bien aller les voir... Je ne sais pas... »

Il ne croyait plus à une descente d'allemands ou de miliciens : « Ils sont trop emmerdés en Russie pour venir s'occuper des bords de la Vignague ; ce que l'on risque, c'est d'avoir des contrôles d'identité dans les bistrots et les cinémas à La Réole ou dans les communes des environs, par les gendarmes ou la Milice de Vichy ; de toute façon nous serons prévenus ! »

Il riait franchement et avait confiance... Fasse le ciel qu'il ait raison...

Nous reprîmes le chemin de la maison.

Je retrouvais sans peine les gestes habituels pour préparer l'abattage ; le coup de masse me fut réservé, je prouvai que je n'avais pas perdu la main et le bœuf s'abattit au premier coup... La suite était du grand classique ; peler, découper, préparer la vente pour le lendemain. Les larges tranches de foie cuites à la graisse d'oie, « l'araignée » sur le grill, les meilleurs morceaux étaient toujours pour nous ; la femme et les enfants de Barathe étaient venus comme à l'habitude, le souper se prolongea très tard et nous passâmes tous une bonne soirée.

Je donnais un coup de main à rentrer du bois, sortir le fumier de l'étable ; ça, c'était du boulot ! Les bêtes étaient sur une fosse de soixante centimètres au dessous du niveau du sol ; tous les jours, avec la nouvelle litière l'épaisseur du fumier montait.

Il fallait un an, du printemps au printemps pour que la couche de fumier dépasse le mètre ; l'hiver les matières en fermentation tenaient chaud aux bêtes et on attendait toujours le printemps pour effectuer cet enlèvement de plusieurs dizaines de mètres cubes. C'était une rude corvée et mon aide arrivait à point.

J'étais content d'être là ; la semaine passa très vite mais je ne me sentais pas pour autant en sécurité, j'avais vu l'ami Guiraudon qui, lui aussi, m'avait fait part de ses craintes.

Dix jours s'étaient écoulés, je fis un saut jusqu'à Puch. Julien était content de m'annoncer que rien ne s'était passé : « Tu peux revenir, me dit-il, si le banquier t'avait dénoncé les gendarmes seraient déjà venus, arrives quand tu voudras. »

Le lendemain j'étais de nouveau à Puch.

J'allai raconter mon bref séjour à Jeannot et lui révélai la présence en tant que chef de Maxime Lafourcade au maquis du Grand Pierre.

« S'il sait que nous sommes là il ne va pas tarder à venir nous embaucher ; moi, ça ne m'enchante pas, je suis très bien chez les Cassat. »

C'était vrai ; c'était une grosse exploitation où rien ne manquait, de plus la ferme était loin de la route et bien cachée au milieu des arbres ; Jeannot était bien à l'abri et pouvait attendre les événements.

LA « BAYSSELANCE »

Quelques jours après, pourtant, notre sécurité à tous les deux fut à nouveau remise en cause ; nous nous étions retrouvés une fois de plus dans le petit chemin creux pour faire le point. Nous étions en train de discuter lorsqu'une femme vint vers nous ; je l'avais déjà vue lorsque, avec le pépé Lauzeille, nous étions entrés dans les bois qui sont de part et d'autre de la route au nord de Puch.

Le pépé m'avait raconté son histoire ; son nom de famille était Baysselance, son prénom, peu de personnes le connaissaient ; elle était « La Baysselance », qui passait sa vie dans les bois, coupant de la bruyère pour les uns ou pour les autres.

Elle trainait avec elle un carré de tôle qui servait de toit à la hutte qu'elle construisait chaque fois qu'elle entamait une nouvelle coupe dans un coin différent. Un ou deux poêlons, des pièges, un grill, quelques autres bricoles, elle vivait de gibier, de châtaignes et de champignons.

On restait des mois sans la voir et un jour elle débarquait dans une ferme : « J'ai fini la coupe, disait-elle, je viens me faire payer. »

En possession de son argent, elle partait à Sauveterre faire quelques achats ; elle n'avait pas d'âge, son visage buriné et crasseux, les loques dont elle était vêtue et surtout l'odeur qui émanait du personnage n'incitait pas à une longue fréquentation.

Elle venait vers nous, un gros pain sous le bras.

« Elle a mangé avec nous à midi, me dit Jeannot ; le père Cassat lui avait donné un grand carré de bruyère à couper, elle est arrivée ce matin, a pris son pognon et a filé à Sauveterre ; elle est revenue avec sa miche de pain, ils l'ont gardée à bouffer et elle était à coté de moi... Putain qu'elle pue ! C'est une infection, il me tardait de foutre le camp ! »

« La Baysselance » s'arrêta à notre hauteur et commença tout de suite à nous engueuler en gascon ; manifestement elle avait bu... « Et en voilà encore deux ! Et d'où ça sort tout ça ! Foutez le camp ! Ce n'est pas chez vous ici, vous venez emmerder tout le monde, bande de fainéants ! »

Je l'envoyai paître bien gentiment dans la même langue, lui conseillant en outre d'aller se laver.

Elle partit vers les bois en colère, rouspétant et se retournant de temps en temps pour nous lancer une injure. Elle quitta le petit chemin et disparut.

Une semaine après, j'étais dans une pièce de vigne avec Julien, c'était au bord de la route, juste avant les grands bois qui s'étendaient jusqu'à Rauzan. Deux gendarmes passèrent à vélo puis pénétrèrent dans l'épaisseur des bois, à quelques centaines de mètres ; d'autres gendarmes, puis la voiture de la gendarmerie de La Réole, tout ce monde pénétrant dans la forêt par le même chemin. Le maire Vergnolles passa lui aussi et rejoignit les gendarmes.

« Hop ! me dit Julien, ne restes pas là, rentre à la maison par les champs ; il y a quelque chose d'anormal, je vais tacher de savoir ce qui se passe. »

Nous fûmes vite renseignés ; un coupeur de bois avait trouvé le cadavre de « La Baysselance » dans un sentier ; elle était morte depuis plusieurs jours, sa miche de pain intacte à coté d'elle ; elle avait été tuée de plusieurs coups de pistolet et puait toujours, mais cette fois la crasse n'y était pour rien...

Le maire vint chez nous et me recommanda de ne pas me montrer ; il nous parla de l'enquête et nous apprit que les gendarmes avaient trouvé les traces d'un groupe d'hommes non loin de l'endroit où travaillait la pauvre femme.

On supposait qu'à la suite des accrochages qui avaient eu lieu entre Mauriac et Soussac, le maquis avait émigré et que les hommes étaient venus se réfugier dans cette immensité boisée. « La Baysselance » était très excitée lorsqu'elle nous avait quittés ; elle avait dû les rencontrer et les injurier. Ils l'avaient tuée...

Le maire et les gendarmes de Sauveterre n'avaient pas l'intention de pousser l'enquête plus avant ; mais le capitaine Olivier, de La Réole, n'avait pas le même point de vue, il dit au maire qu'il savait que des réfractaires étaient planqués dans les fermes des alentours, qu'il voulait les noms de tous les jeunes de la commune et qu'il allait s'occuper de faire le tri.

Le maire, et pour cause, se défendit comme un beau diable ; il expliqua au capitaine qu'il connaissait tous les jeunes de sa commune, qu'ils étaient en tous recensés et parfaitement en règle et qu'il se portait garant de leur honnêteté.

Les gendarmes de Sauveterre affirmèrent à leur tour qu'eux aussi contrôlaient sévèrement les nouveaux arrivants ; ils finirent par calmer le capitaine Olivier et l'affaire fut enterrée avec la victime.

Bien évidemment, le groupe armé avait évacué le secteur...

Je commençais à m'inquiéter ; j'étais beaucoup plus mal placé que Jeannot que personne ne connaissait.

Depuis cette affaire il me semblait que les suisses me regardaient d'un drôle d'air et le commis était revenu à la charge avec ses questions ; peut-être ces gens là nous avait-il vus parler à « La Baysselance », c'était possible, et nous étions les derniers à l'avoir vue vivante, avant ceux qui l'avaient tuée.

Plus que jamais la prudence était de règle...

LE TRAVAIL DANS LES BOIS

Le temps était magnifique ; un vent de nord est, bien établi, balayait les nuages, du matin au soir on entendait les « Hay ! Hay ! » des laboureurs qui profitaient du beau temps pour retourner les terres.

La belle sœur de Julien, celle qui était à Blasimon, vint lui demander de l'aider à renter la bruyère qui servait à la litière du bétail ; il y en avait une assez grosse quantité et Julien décida que nous irions avec les deux attelages. Je devais remplacer le pépé et prendre ses bœufs.

Nous partîmes le lendemain à la pointe du jour, je suivais Julien et nous nous étions enfoncés dans les bois en prenant une piste qui serpentait entre les arbres ; nous avions traversé la route de Sauveterre à Castillon, plongé dans les bas-fonds où nous avancions dans une sorte de pénombre. Les bois s'épaississaient toujours et arrêtaient la lumière.

Une maisonnette apparut au milieu d'une petite clairière ; quelques poules picoraient par-ci par-là, deux enfants jouaient devant la porte. Dès qu'ils nous virent, ils s'engouffrèrent dans la maison ; la mère risqua un œil et ferma la porte.

« Ce sont de vrais sauvages, me dit Julien, ils n'ont de contact avec personne ; le père est bucheron et coupe aussi de la brande et de la bruyère, quelques poules pour les œufs, deux chèvres, le braconnage, ils vivent là sans rien demander à personne. »

Apparemment ces gens-là s'accommodaient très bien de leur pauvreté et de leur solitude ; ils aimaient cette façon de vivre et la préservaient du mieux qu'ils le pouvaient. C'était peut-être eux qui étaient dans le vrai...

Nous longions un épais massif de buissons et de ronces, un fouillis impénétrable.

Julien fit un geste. « Tu vois, là-dessous il y a une très vieille chapelle ; on y venait encore en pèlerinage quand j'étais petit ; peu à peu ça été abandonné et la végétation a pris le dessus, les ronces ont tout recouvert, maintenant c'est infesté de vipères et personne ne s'en approche. »

Nous arrivâmes enfin sur le lieu de coupe ; les petits tas de bruyère, bien alignés, n'attendaient plus que d'être chargés.

Un autre attelage était déjà sur place et la charrette était déjà à demi pleine ; un homme d'une trentaine d'années s'activait et menait les opérations, je savais que c'était un neveu de la belle sœur qui travaillait sur la propriété. On fit rapidement connaissance et tout en travaillant il me révéla qu'en circulant dans le bois pour couper la bruyère il s'était trouvé à plusieurs reprises en présence de maquisards. Il me raconta qu'une partie des hommes du Grand Pierre l'avaient quitté et sous les ordres d'un nommé Seguin faisaient la razzia dans les fermes isolées. Ce type-là avait l'air très bien renseigné ; il était au courant de l'arrivée de Maxime Lafourcade qui avait commencé à s'occuper du dénommé Seguin et de ses hommes ; une bataille avait eu lieu où ces derniers avaient eu le dessous et avaient fui plus au nord en continuant leurs rapines.

Il y avait du travail pour toute la journée et le déplacement s'annonçait des plus intéressants ; il devait même l'être encore plus que je ne le pensais.

Mon attention fut attirée par un rectangle de papier blanc accroché à un buisson ; c'était une feuille double, abondamment illustrée. Des photos montraient les troupes américaines arrivant en Angleterre par bateaux entiers, des alignements impressionnants de camions, de chars, d'avions... On voyait aussi les portraits des principaux généraux alliés : Eisenhower, Montgomery, Bradley, Patton. Le tract exhortait les français au courage, annonçait qu'une armée libératrice se préparait à débarquer et demandait l'aide de toute la population le moment venu.

Le papier passa de main en main et fut brûlé après lecture ; il n'était pas bon d'être trouvé porteur d'un imprimé semblable... Les tracts avaient du être largués de très haut car on n'en trouva pas d'autre.

Les trois charrettes chargées nous prîmes toujours par les bois la direction de la ferme. Il fallait entasser la bruyère en une énorme meule, soigneusement et savamment montée ; c'était un travail de spécialiste, réservé à Julien et au neveu, Alfred.

Alfred Thomas était un garçon sympathique, aimant la rigolade ; la meule montait, bien régulière, mais pas dans la mélancolie ; la belle sœur de Julien, Solange, une brune d'une quarantaine d'années, solide et dynamique nous envoyait de temps en temps une blague ou une réflexion plutôt salée...

Nous étions en pleine action et l'ambiance au plus haut niveau lorsque trois jeunes filles débouchèrent sur le petit chemin et vinrent vers nous ; Alfred leur balança quelques boniments, elles répondirent gentiment et continuèrent leur chemin en riant aux éclats.

Quelle n'avait pas été ma surprise en reconnaissant l'une d'entr'elles comme étant celle que nous avions croisée un jour avec Jeannot à la sortie de Sauveterre. C'est vrai que c'était une belle fille... Mais les deux autres n'étaient pas mal non plus, ses sœurs probablement. Elles se dirigeaient vers une ferme isolée, à quelques centaines de mètres de là. Mis à part le paysage, le pays avait l'air tout d'un coup infiniment attrayant...

J'espérais bien avoir des tuyaux sur ces filles, à table à midi ; Solange et Alfred devaient être en mesure d'éclairer ma lanterne. On ne sait jamais...

Des tuyaux, j'en eus plus que prévu pendant le repas.

C'était toujours nouveau pour moi... La vue de ces plantureux gueuletons de campagne où rien ne manquait et dont, chez nous, on avait perdu jusqu'au souvenir. Les plats se succédaient, on mangeait, très bien, on buvait, très bon, et on parlait.

A ma grande surprise, Alfred donnait des détails sur le Grand Pierre, Lafourcade et les autres, en grande partie des réfractaires ; il connaissait ma situation de hors la loi et parlait sans crainte.

Comme je lui faisais part de mon étonnement de le voir si bien informé, il se mit à rire et me dit : « Mon frère Pierre est sergent chef de carrière ; c'est un militaire de métier, il est souvent avec eux et les conseille, ils en ont bien besoin ; il partage son temps entre leur camp et la maison. Maintenant, ça marche assez bien, ils ont plusieurs tractions avant pour se déplacer et des armes en quantité suffisante ; petit à petit le groupe se renforce et les boches vont trouver à qui parler ! »

Peut-être disait-il vrai... Mais je me souvenais de la froide et méthodique efficacité des SS et je savais que le Grand Pierre, Maxime et leur poignée de jeunes ne pèseraient pas bien lourd devant un détachement de la Wehrmacht. C'était un combat d'amateurs contre de grands professionnels.

RENCONTRE AVEC LES FILLES CAMPANER

Le repas se terminait lorsque les trois filles firent irruption dans la pièce.

« Allez les filles, mettez vous à table et mangez les gâteaux avec nous, » dit la maîtresse de maison.

Elles ne firent pas prier, et la conversation changea tout de suite de thème ; chacun y allait de la sienne, moi comme les autres ; elles n'étaient pas bégueules et aimaient rire.

Cette rencontre arrivait à point pour me changer les idées ; j'étais en forme et lorsqu'elles se levèrent pour aller à leur travail dans une pièce de vigne, un peu plus loin, je leur fis un petit bout de conduite.

Elles me racontèrent qu'elles étaient italiennes et vivaient avec leur mère sur la propriété voisine. Celle que nous avions rencontrée avec Jeannot s'appelait Laetizia, dont l'équivalent français était Laeticia ; les deux autres sœurs étaient Santina et Thérèse, leur nom de famille était Campaner.

Comme il fallait moi aussi que je retourne au travail, on prit rendez-vous pour le lendemain pour faire plus ample connaissance.

Solange Lauzeille se marrait ; elle me lança : « J'ai l'impression qu'on a pas fini de vous voir dans le petit chemin ! »

Le travail fini nous repartîmes vers Puch, au pas lent des bœufs, à travers champs et bois ; j'allai raconter ma rencontre à Jeannot, mais, lorsque je lui dis que j'avais pris rendez vous pour le lendemain avec les filles, il tiqua et parut gêné ; je n'insistai pas…

Solange Lauzeille était une maîtresse femme qui, en l'absence de son mari faisait marcher cette importante métairie comme un chef.

Son neveu Alfred et sa femme étaient venus l'aider et vivaient avec elle ; lorsqu'ils me virent passer, Alfred me cria : « Laisses pas refroidir ! »

Je filai vers la maison des filles ; un joli petit ruisseau séparait les deux propriétés, elles m'attendaient assises sous un gros arbre dont les racines plongeaient dans le courant.

Elles me racontèrent leur histoire ; leur père était mort quelques années au paravant et elles avaient continué à exploiter la propriété avec leur mère et leur plus jeune frère, mais ce dernier avait été mobilisé dans l'armée italienne. Lors de la destitution de Mussolini leur régiment avait été désarmé par les allemands et les hommes envoyés dans un camp de prisonniers. La mère venait d'embaucher depuis peu un jeune domestique pour remplacer le fils pour les gros travaux ; il y avait de la vigne et du blé, d'autres frères et sœurs installés dans les environs venaient les voir et les aider de temps en temps.

Lorsque je les quittai, j'avais rendez-vous pour le dimanche après-midi avec au programme une virée au bal clandestin.

Nous arrivions au mois de mai 44 ; en Russie les allemands se battaient, défendant le terrain conquis pied à pied, mais reculaient partout ; l'Italie était déjà à demi-occupée par les Alliés et en France les attentats et les sabotages se multipliaient. La répression était immédiate et féroce.

BAL CLANDESTIN AU « GRAND ANTOINE »

C'était très imprudent d'aller flamber dans un bal clandestin, à la merci d'une descente de policiers allemands et français, ces derniers étant les plus mauvais.

Nous, les réfractaires, vivions comme des bêtes traquées, sans cesse aux aguets, repliés sur nous-mêmes en pleine jeunesse comme un ressort trop tendu ; j'en connaissais un qui, caché chez sa fiancée, n'était pas sorti de la maison pendant six mois ; une nuit, il était devenu fou, avait pris une hache et tenté de tuer toute la famille. Désarmé à grand peine, calmé, il était parti rejoindre un groupe armé sur les bords de la Dordogne. Quant à ceux qui étaient pris, personne n'en entendait plus jamais parler...

Les filles m'avaient dit que c'était tranquille, qu'une bonne partie des jeunes qui venaient là étaient en froid avec les autorités ; l'endroit était retiré, peu accessible par la route, il ne s'était jamais rien passé, hormis quelques coups de poings.

De toute façon, il fallait que j'y aille, j'en avais trop envie... Et puis merde... !

Le dimanche arriva vite ; j'allai chercher les filles et nous partîmes au bal par de petits chemins, on ne faisait que traverser la route de Libourne et, toujours par les bois et les champs, on arriva à bon port.

C'était dans la commune de Frontenac, en lieu appelé « le Grand Antoine » ; j'appris que l'endroit était connu parce qu'il y avait la aussi une galerie souterraine beaucoup plus vaste que celle de Saint Exupéry. On dansait dans une grange ; il y avait là une cinquantaine de jeunes, garçons et filles. Un jeune accordéoniste, visiblement débutant, faisait ce qu'il pouvait, son ardeur suppléant son inexpérience.

Un type brun et frisé vint vers nous, il fit la bise aux trois filles et me dit : « Si tu n'es pas tout à fait en règle et que l'air de l'Allemagne ne convient pas à tes poumons, il faut que tu saches que nous sommes ici une bonne quinzaine et moi avec, à être comme toi ; moi, je suis le « Marseillais », tu feras vite connaissance avec les autres. »

Son origine était indéniable, doté d'une faconde extraordinaire, il était l'animateur né et faisait marrer tout le monde avec ses blagues ponctuées de « peuchère » et de « bonne mère ».

J'étais un bon danseur ; la fréquentation assidue de tous les bals de la région et des « Grottes » m'avaient permis de perfectionner la technique ; la défaite de l'armée républicaine espagnole avait fait refluer sur le sud de la France une masse de réfugiés avec une quantité de jeunes, tout de suite intégrés et adoptés d'emblée. Il y avait parmi eux des cracks, les filles surtout, qui « tricotaient » le Paso-doble de façon divine ; nous avions beaucoup appris à leur contact et elles ne craignaient pas de nous donner des leçons et de corriger les attitudes. Dolorès, Flora, Quinita, Maloura et les autres...

Je constatai tout de suite que dans ce bal clandestin il n'y avait pas de « vedettes » ; les couples trainaient les pieds en cadence et les filles Campaner, bien que souple et bien fichues, n'étaient pas plus expertes que les autres. Je me contentai donc de trainer mes godasses comme les copains ; je n'avais rien à gagner à me faire remarquer bien au contraire...

Nous rentrâmes à la nuit ; je ramenai les filles chez elles et fis la connaissance de leur mère qui ne parlait pas un traître mot de français. J'avais passé un excellent après-midi, j'avais une touche franche avec l'une des filles et je n'avais pas du tout l'intention d'en rester là.

Le travail ne forçant pas trop, je filai à Saint Exupéry où je trouvai toute l'équipe en plein boum ; ils avaient abattu une grosse bête et la vente battait son plein, je repris ma place et me chargeai des pesées et du prix comme à l'habitude. Tout en travaillant Marcel me signe que rien ne bougeait et que tout était calme. Le coup de bourre passé, je les mis au courant de ce que j'avais appris sur les accrochages qui commençaient à se produire entre Sauveterre et Monségur.

« Tant mieux, dit Barathe, si l'attention des allemands se porte sur ce coin là, ici ils nous foutront la paix. »

DERNIERE RENCONTRE AVEC RAPHAEL SOUAN

Ce fut Raphaël Souan qui vint chercher la provision de viande. « Tiens, tu es là toi ? »

Je restai un moment avec lui, à l'écart ; je lui racontai à nouveau ce que je savais, et les réactions parfois négatives des gens du cru.

Raphaël m'écoutait en souriant. « Tout ça n'a pas beaucoup d'importance, dit-il, le débarquement aura lieu bientôt ; nous devrons tout de suite vous récupérer, toi et les autres ; vous serez très bien armés et encadrés par des militaires de métier, des opérations vont être montées pour harceler l'armée allemande. Ne quittes pas ta planque, Guérinet viendra te chercher ; il va y avoir du sport ! C'est la que l'on va voir les types gonflés ; Rigoulet, le gendarme, pense que ça va aller plus vite qu'on ne croit ! »

Aller vite ? C'était possible... Quant aux types gonflés, aucun de nous n'ayant la moindre formation ou expérience militaire, il ne faisait aucun doute qu'il faudrait être très gonflés pour asticoter les allemands...

Raphaël parlait toujours ; tout était prêt, il y avait des armes et des munitions en abondance, il était imprégné d'une foi et d'une confiance à toute épreuve, mais bon Dieu pourquoi parlait-il autant... ?

Il s'en fut, à travers les prés qui descendaient jusqu'à la Vignague ; je ne savais pas que c'était la dernière fois que je le voyais.

La nuit tombant vite, je pris le chemin du retour et rencontrai Guiraudon qui revenait des champs en compagnie de « la Ficelle ».

« Moi, me dit-il, je ne suis pas tranquille ; rien ne bouge, c'est vrai, mais je me méfie et à la première alerte, tout le monde fout le camp dans les bois, au plus épais ! »

Je contournai Sauveterre sans problèmes et rentrai à Puch.

J'avais de temps en temps des conversations avec monsieur Thibaud qui, lui aussi, voyait se rapprocher la fin de la guerre ; il redoutait des troubles après le départ des allemands et la prolifération de tous ces groupes armés ne lui disait rien qui vaille.

« Il faudra que les américains restent assez longtemps en France, disait-il, sans cela les russes vont nous imposer un gouvernement communiste et adieu nos libertés… Mais encore faut il que les Alliés puissent débarquer et réussissent à chasser les allemands. »

Je savais que les sympathies de monsieur Thibaud étaient du coté du Maréchal Pétain, et il avait cru lui aussi à une entente secrète entre Vichy et les américains. Mais depuis l'occupation de la zone libre, le Maréchal et son équipe n'avaient plus aucun crédit ; il y avait tout de même un point où monsieur Thibaud voyait juste, si le pays n'était pas tenu par une poigne ferme, il s'ensuivrait une pagaille monstre…

Les allemands utilisaient les russes de Vlassov avec les régiments ukrainiens, sibériens et mongols, les hindous du dissident Chandra Bosc et aussi des arabes, principalement des marocains pour traquer les « terroristes » ; ces marocains avaient été tirés de leurs camps de prisonniers sous le prétexte de constituer une unité combattante, destinée à chasser les usurpateurs qui voulaient s'emparer de l'empire français, « la Phalange africaine ». En fait, ces combattants semaient la terreur partout où ils sévissaient ; leur cruauté se traduisait par des pendaisons, vols, viols, incendies et pillages partout où ils passaient.

Tous les jours à midi je mangeais en vitesse pour avoir le temps d'aller faire un tour chez les filles à Blasimon. C'était bien accroché avec la plus jeune et entre temps j'avais fait la connaissance de l'aînée, Inès, qui avait un an de plus que moi et une petite fille de trois ans. C'était elle aussi une superbe créature…

Le jeune domestique me regardait en ricanant, le regard torve.

« C'est un salaud, me dirent les filles, il est tout le temps en train de nous emmerder ! En plus, c'est un fainéant et notre mère se crève au travail. »

« Fais attention, me disait Julien, elles sont bien mignonnes, je te comprends… Mais tu circules trop et un de ces jours il va t'arriver un pépin ! » Il chantait la même chanson et m'exhortait à la prudence ; ils avaient tous raison et un jour ou l'autre je ferai une mauvaise rencontre…

Lui aussi avait eu une alerte, et sans courir…

Après le repas de midi et avant de repartir au boulot, il était allé faire une petite sieste contre la meule de bruyère, à l'abri du vent et bien chauffé par le soleil. Les mains croisées derrière la tête, le béret tiré sur les yeux, il somnolait…

Il entendit des pas sur le passage empierré, rien d'anormal en cela, puis les pas se rapprochèrent et s'arrêtèrent devant lui ; redoutant une farce des jeunes commis, il releva doucement son béret et risqua un œil.

Malheur ! La première chose qu'il vit fut une paire de bottes noires d'où sortait un pantalon feldgrau, c'était un boche !

« Ha ha ! Mosié, moi réveillé vous ! »

Le pauvre Jeannot ne savait quoi dire…

« Moi, dit l'allemand, moi connaître famille Cassat, moi longtemps Sauveterre, puis moi partir… Mais maintenant moi retour et faire grosse surprise à amis Cassat ! Ia ia… Grosse surprise ! »

« Tu parles, me dit Jeannot, quand j'ai vu les bottes et ce grand con qui me regardait en rigolant je me suis vu foutu ! Je me suis tiré dans les bois et ne suis rentré que le soir ; il parait que c'était un douanier, un brave type qui leur avait rendu service ; mais nom de Dieu, quel coup ! »

Nous venions d'entrer dans le mois de mai 44 ; il y avait tout juste quatre ans l'armée allemande passait à l'offensive et déferlait sur la France… Quatre ans, et ils étaient toujours là malgré la Russie et les bombardements ; leur présence chez nous était encore puissante et infiniment redoutable.

On voyait passer de temps en temps des convois chargés d'hommes surarmés et prêts à sauter des camions pour intervenir aussitôt ; des blindés légers et rapides couvraient les convois et assuraient leur sécurité. Un jour, à midi, nous rentrions, Julien et moi, avec la charrette et les bœufs quand un petit convoi s'arrêta au bord de la route ; il y avait quatre camions et un véhicule blindé, des hommes sautèrent sur le sol ; c'était de grands types barbus, basanés, en uniforme kaki et coiffés de turban, des hindous…

Julien maugréa entre les dents : « Putain ces gueules ! »

Le fait est que leur aspect n'inspirait pas une confiance immédiate et que l'on avait plutôt envie de foutre le camp…

On disait aussi que le pont de Castillon était gardé par des mongols et que les habitants du coin en avaient une peur bleue compte tenu de toutes les exactions commises par eux.

Incontestablement la tension montait et personne ne se sentait à l'abri.

L'HOMME AU CHAPEAU BLANC

Ce matin-là j'étais allé labourer un petit champ dans un bas fond assez éloigné du petit bourg, j'étais seul et je me dépêchais pour avoir terminé à midi. Un homme coiffé d'un petit chapeau de toile blanche labourait la parcelle à coté avec un cheval, blanc lui aussi ; il arrêta son attelage à ma hauteur et entama la conversation.

Il ne me fallut pas longtemps pour voir que ce type là était un paysan d'occasion et qu'il n'avait pas grand-chose de commun avec la population du coin ; après quelques banalités sur le beau temps et le travail, les questions de l'homme devinrent de plus en plus directes, l'arrivée de Julien me tira de ce mauvais pas ; le type n'insista pas et relança son cheval.

« Qu'est-ce qu'il te voulait ? » demanda Julien.

Je racontai ; il n'avait pas eu le temps de me cuisiner. « Laisses tomber s'il recommence à vouloir te faire parler ; ce sont de drôles de gens, des étrangers, ils sont dans une petite ferme, là, derrière les bois. On ne les voit pas, et on ne sait pas trop de quoi ils vivent ; à part celui là, avec son cheval et son petit chapeau blanc, on ne voit jamais les autres ; ils n'emmerdent personne mais tout le monde s'en méfie... Alors, avis ! »

Je n'étais pas inquiet ; je connaissais ce genre de personnages ; la guerre avait suscité tout un tas de vocations surtout sur la ligne de démarcation, ceux la devaient faire du marché noir et passer des transfuges. C'était leur affaire et je ne me souciai plus de l'homme au chapeau blanc...

J'avais tort, et c'est un coup de hasard qui, deux ans après la guerre, fit découvrir la sordide activité de ces gens là qui avaient un nombre élevé de meurtres sur la conscience.

Les gens fortunés qui s'adressaient à eux pour traverser n'allaient jamais plus loin ; la bande avait des rabatteurs et des complices dans des communes voisines ; on retrouva une dizaine de corps dans un vieux puits, mais la majeure partie de la bande ayant disparu, on ne sut jamais combien de malheureux ils avaient supprimés.

L'homme au chapeau blanc, lui, suivait la nuit les fermes isolées avec un ou deux complices, pistolet au poing, se faisant passer tour à tour pour des maquisards ou des miliciens, ils raflaient l'argent et les bijoux.

On arrêta deux ou trois comparses, mais les autres demeurèrent introuvables.

DEUXIEME VISITE AU PAYS

Depuis quelque temps Jeannot me pressait d'aller faire un petit tour chez nous ; il est vrai que pris par mes obligations à Blasimon, j'avais quelque peu négligé la famille.

Aussi un samedi après-midi, nous fonçâmes vers le sud et le pays natal après avoir soigneusement établi notre horaire comme à l'habitude de manière à arriver chez nous la nuit tombée. Nous n'avions pas fait un kilomètre que nous rencontrâmes la mère Veyri qui revenait de Sauveterre.

« Malheureux ! N'allez pas plus loin, il ya des allemands partout ! Revenez ou vous allez vous faire prendre. »

Cela donnait à réfléchir... Mais nous étions prêts et Jeannot me dit : « On n'a qu'à piquer au large pour éviter Sauveterre, on rattrapera toujours notre route après. »

Nous roulions très vite dans des chemins étroits et bordés de bois épais ; ce n'était pas notre itinéraire habituel et, peu de temps après nous étions bel et bien perdus. Impossible de repérer, c'était le désert, il n'y avait âme qui vive.

« Nom de Dieu quel bled ! me cria Jeannot, la nuit est foutue de nous tomber dessus avant qu'on soit sortis de cette cambrouse ! »

Il fallait faire vite tant qu'il y avait du jour, on finirait bien par trouver quelque chose ou quelqu'un... C'est ce qui arriva... On tomba sur quelqu'un...

Après un virage il y avait un croisement, et en plein milieu de la croisée des chemins il y avait un allemand... Il portait l'uniforme gris de la Luftwaffe qui était aussi celui de la Flak. Il était sans doute de garde et le pire pour nous c'est qu'il portait en travers devant lui un magnifique pistolet mitrailleur.

Rien à faire... Nous l'avions vu trop tard et nous étions lancés à toute vitesse quand nous passâmes devant lui, il sursauta aussi surpris que nous.

Les nerfs à vif, j'attendais le « Halt ! » habituel et le premier coup de feu... Rien !

Nous pédalions comme des dératés, fonçant tête baissée et nous n'avions rien de paisibles promeneurs.

Le soldat n'avait pas réagi ; peut-être avait-il cru que nous étions suivis ou poursuivis par d'autres, ou, tout simplement en avait-il marre de faire le guignol dans ce pays perdu...

L'alerte avait été courte, mais chaude... !

Nous aurions pu, en bonne logique nous faire descendre sur le coup ; le moins qui pouvait nous arriver était de nous faire prendre, avec à la clé la perspective d'être dérouillés jusqu'à ce que nous ayons craché tout ce que nous savions, et même ce que nous ne savions pas.

Nous nous étions trop écartés vers l'ouest ; trompés par la monotonie des bois, sans aucun repère, nous étions allés nous planter directement sur le poste d'observation de la Flak de Castelvieil.

J'ouvre ici une parenthèse pour expliquer la présence de ces postes d'observations ; il y en avait un certain nombre dans un rayon de quarante kilomètres autour de Bordeaux. Il y en avait un à Sainte Croix du Mont sur le donjon du château et aussi à Rauzan, au sommet du vieux château ; ente les deux, ils avaient dressé à Castelvieil un grand pylône de bois de trente mètres de haut que l'on voyait très bien depuis le Haut Pian. Leur rôle était le repérage des bombardiers et la mise en alerte immédiate de la DCA du « Grand Bordeaux ».

Nous retrouvâmes très vite la bonne direction et nous arrivâmes chez nous de nuit, sans autre incident.

Le lendemain une mauvaise surprise nous attendait, Saint Macaire était bourré d'allemands, cantonnés dans tous les locaux disponibles, comme le « Sacré Cœur » ou le château de Tardes.

Je fis donc très attention pour aller embrasser ma mémé ; je ne rencontrai personne, exception faite du pépé Blondin qui partait faire sa promenade matinale jusqu'au quai, il me fit bonjour de loin avec sa canne. Mémé me donna les dernières nouvelles du vieux faubourg du Thuron ; je la quittai à regret, non sans avoir reçu d'elle mille recommandations.

LA GARDE DES VOIES FERREES

Mon père me raconta qu'il avait été à plusieurs reprises réquisitionné pour aller garder la voie ferrée, la nuit. Ce n'était pas une sinécure, les tours de garde étaient de trois heures, par équipe de deux hommes ; il fallait surveiller un secteur qui allait du passage à niveau de l'Ardillat à la gare, et de la gare au viaduc.

J'y étais allé une fois, peu avant mon départ ; cela avait été une franche rigolade lorsque nous avions reçu les consignes : Nous avions ordre de nous munir d'un « solide gourdin », de papier et d'allumettes que nous devions enflammer en cas d'alerte, et de deux pétards à poser sur les rails. Le « solide gourdin » était toujours une baguette de bambou qui passait allègrement de mains en mains.

A Saint Macaire, le maire avait résolu la question en embauchant deux veilleurs de nuit, ce qui épargnait aux habitants la mauvaise surprise de la réquisition. André Duprat, dit « le bourrot », et un nommé Darrigol, gendre du père Labaume assuraient la surveillance du parcours toutes les nuits pour Saint Macaire.

Nous, nous étions de Pian, et soumis à réquisition ; mais les « saboteurs terroristes » sans doute impressionnés par « le bourrot » et le solide gourdin, ne se montrèrent jamais.

J'avais vu depuis chez nous circuler des soldats, ils étaient moins racés et moins élégants que les SS « Totenkopf » mais ils étaient toujours armés et prêts à faire feu.

Rassurés sur nos familles, au courant des derniers potins du pays nous prîmes le chemin du retour, en prenant bien soin d'éviter Castelvieil et Sauveterre.

LA RESISTANCE COMMENCE A SE MONTRER

Bien évidemment j'avais hâte d'aller à Blasimon ; dès le lendemain je sautai sur mon vélo et filai en vitesse, j'étais à moitié route lorsque j'entendis le bruit d'une voiture qui arrivait derrière moi. Sans attendre je coupai à angle droit et entrai dans le bois par un petit sentier, balançai mon vélo dans les fougères et me plaquai au sol ; tout doucement je risquai un œil.

Surprise ! Ce n'était pas des allemands mais un curieux véhicule : en fait c'était une traction avant Citroën à laquelle on avait enlevé les portières ; assis sur une aile, à l'avant, un homme en chemise kaki de l'armée française braquait une mitraillette, sur le toit de la voiture, un autre couché à plat ventre et maintenu par des sangles tenait un fusil mitrailleur pointé vers l'avant, et par les ouvertures béantes on voyait d'autres types braquant des mitraillettes. Je reconnus sans peine le Grand Pierre.

C'était les premiers maquisards que je voyais, du moins dans cet équipage ; ils m'avaient probablement vu foutre le camp, mais je ne les intéressais pas et ils continuèrent lentement leur chemin vers le bourg de Blasimon.

Je rencontrai Alfred Thomas ; lui aussi les avait vus : « Ils sont revenus dans les bois de Mauriac, me dit-il, ça fait du bien de voir des français en armes ! ça sent la fin ! »

Je ne pensais pas tout à fait comme lui ; c'était très bien, à condition qu'un blindé allemand n'arrive pas en face... Je n'aurai dans ce cas pas misé un centime sur la bagnole à claire voie et ses occupants...

Je ne pensais plus à tout ça quand je franchis le petit pont qui permettait de passer sur la propriété voisine. Je trouvai tout mon petit monde s'apprêtant à partir aux champs ; le commis n'avait rien fichu et il fallait rattraper le temps perdu, elles auraient bien voulu que je reste un peu plus longtemps avec elles mais il me fallait rentrer vite à Puch où du travail m'attendait. Julien avait déjà attelé les bœufs et nous partîmes nous aussi au travail ; nous rentrions à la nuit après avoir coupé du fourrage pour les bêtes.

Le cantonnier Boudeyron avait un peu de vigne que Julien lui labourait ; Boudeyron et sa femme venaient à leur tour donner un coup de main à sarcler le blé ou lever la vigne, les Boudeyron étaient de braves gens avec lesquels les Lauzeille s'entendaient très bien.

Ce jour là, nous y étions allés tous les deux, Julien avec sa jument et moi avec les bœufs, ça marcha vite et le soir même nous avions terminé. Les Boudeyron nous gardèrent à manger le soir ; nous étions à table lorsqu'un homme arriva, c'était un de leurs amis, il s'assit avec nous et après quelques propos sans grande importance nous dit : « Il parait qu'il y a eu du grabuge à La Réole, les boches ont arrêté un gendarme et d'autres personnes à La Réole et dans les environs ; on raconte qu'ils ont fait une drôle de razzia et ont embarqué pas mal de monde, ça été un coup de surprise, personne ne s'y attendait ! »

Un gendarme de La Réole... Ce ne pouvait être que Blanchet ou Rigoulet ; jamais je n'avais entendu prononcer d'autres noms chez Souan. Il fallait que je sache... Je dis à Julien que je partirai aux informations le lendemain ; je n'avais jamais eu de problèmes en passant par les petits chemins et les traverses et je ne risquais rien, du moins le croyais-je.

LA RAFLE CHEZ SOUAN

J'arrivai chez Marcel vers les quatre heures de l'après-midi, dès qu'elle m'aperçut sa femme poussa un cri : « Malheureux ! Que venez-vous faire ici ! Les boches étaient encore là hier, à patrouiller et à perquisitionner partout ; ils ont arrêté mon frère... Heureusement que Marcel les a vus passer quand ils l'emmenaient pour l'embarquer dans un camion... Il a couru, et comme il se débrouille bien en allemands, il... »

Marcel entra, comme Yvette il me demanda ce que j'étais venu faire dans ce guêpier : « Tu as eu une sacré veine de ne pas t'être fait ramasser en venant ici, hier, tu ne serais pas arrivé chez nous ! »

« Mais enfin, nom de Dieu, racontez moi ce qui c'est passé, j'ai tout juste appris qu'ils avaient arrêté un gendarme de La Réole avec d'autres personnes… Je ne sais rien de plus et je suis venu tout de suite aux nouvelles… ! »

Marcel raconta : « Ils sont arrivés tout d'un coup des deux cotés à la fois chez Souan, avec des camions et des voitures ; il y avait des allemands et des miliciens et aussi des types en civil ; ils traînaient le pauvre Rigoulet, ils l'avaient roué de coups, arraché les ongles, brûlé… Il parait que pour lui faire cracher ce qu'il savait, ils l'avaient assis sur une cuisinière allumée… Raphaël s'est défendu, battu avec ceux qui allaient l'emmener ; ils l'ont massacré sur place, par terre, à coups de bottes ; ils l'ont piétiné et lui ont écrasé la figure à coups de talons, ils l'ont achevé à la baïonnette sous les yeux de son père. Ils ont emmené le pauvre homme et avant de repartir, ils ont pris ce qu'ils ont voulu, tué la volaille à la mitraillette et ont mis le feu à la maison.

« Ils savaient où étaient les dépôts d'armes, les munitions et les équipements, ils ont tout enlevé ; ils ont perquisitionné partout, comme pour les aviateurs mais ils étaient plus nombreux, pendant qu'ils fouillaient, il y en avait un qui nous avait poussé dans un coin de la cuisine et qui nous braquait avec un pistolet mitrailleur. Nos papiers étaient en règle et ils n'ont rien trouvé d'anormal chez nous… Quand ils sont repartis tout le monde a couru chez Souan éteindre le feu ; il n'y a pas trop de dégats… Les deux femmes n'étaient pas là, ça leur a probablement sauvé la vie ! »

« Et Guy ? demandai-je, que lui est il arrivé ? »

Marcel continua : « Il était allé mettre les bêtes au pacage dans le pré que le patron a loué, la bas derrière le bois, il s'était assis contre la cabane et surveillait le bétail ; les allemands l'ont vu et sont allés lui demander ses papiers et des explications ; pendant qu'ils discutaient d'autres avaient enfoncé la porte de la cabane , ils sont ressortis en gueulant, ils avaient trouvé deux fusées paragrêle et ont emmené Guy en le traitant de terroriste. Heureusement, je les ai vus passer, le pauvre Guy trainait la patte et n'en menait pas large. Je les ai rattrapés là en bas ; je leur ai demandé pourquoi ils l'avaient arrêté, qu'il était infirme et qu'il n'avait jamais rien fait de mal. Ils ont à nouveau regardé mes papiers et un feldwebel m'a dit qu'ils l'avaient emmené parce qu'ils avaient trouvé des projectiles dans la cabane, et il m'a montré les deux fusées paragrêle.

« Je lui ai expliqué ce que c'était et il m'a dit : « Vous en faites partir une. » Ils se sont reculés et nous ont mis en joue… J'ai placé la fusée du mieux que j'ai pu et j'ai allumé en priant le bon Dieu que ça marche. La fusée est partie, n'en finissant pas de monter, puis a fini par peter, bien haut. « Ia, gut ! Vous partir ! » a dit le feldwebel. Je n'ai pas demandé mon reste et nous sommes revenus à la maison ; si la fusée avait foiré et éclaté au sol, ils nous auraient criblés de balles... »

Yvette, assise dans un coin, pleurait ; Marcel continua : « Ils ont arrêté des gens à La Réole, à Gironde, un peu partout dans le coin ; ils savaient tout et sont allés tout droit aux dépôts d'armes, ici, ils ont fouillé toutes les fermes par là autour, mais seuls les Souan ont été pris ; ils n'ont arrêté personne d'autre, Georges, Yves et l'américain étaient comme toi au large et à l'abri. Mais on m'a dit qu'ils étaient allés ramasser le frère de Lafourcade, à Saint Pierre d'Aurillac. Ils sont revenus hier et ont passé tout le secteur au peigne fin, les bois, les fermes isolées ou abandonnées, suivi tous les sentiers et les petits chemins ; c'est miraculeux que tu aies pu arriver jusqu'ici sans en trouver.

« Il ne faut pas rester ici... Ils savent qu'il y a encore des réfractaires qui se sont enfuis et ils cherchent encore ; je vais te raccompagner un bout de chemin, mais il ne faut surtout pas repasser par les traverses, c'est le meilleur moyen de te faire prendre... On va piquer sur Saint Laurent et attraper la grande route, tu as tes papiers bien sûr ? »

« Oui, répondis-je, et en plus j'ai une carte de travail authentique délivrée par la mairie de Puch, ça peut aller pour un contrôle de routine. »

Yvette pleurait toujours ; elle m'embrassa. « Bon Dieu... Mais quand est-ce que tout ça finira, j'ai failli devenir folle quand j'ai entendu les cris chez Souan, et que j'ai vu ensuite Marcel et mon frère mis en joue par les allemands... J'ai cru qu'ils allaient les tuer ! »

Ses nerfs lâchaient ; il valait mieux partir, et vite ; si les allemands revenaient c'en était fait de nous tous.

Nous prîmes, Marcel et moi, la route de Saint Laurent qui suivait un moment le lit de la Vignague au pied de la vieille église de Saint Exupéry.

« Vite, dit Marcel, il ne faut pas moisir ici. »

J'étais bien de son avis et dix minutes après nous abordions la dernière cote qui nous menait à la grande route. Marcel mis pied à terre, je l'imitai.

« Arrêtes... On va monter à pied. »

Tout en marchant, il me dit : « Tu sais, je n'ai pas voulu en parler devant ma femme, mais le gendarme Blanchet, le copain de Rigoulet, a foutu le camp avant le coup de torchon ; il a su que les allemands et la Milice avaient des noms, qu'ils avaient trouvé des notes... Il y a peut-être les nôtres, Blanchet a dit que d'autres personnes étaient en danger. Alors il va falloir faire gaffe ; moi, je quitte le coin, j'ai trouvé une propriété en métairie pas loin de chez toi, à Saint Martin de Sescas. J'ai prévenu le patron et je vais déménager le plus vite possible ; quant à toi, ne reviens plus ici, lorsque j'aurai d'autres tuyaux je viendrai te voir à Puch. D'ici là, j'irai à La Réole et à Gironde tacher d'en savoir plus long... A bientôt ! »

Il fit demi-tour et repartit, il avait raison, il fallait encore et toujours faire de plus en plus attention et ne commettre aucune faute.

Le bilan était très lourd ; Raphaël était mort, son père, Rigoulet, Jeannot

Lafourcade et d'autres aussi, arrêtés et emmenés Dieu sait où... On était fusillé pour beaucoup moins que ça.

Tout le travail de ces pauvres bougres, l'organisation du réseau, les parachutages, la planque des réfractaires, les faux papiers, les dépôts d'armes amassés patiemment avec des risques énormes, tout ça était fichu, perdu, il ne restait plus rien... Plus rien que la tombe du pauvre Raphaël, à l'ombre de l'église...

Les mouchards avaient bien fait leur travail, mais beaucoup d'imprudences avaient été commises ; ne connaissant rien de l'efficacité des méthodes allemandes, ils avaient bien trop parlé, confiants, sûrs d'eux... Et le malheur était arrivé.

Tout en roulant je rencontrai quelques camions et des blindés légers ; je contournai Sauveterre et arrivai à Puch.

J'allai tout de suite mettre Jeannot au courant, il ne fut pas surpris.

« Le père Sobole m'avait toujours dit qu'ils se feraient choper ; trop de gens savaient ce qui se passait, c'est pour ça qu'il n'avait pas voulu que je m'embarque avec eux. Heureusement qu'on a pu se tirer des pattes avant la tuile... Toi aussi tu cours trop, avec tes italiennes, moi je fais gaffe, à la première alerte je fonce dans les bois ! »

LA PRUDENCE EST DE RIGUEUR

C'est vrai que j'y allais souvent, à Blasimon, de plus en plus souvent... J'avais fait la connaissance de l'amoureux de l'une des filles, Santina, c'était un gentil garçon intelligent, cultivé et très bien éduqué ; il avait eu des problèmes pulmonaires et le docteur lui avait conseillé de longues promenades pour respirer et se remettre. Il ne s'en privait pas et les faisait toutes dans la même direction, ce qui nous fit rapidement nous rencontrer.

Il s'appelait Pierre Lhomme ; très doué, il peignait et dessinait de façon remarquable, ses parents étaient agriculteurs et exploitaient leur propriété ; dire qu'ils voyaient d'un très bon œil la liaison de leur fils avec une jeune italienne serait sans aucun doute exagérer mais le fait était là et Pierrot et moi devînmes très vite d'excellents amis.

J'avais bien évidemment dit à Julien et à sa femme ce qui s'était passé dans le coin où je me trouvais précédemment, ça leur donnait à réfléchir ; le voisinage des suisses n'était pas fait pour les rassurer et moi non plus je ne me sentais plus en sécurité.

Le comportement des suisses à mon endroit avait changé ; ils avaient un chai juste en face de ma chambre et je me savais épié, surveillé, je n'avais aucune possibilité de fuite ; dans la chambre j'étais pris comme dans une nasse et Julien le savait ; de plus, le suisse les aurait chargés à bloc.

Le hangar au matériel était vaste et situé à l'extrémité des bâtiments, à l'opposé et loin de la maison des suisses ; il y avait de tout sous ce hangar, charrettes, tombereaux, outils et instruments divers ; je m'étais arrangé un lit de foin sur une vieille charrette et plusieurs nuits où les allemands étaient restés à festoyer chez les suisses, j'avais couché là. En cas d'alerte, je pouvais me débiner sans être vu ; souvent, le soir en revenant de Blasimon, je m'étendais sur la charrette en attendant le jour.

J'avais aussi fait la connaissance de Pierre Thomas, le frère d'Alfred, il était revenu parce que le groupe du Grand Pierre et de Maxime était parti plus loin, bien après Soussac, suite à l'affaire de La Réole qui les mettait dans une position difficile. Pierre Thomas était un militaire de métier, sergent chef de carrière, lui, ne sous estimait pas les allemands et redoutait leur retour en force pour débarrasser le secteur des groupes armés et faire le nettoyage à fond.

Il me raconta que Maxime Lafourcade était devenu fou furieux dès qu'il avait appris l'arrestation de son frère et des autres ; il ne parlait que de monter un coup pour les délivrer.

« Nous avons eu toutes les peines du monde pour le calmer, mais il a toujours cette idée en tête... »

Je connaissais trop Maxime pour être surpris par son comportement et je savais qu'il tenterait n'importe quelle folie pour délivrer son frère ; malheur aux miliciens ou autres mouchards qui tomberaient entre ses mains.

Tout cela ne m'empêchait pas de travailler et d'aider Julien du mieux que je pouvais ; cela marchait bien et j'aimais regarder ces grandes étendues de terres labourées sur lesquelles voletaient les Bergeronnettes. C'était joli, mais il y avait tout de même un inconvénient... On était visible de partout.

LES VIPERES

Nous approchions de la fin mai, il faisait chaud et Julien avait fauché dans un bas fond en bordure d'un petit ruisseau un demi-hectare de foin luzerné qui était sec et bon à rentrer. Nous partîmes donc avec les deux charrettes, Boudeyron devait nous aider et ça devait marcher assez vite.

J'étais prêt, une fourche sur l'épaule, le pépé regarda mes pieds : « C'est avec ça que tu vas au foin ? »

J'étais chaussé de nu-pieds à lanières que j'avais fabriqué avec des semelles taillées dans de vieux pneus de voiture et des lanières de cuir.

Le pépé sortit d'un sac une paire de bottes en caoutchouc usées jusqu'à la corde : « Enlèves tes sandales de moine et enfile ces bottes... Regardes bien comment je fais pour envoyer les fourchées ! »

Tout d'un coup, je compris, il y avait des vipères...

Le pépé ramassa sur la rande une première fourchée, la souleva à cinquante centimètres du sol et secoua le foin. « Ah ! Dans celle là il n'y en a pas, dit-il, mais ça ne va pas tarder. »

En effet, après quelques fourchées secouées de la même façon, on entendit un petit choc sur le sol. « Voilà la première, » dit le pépé.

La vipère se tortillait sur le pré, elle n'était pas très grosse, n'avait rien d'impressionnant, mais, pour moi, c'était suffisant, son sort fut réglé aussitôt.

« Tu as compris maintenant comment il faut faire ; n'envoies jamais la fourchée d'un seul coup, sans la secouer, sans quoi la vipère te retombe sur la figure et ça ne fait pas plaisir... »

Secouant mes fourchées avec application, j'en trouvai quand même deux, Julien se foutait de moi : « On dirait que tu marches sur des œufs ! »

C'était vrai ; je n'aimais pas ces bestioles qui mordaient sournoisement, je préférais cent fois rencontrer une couleuvre d'un mètre cinquante qui fuyait en sifflant. Pour moi, être mordu par une vipère signifiait le docteur, peut-être même l'hôpital où j'aurais été ramassé aussitôt ; il me tardait d'avoir fini et de foutre le camp de ce satané pré.

Et pourtant... Comme elles étaient pacifiques ces petites vipères dans leur bas-fond verdoyant...

Lorsque nous eûmes fini de rentrer le foin, après un brin de toilette, à grande eau, sous le robinet, on passa à table. Yvette nous raconta qu'elle avait eu la visite d'Odette qui était venue passer un moment avec sa marmaille.

« Elle m'a dit qu'elle avait parlé avec la femme du suisse ; ils ont peur, parce qu'ils ont appris que des maquisards étaient allés chez des amis à eux qui vendaient du ravitaillement aux allemands, ils leur ont secoué les puces, et emporté tout ce qu'ils ont trouvé de bon à bouffer.

Le plus grave c'est qu'ils ont emmené le type et il n'a pas reparu depuis ; les suisses pensent qu'ils l'ont tué et enterré quelque part dans les bois, il parait que des maquis opèrent entre Monségur, Pellegrue et Duras. »

Julien était soucieux ; il ne disait rien, mais je savais à quoi il pensait, si des maquisards faisaient une descente chez les suisses, les allemands seraient là dans les heures qui suivraient, toutes les maisons, tous les bâtiments seraient fouillés, les habitants interrogés. Pour lui et sa famille ma présence représentait un danger certain ; je n'avais plus le choix, il fallait que je m'en aille, mais où ?

Je ne pouvais plus revenir chez Marcel ; en outre, le maire de Puch qui avait offert de m'aider ne voulait plus se mouiller depuis l'affaire de La Réole, nous étions allés lui porter un tronc de pin à débiter, il m'avait conseillé la prudence et nous avait avoué que la présence de son fils au maquis, qui était connue, le mettait dans une position de plus en plus difficile ; le meurtre de « La Baysselance » avait été un avertissement.

Je ne pouvais plus rester chez les Lauzeille ; il fallait que je trouve autre chose, mais, de plus en plus, je me voyais contraint en dernier ressort rejoindre

Maxime et les autres. S'il n'y avait eu que le Grand Pierre, je n'y aurais jamais mis les pieds ; mais je connaissais Maxime Lafourcade, j'avais confiance en lui et ça changeait tout. Moi parti, les Lauzeille ne risquaient plus rien.

ENCORE UN CHANGEMENT DE PLANQUE

Aussitôt dans ma chambre je commençais à rassembler mes affaires, ma décision était prise ; le lendemain j'irai voir Pierre Thomas pour lui demander de m'accompagner pour m'aider à rejoindre Maxime et les autres. J'étais le dos au mur, je n'avais aucune autre solution mais ça ne m'enchantait pas... Pas du tout même...

Le lendemain j'allai voir Jeannot pour le mettre au courant de ma décision due au risque nouveau qui se présentait. Il était beaucoup moins menacé que moi et avait trouvé un refuge idéal en cas d'alerte, un vieux bâtiment au milieu des bois, où le père Cassat laissait toujours quelques bêtes en semi liberté.

Je filai d'un trait à Blasimon, pensant trouver Pierre Thomas ou son frère ; il n'y avait personne. En approchant de la maison des filles, j'entendis leur mère qui se fâchait en italien ; j'entendis aussi la voix du domestique et le chœur des filles qui l'engueulaient : « Salaud ! Fainéant ! Et maintenant tu nous voles, voleur ! Sale voleur ! »

Je tombai en plein dans la petite fête... Dès qu'elle me vit Therése courut vers moi et me dit : « Ma mère vient d'attraper le domestique entrain de voler de l'argent, il avait ouvert l'armoire et tenait les billets à la main quand elle l'a surpris. On les lui a fait rendre, et ma mère vient de le foutre à la porte séance tenante... Il est en train de ramasser ses fringues et il s'en va ! »

Ce n'était pas le moment de déballer mes états d'âme... Quelques minutes après je reprenais le chemin de Puch.

Lorsque j'arrivai à la maison Lauzeille, il y avait un vélo appuyé au gros arbre, devant la porte.

J'entrai ; une femme d'une cinquantaine d'années était assise, elle parlait et pleurait en même temps. En face d'elle Julien et sa femme l'écoutaient ; Yvette paraissait bouleversée, elle essuya ses yeux : « C'est ma mère, dit-elle, ça a été terrible ! »

Je savais que sa mère habitait un petit coin perdu du coté de Pellegrue.

La mère me regardait, bouche bée... « Qui... Mais... Mais ce n'en est pas un, au moins... Vous n'allez pas me dire que c'en est un, un de ceux que les allemands et les miliciens cherchent partout ! »

« Eh bé... Si. » dit Julien.

La pauvre femme se remit à gémir. « Il faut le renvoyer ! Qu'il s'en aille, il faut qu'il s'en aille ! Ils vous tueront tous !... Vous ne pouvez pas savoir, ça a été terrible chez nous... Ils ont tué un jeune homme pas loin de chez moi... On l'entendait crier, ils en ont emmené d'autres, peut-être pour les tuer aussi ! Ils ont mis le feu à une maison... Ils ont... »

Elle se tourna vers moi : « Allez-vous-en ! Il faut vous en aller, vous m'entendez, il faut partir d'ici, autrement ça va être un malheur ! Et les petits ? Vous avez pensé aux petits ? » La pauvre femme pleurait toujours.

« Je crois qu'elle a raison, me dit Julien ; maintenant il y a trop de risques, il vaut mieux te chercher une autre planque. Tu sais, je ne te mets pas à la porte, mais j'ai une femme et deux enfants... Moi aussi je les connais, les boches ; et avec ce salaud de suisse je serai le premier servi ! »

Je l'arrêtai d'un geste. « Ne vous inquiétez pas, je ne vais pas rester, je crois que je sais où aller ; je vais aller voir de suite si ça marche, de toute façon demain je partirai. »

Je pris à nouveau mon vélo et repartis à Blasimon, je trouvai tout mon monde en train de piailler en italien. Si elles avaient parlé plus lentement j'aurai peut-être saisi le sens de quelques phrases, mais, dans ce torrent de paroles il y avait un mot qui revenait souvent et qui était l'un des rares mots italiens que je connaisse : « il lavoro », le travail.

J'arrivais au bon moment ; je ne leur cachai rien, je leur expliquai ma situation, les soucis et les craintes de Julien consécutives au voisinage et aux activités du suisse et l'obligation morale de partir pour leur éviter des risques inutiles.

« Si vous voulez, je peux remplacer le type que vous avez foutu à la porte, sinon, je pars au maquis, je n'ai pas d'autre solution. »

Elles n'eurent pas une seconde d'hésitation et, seule, la mère me demanda combien je voulais gagner.

Je leur expliquai que le seul fait d'accueillir chez elles un type dans ma situation était déjà une valeur en elle-même et qu'il était hors de question que j'accepte un quelconque salaire. C'est moi qui aurai une dette morale envers elles.

Elles avaient appris par Solange Lauzeille pas mal de choses sur moi, l'estime en laquelle me tenait Julien et l'aide que je lui avais apportée. Si je les avais écouté je serais reparti chercher mes affaires et emménagé tout de suite.

« J'arriverai demain matin, » dis-je.

Je rentrai à Puch et annonçai ma nouvelle affectation.

« Je m'en doutais et tu as raison, me dit Julien, coté filles mis à part, tu seras plus en sécurité qu'ici mais, sois quand même prudent. »

Et ce fut ma dernière nuit à Puch.

Le lendemain matin je me levai de bonne heure, mon sac était prêt, toilette au robinet, un coup de rasoir. Julien était debout lui aussi et venait de soigner les bœufs. « Viens boire le café avant de partir. »

LE DEBARQUEMENT

Nous nous apprêtions à nous asseoir lorsque Raymond, le fils aîné des Veyri, arriva en courant.

« Ca y est ! Ca y est ! Cette fois, c'est la bonne ! Ils ont débarqué ! Une armée formidable... La radio anglaise n'arrête pas de donner des informations entre coupées de messages secrets et d'appels à la population... Venez vite, venez écouter ! »

Nous bondîmes chez Veyri.

C'était bien vrai ; depuis l'aube on se battait sur les plages normandes, cela étonnait un peu de voir qu'ils avaient choisi cet endroit là pour débarquer, tout le monde s'attendait au Pas de Calais. Après tout, c'était probablement la raison et le choix de ce lieu n'en était que plus génial.

On but le café chez Veyri, et aussi du vin blanc... C'était une hérésie, mais il fallait bien fêter le débarquement !

Dans la cour je rencontrai monsieur Thibaud qui passait, l'air pensif et les mains derrière le dos selon son habitude, j'allai vers lui. « Vous connaissez la nouvelle, monsieur Thibaud, ça y est, les alliés ont débarqués en force sur les plages normandes... »

« Oui, je sais... Evidemment les allemands seront chassés de chez nous et ce sera une bonne chose... Mais entre quelles mains notre malheureux pays va-t-il tomber... Dieu seul le sait. Nous verrons encore très certainement des choses pas très jolies... Enfin nous verrons bien... »

Je lui serrai la main et lui annonçai mon départ, sans me poser de question il me souhaita bonne chance et reprit sa promenade. Je ne devais plus le revoir, son cœur devait le lâcher peu de temps après.

Je fonçai vers Blasimon, plein de confiance en l'avenir... Nous étions le 6 juin 1944...

BLASIMON (6 juin–14 août 1944)

Tous ces évènements avaient retardé mon arrivée et les filles m'attendaient, se demandant ce que je faisais.

Lorsque je leur annonçai le débarquement et la grande bataille qui se livrait en Normandie, ça n'eut pas l'air de les émouvoir beaucoup ; par contre, elles étaient beaucoup plus motivées par l'ouverture prochaine d'un nouveau bal clandestin, à la ferme Laroche. C'était plus près, dans la commune même, et nous n'aurions plus besoin d'aller courir au « Grand Antoine » ; tout bien pesé ça ne me dérangeait pas non plus.

Leur mère avait lié les bœufs et passait la herse dans la vigne, pas très loin de la maison, elle n'en pouvait plus et devait elle aussi se demander ce que je foutais pendant qu'elle esquintait ses pieds nus sur les mottes sèches.

Elle ne parlait pas le français mais comprenait à peu près ce qu'on lui disait, lorsque je lui fis part de la nouvelle du jour elle se signa et fit une courte prière. J'attrapai quelques mots, le malheur, les morts, son fils ; je la laissai se lamenter et relançai les bœufs.

A midi, lorsque les filles m'appelèrent pour manger, j'avais déjà hersé un grand carré de vigne. Le repas fut très gai, tout le monde était très content, la mère parce qu'elle voyait que le travail allait marcher, les filles parce qu'elles avaient à domicile quelqu'un avec qui elles allaient passer de bons moments, et moi... Mais je laisserai de coté la partie sentimentale, qui, malgré la place tenue, n'a pas beaucoup d'importance dans le déroulement des événements qui suivirent...

MA NOUVELLE VIE A BLASIMON

La mère ne parlant pas le français, la conversation se faisait dans les deux langues ; très vite je me rendis compte que j'attrapais pas mal de mots dont seule la syllabe finale différait d'avec le gascon, la racine latine étant la même. Je ne fis aucune remarque et commençai à apprendre.

L'aînée des filles, Inès, me raconta l'histoire de sa famille qui était originaire d'une petite ville de la Vénétie, sur les bords de la rivière Piave ; pendant la grande guerre, cette région avait été envahie et pillée par les troupes hongroises, et plusieurs batailles s'y étaient déroulées par la suite pour les déloger. A la fin tout était dévasté et ruiné.

C'était un officier français du corps expéditionnaire, gros propriétaire dans le Libournais qui avait incité leur père à s'expatrier et lui avait confié une grosse métairie. Il s'était rapidement tiré d'affaire, d'autres enfants étaient nés en France, bref, il s'était bien enraciné avec sa famille lorsqu'il était mort, les reins cassés en tombant sur le timon d'une charrette.

« Ma mère a pris cette propriété en fermage et nous l'exploitions avec mon frère Henri, me dit Inès, ça marchait bien, lorsque l'année dernières l'armée italienne l'a appelé ; il est parti et maintenant il est prisonnier et nous sommes seules, nous avons un autre frère pas très loi d'ici, du coté de Mauriac, dans un endroit qu'on appelle « Balette ». On voit très bien où c'est depuis la vigne d'en haut, nous avons aussi deux autres sœurs et deux frères du coté de Libourne, tu les verras, ils viennent de temps en temps nous donner un coup de main. »

« Mais comment votre frère ne s'est il pas tiré des pattes, puisque vous avez de la famille et des amis un peu partout ? » demandai-je.

« Il n'a pas osé ; nous avons de la famille en Italie, des sœurs qui sont mariées ; elles étaient restées avec mes grands-parents, mon père était ici avant l'arrivée de Mussolini au pouvoir, nous sommes connus et recensés par le consulat d'Italie à

Bordeaux, parfois convoqués sous tout un tas de prétextes et on en profite pour examiner notre situation ; le consul est un sale type, un fanatique, qui s'appelle Luigi Drago. La dernière fois que nous y sommes allées, ma sœur Laetizia s'est fait engueuler parce qu'elle parlait mal l'italien, nous c'est le vénitien que l'on parle et il y a une différence avec le toscan qui est la langue officielle ; mais on nous a quand même donné deux kilos de pâtes. »

Les bâtiments, assez récents, étaient vastes et bien aménagés ; outre la paire de bœufs, il y avait une belle vache laitière qui donnait matin et soir une bonne quantité de lait.

J'étais logé dans la chambre du fils, attenante au bâtiment principal ; on y accédait de l'extérieur par une porte fenêtre d'où l'on voyait un long morceau de la petite route de Sauveterre. En cas d'alerte je pouvais gagner les bois tout proches en longeant une haie épaisse, c'était idéal, et je me sentais beaucoup plus en sécurité qu'à Puch.

C'était une erreur ; les gars comme nous n'étaient en sécurité nulle part…

Pas de radio, pas de journal ; je filais le parfait amour, tout le monde était content, le boulot marchait bien.

Alfred me tenait au courant de la situation militaire, il était inquiet, son frère n'avait pas reparu depuis quelques jours. « Je ne sais pas où ils sont, me dit-il, ils changent tout le temps de place, toujours sur le qui-vive ; il ne devrait quand même pas tarder à revenir, il n'est jamais resté aussi longtemps. »

LA BONNE DU CURÉ

Je ne pouvais pas dire que j'étais importuné par les visiteurs… On ne voyait jamais personne, à part un vieux solitaire qui venait tous les soirs chercher un litre de lait, et une jeune fille de dix sept ans qui venait elle aussi tous les matins pour la même raison. Elle arrivait en vélo, jacassait un moment avec les filles puis repartait vers le bourg, son pot à lait pendu au guidon.

« Qui est-ce ? » avais-je demandé à Laetizia.

« C'est la bonne du curé, lui aussi vient de temps en temps ; tu le verras bientôt, sans doute. »

« Tizia » était une chic fille ; bien souvent c'était à elle que je m'adressais pour suggérer à leur mère une modification dans l'ordre des travaux ou pour les rares besoins matériels qui étaient les miens.

« Tu comprends, lui disais-je, de vous quatre c'est toi que je connais depuis le plus longtemps… Tu m'avais déjà repéré sur la route de Sauveterre… »

« Salaud, répondait-elle en riant ; qu'est-ce que vous avez pu me balancer comme conneries, ton copain et toi ! »

Après le repas du soir, c'était la rigolade, une des filles commençait à chanter et ça partait, tout le monde reprenait… On dansait aussi ; on tirait la table et je commençais à leur faire travailler le paso-doble à l'espagnole, les soirées se finissaient très tard, dans l'herbe, au bord du ruisseau.

DES NOUVELLES DU MAQUIS DE LAFOURCADE

Pierre Thomas arriva deux jours après ; il avait les traits tirés, l'air fatigué ; ses vêtements n'étaient plus très propres et on voyait par ci, par la quelques petits accrocs.

« On n'arrête pas de cavaler, me dit-il, d'une planque à une autre ; un détachement d'allemands et de miliciens est toujours sur nous et ne nous lâche pas. Depuis l'affaire de La Réole nous avons des problèmes d'armes et de munitions ; nous avons eu deux morts dans un accrochage mais, moi j'ai tué un boche, un motocycliste, il m'arrivait droit debout et n'a pas fait un pli. Nous nous sommes dispersés ; je vais rester quelques jours ici, le temps que ça se tasse. »

« Et Maxime ? » demandai-je.

« Il est sur les dents ; il ne peut pas encaisser que son frère soit aux mains des boches ; nous savons qu'ils n'ont pas encore été fusillés et il cherche toujours une combine pour aller les sortir. Il sait que vous êtes à Puch, ton copain et toi, mais moi je redoute la suite, ce ne sont pas des soldats et c'est très dur pour leur faire admettre un semblant de discipline. »

Il avait l'air d'en avoir gros sur l'estomac ; je ne lui posai pas d'autres questions mais il en avait marre et redoutait de se faire descendre, ça se voyait.

Chaque affrontement devenait de plus en plus inégal, en peu de temps tout avait été bouleversé ; plus d'armes, plus de munitions, il ne restait plus que quelques hommes autour de Maxime et le Grand Pierre ; les autres étaient planqués, dispersés, isolés.

Je commençais à me rendre compte que j'avais de la chance…

BLASIMON

L'euphorie qui avait suivi l'annonce du débarquement et sa réussite s'estompait et faisait place à une vision plus réaliste, il fallait attendre… En Normandie, les alliés n'arrivaient pas à percer les défenses allemandes.

Il n'y avait pas d'allemands à Blasimon, mais les filles m'avaient donné les noms de plusieurs personnes dont il fallait se méfier.

Je n'avais pas encore eu l'occasion d'aller dans le bourg ; un jour, la « mamma » me fit dire par une des filles qu'il fallait aller au chai à vin, en plein centre, pour remplir le tonnelet qui servait à la consommation familiale.

J'attelai les bœufs et Laetizia vint avec moi pour me montrer les lieux ; le chai se trouvait en plein bourg, au fond d'une cour derrière l'épicerie, la réserve de vin de la famille Campaner tenait dans quelques demi-muids dont un était entamé. Je remplis le barricot et vérifiai les autres fûts ; le vin avait grand besoin d'être soutiré...

L'épicier vint me voir et me donna un coup de main ; c'était un homme très aimable du nom de Benech, je le remerciai de son aide et lui dis que nous allions nous revoir car j'allai revenir le plus tôt possible soutirer et soufrer le vin ; ça pressait...

Au pas lent de la paire de bœufs nous repassâmes sur la petite place ; le bistrot attendait sa fournée d'habitués pour la belote du soir, devant la cure, le curé nous fit un amical bonjour de la main.

« LA PEYNUDE »

Tout respirait le calme, presque la sérénité dans cette jolie petite ville ; une fille de douze ou treize ans passa devant nous tirant une vache par la corde, pieds nus, misérablement vêtue, elle nous jeta un coup d'œil furtif, sans répondre au bonjour de Laetizia.

« C'est la « Peynude », me dit-elle, on l'appelle comme ça parce qu'elle est toujours pieds nus ; c'est une fille de l'assistance publique, placée dans une ferme. Tous les jours, par n'importe quel temps on l'envoie garder la vache sur les bords des chemins, toujours pieds nus. Elle est à moitié sauvage... »

« Pauvre fille, dis-je, c'est pitoyable de voir ça... Quelle vie elle doit avoir ! »

Laetizia haussa les épaules. « Tu verras... Il y en a d'autres encore plus malheureux, un surtout, un pauvre petit d'une dizaine d'années qui garde lui aussi des vaches et quelques moutons ; comme la « Peynude » il est dehors par tout les temps, il se protège du froid avec une peau de mouton attachée sur la poitrine par les quatre pattes... »

Nous rencontrâmes une autre fille, une blonde celle-là, vêtue d'une robe légère, très jolie, élégante, elle paraissait avoir dans les vingt cinq ans ; elle nous fit un grand salut de la main agrémenté d'un sourire charmeur.

« Tizia » me glissa à l'oreille : « C'est Y—— la coiffeuse ; elle a beaucoup cavalé avec les allemands, mais pas avec les trouffions, rien que les officiers, ils l'appelaient « Walli », qui parait-il veut dire Y—— en allemand. Elle est maintenant la maîtresse de monsieur Nègre, le buraliste qui lui aussi était un grand ami des allemands. »

Je compris tout de suite qu'il vaudrait mieux pour moi d'éviter les contacts avec la coiffeuse et le buraliste. Ce n'était pas difficile, je n'avais rien à foutre ni avec l'une, ni avec l'autre...

« L'ARBRE DE BALETTE »

Nous étions assis tous les deux sur le rancher de la charrette ; le soleil couchant éclairait devant nous une vaste étendue où la tache claire des champs fraîchement labourés rompait par endroits la monotonie verte des bois. A une douzaine de kilomètres, vers Soussac, la butte de Launay dominait le paysage.

« Tu vois ce gros arbre, là en face, c'est l'arbre de Balette ; c'est le plus haut de la région, on vient le voir de partout, par curiosité. Le petit point blanc, à coté c'est la maison de mon frère Albert ; un jour, nous irons chez lui, il vaut mieux y aller à pied, il y a un chemin qui traverse les bois. C'est un chemin de terre où ne passent que quelques charrettes, mais c'est tout droit ; par la route, à vélo, on ne fait que monter et descendre et c'est bien plus long. »

Les bois paraissaient immenses et avaient quelque chose de rassurant ; évidemment le Grand Pierre, Maxime et les autres pouvaient se cacher ou se déplacer sous le couvert sans être vus, c'était parfait, à condition de ne pas faire d'imprudences. D'après ce que m'avait dit Pierre Thomas, ce n'était malheureusement pas le cas…

LES FAMILLES ITALIENNES

Le temps de poser le barricot et de le mettre en place, rentrer et soigner les bœufs, la nuit était déjà tombée ; nous étions à table lorsqu'une femme, italienne elle aussi, arriva bouleversée, elle parlait très vite et je ne compris qu'une chose, c'est que quelqu'un était mort. La mamma Campaner se lamentait et les mots italiens qui signifiaient le malheur et la mort revenaient sans cesse.

Je les laissai à leurs jérémiades et partis m'étendre au bord du ruisseau, la femme s'en alla enfin et les filles me racontèrent :

Toutes les familles italiennes qui étaient installées dans les fermes des alentours se connaissaient et se fréquentaient ; certaines, comme la leur, étaient arrivées en France avant l'avènement du fascisme, poussées à l'exode par le chômage et la misère. D'autres, et c'était les plus nombreuses, avaient fui leur pays pour des raisons politiques et n'avaient pas voulu vivre sous la férule mussolinienne. Et puis il y en avait une autre catégorie, peu nombreuse il est vrai, c'était celle des ardents partisans du « Duce », et amis sincères des alliés allemands, fraternisant joyeusement avec eux.

Une de ces familles était installée sur une ferme dans une commune voisine ; leur sympathie pour l'occupant les avait rapidement fait tenir à l'écart. Toujours est-il que l'un des fils occupé à labourer un champ vit arriver et stopper une voiture pleine de maquisards. Aussitôt à terre, ces derniers avancèrent vers le jeune homme, mitraillettes braquées ; sans illusion sur le sort qui lui était réservé, le jeune italien lâcha sa charrue et fonça vers le bois tout proche. Quelques rafales mirent fin à sa course en même temps qu'à sa vie...

La mamma égrena son chapelet jusqu'à une heure avancée de la nuit en priant d'une voix monocorde... Les filles dormaient...

On commençait à entendre parler d'enlèvements de personnes suspectées d'avoir des sympathies pour le gouvernement de Vichy et les allemands. Ces gens là, on ne les revoyait pas ; exécutés, disparus, effacés, enterrés au plus profond des bois, le Grand Pierre devait exceller dans ce genre de sport et Maxime, depuis l'affaire de La Réole, ne devait pas être bien tendre non plus.

J'avais expliqué à toute la famille qu'il fallait soutirer et sulfiter le vin pour l'empêcher de piquer et de se perdre. Tout le monde étant d'accord, je partis donc avec les bœufs et le tombereau ; je n'avais rien à transporter, mais le fait de traverser le bourg avec un attelage prouvait que j'étais bien un paysan, mener une paire de bœufs ne s'improvisait pas. Sur mon tombereau, lançant de temps en temps un commandement en gascon à la mode du pays, personne ne fit attention à moi.

LES BANDITS DE GRAND CHEMIN

L'épicier vint me tenir compagnie pendant que je pompais le vin ; il ne me posa pas de questions indiscrètes, commerçant dans un secteur à risques, il connaissait les usages et ne parlait pas trop.

Cependant, il me raconta qu'une famille qu'il connaissait bien avait reçu une nuit la visite de quelques hommes masqués et armés qui les avait accusés de collaboration, battus et enfermés dans une pièce pendant qu'ils pillaient la maison, argent, linge, bijoux, provisions tout avait été raflé. L'épicier m'assura qu'il s'agissait de braves gens, honnêtes et sans reproche, en aucun cas amis de Vichy et des allemands.

« Peu à peu, me dit-il, je vois disparaître tous les bons à rien de la contrée ; on commence à parler de faux maquis se livrant au pillage et n'ayant bien entendu aucun lien avec des groupes de résistance. Je sais que certains de ces types sont passés d'abord au maquis pour se procurer des armes et ont ensuite foutu le camp pour aller faire de sales coups ; à l'heure actuelle il est bien difficile de faire la différence entre les bons et les mauvais. »

Ce que l'épicier venait de me dire ne me surprenait pas ; mais toute cette agitation et le fait que les allemands et la Milice avaient mis le nez sur les traces du Grand Pierre et de Maxime risquaient d'amener du vilain à plus ou moins brève échéance.

Heureusement pour moi j'étais bien mieux dissimulé qu'à Puch et je pouvais fuir rapidement dans les bois en cas d'alerte sérieuse ; il y avait tout près de la ferme une dizaine d'hectares de taillis touffus que je pouvais atteindre rapidement, protégé de la vue par une haie épaisse.

De toute façon je n'avais pas le temps de broyer du noir, chansons, danse, c'était tous les jours la franche rigolade, après le boulot, bien sûr car personne ne rechignait au travail. Tous les soirs, Pierrot, l'ami de Santina, venait faire sa petite visite, il me fit part d'un projet que ses copains et lui étaient entrain de peaufiner.

Ils avaient décidé de faire une « visite » nocturne chez un couple qui avait affiché ses sympathies pour l'occupant et qui depuis que le vent avait tourné cherchait à faire oublier ses démonstrations passées.

« Ils ont une trouille bleue des terroristes, me dit Pierrot, les copains vont arrivés masqués en pleine nuit et vont les tirer du plumard ; ça ne va pas être triste, c'est moi qui fabrique les mitraillettes en bois, le canon est fait avec un tube de cachets d'aspirine. Le tout peint en noir, la nuit c'est à s'y méprendre, j'ai bientôt fini, on ne va pas tarder à faire le coup. »

CHASSE AUX REFRACTAIRES

On était à la mi-juin ; un soir, un orage très dur éclata, il tomba beaucoup d'eau et un peu de grêle. Mais on entendait du coté de Puch un grondement sourd qui ne présageait rien de bon ; Jeannot vint me voir le lendemain et me confirma qu'il avait beaucoup grêlé et que les dégâts étaient énormes.

Mais ce n'était pas pour cela qu'il était venu ; son frère Joseph était arrivé deux jours avant spécialement pour nous recommander de ne pas aller chez nous, il y avait des allemands partout, et le rôle de ces unités était la chasse aux hors la loi. Des communiqués officiels exhortaient le bon peuple à dénoncer ces mauvais français ; c'était un devoir national et l'appât d'une forte prime encourageait les délateurs.

Quelques temps avant, les autorités avaient essayé la manière douce : Tous les réfractaires qui iraient se présenter spontanément pour faire leur soumission seraient considérés comme des égarés, pardonnés, traités avec compréhension et rentreraient dans la légalité sans aucune sanction.

Quelques uns l'avaient cru et s'étaient rendus ; immédiatement livrés à la Gestapo ou à la Milice, ils avaient été roués de coups ou torturés jusqu'à ce qu'ils aient donné les noms de ceux qui les avaient aidés et pourvus de planques et de faux papiers. Beaucoup d'arrestations avaient suivi.

Des cheminots travaillant sur les rails autour de la gare de Bordeaux avaient vu ces pauvres bougres embarqués dans des wagons à bestiaux, à l'écart, sur des voies de garage. Accablés de coups de trique et de bottes, certains ne tenaient plus debout et étaient traînés par les cheveux.

Joseph avait aussi dit à son frère que mes parents avaient eu des ennuis à cause de mon absence mais que le maire, le cousin Rouaud avait arrangé les choses, Joseph n'en savait pas plus long. Je repartis avec lui pour Puch ; je voulais voir mes amis Lauzeille que je trouvai catastrophés ; les dégâts étaient importants, je fis la tournée avec Julien, la majeure partie de la récolte était perdue.

« Le patron ferait bien de vous laisser le peu qui reste, » lançai-je.

« S'il n'y avait que lui, il le ferait certainement, dit Yvette ; mais avec ces garces de femme on va tout partager, jusqu'au denier grain ! Et il va falloir passer une année avec ça ! »

Julien me raconta que, quelque temps avant, quelques hommes étaient venus faire lever monsieur Thibaud pour voir sa voiture et la « réquisitionner ». Le garage ouvert, la voiture déjà ancienne et d'un modèle peu courant ne leur convint pas ; ils se contentèrent de rafler trois bidons de dix litres d'essence que monsieur Thibaud avait mis de coté pour des jours meilleurs. Julien me fit la description de celui qui commandait l'opération ; aucun doute, c'était Maxime Lafourcade.

Le suisse et toute sa famille avaient failli crever de peur et s'étaient enfoncés dans les bois ; maintenant me dit Julien, ils se font tout petits et même quand leur copains viennent chercher des œufs, ça ne dure pas longtemps.

Julien et Yvette me recommandèrent une fois de plus d'être très prudent et de ne pas traîner sur les chemins ; placés comme ils étaient, ils voyaient passer des détachements spéciaux précédés ou suivis par un blindé léger. Il y avait toujours deux ou trois camions chargés d'hommes en tenue de combat, armes à la main, prêts à sauter à terre à la première alerte.

Julien me dit aussi que l'on s'était aperçu que dans ces unités qui patrouillaient dans le pays, il y avait avec les allemands, des français en uniforme de la Wehrmacht.

Je quittai mes amis et rentrai à Blasimon.

REPERAGE PENDANT LA COUPE DE LA BRUYERE

Il restait très peu de bruyère pour faire la litière au bétail, et la mamma me demanda si je voulais bien aller en couper une charrette ; je n'avais jamais fait ce travail, n'ayant jamais fauché à la main que du foin ou du fourrage, mais, Julien et le pépé m'avaient montré comment opérer, en laissant la bruyère fauchée répartie en petits tas réguliers.

La brave femme vint m'accompagner pour me montrer l'endroit ; nous suivîmes un moment la petite route de Sauveterre et, presque au sommet de la première cote, nous prîmes à angle droit une allée charretière qui s'enfonçait dans l'épaisseur des bois. Il y avait là des chênes magnifiques ; les feuilles mortes et les débris de fougère tapissaient le sol et étouffaient le bruit des pas.

Plus nous avancions, plus la végétation était dense de part et d'autre du sentier ; la partie à faucher était une clairière garnie de fougère, de bruyère et de quelques touffes de genêts, je décidai d'y venir le lendemain matin, au frais.

J'avais mis les bottes du fils pour me protéger des vipères, le pépé Lauzeille m'avait dit : « C'est aux premiers coups de faux que tu risques d'en trouver ; après, le bruit les fait fuir et elles se défilent dans les souches. »

J'aiguisai soigneusement le fauchon court et épais que chez nous on appelle « dailhot », et le lendemain je démarrai avant l'aube ; je trouvai sans peine l'endroit et le jour commençait à poindre lorsque je donnai mes premiers coups de « dailhot ». Je ne vis pas de reptiles, mais un gros busard s'envola des fourrés, non loin de moi ; il devait y avoir son nid et devait se charger d'assainir le coin.

J'attrapai vite la cadence et les petits tas de bruyère commençaient à garnir la clairière, à midi j'en avais fauché un bon morceau et je décidai de n'y revenir que le lendemain matin, toujours à l'aube, pour terminer la coupe.

C'était parfait, en théorie ; mais en me levant je m'aperçus que j'étais complètement moulu ; les bras, les reins, les épaules me faisaient atrocement mal. Cela n'avait rien de surprenant, ce travail pénible était nouveau pour moi et la réaction musculaire était logique.

Je repris la coupe, mais je compris de suite que je ne ferai pas le rendement de la veille ; au bout d'un moment, je m'arrêtai pour souffler un peu, puis, pour me décoincer un peu les reins, je m'avançai dans le sentier, je me doutais qu'il traversait les bois pour rejoindre la grande route de Castillon qui était à peu près à un kilomètre vers l'est. Je poursuivis ma promenade et arrivai au ras de la route, je n'allai pas plus loin et retournai à mon travail.

En foulant le tapis de fougère qui recouvrait le sentier, je ne savais pas à quel point cette promenade bucolique m'était bénéfique et, quelque semaines plus tard, allait me sauver la vie…

Toute la famille vint avec moi charger la bruyère ; les filles n'avaient que des sandales et ne posaient le pied qu'à coup sûr, mais on ne trouva rien de rampant, le busard y était sans doute pour beaucoup.

Je dressai une meule à peu près convenable ; la mamma était très contente et en profita pour remercier la madone en égrenant une fois de plus son inévitable chapelet. J'aimais cette mentalité italienne, franche et spontanée, passant directement du rire aux larmes, mais toujours sans arrière pensée.

La cuisine aussi avait eu tout de suite mon adhésion ; toute les semaines, la mamma faisait deux ou trois gros fromages ronds qu'elle mettait à fermenter sur une planche qu'elle ne lavait jamais car elle était imprégnée des bactéries indispensables, c'était visqueux et ça puait l'aigre, mais le fromage qui levait dessus était divin.

Souvent elle le faisait frire à la graisse d'oie, coupé en tranches comme de grosses frites dorées ; c'était succulent… Bien sûr, elle faisait aussi des pâtes, avec des œufs, de la belle farine de blé que l'on obtenait grâce à un petit moulin fabriqué par le fils.

Je découvrais aussi tout un tas de plats inconnus pour moi, mais tous très bons ; un jour je leur racontai l'épisode du cheval de Dulos, elles n'en revenaient pas... Manger du cheval crevé, c'était impensable...

Je commençais à bien comprendre leur langue et je suivais sans peine la conversation, mais sans le laisser voir, non pas pour surprendre leurs petits secrets, mais pour leur faire bientôt la surprise d'une réponse cohérente dans leur langue.

LE BAL DU « GRAND ANTOINE »

Le dimanche suivant je partis avec deux des filles au bal du « Grand Antoine » ; le marseillais et les autres étaient là et ça animait très fort.

En entrant, je vis que ce n'était pas le même accordéoniste qu'à l'accoutumée ; c'était un crack, et les notes jaillissaient en cascade de l'instrument. Je m'approchai, intrigué ; je reconnus Pétrini, un réfugié d'origine italienne qui faisait de temps en temps une soirée à la « bergerie » avec son copain Cordier, lui aussi un as de l'accordéon. Tout le monde chez nous connaissait Pétrini, mais lui, heureusement pour moi, ne connaissait pas tout le monde ; j'allai lui demander un paso-doble, il attaqua « Querida » et j'enlaçai Laetizia.

Sur la piste où nous étions seuls, ça tourna vite à la démonstration, presque l'exhibition... Ma partenaire s'en tirait très bien ; nous avions amplement répété pieds nus, sur les carreaux de la cuisine en travaillant les attitudes avec un souci de perfection rarement égalé, pendant que le reste de la troupe se tordait de rire...

Nous eûmes droit aux bravos et à « l'admiration des foules » ; l'ambiance était très gaie et tout le monde se défoulait en profitant de la minute présente.

Le bal battait son plein lorsqu'un type me frappa sur l'épaule. « Viens un peu par là, il faut qu'on parle. »

Je le suivis à l'écart sans comprendre ce qu'il me voulait.

« Voilà, me dit-il, je sais que tu viens de te planquer à Blasimon il n'y a pas longtemps ; nous sommes quelques copains qui avons monté un groupe armé pour faire de la résistance, tu viens d'arriver et nous cherchons du renfort ; tu es peinard, mais tu ne vas pas le rester longtemps. De toute façon, il faudra que tu viennes. »

Sa tête et sa façon de faire ne m'avaient pas plu ; il était seul, plutôt sale et négligé et n'avait jusque là parlé à personne.

« Ecoutes bien, dis-je, c'est vrai je viens juste d'arriver ; mais tes copains et toi n'aviez encore aucune idée de ce qu'était la résistance que j'étais déjà dans le bain ; j'ai failli y laisser la peau, d'autres n'ont pas eu ma chance. Mais si vous voulez de l'action, allez rejoindre le Grand Pierre et Max et la vous en aurez... Quant à moi, j'attends les ordres... »

« Ca va... Excuses... Je ne savais pas... » Un moment après, il avait disparu.

Je demandai au marseillais et aux autres habitués s'ils connaissaient mon interlocuteur ; certains l'avaient déjà vu roder dans les environs mais personne ne savait qui il était.

Un mouchard ? Peu probable ; je pensais plutôt qu'il avait dit vrai et qu'il était entrain de monter une bande armée, il lui fallait du monde et il cherchait. Il surgissait un peu partout des résistants de tout poil ; difficile de distinguer dans cette nuée de vocations subites les vrais des faux, les bons des mauvais... Mon interlocuteur était probablement orienté vers le banditisme pur et simple. C'était moins dangereux que de s'en prendre aux boches et ça rapportait davantage...

Cet incident m'avait mis la puce à l'oreille ; c'était de ma faute et tant pis pour moi ; je le savais, dans ma situation je n'avais pas intérêt à rechercher les bains de foule et à attirer l'attention. Il valait mieux que je ne revienne pas trop souvent dans ce bal.

Nous rentrâmes à la nuit, sans mauvaises rencontres...

SANS NOUVELLE DE RENE

Lorsque Joseph Chavaneau était venu à Puch, il avait dit à son frère qu'il avait vu les parents de René Lartigue et qu'ils étaient sans nouvelles de leur fils. Ils avaient appris qu'il y avait eu des accrochages dans le secteur où se trouvait René ; mais, depuis le débarquement, la situation changeait tous les jours et ils attendaient sans trop se faire de soucis.

René était dans le Tarn, une région qui avait été surprise par l'occupation de la zone libre ; dans ces contrées sous peuplées, la présence allemande avait été clairsemée et limitée aux grandes villes et aux points importants et stratégiques. Tout de suite la résistance s'implanta, alimentée par les stocks d'armes détournés ou abandonnés par l'armée française ; ces régions semi désertiques se prêtaient de façon parfaite aux parachutages, les paysans des Causses cachaient hommes et armes sans se rendre compte du danger couru.

Le travail de la Milice et des allemands fut facilité par les nombreuses imprudences commises ; les arrestations et les représailles furent nombreuses et meurtrières, on savait que les pendaisons, exécutions et incendies de fermes au lance-flammes se multipliaient.

Ce fut le drame de l'ancienne zone libre où l'on en était encore à penser que les allemands, face à nous, ne faisaient pas le poids.

LES FAUSSES MITRAILLETTES

Pierrot vint un soir et nous raconta l'expédition des faux terroristes à la mitraillette de bois chez le couple de collaborateurs.

Sur le coup de minuit, les copains masqués avaient fait les sommations agrémentées de coups de pieds dans la porte. Le type avait ouvert, tremblant de tous ses membres ; ils avaient tous les deux clamé leur patriotisme, reconnaissant qu'ils s'étaient trompés en soutenant le gouvernement de Vichy, jurant que maintenant ils étaient du bon coté et prêts à donner tout ce qu'ils possédaient pour prouver leurs bonnes intentions.

Claquant des dents devant les mitraillettes menaçantes, ils s'étaient dégonflés lamentablement ; les copains les avaient poussés à bout et le couple avait cru sa dernière heure venue. Tout le monde avait failli mourir, les uns de peur les autres du fou rire qu'ils parvenaient tout juste à retenir.

Peu de personnes étaient au courant de l'expédition et l'ensemble de la population crut à sa véracité.

LES ALLEMANDS HUMILIES

Une autre expédition, vraie celle-là, eut des conséquences différentes.

Alfred me raconta que quelques jours avant, une voiture avec trois ou quatre allemands était partie de Castillon pour aller chiner du ravitaillement dans les fermes, du coté de Pujols. Ils étaient dans l'une d'elles, entrain de palabrer lorsqu'ils se virent tout d'un coup entourés d'hommes armés de mitraillettes ; surpris, ils ne purent que se rendre.

Les maquisards firent déshabiller les allemands et chargèrent les uniformes, bottes, casques et armes dans le véhicule feldgrau et renvoyèrent les allemands à castillon, à pied et en slip.

Quelques personnes les voyant passer dans cette tenue leur balancèrent des quolibets et des insultes ; ils continuèrent leur marche vers Castillon, froids et insensibles.

Mais, le lendemain, ils refirent le parcours en sens inverse avec un détachement couvert par un blindé ; tous ceux qui s'étaient moqués d'eux furent ramassés ainsi que les habitants de la ferme soupçonnés, à tort ou à raison, de complicité avec le maquis.

LE CURE DE BLASIMON

La jeune bonne du curé venait tous les jours chercher le lait ; elle arrivait par le petit chemin raviné qui menait à la ferme, annoncée par un bruit de ferraille brinquebalante qui venait de son vélo déglingué.

Ce matin là, lorsque j'arrivai pour déjeuner, je trouvai la jeune fille étendue sur une chaise longue, toute pâlotte, avec la famille au complet empressée autour d'elle ; elle était tombée sur la pierraille du chemin, s'était blessée aux mains et aux genoux et se plaignait aussi d'un coup au ventre. Lorsqu'elle fut nettoyée, pansée et requinquée avec un petit verre de liqueur maison, une des filles alla l'accompagner jusqu'au presbytère.

Le lendemain, le curé vint lui-même chercher le lait ; j'étais là, et tout le monde demanda des nouvelles de la petite bonne.

« Je l'ai envoyée chez elle, nous dit le curé, elle se plaignait de contusions et j'ai conseillé à ses parents d'appeler le docteur. »

Le curé était un bel homme d'une quarantaine d'années, charmant, à la conversation agréable ; il se garda bien de me poser des questions gênantes, sachant sans aucun doute à quoi s'en tenir à mon sujet.

Il me serra la main avant de partir et me dit : « Jeune homme, vous avez trouvé une bonne place chez ces braves femmes, je les estime et je sais que vous les aidez beaucoup... C'est très bien, mais il faut être très sérieux. » Il eut un petit temps de réflexion et ajouta : « Et aussi très prudent dans votre situation. »

Je remerciai le curé de ses bonnes paroles et l'assurai de la pureté de mes intentions, c'était la logique même... Quant à la prudence, il y avait longtemps que j'étais vacciné !

Deux jours après les filles rapportèrent la nouvelle toute fraîche : Aussitôt arrivée chez elle, la petite bonne avait fait une fausse couche. Son père et sa mère se mirent aussitôt à l'engueuler en lui traitant de tous les noms et essayèrent de lui faire cracher le nom du coupable. Elle finit par désigner un semi attardé mental qui, paraît-il, avait essayé un temps de se frotter à elle.

Accusé ; menacé et copieusement injurié à son tour, le pauvre garçon jura tous ses grands dieux qu'il n'y était pour rien. On le crut sans peine...

Les chuchotements, le bouche à oreille allaient bon train et un certain nombre de regards commencèrent à converger, à tort ou à raison, du coté du presbytère...

Je ne sais pas si le curé eut vent de la rumeur, en tout cas il ne le montra pas ; tant que la petite bonne fut indisponible, il vint tous les jours chercher son litre de lait, il s'asseyait un moment, parlait de choses et d'autres. Puis le « signor curato » repartait à pied vers sa cure, toujours nanti de quelques œufs ou d'un fromage en supplément.

Vite rétablie, la petite bonne reprit son service et je n'eus plus l'occasion de voir le curé Gréciet ; il ne lui restait plus beaucoup de temps à vivre, et personne ne se doutait que le malheur et la mort allaient s'abattre sur ce joli pays.

LA FERME LAROCHE

L'une des filles revint du bourg avec un tuyau sûr et garanti... Ca y était, on allait danser le dimanche non pas au « Grand Antoine » mais à la ferme Laroche.

Ce n'était pas très loin et l'on pouvait facilement s'y rendre à pied par les traverses sans toucher à une route ou un chemin.

Toute l'équipe, gonflée à bloc, partit donc à la ferme Laroche ; je me sentais beaucoup plus en sécurité en avançant sur les sentiers, je me trouvai tout à coup devant un alignement de murets en pierre sèche, vestiges certains d'une présence antique. Les filles ne savaient pas ce que c'était ; elles s'occupaient plutôt de regarder où elles mettaient les pieds, toute cette pierraille étant farcie de reptiles de toutes sortes.

Je retrouvai chez Laroche les copains habituels ; ils entouraient un type que je ne connaissais pas et qui leur racontai son histoire. C'était lui aussi un réfractaire, il arrivait de la Dordogne où il opérait avec le groupe « Soleil » ; ils avaient eu affaire avec les allemands qui leur étaient tombés dessus avec des éléments de renégats russes de l'armée Vlassov. Ils avaient été surclassés et avaient subi des pertes sévéres, et lui-même avait reçu en fuyant un coup de sabre ou de « coupe chou » russe qui lui avait labouré le dos sur une trentaine de centimètres.

Il nous montra sa plaie sanguinolente et boursouflée qui commençait tout juste à se cicatriser ; il avait foutu le camp, cherchait une planque sûre dans le coin et ne voulait à aucun prix retourner l'abas.

Il nous parla du groupe Soleil qui était l'un des plus puissants et des mieux armés de la région, ce qui ne les avait empêchés de prendre une sacrée dérouillée ; ils avaient laissé un paquet de morts sur le terrain, sans parler des captures. Il avait été effrayé par la sauvagerie des ukrainiens et des mongols, ivres de sang et de massacre.

L'ambiance du bal n'était plus la même ; tout le monde se méfiait et était prêt à cavaler à la moindre alerte.

On racontait que dans un petit patelin des bords de la Dordogne, les allemands et leurs sbires français, étaient tombés subitement sur un bal clandestin, avaient obligés les danseurs à se déshabiller et leur avaient donné l'ordre de danser à poil, sous la menace de leurs armes et après s'être bien marrés, avaient embarqués tous les jeunes hommes qui étaient allés grossir les effectifs d'un train en partance pour les usines allemandes.

On ne traîna pas longtemps et on rentra à la ferme...

LA VISITE DE MARCEL

Peu de temps après, j'eus l'agréable surprise de voir arriver Marcel qui s'était rendu à Puch où il me croyait encore, les Lauzeille lui avaient expliqué les raisons de mon départ ; il était allé voir Jeannot en passant et était arrivé.

Trois des filles étaient là, le pauvre Marcel, époustouflé, en bégayait... Il me donna des nouvelles de Saint Exupéry, le petit village était encore sous le choc ;

tout le monde se méfiait et redoutait une nouvelle descente mais c'était sans raison, il n'y avait plus rien. Aucun des réfractaires n'était revenu ; chez Souan, la maison dévastée, était fermée ; la femme de Raphaël était partie du coté d'Auros et la mère Souan avait été recueillie par ses cousins, les Seuve, qui habitaient en face de chez Barathe.

Marcel n'avait plus de contacts avec la résistance ; les rares noms qu'il connaissait étaient soit arrêtés, soit disparus. Il était au courant de l'activité du Grand Pierre mais n'avait aucune confiance en lui.

Marcel se hâtait de préparer son installation en haut de Saint Martin ; les Sobole, qui avait abrité Jeannot, cherchaient eux aussi une nouvelle métairie et ne pensaient qu'a quitter ces lieux tragiques et dangereux le plus rapidement possible. Le moindre bruit de moteur dans le lointain faisait sursauter tout le monde ; il me raconta qu'au début, il était parti se planquer dans sa famille, dans un bled perdu après Blaye car il redoutait une deuxième vague d'arrestations, mais jusque là tout au moins rien ne s'était produit.

Il me recommanda la prudence et me supplia d'arrêter mes virées au bal ; lui aussi avait appris que mes parents avaient été inquiétés, mais n'en savait pas plus long.

J'étais content qu'il soit venu ; ça me rappelait les bons moments passés ensemble, il partit à regret, jetant un dernier coup d'œil vers les filles qui se marraient.

« Nom de Dieu d'sacré bon Dieu ! T'en as dégotté une fameuse, de planque ! »

C'est vrai que j'étais bien...

RENSEIGNEMENTS SUR LE GROUPE LAFOURCADE

Le fils qui était établi à Mauriac vint un matin voir sa mère et ses sœurs. Il s'appelait Albert mais elles l'appelaient « Berto », diminutif italien ; j'attendais sa venue avec impatience car placé comme l'était il devait être bien renseigné sur le Grand Pierre, Maxime et les autres.

Il nous raconta qu'il les voyait de temps en temps, mais qu'ils paraissaient être moins nombreux ; ils étaient venus lui demander de la volaille et des œufs qu'ils avaient payé, il n'avait pas à se plaindre d'exactions, mais redoutait de se trouver aux premières loges un jour ou l'autre en cas d'accrochage avec les allemands.

Il cherchait une propriété dans le Libournais et voulait quitter ces lieux le plus vite possible.

RENCONTRE AVEC UN MAQUISARD

Albert était venu chercher des affaires que sa sœur Inès, très bonne couturière, avait transformées ou retapées, des robes et des vêtements pour les enfants. Ce n'était pas tout à fait terminé et il fut convenu que nous irions, Thérèse et moi, les apporter à Balette dès que ce serait prêt.

C'est ainsi que nous partîmes tous les deux un dimanche matin par les petits chemins de traverse et les sentiers à travers bois. Je portais le ballot de fringues, nous n'étions pas pressés et faisions de petites haltes ; c'était à la fois agréable et pittoresque.

Nous sortions du couvert et nous apprêtions à traverser une petite route lorsqu'un homme émergea d'un fourré et se dressa devant nous : « Stop ! Où allez-vous ? »

C'était un soldat français… Enfin presque ; il avait un casque, chemise kaki et fusil 36 à l'épaule. « Vous avez vos papiers ? Et qu'est-ce qu'il y a dans ce ballot ? »

Je lui expliquai que nous allions là haut, à la ferme du gros arbre, j'ouvris le ballot et lui montrai les vêtements.

Nous sortîmes nos papiers ; il regarda les miens avec attention. « Ça va, c'est bon ! » dit-il en nous rendant nos cartes.

« Eh non… C'est pas bon » dis-je.

Le type me regarda, surpris. « Eh pourquoi donc ? »

« Parce que mes papiers sont faux, camarade ! »

Thérèse se marrait… Le porte flingue prit le sage parti d'en faire autant ; il reprit mes papiers et les regarda de nouveau.

« C'est du beau boulot, apprécia t-il en connaisseur, mais ne vas quand même pas glander trop loin sur la route de Castillon ! »

Je le rassurai ; en repartant je vis un peu plus loin trois ou quatre hommes qui essayaient de faire démarrer une traction en la poussant. Ca n'allait pas, et ils s'engueulaient en faisant de grands gestes.

Toujours à travers bois nous remontâmes vers la ferme du frère, sur le plateau ; en marchant je réfléchissais : j'aurais pu tomber directement sur Maxime ou sur le Grand Pierre ; m'aurait-il laissé repartir, rien n'était moins sûr… J'aimais autant ne pas les avoir rencontrés.

LA FERME BALETTE

Lorsque l'on arrivait au sommet et que l'on atteignait la partie cultivée, ce qui frappait tout de suite le regard, c'était l'arbre. Jamais je n'avais vu une telle masse ; c'était une sorte de bouleau de plusieurs mètres de diamètre ; combien en faisait-il en hauteur, certainement plus de trente, le corps des bâtiments paraissait tout petit à coté, c'était impressionnant.

Albert nous avait vu arriver et nous attendait devant sa porte avec femme et enfants ; je m'étais arrêté devant le tronc monstrueux, la femme d'Albert s'approcha et me dit : « Il me fait peur… La nuit, quand le vent souffle sur le plateau, il me semble toujours qu'il va se coucher sur la maison et nous écraser tous… Il me tarde de partir d'ici ! »

Les femmes entrèrent dans la maison ; Albert me fit visiter les installations et les dépendances ; il ne manquait rien et c'était très bien entretenu, la propriété, vaste et d'un seul tenant paraissait d'un bon rapport.

« Pourquoi quittes tu cette ferme, demandai-je, elle a l'air d'être bonne et tu dois t'y retrouver ! »

« C'est vrai, répondit-il, mais la situation n'est plus la même, les types qui sont là (il montra les bois) vont nous attirer des emmerdements ; des policiers en civil, français ou allemands, sont venus se promener un peu partout dans le coin et ont interrogé pas mal de gens pour savoir ce que nous savions sur le maquis. Heureusement ici il n'y avait plus rien, ils étaient partis après Soussac, mais maintenant ils sont revenus ; mon frère aîné est venu me dire qu'il avait trouvé une propriété du coté de Libourne, aussitôt la moisson faite, je fous le camp… »

Je lui racontai notre rencontre sur la petite route, au fond du vallon.

« Je sais… Ils sont là depuis quelques jours ; deux d'entre eux sont venus chercher deux poulets et des œufs qu'ils m'ont payés, ça m'étonne quand même qu'ils soient encore là, ils ne restent jamais bien longtemps au même endroit. »

Albert avait une passion, l'ébénisterie ; sans jamais avoir appris il faisait des meubles superbes en noyer ou en cerisier, il avait rêvé d'en faire son métier, mais la guerre l'avait contraint de rester à la terre pour nourrir convenablement sa famille.

Comme ses frères, il avait fait du cyclisme et disputé de nombreuses courses, mais il avait eu un accident et arrêté la compétition alors que ses frères continuaient à écumer tous les « grands prix » de la région.

Albert était un brave type ; il se faisait beaucoup de souci pour son cadet, Henri, qui avait été fait prisonnier avec son régiment après un combat contre les allemands. L'absence de nouvelles lui faisait redouter le pire.

« LOU BOUDINN »

Thérèse et moi reprîmes le chemin du retour ; au fond du vallon la petite route était déserte et l'homme de garde avait disparu.

Lorsque nous arrivâmes à la maison, les filles préparaient le repas de midi ; dans la cuisine, un homme et une femme d'une trentaine d'années étaient assis.

« C'est notre sœur Adèle et son mari qui sont venus nous voir… »

Le mari avait déjà la bouteille et un verre de vin devant lui ; il faisait chaud et ils arrivaient à vélo d'un petit bled du coté de Puisseguin.

Santina me tira dehors sous un vague prétexte : « Ce n'est pas un mauvais bougre, mais il boit… Alors quand il a bu il tape sur ma sœur et va courir les filles ; c'est bien dommage qu'il soit comme ça car il a de l'or dans les mains, il est peintre décorateur et il a goût parfait... Mais il ne fait que des conneries et ma sœur l'a déjà quitté une fois ; il est venu la chercher en pleurant et en lui demandant pardon, ça a marché un moment mais maintenant il recommencé à boire et n'arrête pas de faire l'andouille... Tu vas voir. »

C'était vrai ; au début du repas il fut euphorique, il embrassait sa femme, débordait d'affection pour tout le monde, il était très volubile, parlait de son métier, de ses projets.

Le vin aidant, il s'excitait de plus en plus, racontait ses virées dans les bobinards de Libourne avec ses copains ; sa femme levait les yeux au ciel et restait muette ; il vidait verre sur verre et commençait à devenir agressif, c'était, parait-il, un pêcheur remarquable, j'aiguillai la conversation sur ce sujet, ça le calma un peu.

Nous devions revenir au bal chez Laroche ; je n'étais pas très chaud, mais les filles me dirent qu'il valait mieux partir, qu'il allait dormir et se calmer tout seul. Nous le laissâmes donc à table, à boire et à soliloquer ; sa femme, devant la porte, parlait en italien avec sa mère.

Les filles avaient surnommé leur beau frère « Lou Boudinn »... Allez savoir pourquoi ! Il s'appelait Henri Laforesterie et je ne devais le revoir que deux fois car lui aussi n'avait plus que peu de temps à vivre.

Avec deux des filles, je partis une fois de plus à la ferme Laroche, toujours par les traverses ; en arrivant près des murets antiques, des serpents qui se chauffaient au soleil filèrent dans la pierraille.

Laoetizia s'écria : « Merde ! Le temps est orageux, les serpents sont dehors ; ce soir il ne faut pas repasser par là, on risque de se faire mordre par une vipère ! »

LE MAQUIS DE PLUS EN PLUS PRESENT

Les mêmes têtes au bal ; mais tous ceux qui, comme moi, avaient intérêt à passer inaperçus se tenaient à l'écart et discutaient à portée des taillis. L'ambiance n'y était pas et le fils Laroche vint nous prévenir qu'il y avait trop de risques et qu'il avait l'intention d'arrêter les festivités.

Tout le monde avait hâte de partir ; je récupérai les filles et nous prîmes le chemin du retour en suivant cette fois la petite route ; à quelques centaines de mètres de là, il y avait une grosse ferme et une voiture que je connaissais bien était garée devant le portail.

Par l'ouverture béante des portières enlevées on voyait deux types assis qui fumaient, une mitraillette posée à plat sur les genoux ; au moment où nous passions, un troisième sortit de la ferme et se dirigea vers la voiture.

C'était un jeune, certainement moins de vingt ans ; il était vêtu d'un short noir et d'une chemisette d'un blanc immaculé, chaussettes et chaussures de montagne de très belle qualité.

Il était impeccable et balançait négligemment un superbe porte-documents au bout d'un bras où brillait un non moins superbe bracelet montre ; il portait à l'épaule une Sten avec la même désinvolture, il embarqua et la voiture partit.

Ils étaient donc bien dans le coin ; mais si les renforts étaient de la même catégorie que le beau petit jeune homme bon chic, bon genre que nous venions de rencontrer, ça laissait assez mal augurer de l'avenir. Pierre Thomas n'était pas au bout de ses peines...

En rentrant nous trouvâmes la Mamma qui consolait sa fille Adèle qui arborait un œil au beurre noir qui était un modèle du genre ; au lieu d'aller dormir son mari lui avait foutu une trempe et était parti cavaler Dieu sait où. La pauvre fille repartit chez elle le lendemain matin, la mort dans l'âme, ne sachant trop ce qui l'attendait.

Mais la fatalité et le hasard allaient se charger de régler sa situation de façon imprévue et bientôt définitive.

UN VELO NEUF

Je ne savais absolument pas ce qui avait pu arriver à mes parents pour motiver l'intervention du maire, le cousin Rouaud.

Il n'était plus question d'aller chez nous, nous avions été amplement avertis et dissuadés de tenter l'aventure ; de plus, à force de rouler par monts et par vaux mon vélo n'était plus qu'un assemblage de ferraille pratiquement hors d'usage.

Inès revint un jour de Castillon en portant démonté et ficelé un superbe vélo de femme neuf, avec changement de vitesse, éclairage... Il ne manquait que les pneus et les chambres ; elle l'avait trouvé chez un mécano ami de ses frères qui en avait encore quelques uns.

« Si tu veux, me dit-elle, je peux t'en ramener un ; le prix est de trois mille cinq cent francs. »

C'était très bon marché et ça tombait à pic, mais je n'avais plus assez d'argent ; je décidai Santina et Thérèse d'aller à Pian, je leur donnai une lettre pour mes parents avec toutes les coordonnées et mission de ramener des nouvelles et de l'argent. Elles partirent un matin de bonne heure et ne rentrèrent que le lendemain ; elles avaient dormi à la maison et étaient aussi allé voir la famille Chavaneau.

Les nouvelles de nos deux familles étaient bonnes et j'eus enfin l'explication de ce qui était arrivé à mes parents. Deux policiers en civils étaient venus chez moi où ils avaient trouvé porte close ; tout le monde, voisins compris, étant au travail dans les vignes ; ils étaient allés voir le maire et lui avaient collé sous le nez une liste de noms parmi lesquels figurait le mien.

« Où est-il ? Vient-il chez ses parents ? Et ses parents savent-ils où il est ? »

Les questions fusaient les unes après les autres... Le maire comprit de suite ; il affirma aux deux policiers que j'étais parti de chez moi parce que j'étais un fainéant et un bon à rien, et que mes parents (de braves gens ma foi) ne pouvant rien faire de moi m'avaient foutu à la porte. Personne ne savait où j'étais et le maire se portait garant du bon comportement et de la parfaite honnêteté de mes parents. Les policiers se contentèrent de ça et ne revinrent pas chez moi.

Cette enquête suivait-elle l'affaire de La Réole ? C'était probable, Blanchet avait dit qu'ils avaient trouvé des noms ; en tous cas pour ce qui me concernait l'histoire s'arrêta là. Mais sans le cousin René Rouaud mes parents ne s'en seraient, sans aucun doute, pas tirés à si bon compte. Ils auraient été arrêtés... C'était arrivé à tant d'autres !

Les filles racontèrent qu'elles avaient en même temps fait la connaissance d'une famille d'italiens installée depuis quelque temps dans l'ancienne maison Ducos, à coté de chez nous. Ils étaient parait-il en très bon termes avec mes parents et le mari aidait beaucoup mon père ; ça me rassurait, depuis son opération les gros efforts lui étaient déconseillés, il n'en tenait aucun compte et c'était très bien s'il avait trouvé un brave type pour l'aider.

DISCUSSION EN ITALIEN

Le soir, pendant le repas les filles racontèrent à leur mère, en italien, comment elles avaient été reçues et leur rencontre avec mes parents, les impressions et commentaires sur le petit voyage ; depuis quelque temps je suivais sans trop de peine leurs conversations dans leur propre langue mais sans rien laisser paraître.

Et la, tout d'un coup je me mêlai à la discussion.

La surprise fut totale ; je fus félicité, congratulé, embrassé... A partir de ce jour là on ne parla plus qu'italien à table pour la plus grande joie de la Mamma qui devint intarissable...

Je rencontrai Alfred et lui parlai de ce que nous avions vu en bas de Mauriac et en revenant du bal.

« Oui, me dit-il, les premiers étaient des hommes du Grand Pierre ; les autres, je ne sais pas... Il y a des types armés un peu partout maintenant ; qui sont-ils, que valent-ils ? Mon frère ne va pas tarder à revenir, on saura quelque chose avec lui. »

Alfred me donna les nouvelles des différents fronts ; les allemands reculaient partout, mais dans tous les pays occupés, France comprise, la répression était de plus en plus dure et les exécutions qui jadis étaient annoncée par la petite affiche rouge étaient maintenant secrètes et ne se comptaient plus. Toute personne arrêtée courait le risque d'être exécutée immédiatement avec un groupe d'otages en représailles pour attentat, ou, tout simplement pour faire régner la terreur et décourager la résistance. Tout cela incitait à la plus grande prudence...

Pierrot vint le soir même faire sa petite visite ; il était soucieux et nous raconta : « La traction sans portières s'est arrêtée devant chez moi... Il était quatre... Alors c'est toi le fabricant de mitraillette en bois ? Vous allez chez les gens leur foutre la trouille et c'est sur nous que ça retombe... Alors vous allez arrêter de faire les cons, où, puisque vous êtes si gonflé, vous n'avez qu'à venir avec nous et on vous en donnera des vraies ! Tu feras la commission à tes copains !

« Je n'en menais pas large, nous dit Pierrot, et je leur ai expliqué qu'on n'avait fait ça qu'une seule fois pour rigoler aux dépens d'un couple de collabos pas très intéressant. La guerre n'est pas une rigolade ; tous les jours il y a des gens qui meurent... Avertis-en tes copains ! »

A la description de celui qui paraissait être leur chef, là encore je reconnus Maxime ; fatalement, un jour ou l'autre nous allions nous trouver nez à nez, avec lui ou avec le Grand Pierre et je n'avais plus du tout envie d'aller en leur compagnie cavaler par les bois avec deux ou trois sections d'allemands aux trousses, sans parler des miliciens.

La leçon de La Réole n'avait servi à rien ; tôt ou tard les démonstrations avec les voitures sans portières et le préposé au F.M. ficelé sur le toit allaient mal finir. Je n'étais pas le seul à sentir venir le coup de torchon et à redouter la casse...

LES GENDARMES

Un autre beau-frère des filles était arrivé un jour ; il avait avec lui sa fillette qu'il amenait chez sa grand-mère. La maman, une sœur des filles, était morte un an auparavant et ce pauvre bougre qui n'avait pas l'air de rouler sur l'or s'était retrouvé seul avec cette gamine.

Marquée par la mort de sa mère et le manque de nourriture, la petite qui avait tout juste neuf ans, était dans un état de faiblesse et de maigreur à faire peur. Le père nous expliqua que c'était le docteur qui lui avait fortement conseillé d'envoyer la petite à la campagne où elle pourrait avoir une vie de famille, respirer et surtout manger à sa faim.

Inès avait fait tout de suite venir le docteur Raffin, de Sauveterre, qui en dehors des conséquences de la dénutrition et du choc causé par la disparition de la mère, n'avait rien trouvé de grave. Il avait prescrit un programme, plutôt qu'un traitement, pour retaper la petite ; il fallait doser la réalimentation avec prudence et augmenter progressivement afin que l'organisme puisse se réhabituer à un régime plus riche, des œufs, des laitages et pas trop de cochonnailles pour commencer. Il avait aussi ordonné des bains de soleil, tous les jours, avec un horaire très précis : Cinq minutes chaque jour pour éviter un choc trop brutal et des brûlures.

La petite Francette, c'était son nom, parlait peu ; nous étions tous aux petits soins pour elle, répondait gentiment par quelques mots timides lorsqu'on lui parlait. Elle partait tous les jours quand le soleil était au zénith s'étendre dans le pré, nue sur une couverture, une montre devant les yeux ; le temps d'exposition passé elle se rhabillait et rentrait à la maison.

L'appétit revenait ; elle avait une préférence pour le fromage que la mamma fabriquait une fois par semaine. Nous étions heureux de la voir remonter la pente.

Ce matin-là, j'étais parti de bonne heure avec les bœufs travailler une parcelle de vigne ; j'étais rentré à onze heures, les bêtes ne tenant plus le coup sous le soleil ardent. Je les avais rentrées, fait boire et soignées, puis j'étais allé dans la cuisine m'asseoir un moment.

La petite Francette était là elle aussi ; les filles étaient à Sauveterre et la mamma trimballait quelque chose devant la grange. Tout d'un coup, je l'entendis baragouiner avec quelqu'un, une voix d'homme, sèche et militaire, la questionnait ; je tendis l'oreille sans comprendre grand-chose.

« Francette, passe vite par derrière et regarde si ce n'est pas un gendarme ! »

La petite se faufila à l'extérieur et revint de suite. « Non, dit-elle, ce n'est pas un gendarme... »

Je respirai, soulagé...

« Ce n'est pas un gendarme... C'est trois gendarmes ! »

« Nom de Dieu ! »

D'un bond je fus tout de suite derrière la haie ; courbé en deux, je m'éloignai de la maison.

Enfin ils partirent...

« Qu'est-ce qu'ils voulaient ? » demandai-je à la mamma ; elle m'expliqua qu'ils cherchaient un homme qui avait fait irruption, le soir, dans plusieurs fermes isolées et, sous la menace d'un pistolet, s'était fait remettre l'argent et les bijoux. Les gendarmes avaient aussi questionné Alfred, et ils avaient le signalement assez précis du type. Tout cela n'avait rien à voir avec ma présence...

« CAPITAINE »

J'évitais autant que possible de me montrer dans le bourg, mais il y avait un grand pré juste derrière le bistrot ; il était bon à faucher et je partis un matin avant l'aube avec la paire de bœufs et la faucheuse. A dix heures le foin était coupé ; je laissai les bœufs souffler et se reposer un peu sous un bouquet d'arbres et j'allai jeter un coup d'œil au coin de la place pour voir s'il n'y avait rien d'anormal, il fallait se méfier de tout, même des gendarmes français...

L'épicier qui était devant sa porte s'approcha ; nous échangions quelques banalités lorsqu'un petit garçon d'à peu près trois ans sortit du bistrot et commença à s'amuser au milieu de la route.

« Attend, Capitaine ! Si ta maman te voit, tu vas te faire corriger ! » L'enfant se leva et rentra dans le café, en trottinant sur ses petites jambes.

« Capitaine… C'est un drôle de nom pour un si petit enfant » dis-je.

L'épicier se mit à rire. « Ah ! Je vois que vous ne connaissez pas l'histoire… »

Il commença à raconter, à mi voix… « Figurez-vous que le bistrot est tenu par une femme, une belle brune, Mado ; son mari a été mobilisé en trente neuf et a été fait prisonnier en quarante. Il y avait une dizaine d'années qu'ils étaient mariés et leur désespoir était de ne pas avoir d'enfant. Et puis, les allemands sont arrivés en quarante ; Mado est devenue l'amie d'un capitaine et a été enceinte tout de suite, le capitaine est reparti et le petit est né. Je ne sais pas quel est le couillon qui le premier lui a foutu ce nom, mais maintenant pour tout le monde, c'est « Capitaine » ; très peu de personnes connaissent son véritable prénom. Alors maintenant la Mado élève son petit en attendant le retour de son mari ; comment va t-il prendre la chose en arrivant… ! En tout cas elle n'a pas eu d'autres aventures et se tient à sa place. »

A première vue, l'histoire pouvait paraître amusante ; malheureusement, de loin en loin des enfants étaient nés, qui risquaient d'être marqués pour longtemps. La méchanceté allant toujours de pair avec la bêtise, il se trouverait toujours quelqu'un pour montrer un de ces enfants du doigt en disant : « Celui-là, c'est un petit boche ! »

ACCROCHAGES AVEC LE MAQUIS

Je repris les bœufs et rentrai à la maison ; il faisait déjà très chaud, mais toute la famille repartit tôt l'après-midi pour travailler le foin à la fourche, il fallait qu'il soit sec le lendemain.

Nous étions en pleine action lorsque Pierrot vint nous voir ; il nous apprit qu'il y avait eu un accrochage entre les hommes du Grand Pierre et des allemands entre Mauriac et Soussac, il y avait eu des morts, Pierrot n'en savait pas plus long.

Lorsque nous rentrâmes, en fin d'après-midi, Alfred me fit signe d'approcher, les femmes continuèrent leur chemin, j'entrai chez Alfred. Son frère était là ; je lui fis part de ce que nous avait dit Pierrot Lhomme.

« C'est vrai, me dit-il ; ils étaient une dizaine et ils sont tombés sur un détachement d'allemands et de miliciens, on ne sait pas si c'est par hasard ou s'ils étaient attendus, en tout cas il y a eu six des nôtres qui y sont restés. Les autres ont pu foutre le camp et nous ont rejoints. »

« Pourquoi restez vous dans ce secteur, demandai-je, c'est bien trop dangereux, tout le monde vous voit et sait où vous êtes ; je ne comprends pas pourquoi vous continuez à vous exposer pareillement. »

Il m'accompagna dans le petit chemin. « Nous sommes obligés de rester, nous allons sous peu avoir un parachutage, il s'en va temps, nous n'avons plus beaucoup de logistique, la perte des dépôts d'armes du Réolais est tragique pour nous. Il y a aussi autre chose ; ça ne va pas fort entre Lafourcade et le Grand Pierre…

« Il y a du coté de Pellegrue un cantonnier, un nommé Ducou ; ce type-là est un amateur qui faisait beaucoup de moto et qui en a une magnifique. Le Grand Pierre l'a su et l'a voulue, mais Max s'y est opposé ; en tant qu'agent des ponts et chaussées il connait bien Ducou qui, lui aussi, grenouille dans la résistance. Le Grand a eu l'air de laisser tomber ; mais Max est parti il y a quelques jours avec des hommes à lui pour essayer de sortir son frère du Fort du Hâ, ils étaient habillés en gendarmes avec de faux ordres de mission, c'était trop tard ils étaient tous partis pour l'Allemagne. Quand Max est revenu, ça été pour apprendre que pendant son absence, le Grand Pierre avait profité de l'occasion pour envoyer deux copains chez Ducou, avec mission de ramener la moto ; ça n'a pas marché et d'une rafale de mitraillette, la femme de Ducou, croyant avoir à faire à des miliciens, avait fait le tour de la maison, et étendu les deux hommes. L'un des deux était le fils Boscariol, un garçon d'ici, l'autre était de Caudrot, un nommé Lehmann. »

Je ne connaissais pas Boscariol, mais je me souvenais très bien du petit Lehmann, un habitué du théatre Ferranti et de la Bergerie. Et maintenant il était mort… Bêtement… Un de plus…

« J'ai dit à Lafourcade que tu étais ici ; il compte vous récupérer quand le moment sera venu, ton copain et toi. »

Bien sûr… C'était inévitable mais ça ne m'enchantait plus du tout… Un jour ou l'autre il faudrait pourtant y aller…

Lorsque j'arrivai à la maison, les filles mettaient le couvert en chantant une barcarolle de leur pays ; avec elles rien n'était jamais triste.

LE CIRQUE

Le lendemain matin dès que la rosée fut tombée toute l'équipe repartit vite travailler le foin, nous étions à pied, la fourche ou le râteau sur l'épaule ; en passant sur la place, un petit cirque en plein air était entrain de monter son installation, une petite piste, un portique avec un trapèze, quelques bancs sur le pourtour.

« Chic ! dirent les filles, ce soir on vient au cirque ! »

Je les prévins qu'elles iraient sans moi ; certes il y avait le foin à rentrer et c'était un sacré travail, mais ce n'était pas la vraie raison. Telle qu'elle était, la place était très facile à boucler et pouvait se transformer en un drôle de piège ; je ne voulais plus courir de risques inutiles.

A midi, le foin était sec et puisque les filles voulaient aller au cirque le soir, je les pressai de repartir charger le foin dès le repas terminé ; je voyais qu'il y en avait une grosse quantité et je doutais que l'on puisse porter le tout en une seule fois.

« Mon fils portait le tout en une seule charrette, » dit la mamma.

Je ne demandais qu'à la croire ; heureusement Julien m'avait montré comment charger ces énormes charrettes en faisant déborder progressivement de manière a établir une très large surface. Le chargement commença sous un soleil impitoyable ; les filles m'envoyaient les fourchées à tour de rôle, elles suaient et peinaient, je répartissais le foin en équilibrant la charge, avec beaucoup d'application, et ça montait !

« Regardez bien si le chargement est d'aplomb, les filles ! »

« Oui, ça va, on mettra tout ! »

Enfin tout le pré fut ramassé ; on voyait tout juste la tête des bœufs et à la hauteur était impressionnante.

Ces sacrées charrettes à paire étaient pourvues d'un système de câblage original ; à l'avant, une petite échelle était chevillée sous le timon, lorsque le chargement était terminé on enfilait sous l'un des barreaux de l'échelette une longue perche à l'extrémité de laquelle pendaient quelques mètres de corde.

On accrochait la corde au tour, à l'arrière et on serrait ; la perche descendait et comprimait le chargement, lorsqu'on me fit passer la perche, j'eus de la peine à l'enfiler sous l'échelon le plus haut, à ce stade elle était presque verticale mais, heureusement, la corde était assez longue pour arriver au tour.

Je m'en servis pour descendre et me laissai glisser en douceur ; je commençai à enrouler lentement la corde au tour et peu à peu la perche tassait et comprimait le chargement, enfin, le tout fut stabilisé.

Je reculai d'une vingtaine de pas pour juger de l'ensemble ; c'était monstrueux, depuis le dessus je ne m'étais pas rendu compte et n'avais pas imaginé une telle charge, mais elle y était et il fallait la trimballer jusqu'à la maison.

C'est à ce moment-là que la mamma crut bon de me dire que, du temps de son fils, un voisin en prenait un bon quart pour ses chèvres… Bien évidemment ce qui restait montait moins haut sur la charrette… Comme d'habitude les filles se tordaient de rire…

Je passai devant les bœufs, l'aiguillon à la main et le cortège s'ébranla ; on entendait la musique du cirque et à l'instant où nous passions sur la place, les trois ou quatre musiciens attaquaient « l'Entrée des Gladiateurs » rythmée à grands coups de cymbales et de grosse caisse.

Nous avions dépassé la place d'une centaine de mètres lorsqu'avec un craquement sinistre la perche cassa ; le foin libéré de la compression se détendit et le chargement retrouva d'un seul coup son volume et sa hauteur primitive mais, rien ne tomba. Pas question de réparer quoi que ce soit, il fallait ramener le tout tel quel à bon port ; je relançai les bœufs, la mamma avait sorti son chapelet et marchait à coté de moi en psalmodiant des prières en italien dans lesquelles le bon Dieu et toute sa famille, associés à une brochette impressionnante de Saints étaient fortement sollicités pour assurer le succès de l'opération.

La musique du cirque s'arrêta brusquement ; on n'entendit plus que la voix monocorde de la mamma qui se retournait de temps en temps pour engueules ses filles qui, bien évidemment, se marraient...

Rien de fâcheux ne se produisit et je reculai le chargement dans la grange. « On posera demain matin au frais, » dis-je.

Toilette à grande eau à la pompe et on passa à table après une journée bien remplie ; nous étions entrain de manger quand la femme d'Alfred arriva. « Vous allez au cirque, ce soir ? »

« Oui ! » répondirent les filles d'une seule voix.

La femme d'Alfred se mit à rire. « J'arrive du bourg ; le cirque est entrain de remballer tout son bazar pour s'en aller, une voiture du maquis est arrivée, ils leur ont fait arrêter la musique et leur ont dit : « Arrêtez tout et déménagez ! Ici on se bat et il y a des morts, alors barrez vous ! Et vite ! » Ils ont compris et ont commencé à démonter tout de suite. »

Décidément, une fois de plus nous nous étions manqués de peu ; je n'étais pas bien loin quand la musique s'était arrêtée...

MONSIEUR NEGRE

La déconvenue fut brève et la java recommença comme tous les soirs ; mais chaque jour qui passait amenait un nouvel incident.

Le lendemain matin on posa le foin dans le grenier ; le transfert de toute cette masse nous occupa toute la matinée ; l'après-midi je repris les bœufs et partis labourer une petite pièce de vigne à flanc de coteau, a égale distance de la route de Castillon et du cimetière. La parcelle n'était pas grande, il faisait chaud et de temps en temps j'arrêtais pour faire reposer les bœufs ; j'avais les premières maisons du bourg à environ deux cent mètres devant moi, brusquement je vis arriver deux voitures de maquisards qui stoppèrent devant la maison du buraliste, monsieur Nègre.

J'avais arrêté les bœufs et je regardais ; quelques hommes entrèrent, les autres, arme à la main, attendaient près des voitures, un court moment après ceux qui étaient entrés revinrent, tout le monde embarqua et les deux voitures partirent.

Je vis bien monsieur Nègre qui sortait de chez lui en gesticulant, mais j'avais autre chose à faire et je recommençai à labourer ; je venais sans m'en douter d'assister à la première partie d'un enchaînement de faits qui allait avoir une conclusion tragique. Monsieur Nègre lui non plus ne le savait pas, il allait pourtant y laisser la peau...

Au retour, je rencontrai Pierre Thomas et lui racontai ce que j'avais vu.

« Ils ont dû venir chercher du tabac, ça aussi ça manque… Il s'en va temps que le parachutage arrive, je ne reviendrai avec eux qu'à ce moment là ; ils ne sont plus bien nombreux, il y en a qui sont repartis se planquer dans les fermes. Cela devient de plus en plus difficile de tenir les bois… L'évolution de la situation en Normandie est trop lente, et je ne peux pas leur faire admettre qu'il ne faut pas bouger et attendre d'être plus costauds. »

Il regarda les filles qui étendaient le linge. « Tout le monde n'a pas eu ta chance… Tu as trouvé une planque en or ! »

C'était vrai, et je n'avais pas du tout l'intention de déménager…

Les langues marchaient bon train ; monsieur Nègre avait affirmé que les maquisards avaient raflé toute l'attribution de tabac et de cigarettes, y compris le lot réservé aux colis des prisonniers. Les voisins avaient vu les hommes du maquis repartir les mains vides, et on suspectait monsieur Nègre d'être allé le lendemain vendre le stock à Bordeaux, au marché noir. Il n'en était pas, paraît-il, à son coup d'essai et l'on savait qu'il avait l'habitude de « rabioter » sur les répartitions. Bref, un jour, le maquis fit savoir qu'il n'avait rien emporté, monsieur Nègre ayant affirmé que le lot qu'il détenait était en totalité réservé aux prisonniers.

L'affaire en était là lorsque les deux voitures revinrent s'arrêter devant la maison du buraliste ; à ce moment là, par un extraordinaire hasard, je venais tout juste d'arriver à la petite vigne pour la sulfater.

Je vis les hommes jaillir des voitures, entrer dans la maison ; une minute après ils ressortaient entraînant monsieur Nègre, vêtu de son veston noir. Une petite bousculade, quelques éclats de voix, le maquis venait d'embarquer monsieur Nègre ; je venais bien involontairement d'être le spectateur et le témoin du deuxième acte, le troisième et dernier devait suivre très vite…

Ce ne fut qu'un cri dans la commune : « Les gars du maquis sont venus arrêter monsieur Nègre ! Ils ont bien fait de nous en débarrasser ! Même avant la guerre il dénonçait tout le monde, ce salaud ! »

Puis venait la question : « Que vont-ils en faire ? »

Deux jours après on apprenait, toujours par le canal du bouche à oreille, que les maquisards l'avaient exécuté et enterré quelque part dans les bois.

Je sus la vérité quelques jours après par Pierre Thomas, et l'affaire était plus grave qu'on ne le croyait ; après la soi disant rafle du lot de tabac par le maquis, la jeune fille qui était receveuse au bureau de poste local, trouva dans le courrier à expédier, une lettre adressée à la Kommandantur de Langon. Elle soupçonna une dénonciation et retira la lettre ; ne sachant trop que faire elle alla demander conseil au curé Gréciet.

« Tu parles, me dit Pierre, le curé a vite pigé ; il a pris la lettre et nous l'a faite passer, elle était de monsieur Nègre qui se plaignait du vol des cigarettes et du tabac par les terroristes, il affirmait en avoir reconnu quelques uns et donnait des noms. Ca n'a pas traîné ; ils lui ont foutu la lettre sous le nez et le jugement a été vite fait, ils lui ont fait creuser sa tombe au pied de l'arbre où il devait être pendu. Il n'était pas beau à voir... Alors Lafourcade lui a tiré une balle dans la tête, par pitié... Mais les autres l'ont quand même pendu, pour le plaisir... »

Ainsi mourut monsieur Nègre, agent des contributions indirectes à Blasimon...

DESCENTE DU MAQUIS CHEZ LA COIFFEUSE

Dans les jours qui suivirent il ne se passa rien d'important, exception faite de la visite nocturne des mêmes hommes emmenés par Maxime chez la jolie coiffeuse. Elle était au lit, mais pas seule ; le fils Nègre un étudiant d'une vingtaine d'années était avec elle, ils crurent eux aussi leur dernière heure venue, ils s'en tirèrent avec quelques baffes et un saccage complet du salon de coiffure.

Le secteur paraissant assez calme, je poussai une pointe jusqu'à Puch pour voir Jeannot ; il était à cent lieues de toutes ces histoires et attendait avec sérénité la fin de la guerre, bien à l'abri, il ne quittait pas la propriété.

J'allai dire bonjour à la famille Lauzeille ; étant proches de la route, ils voyaient circuler les détachements allemands renforcés par des hindous, mongols et ukrainiens, sans oublier les miliciens. Jusque là, personne ne s'était encore arrêté dans le village, mais mes amis n'étaient pas rassurés pour autant.

En revenant je m'arrêtai chez Jo Hidalgo, « le coiffeur des hors la loi » ; j'avais besoin d'un sérieux coup de tondeuse et je lui demandai s'il pourrait me prendre le dimanche matin suivant.

« On s'y met tout de suite, me dit-il, car il se peut que dimanche je ne sois plus là ; ça commence à sentir trop mauvais par ici et je n'ai pas envie de me faire descendre, deux voitures pleines de miliciens sont venues par la petite route de Sauveterre jusqu'au carrefour et se sont avancées jusqu'ici, mais, quand ils ont vu que c'était un cul de sac, ils sont repartis.

« Ils cherchent, et aussitôt qu'ils auront trouvé quelque chose ils reviendront avec les allemands ; je préfère ne pas attendre, j'ai une autre possibilité alors je me tire ! Et toi ? Comment ça se passe avec les italiennes ? »

Je lui racontai en gros les derniers événements et je lui dis que, moi aussi, malgré l'agrément de ma planque je me sentais assis sur une branche de moins en moins solide. Jo pensait, lui aussi, qu'après toutes ces démonstrations les allemands lanceraient une opération d'envergure pour liquider les groupes armés.

Je lui racontai comment ça s'était passé avec l'arrestation et le martyre du pauvre Rigoulet, la prise de la totalité des dépôts d'armes, le massacre et la mort de Raphaël Souan, l'arrestation de son père, de Jeannot Lafourcade et des autres. Tout ça conforta son désir de quitter cet endroit le plus vite possible, et il avait bien raison.

Pour faire ma petite virée j'avais essayé le vélo neuf qu'Inès m'avait ramené de Castillon ; je l'avais équipé avec des vieux pneus qui provenaient du vélo du frère, et j'avais mis en guise de chambres à air des boyaux de vélo de course, ça tenait, et je pouvais envisager sans crainte des parcours plus longs.

En arrivant je trouvai Pierrot Lhomme qui était venu faire sa petite visite habituelle ; je lui fis part de ce que m'avait dit Jo Hidalgo, et de nos craintes.

« Peut-être pas, me dit-il, en Normandie la situation se débloque, on sent que les Alliés ne vont pas tarder à lancer une offensive de grande envergure ; ils ne cessent de débarquer de nouveaux renforts, et l'aviation allemande est inexistante. Les allemands auront besoin de troupes et feront remonter toutes celles qui sont dans le sud du pays. »

J'aurais bien voulu moi aussi qu'ils fassent évacuer le secteur sans qu'il y ait de casse, mais je n'y croyais pas ; la traque devenait chaque jour plus dure, sévère, impitoyable, le pays était quadrillé, surveillé, nettoyé, secteur après secteur.

Pierrot me révéla que ses copains avaient eu des contacts avec le Grand Pierre et Maxime, lesquels leur avaient conseillé de se tenir prêts, qu'ils n'étaient pas en mesure de les armer pour le moment, mais que ça n'allait pas tarder.

Donc Pierre Thomas avait raison ; ils étaient pratiquement désarmés depuis la perte des dépôts, après le parachutage ils seraient certainement mieux pourvus, en espérant qu'ils n'aient pas de gros pépin d'ici-là.

LA FIN DU GROUPE LAFOURCADE

C'est le bruit de la fusillade et les éclatements de grenades qui me firent sauter du lit ; d'un bond je fus dehors et dans le vacarme j'entendis aussi le bruit d'un avion qui avait l'air de remettre toute la sauce. Il y avait du grabuge ; ce n'était pas très loin et c'était surement le parachutage, les hommes du maquis ne devaient pas être seuls au rendez vous…

Dans la matinée on apprit qu'il y avait eu des morts, on ne savait pas trop combien… Sept ou huit, peut-être dix, c'était au nord de Saint Léger. Il y avait de l'animation sur la route et des véhicules blindés et des camions patrouillaient sur un large secteur ; je ne quittais plus les abords de la maison et du petit bois, m'arrangeant pour être le moins possible en vue.

Le matin du 11 juillet on entendit encore dans le même coin le bruit d'un accrochage, rafales de Sten, FM, grenades, puis tout s'arrêta…

Vers les cinq heures de l'après-midi, je vis arriver Pierre Thomas, bouleversé.

« Tu as entendu ? Ils se sont fait coincer derrière Saint Léger… Le Grand Pierre a réussi à se dégager et a foutu le camp avec ses hommes ; Lafourcade est resté avec les siens, ils se sont battus jusqu'au bout de leurs munitions, il ne restait plus à la fin que Lafourcade et deux ou trois hommes plus ou moins blessés. Je ne sais pas où ils les ont emmenés, certainement pas bien loin sans doute puisqu'ils les ont ramenés sur place esquintés, martyrisés et les ont achevés.

« C'est fini… Ici il n'y a plus moyen de tenir ; je m'en vais tout de suite rejoindre une autre formation où j'ai des copains, c'est assez loin d'ici, après Miramont de Guyenne.

« Ils sont sous les ordres d'un homme qui se fait appeler le Commandant Dufour, mais il n'est autre que le Général Moraglia ; ils viennent opérer jusqu'à Duras. »

Il entrouvrit sa veste ; il avait deux gros pistolets de 9mm à la ceinture. « Il y en a un pour toi si tu viens avec moi ! »

Je refusai tout net ; faire un tel kilométrage avec un pistolet à la ceinture dans une région quadrillée par les allemands, la Milice et les dissidents russes ou hindous, c'était le meilleur moyen de se faire arrêter et exécuter séance tenante ; il n'y avait pas de tarif intermédiaire.

« Je te comprends, me dit-il, mais moi je suis un militaire de carrière, avant peu une armée française va se reconstituer et je veux y avoir ma place. »

Lui non plus n'ignorais rien du danger couru ; il faisait son choix en pleine connaissance de cause. Moi aussi…

« Sois tranquille, dis-je, l'armée ne nous oubliera pas non plus ; mais d'ici là je ne veux pas courir de risques inutiles, depuis l'affaire de La Réole j'ai vu disparaître beaucoup de monde… Aujourd'hui, c'est Maxime… Jusqu'à maintenant mon copain et moi sommes passés à travers, mais chaque jour qui passe augmente le danger. »

Il haussa les épaules, fataliste ; nous nous serrâmes longuement la main… Il s'éloigna, et, lui non plus je ne devais jamais le revoir… Il fut tué peu de temps après, mais on ne le sut qu'après la libération.

Le calme revint ; on n'entendit plus de fusillades, le Grand Pierre avait du émigrer assez loin avec ses hommes et se terrer dans une planque sûre pour attendre que l'orage soit passé.

Cela m'aurait étonné qu'il aille se mettre sous les ordres d'un militaire, fut il général ; ce n'était pas son genre, et il continuerait en franc-tireur jusqu'à la fin, s'il réussissait à passer entre les mailles du filet.

Je respirais un peu plus à l'aise ; le danger avait l'air de s'être éloigné, on ne voyait plus passer les formations d'allemands et autres qui ratissaient les environs.

LAFORESTERIE PRISONNIER

Un matin, on vit arriver Adèle ; aussitôt entrée elle s'effondra dans les bras de sa mère, elles pleuraient toutes les deux, les filles s'étaient approchées et tout le monde parlait à la fois, à toute vitesse, et en italien. Je ne compris pas grand-chose ; enfin tout le monde se calma et je pus enfin savoir ce qui s'était passé.

Son mari avait fait une virée à Libourne et, c'est en sortant de chez une de ses conquêtes, après le couvre feu, qu'il avait été interpellé par une patrouille allemande ; au lieu de s'arrêter, il avait piqué un sprint en zigzaguant pour éviter les balles, il avait presque réussi quand l'une d'elles l'avait atteint à la cheville. Il avait été aussitôt arrêté et emprisonné, et c'était les gendarmes français qui étaient venus annoncer la nouvelle à sa femme ; prise de peur et craignant d'avoir des ennuis elle avait tout quitté et était venue se réfugier chez sa mère.

Tout le monde s'employa à lui remonter le moral, ses sœurs surtout en lui disant qu'elle avait bien tort de s'en faire pour un type pareil qui ne méritait pas la moindre larme, qu'elle était bien débarrassée et que ces cons d'allemands auraient mieux fait de viser un peu plus haut.

On arriva enfin à la calmer, mais elle avait vraiment de la peine et se faisait beaucoup de souci pour son mari ; elle était partie de chez elle affolée, sans prendre la moindre rechange et ne se souvenait même plus si elle avait fermé la porte.

Inès finit par lui faire entendre raison et partit avec elle aux nouvelles et l'aider à ramener des vêtements ; lorsqu'elles arrivèrent la porte de la maison était ouverte et quelqu'un avait fait la razzia, vêtements, linge, chaussures tout avait disparu, même les superbes cannes et tout l'attirail de pêche dont « Lou Boudinn » était si fier avaient été raflés.

Lorsqu'elles revinrent le soir, la pauvre fille touchait le fond du désespoir ; elle passa quelques jours avec nous puis partit à Libourne chez son frère aîné pour être plus près de son mari et trouver du travail.

L'ESPOIR SE FAIT DE PLUS EN PLUS PRESENT

Juillet tirait à sa fin ; le calme étant revenu et la tentation trop forte, nous étions allés un dimanche après-midi au bal du Grand Antoine. Je retrouvai les habitués qui, eux aussi, respiraient un peu mieux et voyaient approcher la fin de leurs tourments...

« Ah bonne mère ! Enfin je vais revoir le vieux port ! » s'écriait le marseillais.

« Eh con ! répondaient les autres, ton vieux port il est foutu, les boches l'on fait sauter ! »

L'ambiance était bonne mais on ne s'attarda pas ; le retour se fit sans encombre.

On commença à couper le blé ; c'était un travail qui m'était totalement inconnu et ce fut Laetizia qui devint mon instructeur.

Nous partions à l'aube, moi sur la faucheuse et elle sur l'appareil à moissonner ; elle m'apprit à faire les gerbes, à les lier, à tordre les liens. Au bout d'un moment c'était nous qui nous tordions, écroulés dans le chaume, pendant que les bœufs ruminaient paisiblement en attendant la suite.

Une des filles revint un jour de chez Albert ; elle nous raconta que des voisins avaient trouvé dans les bois le corps d'un jeune homme mort depuis quelques jours ; blessé, il avait cherché à atteindre les maisons mais n'avait pu y arriver. Il s'était couché au pied d'un arbre et était mort... Un de plus...

Je pensais à Maxime... Je le revoyais avec son maillot rouge et ses coups de gueule, son mariage avec Paulette Vimeney, ma copine d'enfance ; puis la guerre était venue et aussi la mort...

« Mais qu'est-ce que tu as, bon Dieu ! »

Une des filles commençait à chanter, les autres suivaient... La vie continuait...

DES NOUVELLES DU PAYS

En rentrant, à midi, j'eus un jour la surprise de trouver ma mère qui était venue avec Yves Chavaneau qui l'avait accompagnée puis était reparti à Puch voir son frère. Elle était venue de crainte que ce ne soit moi qui fasse le voyage car il y avait toujours chez nous des allemands et des hindous.

Elle me raconta qu'une formation d'une quinzaine de chars « Tigre » s'était arrêtée sur le bord de la route, devant chez nous ; les hommes avaient demandé de l'eau, s'étaient rapidement lavés à la pompe, avaient bu et mangé pendant que les moteurs refroidissaient. Quelques heures après, ils étaient repartis.

Elle me raconta aussi l'épisode des policiers dont le maire les avait débarrassés ; elle en tremblait encore et je lui promis d'aller dès que je le pourrais remercier le cousin Rouaud. Elle me parla aussi de nos nouveaux voisins italiens, la famille Règonèsi qui, eux étaient originaires de la région de Bergame ; le père avait fait la guerre en Orient dans le même secteur que le sien, ça les avait rapprochés tout de suite et ils étaient devenus très copains.

J'avais profité d'une occasion pour recommander aux filles de ne pas parler des opérations de nettoyage des allemands ; elles jouèrent très bien le jeu en disant que tout était calme et que l'on ne voyait jamais rien.

Cela la rassura ; la mort de Maxime Lafourcade n'était pas étrangère à sa venue et elle me confirma que cette mort avait été douloureusement ressentie chez nous, car tout le monde pensait que la mère Lafourcade ne reverrait jamais son deuxième fils, Jeannot.

Pendant le repas, ma mère put se rendre compte « de visu » des conditions de ma nouvelle vie ; je la soupçonnais aussi un peu d'avoir fait ce voyage pour ça.

Aller retour, ça lui faisait soixante kilomètres dans la journée avec un vieux vélo équipé de pneus « increvables » fabriqués par Dutrouilh. J'allai la raccompagner à Puch, d'où elle repartit en compagnie d'Yves, pour le Bas Pian.

Je connaissais les copains de Pierrot Lhomme qui étaient décidés à faire quelque chose ; si ce que m'avait dit Pierre Thomas était vrai et qu'un général avait pris les choses en mains nous n'allions pas tarder à être contactés. J'avais connu tous ces jeunes au bal clandestin, c'était tous de braves types droits et honnêtes ; il y avait Marc Jousseaume, « Bébert » Beney le charpentier, « Mimi » Constantin, le grand Julien, Lauliac…

Mais j'avais appris par Alfred que son frère et les autres s'étaient déplacés encore plus loin et étaient maintenant au nord d'un patelin nommé Soumensacq ; c'était très loin et ils n'étaient pas prêts de revenir de notre coté. Alfred m'avait dit qu'ils faisaient bloc avec la résistance de la Dordogne, beaucoup plus militaire et organisée.

DES NOUVELLES DU GRAND PIERRE

Albert vint voir comment je m'en tirais pour moissonner ; il promit de venir pour couper le plus grand champ et monter le gerbier en attendant la batteuse. J'aimais autant ; il y avait tout un tas de tours de mains et une technique qu'il fallait bien connaître ce qui n'était pas mon cas.

Il m'annonça que le Grand Pierre qui était parti se cacher très loin après Soussac, avait refait son apparition et était venu chercher du ravitaillement dans les environs. Il se déplaçait sans arrêt et on ne savait pas au juste où il se trouvait, mais il évoluait dans la partie très boisée entre Soussac, Cazaugitat et Pellegrue ; depuis la mort de Maxime, le groupe s'était réduit à une dizaine d'hommes, fuyant comme des bêtes traquées, mais Albert me dit que le Grand Pierre avait dû, au cours de son exode trouver du renfort et que ses effectifs étaient maintenant plus nombreux.

Cela ne m'étonnait pas, il y avait suffisamment d'hommes armés qui gravitaient un peu partout avec des intentions qui n'étaient pas toujours très patriotiques, pour faciliter le recrutement.

EXPLOSION SUR LA GAMAGE

Nous étions au mois d'août ; je laissais toujours la porte-fenêtre de ma chambre ouverte en grand toutes les nuits, c'était plus sûr.

Cette fois-là, vers deux heures du matin, j'entendis une voiture qui passait sur la petite route, je sortis et écoutai, la voiture avait l'air de traverser le bourg. Trois-quarts d'heure après, deux fortes explosions réveillaient tout le monde ; on ne voyait pas de lueur d'incendie, on avait du faire sauter quelque chose, mais quoi ? Il n'y avait pas dans les environs d'objectif valable ; au matin, on saurait…

A huit heures, le docteur Raffin vint examiner la petite Francette qu'il suivait régulièrement ; il venait de voir un malade à l'autre de bout de la commune. « C'est le pont, en bas, sur la Gamage, nous dit-il, mais ça a raté ; ils n'ont pas su placer leurs charges, et l'explosion a produit sa poussée vers l'extérieur, à l'air libre ; il n'y a pas de dégâts, le pont est intact, ceux qui ont fait ça n'y connaissent rien ! »

C'était encore un loupé magistral qui venait encore d'attirer l'attention sur notre coin ; qui avait fait ça ? Le Grand Pierre, ou d'autres ?

Le docteur haussa les épaules. « Vous savez, je circule tous les jours dans les environs ; des hommes armés, il y en a maintenant un peu partout qui sont-ils, que font-ils, que valent-ils... ! »

Si ça avait réussi, la route de Sauveterre à Castillon aurait été coupée ; ça n'aurait pas modifié grand-chose, le gros des convois passant par Saint Jean de Blaignac, seules les petites unités qui traquaient les « terroristes » pouvaient être gênées, c'était probablement le but recherché ; mais ça avait raté, et ce ratage allait être quelques jours plus tard très lourd de conséquences.

J'avais fait un saut jusqu'à Puch pour voir Jeannot ; il avait appris la mort de Maxime Lafourcade avec beaucoup de tristesse ; il le connaissait comme moi. « Tu te rends compte, me dit-il, si tu avais été là quand il est venu chez Thibaud, il nous aurait peut-être engagés à le suivre, et maintenant... ! »

Eh oui, ça avait tenu à peu de chose, encore plus pour moi ; si ça n'avait pas marché avec les filles, je serais parti les rejoindre et j'aurais sans doute subi le même sort.

« On sent que la fin approche, me dit Jeannot, ça remonte à pleins camions, mais ça sent la dèche ; on en voit souvent qui en tirent d'autres, ils doivent manquer d'essence, petit à petit, ils vont foutre le camp sans histoires ! »

Les Lauzeille firent à peu de choses près le même commentaire et je rentrai à Blasimon plutôt regonflé et assez optimiste.

LES SS A BLASIMON (13 ET 14 AOÛT 1944)

On était presque à mi-août ; le treize dans l'après-midi on entendit un grondement de moteurs vers le bourg. Peu de temps après, un véhicule léger précédé d'un side-car passa sur la petite route, en direction de Sauveterre ; dix minutes après ils revenaient vers le bourg en regardant partout, ils étaient armés jusqu'aux dents et d'où j'étais je ne pouvais pas distinguer les détails de leur uniforme mais je reconnaissais leur façon d'opérer...

Cela n'avait rien à voir avec les unités qui recherchaient les maquisards et que, du reste on n'avait plus beaucoup vues depuis l'affaire de Saint Léger.

Mon bel optimisme tout neuf s'envola d'un seul coup car ils faisaient aussi le même manège sur la route de Castillon ; ils patrouillaient et inspectaient avec minutie les alentours, les SS ne laissaient rien au hasard...

Tout d'un coup, on entendit des commandements et le bruit de plusieurs camions qui partaient par la route de Mauriac ; la nuit était venue, dans le lointain il y eut des éclatements de grenades et des rafales d'armes automatiques, peu après, l'horizon se teinta de rouge, c'était le feu.

Ca brûlait vers Mauriac, probablement une maison, mais c'était loin de chez Albert ; il y avait dû avoir un accrochage et la fête commençait, au début, j'avais pensé qu'il pouvait s'agir d'un bataillon qui remontait et qui avait fait halte pour passer la nuit et se reposer.

Il était normal qu'ils surveillent les alentours et se couvrent par des postes de garde, mais c'était cette sortie vers Mauriac qui me déroutait ; il y avait autre chose... Peut-être avaient-ils été canardés au passage et ils étaient revenus nettoyer le terrain ; je ne m'étais pas couché, et j'étais prêt à sauter dans le petit bois s'ils s'aventuraient dans le petit chemin.

Il y avait toujours du roulage, un va et vient entre Blasimon et Mauriac ; sur le matin, j'entendis hurler des commandements, puis des cris... Ces cris étaient des cris d'hommes, blessés ou brutalisés ; ils avaient du capturer des prisonniers ou arrêter des gens.

Je me sentais de moins en moins à l'aise...

Deux fois par semaine une des filles allait chercher deux gros pains à la boulangerie Meyssan qui se trouvait à la sortie du bourg, presque en face de l'église.

Le matin, la plus jeune des filles fut chargée d'y aller ; elle prit ses papiers d'identité et partit à pied, avec ordre de revenir de suite s'il y avait du danger. Un quart d'heure après elle revenait en courant, épouvantée, sans pain. « Il y a plein de sang sur la route, devant la place ! »

Elle était à bout de souffle et parvenait tout juste à s'expliquer. « Deux oreilles ! Il y a deux oreilles coupées clouées de chaque coté de la porte du bistrot... Il y a des allemands partout... J'ai eu trop peur et je m'en suis revenue... Ce sont bien des SS. »

Elle tremblait de tous ses membres et il y avait de quoi ; à moins qu'ils ne repartent dans la journée, il fallait s'attendre à ce qu'ils fouillent toutes les fermes isolées.

Il fallait que je foute le camp la nuit suivante ; je décidai d'aller me planquer au bout de la haie, en bordure du bois, là, personne ne pourrait me voir, mais moi j'avais un bon morceau de la route et le petit chemin devant les yeux.

Je racontai aux femmes comment ça s'était passé chez Marcel où tout avait été retourné et fouillé, le foin sondé à coups de baïonnette ; il fallait s'attendre à une fouille minutieuse de toutes les fermes isolées.

« Montrez vos papiers tout de suite et dites bien que vous êtes italiennes, que votre fils et frère se bat en ce moment avec l'armée de Mussolini ; dites que vous êtes sans nouvelles et ne dites surtout pas qu'il est prisonnier, ça devrait marcher. »

LA FUITE

J'allai planquer mon vélo assez loin, dans la haie ; le va-et-vient continuait de façon régulière sur les deux routes, ils avaient du poster des hommes pour couvrir tous les accès au bourg ; il fallait pourtant que je passe…

Il n'y avait pas de sentier parallèle à la petite route et je ne connaissais pas assez les bois pour couper carrément en travers ; seule l'allée charretière que nous avions prise avec Julien et les bœufs pour venir à la bruyère m'amenait directement à Puch, cette allée débouchait de l'autre coté, au bas de la première cote.

J'avais pensé au début rester caché dans le bois, non loin de la maison, mais s'ils rappliquaient avec un ou plusieurs chiens avec eux, j'étais cuit, le bois était trop petit. Je savais par Pierre Thomas qu'ils utilisaient des chiens pour retrouver les blessés ou les fuyards pour bien finir le travail commencé.

A midi, j'allai manger un morceau en vitesse et je revins me planquer dans mon buisson ; à un moment donné, un side-car s'arrêta à l'entrée du petit chemin, un homme sauta à terre, je vis briller son galon de col, c'était un feldwebel. Il regarda longuement les alentours, balayant méthodiquement chaque ferme, chaque bosquet à la jumelle ; j'étais caché derrière ma haie, sans bouger, figé, je m'attendais à ce qu'ils arrivent par le petit chemin, mais le feldwebel remonta dans le side-car. Quelques trois cent mètres plus loin, le side-car s'arrêta à nouveau et le même manège recommença au niveau de la ferme Peloux, avec la même méticulosité.

Incontestablement, ils étaient bien venus pour « nettoyer » et il fallait s'attendre à de la visite…

On entendait toujours de la remue ménage dans le bourg et nous ne savions pas ce qui se passait, mais les cris que nous avions entendus et les bruits et explosions qui se succédaient dans la région de Mauriac prouvaient qu'il y avait de la casse. Je ne voyais pas Alfred qui avait du se tirer au large, par les bois qu'il connaissait beaucoup mieux que moi.

Le soir arriva ; ils n'étaient pas partis et sur les hauteurs du coté de Mauriac c'était maintenant tout rouge ; il devait y avoir plusieurs maisons ou des fermes qui brulaient… Demain, ils étaient foutus de faire pareil à Blasimon.

Je m'étais rapproché de la maison et j'attendais le moment propice pour partir ; il fallait que je parte, mais il fallait surtout que je passe ; ils avaient en bonne logique dû mettre des hommes à surveiller le carrefour de Foncrose, en faisant attention je pouvais atteindre la transversale à travers bois et arriver derrière Puch.

Par le plus grand des hasards, j'avais trouvé les papiers du fils, dans un tiroir, c'était une carte d'identité avec les tampons fascistes du consulat italien de Bordeaux, j'avais collé ma photo dessus et avait bricolé le tout pour que cela puisse tenir lors d'un contrôle ; baragouinant l'italien, j'avais une chance de m'en tirer au cas où je serai arrêté.

Je ne pouvais revenir chez Lauzeille, ni chez Marcel ; je décidai de rentrer chez moi, à Pian, je resterai caché, personne ne saurait que j'étais là, après l'alerte je verrai comment me débrouiller...

LES CASQUES

Vers minuit le va-et-vient sur la petite route s'arrêta, mais on entendait encore du mouvement dans le bourg ; à une heure du matin, j'allai chercher mon vélo derrière la haie et je rejoignis la petite route.

Je marchais, le vélo à la main sur l'herbe du bas coté ; j'avançais sans bruit, l'œil bien ouvert et l'oreille tendue ; je m'arrêtais de temps en temps pour écouter et scruter las ténèbres, au moindre bruit de moteur, j'étais prêt à balancer mon vélo dans le fossé et foncer dans les bois.

J'étais presque arrivé en haut de la première cote lorsque je les vis... L'arrondi des casques luisait faiblement et se détachait dans la pénombre devenue rougeâtre par la lueur des incendies.

Ils étaient quatre, tapis dans un creux de l'accotement, avec certainement une mitrailleuse ; tournés vers Sauveterre ils ne m'avaient ni vu, ni entendu, et moi, sans la lueur rouge qui éclairait faiblement leurs caques je leur tombais en plein dessus. J'étais à moins de dix mètres derrière eux, pétrifié ; je m'étais trompé, je les croyais beaucoup plus loin, à portée du carrefour de Foncrose.

Tout doucement je mis mon vélo sur l'épaule et reculai pas à pas ; un peu plus bas, de l'autre coté de la route il y avait le petit sentier que j'avais parcouru lorsque j'avais coupé la bruyère ; lentement je traversai et m'enfonçai dans le sous bois, il aurait suffi qu'une branche craquât pour que j'aie droit à une rafale de pistolet mitrailleur...

Rien ne bougea ; j'atteignis la clairière où j'avais fauché la bruyère quelques jours avant et je m'arrêtai pour remettre mes idées en ordre ; mon cœur battait à grands coups, je tremblais...

J'essayais de me persuader que c'était de froid, mais je venais de l'échapper belle, ça tenait presque du miracle...

Il n'était plus question de passer par Puch ; il me fallait traverser la route de Castillon, mais là aussi il devait y avoir un ou plusieurs nids de mitrailleuses, la voie de communication étant plus importante. Il fallait que je les localise avant de traverser ; le sentier continuait de l'autre coté, je l'avais vu ; après, il faudrait que je contourne Sauveterre par l'est, et ensuite, au petit bonheur la chance...

J'arrivai en vue de la route ; je laissai mon vélo et courbé en deux, sans bruit, j'avançai jusqu'au bord de la route, le silence était absolu et il régnait un grand calme ; mais le halo rougeâtre qui teintait le ciel rappelait à la réalité.

Je n'entendais rien et je ne voyais pas grand-chose pourtant ils ne devaient pas être bien loin ; j'attendis un moment plaqué à plat ventre contre le talus et soudain je les entendis ; juste quelques mots et pas très fort.

Là aussi j'étais derrière eux, mais à une cinquantaine de mètres ; j'attendis encore un petit moment pour bien les localiser et être à l'abri d'une mauvaise surprise, mais il n'y en avait pas d'autres et ceux là ne pouvaient pas me voir.

Je pris le vélo sur l'épaule pour éviter le bruit et je traversai.

RETOUR A LA MAISON

A partir de là je ne sais plus très bien où je suis passé ; j'ai également traversé la route de Sauveterre-Ste Foy la Grande et piqué au jugé par de petits chemins dans la direction sud-sud-ouest. Les premières lueurs de l'aube m'aidèrent à m'orienter et le jour se levait lorsque je distinguai dans le lointain le clocher de Saint Laurent du Bois ; arrivé là, je pris carrément la grand route et je fonçai, je ne croisai qu'un petit convoi allemand couvert par un camion hérissé de mitrailleuses.

J'arrivai à la maison sans encombre ; mon père était dans le ruet et regardait passer un autre convoi de camions qui remontait par la route de Sauveterre. Il était « endimanché » et je lui en fis la remarque...

« Mais... C'est fête, aujourd'hui ! Nous sommes le quinze août ! »

Le quinze août, la fête... J'avais complètement oublié, mais à trente kilomètres de chez nous il devait y avoir en ce moment une drôle de fête...

« Comment es-tu là ? » demanda mon père.

Nous entrâmes dans la maison et je lui fis le récit des évènements qui avaient motivé mon départ ; il n'en fut pas tellement surpris.

« C'est la fin, me dit-il, mais il faut bien faire attention, ils sont mauvais et de plus en plus excités ; avant-hier il en est passé de pleins camions ; j'ai fait un grand geste de la main en riant et ils ont vu que je me foutais d'eux, il y en a un qui m'a couché en joue ; s'il n'y avait pas eu le virage il me foutait un coup de fusil ! »

Ma mère était à la messe ; je passai par les jardins pour aller chez Chavaneau pour donner des nouvelles de Jeannot et rassurer la famille ; il était bien planqué, à l'abri et ne risquait rien, sauf imprévu bien sûr.

Mon père me raconta qu'il avait rencontré son vieux copain Paul Vimeney, le beau père de Maxime Lafourcade ; il avait eu des détails sur sa mort, avant d'être pris, il avait tué à lui seul dix-sept allemands ; alors ils lui avaient fait payer la note...

Ceux qui ramassèrent son corps virent qu'il avait eu les ongles des mains et des pieds arrachés, le visage et les yeux écrasés par les coups ; ils lui avaient enfoncé des aiguilles dans les testicules et sectionné les tendons d'Achille pour l'empêcher de se tenir debout. Ils lui avaient quand même rendu service en l'achevant, sa femme, Paulette, était venue se réfugier chez ses parents avec ses deux fillettes ; personne ne savait ce qu'étaient devenus Jeannot Lafourcade et les autres, et l'on ne savait même pas s'ils étaient encore vivants.

Je voulais aller à Saint Pierre, mais mon père m'en dissuada ; il y avait encore trop d'allemands et de risques.

LA FIN APPROCHE

Il n'y avait plus rien sur la route qui rappelait la ligne de démarcation ; les allemands avaient démonté les installations et la baraque, et tout enlevé avec des camions. D'autre part, le gendarme Dubernet de la brigade de Saint Macaire était venu avertir nos familles et leur dire que nous n'avions plus rien à redouter des gendarmes français, mais qu'il nous conseillait fortement de rester à l'abri.

En passant par les prés j'allai voir ma vieille mémé au Thuron ; elle aussi voyait arriver la fin et me fit mille recommandations, je la rassurai du mieux que je pus en l'assurant que là où j'étais tout était calme et que je ne risquais rien.

Depuis que les P—— étaient partis elle était plus tranquille et n'avait plus sous les yeux le défilé joyeux de la clientèle « vert-de-gris ». Elle était déjà au courant du débarquement d'une armée alliée entre Marseille et Cannes et, malgré son âge, suivait tous les jours sur la carte le déroulement des opérations sur tous les fronts. Il est vrai qu'elle en était à sa troisième guerre…

DES NOUVELLES DE BLASIMON

Le lendemain je vis arriver Santina et Thérèse ; bien évidemment personne ne savait si j'avais réussi à passer et elles étaient venues aussitôt qu'elles avaient pu. Les allemands avaient quitté Blasimon, mais le bilan était très lourd ; d'après le récit qu'elles firent, voici comment les choses se passèrent :

Aussitôt arrivés les allemands arrêtèrent un type qui passait à vélo, le rouèrent de coups en gueulant : « Où sont les terroristes ! Où est le maquis ? »

Le pauvre bougre parvint à s'expliquer ; il était parfaitement en règle, n'était pas de l'endroit et ne connaissait personne, on le laissa partir.

Le deuxième arrêté fut Lauliac, une connaissance, habitué lui aussi du bal clandestin ; comme il était de la commune même, il n'avait aucune possibilité de s'en tirer, pour l'encourager aux confidences, les allemands commencèrent à lui découper une oreille…

Que raconta le pauvre Lauliac ?

Toujours est-il qu'un fort détachement partit vers Mauriac ; très vite ils furent au contact avec les maquisards. Il y eut des tués et quelques prisonniers furent ramenés à Blasimon, frappés et torturés toute la nuit ; c'était leurs cris que j'avais entendu, l'un d'entr'eux fut attaché derrière un camion et traîné sur la route, c'était à celui-là qui ils avaient coupé les oreilles. Ils allèrent les achever dans le bas-fond, tout près de la vieille abbaye...

Les SS revinrent à Mauriac et s'en prirent aux habitants soupçonnés d'après eux d'avoir aidé « les terroristes » ; il y eut encore des morts, cinq maisons furent incendiées, un homme mourut brûlé vif, attaché au portail de sa grange en feu.

Le curé Gréciet rencontré sur la route entre Blasimon et Mauriac fut arrêté et abattu sur place.

Toute la nuit les incendies firent rage ; la nuit était rouge... Et les casques luisaient...

Roger Teillet était un garçon charmant, brun aux cheveux bouclés ; il avait vingt-trois ans, et il était lui aussi un habitué du « Grand Antoine ». Un jour, en dansant, une fille lui avait caressé les cheveux en disant : « T'es mignon, Teillet !.. » C'est comme ça que j'avais su son nom.

Il ne trouva rien de mieux que de venir sur la place avec un copain voir les SS de plus près.

Interpellés, ils prirent la fuite ; le copain s'échappa, Teillet fut pris. Les voisins qui étaient aux aguets derrière leur fenêtre voyaient tout, et c'est par eux que l'on eut des témoignages sur le sort tragique du pauvre Teillet.

Arrêté et fouillé aussitôt, il fut trouvé porteur d'un pistolet ; dès lors, son affaire était claire.

On lui serra les deux bras le long du corps avec un ceinturon pendant que d'autres SS préparaient une corde soigneusement passée à la graisse ; la place était bordée de jeunes platanes, la corde fut attachée assez haut, au tronc de l'un d'entr'eux. On fit monter Teillet sur une petite échelle, un SS lui passa la corde au cou... On tira brusquement l'échelle, un SS se suspendit un court instant aux pieds du pendu, c'était fini...

Ils avaient des noms et les perquisitions commencèrent ; heureusement bon nombre d'habitants avaient pris la fuite, la vue de l'uniforme de lieutenant du fils Bergès déchaina leur rage et la veste fut déchirée à coups de baïonnette, ils avaient déjà saccagé deux ou trois maisons quand l'ordre de départ arriva. Quelques coups de gueule, des commandements secs, un moment après ils étaient partis.

On sut par la suite qu'ils étaient partis à Sainte Foy la Grande pour semer la bas la mort et la désolation ; s'ils étaient restés un jour de plus, il y aurait eu, la aussi, des morts et des incendies, le débarquement sur la Côte d'Azur les avaient contraints à un mouvement rapide.

Les filles me dirent aussi : « Ils sont venus chez nous au lever du jour, heureusement que tu étais parti ; ils nous ont poussées dans la cuisine et ont commencé à fouiller partout ; on leur a montré nos papiers, ceux qui nous sont délivrés par le consulat portent le timbre fasciste, ma mère leur a parlé en italien, leur a expliqué comme tu avais dit, pour mon frère. Ils ont examiné nos papiers.

« Vous italiens, pas ennemis, français ennemis ! Vous bons italiens ! Gut ! » Ils sont repartis, mais nous avons eu bien peur... »

Après le départ des SS, l'épicier Benech et les voisins décrochèrent le pauvre Teillet, on ramena de Mauriac les restes du curé Gréciet. En exhumant les corps des quatres maquisards jetés dans une fosse commune près de l'abbaye et hâtivement recouverte de terre, on s'aperçut qu'au moins l'un d'entr'eux avait été enterré vivant.

FINIR LA MOISSON

« Il faudrait que tu reviennes pour nous aider à finir la moisson, me dirent les filles ; Albert doit venir aussi et ce sera vite fait. »

Mes parents auraient préféré ne pas me voir repartir, mais je promis de revenir le plus tôt possible, et, le lendemain nous repartions à Blasimon par la grande route de Sauveterre, sans nous cacher. Mais, en cas d'un contrôle inopiné sur la route, mes faux papiers et ma carte de travail suffiraient à me couvrir ; ils n'avaient plus le temps de faire d'autres vérifications, la présence des deux filles avec moi valait à elle seule un sauf conduit.

Les convois, courts et peu nombreux, qui nous dépassèrent étaient de plus en plus hétéroclites ; on voyait qu'ils avaient ramassé tout ce qui pouvait rouler, à un moment donné nous fûmes rattrapés par un camion chargé de soldats qui tirait une grappe d'hommes à vélo, accrochés à une corde en V. Et tout ça remontait dare dare vers le nord...

La mamma était toute contente de me voir revenir sain et sauf ; tout le monde se demandait si j'avais pu passer, avec les SS en haut de la petite cote. Solange Lauzeille les avait vus en allant mettre les bêtes au pré, et elle était persuadée que je m'étais fait ramasser ; je racontai mon histoire, le reflet rouge sur les casques, à quelques mètres de moi... Et je ne leur cachai pas non plus que j'avais eu une sacrée trouille...

Le temps était magnifique ; je partis avec Laetizia chez Albert pour préparer la moisson du grand champ de blé, eux aussi avaient cru y passer.

« Les maisons brûlaient... On entendait crier, hurler, mais c'était de l'autre coté et ils ne sont pas venus jusqu'ici, nous avions nous aussi préparé nos papiers italiens, en cas ! »

Lorsque nous revînmes chez nous, ce fut pour apprendre que quelqu'un avait trouvé deux morts inconnus, à la lisière d'un bois qui bordait la route de Castillon.

Albert vint nous aider le lendemain à finir la moisson ; le calme était revenu, mais sur la place le bout de corde noire qui était resté accroché au tronc d'un platane non loin du presbytère vide témoignait du drame qui s'était joué là. Au fond, près de l'abbaye, quelqu'un avait hâtivement confectionné un cénotaphe provisoire en bois, avec le nom des quatre jeunes maquisards massacrés.

Aujourd'hui, tout cela est bien loin, le temps a passé... Mais le souvenir de ces événements est resté intact dans ma mémoire ; aucun de ceux qui ont vécu ces faits n'a oublié...

Je ne peux m'empêcher d'évoquer avec beaucoup de tristesse le souvenir du malheureux Lauliac qui, vaincu par les coups et la souffrance, parla... Il se suicida quelque temps plus tard...

On acheva la moisson ; la mamma en profita pour remercier la Madone, tout le monde était sauf et la récolte bien à l'abri.

J'avais ramené avec moi mon appareil photographique chargé avec une des dernières pellicules des aviateurs de Mérignac ; j'allai avec Laetizia photographier l'endroit et le cénotaphe qui portait les noms des quatre jeunes fusillés. Je pris le platane et le bout de corde noire, sur la place ; quelqu'un avait cloué une petite pancarte de bois peinte en tricolore, portant le nom de Roger Teillet et quelques mots rappelant la date et les circonstances de sa mort.

Ce faisant, je me trouvai de rencontrer dans le bourg un cousin des Lafourcade que j'avais connu à Saint Pierre où il venait souvent, il était des environs de Cadillac. C'était un personnage assez cocasse qui portait toujours une grosse paire de lunettes, à cheval sur un nez en faucille ; il fut surpris de me voir là, je lui racontai en gros mes pérégrinations et il me déclara en prenant un air mystérieux : « J'étais avec Maxime... Cela a été dur, mais je m'en suis tiré par miracle ! »

Je le questionnai sur les circonstances du dernier combat ; il éluda mes questions, répondit évasivement en disant lui aussi que la fin était proche et qu'il valait mieux attendre à l'abri... Il n'était pas le seul à penser ainsi.

PASSAGE DES HINDOUS A PUCH

J'étais obligé de repartir chez moi ; mon père venait d'acheter un jeune bœuf qu'il ne pouvait pas dresser seul, mais je ne pouvais pas non plus laisser tout mon petit monde en plan. Je décidai de repartir chez moi quelques jours ; je voulais aussi passer à Puch et à Saint Exupéry, mais je promis de revenir dès que possible à Blasimon.

Je trouvai Jeannot on ne peut plus à l'aise ; il avait su ce qui s'était passé, vu les incendies et entendu les bruits des combats et des exécutions et avait craint un moment que j'ai écopé.

Il n'y avait pas eu d'intrusion des SS à Puch, Jeannot était peinard et n'envisageait pas de revenir dans l'immédiat au pays.

Les Lauzeille furent contents de me voir ; eux aussi avaient craint à un moment donné que j'aie laissé ma peau dans l'aventure ; ils avaient eu de leur coté une sacrée alerte...

Un convoi de quelques camions chargés d'hindous s'était arrêté sur le bord de la route ; Yvette qui était entrain de faire la cuisine bien tranquillement sans se douter de rien, avait vu arriver deux grands gaillards barbus et basanés qui lui avaient fait tout de suite comprendre ce qu'ils attendaient d'elle... Ils l'avaient cramponnée et tirée dans la chambre, à coté, elle avait hurlé, appelé...

Julien, André Veyri et son fils, d'autres voisins étaient arrivés ; les hindous l'avaient lâchée en tenant tout le monde sous la menace de leurs armes, mais étaient partis.

« J'ai bien failli y passer de toutes les façons, dit Yvette, je suis sûre qu'après ils m'auraient tuée ! »

Le convoi d'hindous était reparti, d'autres étaient passés, mais personne ne s'éloignait plus des maisons.

LES ALLEMANDS EN RETRAITE

Les moyens de locomotion qui permettaient à l'armée allemande de remonter vers le nord étaient de plus en plus disparates et précaires ; la pénurie de matériel et de carburant les avait obligés à se rabattre sur tout ce qui pouvait rouler, y compris les vélos...

Julien m'avait prévenu ; des gens s'étaient fait arrêter sur la route et confisquer leur vélo, avec leur système de corde en V derrière les camions ils doublaient la quantité d'hommes transportés. C'était réglés à l'allemande ; après un temps bien défini les cyclistes remontaient dans le camion et étaient remplacés par les autres.

Il n'était donc plus question de passer par la grande route pour rentrer chez moi, mon vélo neuf était trop tentant ; il me fallait reprendre l'itinéraire « bis », par les petits chemins, ça m'arrangeait car je voulais passer par Saint Exupéry pour voir un peu où en étaient les choses.

Je fis donc le parcours sans mauvaise rencontre, et la ferme des Guiraudon fut ma première halte ; depuis la catastrophe, « la Ficelle » avait trouvé une autre planque ailleurs.

« Il ne voulait plus rester à aucun prix, me dit le père Guiraudon ; il avait eu trop peur quand les allemands ont fait la descente, nous étions partis dans les bois, lui s'était caché dans un demi-muid, sous les débris d'une vieille grange ; ils se sont contentés de fouiller la ferme, mais ne sont pas allés plus loin, ils n'avaient plus de temps à perdre, ils avaient les dépôts d'armes et ramassé les chefs.

« Au début, on les a vu revenir plusieurs fois, avec la Milice ; ils poussaient des pointes dans les petits chemins qui rentraient dans les bois, ça s'est calmé, mais de temps en temps on voit des voitures avec des miliciens ou des civils.

« Il ya quand même quelques jours qu'on n'en a pas vu, mais il vaut mieux que tu ne traînes pas trop par ici ; moi aussi il faut que j'aille à Saint Macaire, mais je préfère attendre encore un peu, ils sont entrain d'évacuer la région, ça ne devrait plus être bien long. »

Marcel était parti chez son frère à Braud, quelques kilomètres après Blaye ; il n'y avait plus qu'Yvette et Guy le boiteux ; ils préparaient le déménagement et emballaient leurs affaires, ils avaient hâte de quitter ces lieux où le malheur était passé.

Et pourtant… Que de bons moments nous avions vécu tous ensemble, avec Gaston Barathe, Georges et les autres… Il nous semblait à tous que rien ne pouvait nous arriver, tant ce petit coin respirait le calme et la sérénité.

J'appris que la veuve de Raphaël était restée dans sa famille, et que madame Souan était toujours chez ses cousins Seuve ; Yvette la voyait de temps en temps en allant chez Barathe. Je la chargeai de dire à la pauvre femme que j'irai la voir dès que possible ; ce serait un bien triste moment à passer, mais je tenais à cette visite.

C'était pour aider des jeunes comme moi et rester fidèles à un idéal de liberté qu'ils avaient, bien imprudemment d'ailleurs, joué et perdu leur vie.

Je repris ma route et arrivai à Saint André du Bois, à point pour me trouver nez à nez avec un convoi trainant des cyclistes ; je replongeai illico par les petits chemins à travers les vignes, je n'avais plus bien loin à aller et j'étais sûr d'arriver à bon port.

En arrivant je trouvai ma mère s'activant à préparer le repas du soir ; les voisins italiens étaient venus les aider et tout le monde mangeait chez nous.

LES VOISINS ITALIENS

Les Régonési, c'était leur nom, étaient de braves gens ; le père, Giaccopo (Jacques en français) avait comme je l'ai déjà dit, combattu dans les Balkans dans le même secteur que mon père ; les sujets de conversation ne manquant pas, le repas ne fut pas triste. Le copain italien levait le coude avec une aisance qui témoignait d'une longue pratique, au grand dam de sa femme Angéla qui ne cessait de l'asticoter dans leur langue.

J'étais sur mon terrain et je riais de bon coeur ; ce fut du délire lorsque je leur fis, dans un italien tout à fait acceptable, un petit speech de circonstance pour saluer leur installation dans le village.

Jacques avait, comme beaucoup d'autres, fui l'Italie dès l'avènement de Mussolini ; socialiste, fervent partisan du député Matteotti assassiné par les fascistes, il avait échappé de peu à l'arrestation.

Le vin faisant monter la pression, il entonna une chanson de sa composition dans un sabir franco-italien, chanson dans laquelle le grand chef du « fascio » était voué aux gémonies avec sa femme et ses enfants ; les mots « porco » et « assassino » étant parmi les plus tendres.

« Arrête de faire l'andouille ! » disait sa femme Angéla, qu'il appelait aussi « La négrina », probablement à cause du brun très mat de sa peau.

Les deux enfants, Emilio et Margot, habitués à ces débordements levaient les yeux au ciel ; Jacques continuait, debout, le verre à la main, amplifiant tant qu'il pouvait le volume sonore.

Ma mère avait prudemment fermé porte et fenêtre...

CHASSE AUX VELOS

Le lendemain matin, j'allai faire un tour à Saint Macaire toujours de la même manière, en passant par les prés et à pied ; mes parents, eux aussi m'avaient mis en garde pour la chasse aux vélos.

A Langon, les allemands établissaient des barrages surprise et la razzia commençait : « Halt ! Réquisition piziclett ! »

Bon nombre de « piziclett » changèrent ainsi de propriétaire, mais, le premier coup servit de leçon et personne ne s'aventura plus dans les rues ou sur les routes autrement qu'à pied. L'entrée du pont routier était protégée par deux éléments qui provenaient des barrages antichars de la ligne Maginot ; c'était deux énormes assemblages de poutrelles de fer, montées sur des rouleaux de béton, en cas d'alerte les deux éléments étaient poussés cote à cote et assemblés par de grosses goupilles, l'entrée du pont était à ce moment là théoriquement infranchissable.

Les convois militaires et les blindés passaient tous par le pont de la voie ferrée qui pouvait supporter des charges beaucoup plus lourdes ; pendant mon absence, les allemands avaient construit une voie d'accès sur remblai qui reliait la route au bout du pont de fer.

LES MONGOLS

On ne voyait pas grand monde dans les rues de Saint Macaire ; le récent passage d'une colonne de mongols avait incité les gens à une grande prudence. Prévenus assez tôt ils avaient barricadé leurs portes et s'étaient terrés chez eux ; les mongols, en uniforme allemand avaient toujours leurs armes et leur matériel russe, des chariots à quatre roues, à la caisse en forme de maie et tirés par de petits chevaux de race asiate, ils avaient même un chameau !

Les allemands embarquèrent les mongols dans un train en gare de Langon ; je ne sais pas ce que devinrent les chevaux et le chameau, mais les chariots en forme de maie restèrent longtemps dans la cour de la gare de marchandises.

DERNIERS VENUE DE MAXIME A ST PIERRE

En arrivant au Thuron, je trouvai Gérard Perroy le peintre ; la famille Perroy habitait et avait son magasin de peinture à l'angle de la rue Bergoeing.

La fille de la maison, Paulette, était de mon âge et tout petits nous partions ensemble à l'école maternelle ; « Popo » fut ma première copine, nous habitions au Thuron, à quelques dizaines de mètres et nous étions souvent ensemble. Le fils, Gérard, avait quelques années de plus que moi ; nous étions toujours restés en très bon termes et je le retrouvai avec plaisir.

« Mais d'où sors tu ? » me demanda-t'il.

Je lui racontai brièvement le plus gros de mon aventure clandestine avec le bouquet final, Blasimon et la mort de Maxime Lafourcade.

« Je l'avais vu quelques jours avant, me dit Gérard, j'avais un travail à faire à Saint Martin et j'étais parti de très bonne heure avec mon vélo et la petite remorque ; j'étais devant l'église de Saint Pierre quand je l'ai vu sortir de la rue en face du bistrot, traverser la route et entrer chez sa mère, il avait un veston noir, une bande FM en bandoulière et une mitraillette à la main ; il y avait une voiture en retrait dans la petite rue, avec des types à l'intérieur. Tout était désert, personne n'était dehors... Je suis le seul à l'avoir vu... »

Donc Maxime était venu voir sa mère peu de temps avant sa fin tragique ; côtoyant tous les jours le danger et la mort, peut-être avait-il le pressentiment que la chance ne durerait pas et que la fin était proche. Le veston noir de monsieur Nègre n'était pas un porte-bonheur...

Dès que j'en aurais la possibilité, j'irai voir sa mère et Paulette, il fallait aussi que je revienne à Saint Exupéry pour la pauvre madame Souan.

Je revins chez moi ; mon père écoutait la radio anglaise qui faisait état de l'avance rapide des armées alliées, nous fîmes le point sur la carte, une force importante avançait sur Paris, d'autres colonnes poussaient dans d'autres directions. La radio soulignait que l'une d'elles fonçait vers la Loire et le Sud-Ouest.

On devait savoir après la libération que cette armée qui était censée descendre vers nous n'était qu'une armée fantôme, une manœuvre d'intoxication destinée à hâter l'évacuation du sud du pays par les allemands.

Nous écoutions les nouvelles en expédiant le maigre repas de midi ; ce n'était plus l'abondance de victuailles que j'avais connue au cours de ma vie de hors la loi. Chez nous, de ce coté-là, la situation était restée à peu de choses près la même.

La libération de Saint Macaire
1944–1945

LA LIBERATION DE SAINT MACAIRE

Mon père quitta la table le premier et partit vers le bord de la route ; je le suivis, tout à coup, il se retourna en faisant un grand geste. « Viens vite ! Voilà le maquis ! »

Un side-car avançait lentement vers Saint Macaire ; le conducteur de la moto portait l'uniforme des motorisés de l'armée française, veste de cuir et casque à bourrelet, je le reconnus tout de suite, c'était le gendarme Blanchet de La Réole qui, plus prudent que le pauvre Rigoulet, s'était mis à l'abri avant la grande rafle. Assis dans le side-car, un homme tenait une Sten pointée vers l'avant.

Les allemands avaient mis en place leur propre signalisation routière faite de panneaux fléchés, clairs et efficaces ; il y en avait quelques uns a « la croix », à l'entrée de Saint Macaire, les deux motards sautèrent du side-car, arrachèrent les panneaux et les brisèrent à coups de talons.

Tout le monde était dehors… Le père Gamard, un cheminot retraité, qui habitait le petit château, se précipita avec un bouquet de fleurs qu'il offrit en pleurant à Blanchet. « Ha mes p'tits gars ! Ha mes braves p'tits gars ! »

Deux Citroën traction avant marquées du sigle FFI, chargés de gars casqués et armés, avec sur les ailes, à l'avant les déjà classiques mitrailleurs braquant leur Sten, rejoignirent Blanchet et son compagnon. Deux camions surchargés d'hommes brandissant des fusils et des mitraillettes apparurent à leur tour ; deux grands drapeaux flottaient, accrochés de part et d'autre des cabines, des gars agrippés et debout sur les marchepieds chantaient à tue tête la Marseillaise et le tout nouveau « Chant des partisans ».

Robert Thomas me cria : « S'ils se présentent comme ça devant Langon, il ne va pas en réchapper un seul ! »

LA KERMESSE

D'autres véhicules suivirent… On voyait que la majorité était des voitures qui n'avaient pas roulé depuis longtemps et qui avaient été hâtivement remises en service ; ça passait à pleine route, dans un flottement de drapeaux, de rubans tricolores et de cocardes. Même des femmes brandissaient des fusils en chantant elles aussi des refrains patriotiques ; c'était une kermesse, une cavalcade…

C'était du délire...

Je partis à Saint Macaire avec un groupe de copains de Saint Pierre qui, eux aussi, suivaient le flot...

La place de l'Horloge était comme une fourmilière, les FFI ayant occupé en priorité la terrasse du bistrot ; le vin coulait à flots, tout le monde offrait à boire aux gars du maquis. Louise et André Artiguberre, les patrons, étaient débordés ; j'eus la surprise de trouver là ma vieille copine Adrienne qui travaillait depuis quelques temps comme serveuse, courant de table en table.

Je suivais les groupes d'hommes armés, cherchant à reconnaitre une silhouette familière ou une connaissance venant du secteur qui avait été le mien ; je cherchai en vain le gendarme Blanchet qui, parait-il, était reparti en reconnaissance avec les deux voitures sur la route de Saint Maixant.

Tous ces hommes venaient du Lot-et-Garonne, généralement du Marmandais ; il y avait des jeunes issus des « chantiers de jeunesse » reconnaissables à leur uniforme vert forestier, des soldats de l'ancienne armée d'armistice avec casque et fusil 36 à la bretelle.

Un peu à l'écart et ayant l'air de faire un peu bande à part, il y avait un groupe d'une vingtaine de marins parfaitement armés et disposant de plusieurs fusils mitrailleurs ; ils étaient commandés par un gradé à casquette, peut-être du niveau d'un aspirant dans l'armée de terre, je ne connaissais pas la hiérarchie et les galons de la marine pour dire exactement son grade. Tous les marins lui obéissaient à l'exception d'un seul qui déjà complètement rond avait installé son F.M. sur une table parmi les verres et les bouteilles, refusant obstinément de quitter la place sous le prétexte qu'il n'aurait jamais une ligne de tir aussi parfaite si l'ennemi se montrait.

Il y avait aussi la masse de tous ceux qui avaient suivi la vague, spontanément, jeunes et moins jeunes, armés de bric et de broc, le plus souvent de fusils de chasse, cartouchière à la ceinture ; certains d'entre eux avaient de vieux fusils Mauser, trophées ramenés de la guerre précédente.

« LETOUBIB » ET « LA BOURGEOISIE »

Un cabriolet bleu clair décapoté, avec sur le coté un drapeau tricolore fit irruption sur la place ; des officiers français étaient à bord, des cris enthousiastes s'élevèrent, les FFI acclamaient les arrivants.

« C'est Letoubib ! Voilà Letoubib ! Vive le commandant Letoubib ! Bravo ! Bravo ! »

Le commandant Letoubib sauta de la voiture en saluant de la main ; bel homme, la quarantaine, brun aux tempes argentées, une courte barbe où se voyaient aussi quelques fils d'argent, il portait avec beaucoup d'élégance un superbe uniforme de commandant. Manifestement il avait la prestance, la distinction et le physique d'un chef, il portait plusieurs barrettes de décorations sur la poitrine.

Le capitaine qui le suivait avait beaucoup moins d'allure ; petit et rondouillard, il se tenait droit comme un i, s'efforçant de ne perdre aucun centimètre de sa petite taille ; il portait sur le coté un énorme pistolet attaché à un cordon de parachute passé dans l'anneau de la crosse.

Il arborait lui aussi un certain nombre de décorations ; un calot kaki à trois galons surmontait l'ensemble, c'était le capitaine « La Bourgeoisie ».

Les FFI les entouraient, discutant ferme ; j'appris en les écoutant que les deux galonnés de moindre importance qui restaient était « Œil » et « Serpent ».

Il arrivait toujours du monde… André Chapoulie alla chercher le drapeau du bistrot, celui que l'on accrochait au balcon pour les grandes occasions comme la fête nationale ou le 11 novembre.

« On va le mettre en haut de l'horloge ! »

« Oui ! Oui ! En haut ! Vas-y André, bravo ! »

Un moment après le drapeau était passé par la lucarne et fixé solidement.

Le capitaine « La Bourgeoisie » s'avança et déclara d'une voix forte : « Votre commune vient d'être libérée par les Forces françaises de l'intérieur ! Chantons la Marseillaise ! »

Timidement quelques voix s'élevèrent, puis tout le monde s'y mit et l'hymne national salua le drapeau du bistrot qui flottait en haut de la tour de l'horloge.

Les marins avaient été rassemblés et emmenés sur les Allées Tourny plus au calme ; un autre petit groupe de soldats paraissant un peu plus disciplinés les avait rejoints. Nous étions quelques uns à avoir fait comme eux ; il y avait Mimile Brouch le plâtrier, Clément Jauberthie le cordonnier, Barrau le marchand de fruits et quelques autres, anciens de 39–40.

Le commandant Letoubib et son « état major » arrivèrent à leur tour, une discussion s'engagea ; ils hésitaient à avancer sur Langon, ne sachant rien des effectifs et des défenses allemandes mais beaucoup de Macariens et en particulier tous ceux qui travaillaient à Langon connaissaient pour l'avoir vu installer l'aménagement défensif de toute la partie qui longeait la Garonne et qui assurait la couverture des deux ponts. Dans les maisons et l'église, de part et d'autre des ponts, des créneaux avaient été percés et des emplacements de mortiers et de mitrailleuses soigneusement préparés ; des points avancés existaient aussi sur le viaduc.

Bref, la position était solide et le morceau s'annonçait dur à avaler ; la promenade triomphale qui avait conduit Letoubib et ses hommes de leur point de départ à Saint Macaire sans rencontrer d'obstacles venait buter sur un os, Langon.

Coté Saint Macaire, seule la digue pouvait assurer une protection efficace, il fallait voir… Pierre Desmoulins, l'assureur, offrit ses services pour guider les officiers sur le sommet de la colline, à « La Croix de Bord » ; de là-haut, il leur serait plus facile d'observer à la jumelle et de repérer le détail des positions allemandes principalement près des ponts et sur le viaduc.

LE MOUCHARD

Armand Dinety était de la même génération que mes parents qu'il connaissait depuis toujours, sa boutique était sur la place des anciens abattoirs et il faisait partie de ce petit peuple laborieux qui avait toujours vécu dans le vieux Saint Macaire. Copain de Louis Teynié le batelier qui habitait non loin de là, il devait être fixé depuis pas mal de temps sur ma situation car ma présence n'eut pas l'air de le surprendre. C'était un brave type que je connaissais bien... Tout le monde l'appelait « Titi » ; il était cordonnier. Il me tira par le coude discrètement.

« Qu'est-ce qu'il y a, Titi ? » demandai-je.

Il me montra un homme d'une quarantaine d'années en chemisette beige qui allait de groupe en groupe, faisant de petites haltes en écoutant les conversations. « Tu vois ce type, là devant, c'est L——, un peintre de Langon ; c'est un collaborateur et il a toujours mouchardé pour la Gestapo ; si tu connais quelqu'un parmi les officiers il faut les prévenir tout de suite et l'empêcher de repartir. Il a du traverser en bateau et il va aller déballer tout ce qu'il a vu et entendu aux boches, c'est un type dangereux. »

Les officiers étaient tous partis avec Pierre Desmoulins, il ne restait que celui qui commandait le petit détachement de marins, je le topai : « Racontes-lui histoire, » dis-je à Titi.

Il répéta mot pour mot ce qu'il m'avait dit.

« Nom de Dieu ! dit le marin, il faut le gaffer avant qu'il n'aille porter le plat ! Où est-il ? »

On chercha dans la foule, en vain... Le dénommé L—— avait disparu.

Je ne connaissais pas cet homme mais j'avais un bon souvenir de son fils qui venait régulièrement aux « Grottes » avec quelques copains de Langon, il travaillait avec son père et, à cause de son métier, ses copains l'avaient surnommé « Ripolin ».

Un dimanche, ses copains étaient arrivés sans lui.

« Et Ripolin ? » demanda quelqu'un.

« Il est malade... Salement malade... Les poumons ! »

Peu de temps après on apprit qu'il était mort.

M—— L—— avait dix-huit ans ; c'était un gentil garçon, un peu timide mais bon camarade ; quelques mois après, sa mère le suivait dans la tombe. Quoi qu'il ait fait, j'aimais autant que le père L—— soit parti ; ça m'aurait gêné et je n'aurais pas été très fier de provoquer son arrestation, d'autant plus qu'avec cette foule grondante et excitée c'était un coup à le faire écharper sur place. De toute façon la fin approchait et, à moins de suivre les allemands dans leur retraite, il serait pris tôt ou tard.

FACE A LANGON

Les officiers étaient revenus de leur inspection et palabraient à l'écart, mais Pierre Desmoulins nous dit qu'il n'y avait rien sur le viaduc, et que toutes les défenses étaient sur l'autre rive.

On envoya des hommes armés prendre position le long de la digue en passant par la propriété Lacroix ; c'était le seul moyen d'accès hors de la vue des allemands qui avaient un excellent poste d'observation dans le clocher de l'église.

Chacun racontait la sienne : « Il y a une armée américaine qui descend sur Bordeaux, la radio en a encore parlé ! »

On disait aussi que des FFI venant des maquis de la région de Grignols avaient commencé à investir les abords de Langon par le sud et qu'ils étaient sur le point de couper la route de Bazas ; mais la route Langon-Bordeaux était toujours solidement tenue par les allemands.

Les officiers français questionnaient et cherchaient le maximum de renseignements, mais personne ne connaissait l'importance des effectifs allemands à Langon ; une chose était certaine, les deux ponts étaient minés et bien défendus. A l'abri derrière leurs créneaux percés dans les murs et dans les emplacements qu'ils avaient préparés depuis longtemps en grands spécialistes qu'ils étaient, ils pouvaient accueillir les visiteurs...

Le commandant Letoubib décida de repousser au lendemain la suite des opérations ; tout le monde revint vers la place de l'Horloge encombrée de personnages et de véhicules venus de l'ancienne zone libre, avec une profusion de drapeaux et des inscriptions guerrières et vengeresses.

Le bistrot n'arrêtait pas de servir à boire et bon nombre des arrivants étaient déjà complètement saouls... J'étais adossé à la banquette du café avec quelques autres, Clément Jauberthie se pencha vers moi et me dit à voix basse : « Et si les boches retraversaient le pont ? Tu vois, une ou deux sections suffiraient pour faire cavaler toute cette armada, et ce serait vite fait ! »

C'était malheureusement vrai... Sur le plan militaire, exception faite du commando de marins et des quelques vétérans de l'armée d'armistice, tout ça ne valait pas grand-chose ; déjà un certain nombre de ceux qui avaient suivi joyeusement la marche triomphale faisaient discrètement demi-tour et repartaient prudemment chez eux...

Nous espérions tous que les allemands évacueraient Langon sans chercher la bagarre...

Au café, debout sur une table, un marin ivre chantait, le verre à la main : « Je suis le maître... A bord ! »

Le soir était là et je rentrai à la maison...

LA « GRANDE PEUR »

Chez nos voisins italiens c'était l'euphorie... Ils possédaient un énorme et antique phonographe à pavillon et une non moins antique collection de disques de belcanto dont un certain nombre interprétés en italien par le défunt Caruso. Quant j'arrivai, le phono était sur une petite table devant la porte, et le père Régonési couvrait de sa voix puissante celle du pauvre Caruso qui sortait péniblement des sillons usés de la cire.

Lorsque l'aiguille déraillait, Jacques donnait un grand coup de poing sur la table en hurlant : « Putana ! Bruta maccina ! » Et ça repartait...

Le repas du soir fut expédié en vitesse, mais les informations écoutées attentivement ; entr'autres on parlait toujours de cette armée américaine qui descendait vers le Sud-Ouest mais sans dire où elle se trouvait, et pour cause...

Tout le monde partit au lit ; la journée avait été rude, mais resterait mémorable.

Il n'était pas encore minuit lorsque des coups furent frappés au contrevent : « Roland, lèves-toi vite et échappes-toi ! Les FFI quittent Saint Macaire, les allemands reviennent, tout le monde fout le camp... ! »

C'était Marthe Chavaneau ; ma mère partit avec elle avertir le voisinage, mon père qui en avait quand même vu d'autres décida de rester au lit où il se trouvait du reste très bien.

Lorsque j'arrivai au bord de la route, je vis des gens qui passaient à pied en marchant vite ; une femme, déjà à bout de souffle répétait sans arrêt : « Ah mon Dieu... Mon Dieu... Mon Dieu ! »

D'autres passaient à vélo, sans lumière ; ça n'arrêtait pas, les Macariens fuyaient...

Il y avait déjà eu, au cours des siècles une alerte suivie d'une panique qui était restée dans les annales sous le nom de « La grande peur ». C'était en 1789 ; la confusion entre la Milice de Pian et une troupe de brigands menaçant la ville avait affolé et fait fuir la population.

« La grande peur » ! Le vocable était déjà pris, mais c'était la même trouille collective ; les gens fuyaient droit devant eux en suivant la route, ce qui était le meilleur moyen d'être rattrapés.

Angéla était devant sa porte ; elle me cria : « Il est parti à pied, en chantant « l'internationale » avec les copains du bistrot, « Toto », « Le Pronce » et « Le Roupic » ! »

Une voiture passa ; je reconnus le cabriolet des officiers avec Letoubib ; eux aussi quittaient Saint Macaire, l'alerte paraissait sérieuse...

Une fois de plus il fallait que je trouve une planque, provisoire et sûre ; il n'était pas question pour moi de suivre la grande route jusqu'au diable vauvert ; je traversai la route d'abord puis la voie ferrée, je décidai de monter à travers les vignes jusqu'à la cabane de Labarbe, à Gargassan. C'était isolé, et de là-haut je pouvais surveiller Saint Macaire et toute la route jusqu'après Saint Pierre ; si ça devait tourner mal, j'avais le temps de passer sur l'autre versant et de gagner les premiers bois.

Lorsque j'atteignis la cabane une mauvaise surprise m'attendait, je m'exclamai : « Merde ! Elle est fermée ! »

Une voix s'éleva à l'intérieur : « Qui est là ? »

Je reconnus la voix de Jacquot Labarbe qui avait eu lui aussi l'idée de venir chercher refuge dans sa cabane ; je me fis reconnaître, il ouvrit, nous restâmes un moment sur le seuil à écouter ; on entendait un bruit de moteur très loin, après Langon, mais sur cette rive et sur la route rien…

Il y avait de la paille dans la cabane et Jacquot avait amené une couverture, mais pour moi il n'était pas question de dormir… Je restai debout devant la porte ; lors de l'opération des SS à Blasimon et à Mauriac, il y avait beaucoup de bruit et de roulage, sans parler des détonations, des cris, et de la lueur des incendies.

Mais ici, c'était le silence absolu, rien ne bougeait ; ils étaient sans aucun doute restés sur leurs positions défensives ; je les imaginais, tassés au ras du sol, presque invisibles, le doigt crispé sur la détente de leurs armes. Obligés de protéger Langon au sud, ils ne devaient pas avoir assez d'effectifs pour lancer une contre attaque.

Il était presque trois heures du matin, c'était une fausse alerte ; je laissai Jacquot qui essayait de dormir sous sa couverture et je rentrai à la maison où je retrouvai mon lit avec plaisir.

LE RETOUR DE JACQUES

Au matin les camions et les voitures des FFI revinrent à Saint Macaire ; tous ceux qui avaient fui repassèrent à leur tour, épuisés mais rassurés, oubliant la « grande peur » qui les avait fait détaler la veille.

J'entendis des hurlements qui venaient de chez nos voisins italiens ; tout le monde gueulait à la fois, je m'approchai… Angéla me cria : « Venez, venez voir comme il est revenu ! »

Le pauvre Jaccopo était adossé au mur et faisait front courageusement, comme un sanglier face à la meute ; manifestement il avait du boire toute la nuit, sa femme et ses enfants l'engueulaient en italien et les mots « béone » (ivrogne) et « vergogna » (honte) revenaient souvent.

« Tournes-toi ! Tournes-toi et fais voir comme tu es chouette ! »

Jaccopo se retourna ; un grand trou aux bords déchiquetés avait remplacé le fond de son pantalon, un pan de chemise, déchiré lui aussi, pendait lamentablement par la brèche.

Angéla recommença à l'engueuler : « Quand il est parti avec les autres ivrognes, il a pris le couteau à saigner le cochon et l'a passé à la ceinture ; il ne s'est pas rendu compte qu'il l'avait enfilé à l'intérieur du pantalon et que la lame était trop longue. En marchant la lame a déchiqueté le fond ! »

Jaccopo, hilare, répéta le geste fatal et brandit le couteau très haut : « Porco di Mussolini ! Ladro ! Assassino ! A morte il porco ! A morte ! »

La tirade terminée, il enfila posément le couteau dans sa ceinture et se retourna ; la lame sortait de quelques centimètres à coté du pan de chemise. L'engueulade reprit aussitôt ; je laissai nos voisins à leur petite fête et je partis à Saint Macaire.

L'OBSERVATEUR

Il y avait déjà beaucoup de monde sur la place ; d'autres groupes de FFI étaient arrivés et leurs chefs discutaient avec Letoubib.

Un détachement assez important fut tout de suite déployé le long de la digue ; d'autres effectifs furent échelonnés de loin en loin, le long des deux routes dans les fossés ou derrière des talus, en deuxième ligne. Les nouveaux arrivants avaient quelques fusils mitrailleurs, ce qui étoffait un peu plus la « puissance de feu des Forces françaises de l'intérieur ».

Un observateur fut placé en haut du château d'eau et un autre au sommet de la tour du château de Tardes ; ordre était donné de surveiller les mouvements allemands sans se faire repérer, et surtout de ne pas tirer…

Un moment après, un coup de fusil partait du château d'eau ; un officier se mit à gueuler : « Mais quel est ce con, nom de Dieu ! Allez le relever de suite et ramenez le ici ! Il avait ordre de ne pas tirer… Un poste d'observation repéré est un poste foutu ! »

Letoubib approuva et dit : « S'ils ont repéré le tireur, ils vont décapiter le château d'eau au canon… Cela ne va pas traîner ! »

On amena le coupable ; il était engueulé par les gradés et se défendait comme un beau diable :

« Eh merde ! J'en ai vu un bien à découvert et je lui ai foutu un pet ! Eh merde ! Si maintenant on ne peut plus tirer sur les boches… ! »

Très calmement Letoubib lui expliqua : « A cause de ta connerie, le point d'observation que nous avions là en haut est maintenant repéré ; les boches vont certainement le faire tomber au canon dès qu'ils verront la tête d'un type dépasser la bordure ; ils sont probablement en train de mettre un canon en place… C'est toi qui a fait la connerie, alors c'est toi qui vas remonter la haut ! »

Le FFI se remit à gueuler, les autres à l'invectiver…

A coté de moi Gérard Perroy hocha la tête… Mimile Brouch en fit autant et s'exclama : « Quelle armée ! »

Il était presque midi, je filai à la maison…

DES NOUVELLES DE BORDEAUX

Je venais tout juste de revenir sur la place quand quelqu'un me frappa sur l'épaule ; je me retournai, c'était Marcel Guérinet. « J'arrive de Bordeaux à vélo, par ce coté de la Garonne ; ton cousin m'a accompagné un bout de chemin, on a fait quelques détours par les cotes en faisant attention, sans avoir de problèmes et me voilà. »

Une moto déboucha sur la place et s'arrêta non loin de nous, c'était Blanchet ; Marcel l'appela, il le connaissait beaucoup mieux que moi et depuis plus longtemps.

« Tiens ! Guérinet ! Qu'est-ce que vous foutez la ? »

« J'arrive de Bordeaux, » dit Marcel.

Blanchet ne le laissa pas finir : « De Bordeaux ! Venez avec moi ! »

Il nous entraina vers le groupe des officiers et s'adressa à Letoubib : « En voilà un qui arrive de Bordeaux et qui va pouvoir nous renseigner. »

Letoubib se tourna vers Marcel et demanda sèchement : « Alors, à Bordeaux, où en est la situation ? »

Le pauvre Marcel, entouré d'un aréopage d'officiers tous plus galonnés et décorés les uns que les autres ne put maîtriser son bégaiement : « Je... Je... Tout... Tout... »

Letoubib gronda : « Toutou quoi ? Nom de Dieu ! »

Je pris Marcel à l'épaule et m'adressai à Letoubib : « Excusez-le... Il n'a pas la parole facile ; mais c'est un évadé d'Allemagne, mouillé dans la résistance aussitôt rentré ; il s'en est tiré de justesse lors de l'affaire de La Réole, demandez à Blanchet. Laissez-le s'expliquer et écoutez le, ce qu'il vous dira est vrai. »

Blanchet approuva ; entre temps Marcel avait retrouvé son calme, il commença à raconter : « Les allemands qui évacuent la cote depuis la frontière espagnole passent par Bordeaux ; on voit de tout, des vélos, des attelages de mules des Landes ou de chevaux, tout ce qu'ils ont pu trouver de véhicules civils ou militaires. J'ai vu un 77 à l'entrée du pont de pierre, mais ils traversent en vitesse et ça remonte... Je crois quand même que le plus gros est passé ; d'autre part, il s'adressa à moi, les nôtres prêts à entrer en action ; ton cousin m'a montré son brassard FFI ; ils ont de l'armement et ils attendent le signal, c'est comme un ressort qui est tendu et qui va lâcher tout d'un coup... Mais on sait qu'il y a encore pas mal de forces pour tenir les points stratégiques, la base, l'aéroport, la gare et les ponts ; on pense qu'aussitôt que le dernier convoi aura passé, ils évacueront la place. »

Letoubib ne posa pas de questions et se retira à l'écart avec les autres officiers pour discuter.

Blanchet resta un moment avec nous ; bien évidemment on parla de l'affaire de La Réole, de Rigoulet, de Souan, il était très pessimiste sur leur sort. « Lorsque nous avons éloigné les réfractaires nous savions déjà qu'une rafle nous menaçait ; je n'ai pas attendu et j'ai foutu le camp… Rigoulet et les autres auraient pu faire comme moi mais ils ne croyaient pas à une opération pareille et ils sont restés… Et maintenant… ! »

COMBATS DEVANT LANGON

Blanchet repartit sur sa moto ; les hommes qui avaient pris position le long de la digue avaient commencé à tirer sur les créneaux de l'autre coté de la Garonne ; d'autres étaient en retrait, au cas où…

Des contacts avaient été pris avec les forces venues des maquis de Grignols et des Landes qui, peu à peu, sans trop forcer, resserraient leur emprise sur toute la partie sud de Langon. Ceux qui étaient allés les voir en passant par Castets disaient qu'ils étaient plus nombreux et paraissaient un peu mieux armés que ceux qui étaient chez nous.

Après en avoir discuté avec les autres officiers, Letoubib décida de faire parvenir au commandant allemand un message lui demandant de se rendre sans combat. Un délai de trois heures était accordé, après lequel les Forces françaises de l'intérieur passeraient à l'offensive.

Barrau, le marchand de fruits, se porta volontaire et partit à vélo jusqu'au pont pour remettre le message aux allemands ; tout en pédalant il brandissait à bout de bras une serviette blanche ; le feu avait cessé, il atteignit le pont sans encombre.

Barrau montra le papier : « Pour le commandant allemand, de la part du commandant français. »

Une main se tendit au dessus des défenses ; le papier disparut et Barrau repartit, mission accomplie.

Comme ça avait changé ! Peu de temps avant il aurait été étendu raide mort, serviette blanche ou pas, en tant que complice des terroristes.

Ceux-là sentaient venir la fin et cherchaient à s'en sortir sans trop de casse ; mais ils avaient des ordres et tenaient la position. Il n'y eut pas de réponse, trois heures après la fusillade reprit.

Vers la fin de l'après-midi les allemands tirèrent au canon une dizaine d'obus de petit calibre, apparemment du 37, en direction de Castets ; dans quel but ? On ne le sut jamais, mais il n'y eut ni dégâts ni victimes. Peut-être avaient-ils tiré pour impressionner les français qui investissaient la ville ; en tout cas, pas un obus ne fut tiré sur Saint Macaire au grand soulagement de tout le monde, en particulier de la sentinelle qui était au sommet du château d'eau et qui voyait défiler les obus traçants au dessus de la Garonne en pensant que le prochain serait peut-être pour lui. Il n'en fut rien, et le tir cessa.

Je rencontrai au virage en haut de Boulabale le père Lartigue et son second fils Robert qui revenaient de la digue où ils avaient accompagné des FFI pour leur montrer certains détails des défenses allemandes.

« Tu comprends, me dit le père Lartigue, je sais où ils sont, où sont les trous percés dans les murs ; on les voyait faire tous les jours en travaillant sur la voie ferrée, au pont et depuis le viaduc. Tous les créneaux sont camouflés avec du lierre, des plantes vertes et des filets de toile peinte ; il faut vraiment savoir où ils sont ! »

Je leur demandais s'ils avaient des nouvelles de René ; ils ne savaient rien, mais le père me dit qu'il allait faire un saut jusqu'à Montauban dès qu'il y aurait des trains.

Je retrouvai Marcel embusqué à coté d'un marin derrière un gros fusil mitrailleur anglais ; ils étaient à mi-hauteur, à la verticale du moulin, de là on voyait très bien l'église de Langon et les abords du pont routier. Je restai un moment avec eux ; le marin lâchait de temps en temps quelques courtes rafales. Au crépuscule les tirs s'arrêtèrent.

Marcel rentra à la maison avec moi ; il mangea avec nous et partit aussitôt retrouver les siens.

Les FFI, plus nombreux et confiants tinrent les positions ; il n'y eut pas de panique et tout le monde dormit dans son lit...

LE BLINDE

Le lendemain matin ma mère partit à Barie ; elle emportait avec elle des bouteilles de vin blanc et rouge qu'elle allait troquer contre des œufs et de la farine. Elle y allait pratiquement toutes les semaines, à tour de rôle dans plusieurs fermes amies et faisait le parcours sur son vieux vélo équipé des fameux pneus « increvables » conçus et fabriqués par Dutrouilh ; elle revenait démolie, mais contente de ramener quelques provisions.

Mon père était parti à la vigne, à l'Ardillat ; le temps était chaud et la terre sèche, mais il y avait toujours quelques bricoles à faire ; quant à moi, je venais de faire ma toilette et je m'apprêtais à aller à Saint Macaire ; je fermai la porte, pris mon vélo... On entendait de temps en temps quelques tirs sporadiques et ça avait l'air d'être plutôt calme... Quand tout à coup... !

Une mitrailleuse se mit à crépiter vers Langon, puis des coups de fusils et des rafales de mitraillettes et de F.M. se mêlèrent au tac tac de la mitrailleuse. J'avais laissé tomber mon vélo ; ça se rapprochait et j'entendis les cris des gens qui étaient sur la place ; je courus au bord de la route.

Le commandement FFI avait placé deux hommes armés de fusils au bout du placeau de la Croix, abrités derrière un parapet de pierraille ; ils étaient là depuis la veille et avait devant eux tout le cours de la République.

Le tir de la mitrailleuse se rapprochait ; soudain je vis l'un des deux FFI se lever et foncer courbé en deux vers le chemin de Gabot, son fusil à la main ; le deuxième fit le mort, plaqué au sol.

Le tireur à la mitrailleuse lâchait de courtes rafales ; des balles sifflèrent au dessus de moi, un véhicule couleur sable apparut au virage, je me planquai derrière le mur de l'atelier de Louis Ducos ; je risquai un œil et je le vis passer.

C'était un blindé au camouflage « Africa Korps », un de ces engins hâtivement construits avec des plaques de blindage et une tourelle sur un châssis de camion. Un homme émergeait de la tourelle le temps de tirer, puis replongeait à l'intérieur ; j'entendis encore tirer vers Saint Pierre, puis plus rien, évidemment le blindé continuait sa route.

Je revins chercher mon vélo et filai vers Saint Macaire ; en passant à La Croix, je trouvai le père Gamard et les Déjean qui parlaient avec le FFI qui était resté sur place. Ils me dirent en montrant le soldat : « Son copain a eu les foies quand a il a vu déboucher le blindé, il a foutu le camp, jeté son fusil dans le lavoir et couru jusqu'à la Garonne ! »

Tout le voisinage riait… Le type ne reparaissait pas, à tel point qu'on se demandait s'il n'avait pas traversé la rivière à la nage… Je continuai ma route et rencontrai Paul Clavéres, le charron, qui me dit que la grand'mére Ribouteau avait écopé et était assez sérieusement blessée.

Partout les gens étaient devant leur porte et commentaient le passage du blindé allemand ; sur la place il y avait encore pas mal de monde, je retrouvai les mêmes connaissances et ils me racontèrent :

Le blindé avait franchi le pont du chemin de fer et surpris les FFI ; ces derniers ne possédant pas d'armes antichar leur tir resta sans effet sur le blindage ; seul le mitrailleur qui sortait de temps en temps la tête et les épaules pour tirer aurait pu être touché, mais le véhicule était passé trop vite. Tous ceux qui se trouvaient sur la place s'étaient jetés à terre, les uns sur les autres, affolés ; personne n'avait été blessé à l'exception d'un pensionnaire de l'hospice assis sur la banquette des Allées. Certains affirmaient qu'il était mort.

Je m'approchai d'un groupe de soldat ; on ne comprenait pas pourquoi ce blindé isolé avait pris cette route et cette direction ; tout le monde y allait de son commentaire lorsqu'un lieutenant arriva et annonça : « Le blindé a été stoppé et capturé au barrage antichar de Gironde, il est en parfait état ! »

Il y eut quelques bravos… Midi approchant, je rentrai chez moi.

Ma mère venait d'arriver en compagnie de Léonce Calderon, le copain de mon père, vétéran du 7ème Colonial avec Paul Vimeney et deux ou trois autres survivants. Ils étaient très excités et riaient comme deux bossus ; mon père arrivant lui aussi sur ces entrefaites, nous eûmes droit au récit homérique de la rencontre avec le blindé.

Ma mère revenant de Barie avec sa provision d'œufs et de farine avait rencontré Léonce qui, lui, avait fait le tour par Castets pour venir chez nous chercher du vin ; ils cheminaient tranquillement et venaient de traverser le bourg de Saint Pierre quand ma mère entendit la fusillade et les rafales de mitrailleuses.

Quelques soldats qui avaient réoccupé l'ancien cantonnement du poste français avaient pris position de part et d'autre de la route au niveau de la maison Boulin, à la sortie de Saint Pierre.

Léonce était sourd comme un pot, suite à une commotion cérébrale due à une chute ; il fallait hurler en faisant de grands gestes pour se faire comprendre, c'était plutôt pénible… Lorsque le blindé apparut au sommet de la cote du château Fayard, précédé par le sifflement et le bruit des balles qui claquaient contre les murs, ma mère sauta de son vélo en criant tant qu'elle pouvait pour prévenir le pauvre Léonce qui n'avait rien entendu. Mais lorsqu'il aperçut l'engin en face de lui, il comprit de suite qu'il ne fallait pas traîner plus longtemps sur la route et ils s'engouffrèrent dans la grange de Jean Boulin en compagnie de deux ou trois autres personnes qui avaient jugé utile de faire de même.

Un soldat avait bondi derrière la murette du jardin et, bien protégé, tirait sans arrêt sur le mitrailleur ; le blindé passa à toute vitesse, le soldat, debout le fusil à la main criait : « Je l'ai eu ! Je vous dis que je l'ai eu ! Je suis sûr de l'avoir touché ! » Mais le blindé avait poursuivi sa route.

Tout le monde se retrouva à table ; mon père, depuis l'Ardillat avait poursuivre le parcours du blindé assez loin après Saint Pierre. Il était en haut et faisait une petite pause en compagnie de Georges Thomas, le maçon, qui, lui aussi, avait une vigne à coté.

Il ne croyait pas à la mise hors de combat du mitrailleur car le tir avait repris après Saint Pierre ; la soupe, les œufs, quelques fruits… Le repas expédié, je revins à Saint Macaire.

Je trouvai sur la place les filles Michaud que je n'avais pas revues depuis mon départ ; elles étaient contentes de me voir revenir, et moi de les retrouver en bonne santé ; malgré leur rudesse c'était de braves filles et j'avais beaucoup de sympathie pour elles.

« Ah ! Te voilà ! Enfin ça y est ! C'est grâce aux russes qui on fait tout le travail ! C'est bien dommage qu'ils ne viennent pas jusqu'ici, pour mettre de l'ordre et régler les comptes ! »

Elles étaient un peu amères et déçues, elles qui avaient tant espéré voir arriver l'armée rouge avec ses anges purificateurs et, au fond de leur cœur, la conviction qu'elles trouveraient dans ses rangs le mari idéal.

LES PRISONNIERS ALLEMANDS

Je me gardai du moindre commentaire, car s'il était vrai que les russes avaient fait un travail énorme, il y en avait quand même d'autres qui s'étaient battus depuis le début un peu partout dans le monde, sans oublier ceux qui avaient laissé leur peau au coin d'un bois...

Quelqu'un cria : « On ramène les boches du blindé à Saint Macaire pour les fusiller ! »

Une clameur s'éleva : « Oui, oui ! Il faut les fusiller ! Il faut les tuer ces salauds, ces assassins ! A mort les boches ! A mort, à mort ! »

Certains très excités allaient de groupe en groupe en réclamant l'exécution immédiate des allemands dès leur arrivée. Un petit camion non bâché s'arrêta sur la place ; sur le plateau, deux ou trois FFI assis à cul plat tenaient en respect deux soldats allemands plaqués debout contre la cabine.

Les hurlements reprirent : « A mort les boches ! Il faut les tuer tout de suite, nom de Dieu ! A mort ! A mort ! »

On fit descendre les deux hommes qui portaient la couleur sable de « l'Africa Korps » et on les conduisit dans la salle des fêtes, le vieil « Eldorado » où René Labat faisait encore cinéma chaque fin de semaine. La foule se précipita derrière, gueulant toujours ; je reconnus parmi les braillards certains visages que j'avais vu barrés d'un large sourire et faisant des courbettes à la frontière devant les « casquettes plates »...

Les deux allemands étaient blêmes, figés au garde à vous dans le coin de la salle, à gauche de l'entrée ; Letoubib arriva avec d'autres officiers, il se tourna vers « La Bourgeoisie » : « Fais-moi évacuer tout ce monde ! »

J'étais tout près des prisonniers, du coté opposé à l'entrée et à la foule ; les gens poussés par « La Bourgeoisie » et quelques hommes sortirent en maugréant. Je n'avais pas bougé ; Letoubib me reconnut et me fit un signe de tête ; je restai donc, et assistai à l'interrogatoire.

Letoubib parlait parfaitement l'allemand et il traduisait aux autres officiers les réponses des prisonniers ; d'après leurs déclarations il s'avérait qu'ils avaient perdu le contact avec leur unité et cherchaient à remonter rapidement vers le gros des troupes. Ils s'étaient trompés de direction après le pont et, ne sachant plus où ils se trouvaient, canardés au passage, ils arrosaient devant eux à la mitrailleuse pour dégager la route jusqu'à ce qu'ils aient retrouvé la bonne direction.

« Vous tiriez sur des civils, » disaient Letoubib.

« Nein ! Nein ! » répondaient les allemands. L'un deux montra avec un geste explicite qu'ils tiraient assez haut pour ne toucher personne.

« Il y a un mort et des blessés ! » disait Letoubib.

Le deuxième allemand expliqua posément que son camarade et lui s'occupant de la conduite de l'engin, c'était le mitrailleur qui était responsable ; mais il avait été blessé et les soldats qui avaient arrêté le blindé avaient conduit leur camarade à l'hôpital de La Réole.

Le soldat français qui les avait alignés depuis la murette de Boulin ne s'était pas trompé, il avait bien touché son homme ; l'un d'eux avait dû pourtant remplacer le blessé puisque à la sortie de Saint Pierre le beau frère de Jean Leès, un catalan nommé Planès, avait pris une balle dans un poumon.

Après un bref conciliabule les officiers présents décidèrent de ramener les deux prisonniers à La Réole où ils seraient internés provisoirement ; les deux allemands encadrés par des FFI l'arme au poing, sortirent de la salle.

Les hurlements reprirent… « A mort ! A mort les boches, à mort les assassins ! »

Robert Labarbe dit « Le roupic », se précipita sur eux le poing levé, essayant de les frapper.

« Mon fils est en Allemagne, en train de crever dans vos usines ! Salauds ! Fumiers ! »

On tira « Le roupic » en arrière, les deux allemands passèrent, froids et imperturbables ; on les embarqua dans le camion, direction La Réole.

LA CHASSE AUX COLLABOS

Cet épisode avait fait monter la fièvre.

« Il faut arrêter les collaborateurs qui ont fricoté avec les boches ! » réclamaient certains.

Un officier s'approcha et dit sèchement : « Si vous en connaissez c'est le moment de le dire, on va les ramasser de suite. »

Subitement calmés, ceux qui avaient gueulé le plus fort se regardèrent ; au moment de lâcher des noms, tout le monde se dégonflait… « Eh bé… Pardi… C'est difficile… »

De l'arrière, une voix cria : « Et B——, alors ! Qu'est-ce qu'on attend pour aller le ramasser ! »

Cela repartit : « Oui ! B—— ! Il faut aller ramasser Bouard ! En taule B—— ! »

Précédés et guidés par les plus excités, un petit détachement partit en direction de la Pâtisserie B——.

Malgré l'accrochage que j'avais eu avec lui et le fait qu'il nous avait flanqué à la porte comme des malpropres, Jeannot et moi, je ne me joignis pas à la meute hurlante. Je partis dans la direction opposée, vers Boulabale ; je rencontrai les Lartigue, père et fils, qui venaient d'aider à l'évacuation d'un soldat blessé le long de la digue.

Robert me dit qu'il avait tiré un chargeur ou deux sur les créneaux d'en face, d'où ça ripostait faiblement. Par contre, ça tiraillait plus dur vers la route de Bazas.

Nous venions tout juste de revenir sur la place quand une clameur s'éleva : « Le blindé ! Voilà le blindé ! »

En effet, le blindé qui avait tant paniqué la foule apparut, arborant un superbe drapeau tricolore, les lettres FFI peintes sur le blindage. Des soldats juchés sur l'engin saluaient la foule ; un officier à demi-sorti de la tourelle souriait et saluait lui aussi, il était coiffé d'un casque américain et plusieurs galons brillaient à ses pattes d'épaules. Il me vit et me fit un grand geste : « Adieu ! Adieu Roland ! »

Je le reconnus immédiatement ; c'était René Lacoste, un enfant de Saint Macaire dont les parents cheminots avaient occupé et tenu pendant de longues années le passage à niveau de « Mauhargat ». Son père avait un surnom ; c'était « le pilote » ; René en avait hérité, et était devenu « Le René du pilote ». Il avait sept ou huit ans de plus que moi et comme beaucoup il avait commencé à travailler très jeune comme journalier chez Labarbe puis, était entré à la SNCF, avait étudié et s'était fait, comme on dit, une jolie situation. Je connaissais René depuis toujours ; je savais qu'il était déjà au maquis avant mon départ, quelque part aux confins du Lot et de la Dordogne, il paraissait avoir un commandement important.

Le blindé s'arrêta sur la place ; Letoubib et les autres galonnés s'approchèrent ; les uns et les autres commentaient la nouvelle toute fraiche, la division Leclerc venait d'entrer dans Paris et avec l'aide de la population insurgée, s'employait à réduire les points d'appuis allemands. Tous les officiers estimaient que l'attaque générale contre Langon devait s'effectuer au plus vite.

Paris en cours de libération, en pleine insurrection, la confiance était revenue, l'euphorie était générale.

La nuit n'apporta rien de nouveau.

ARRIVES DES RENFORTS

Le lendemain matin on vit arriver de nouveaux camions chargés de « troupes fraîches » venues du Lot, parmi lesquelles le commando « Austin-Comte » ; tout cela faisait du monde mais l'armement était bien léger et bon nombre de fusils avaient la guerre précédente. Il y avait aussi quelques armes récupérées sur les allemands prisonniers, mais l'absence de matériel antichar et de mitrailleuses était flagrante.

Je cherchai dans cette cohue des visages connus, les copains que j'avais dans la clandestinité ; je ne vis nulle part la haute silhouette du Grand Pierre... Où était-il donc passé, celui là...

Des messages arrivèrent de Langon en passant par Castets ; ils affirmaient que les allemands chargeaient le matériel et se préparaient à quitter la ville.

La fièvre montait, mais on entendait toujours la fusillade ; vers quatorze heures le blindé suivi d'une quantité d'hommes prêts au combat s'approcha du pont routier en tirant à la mitrailleuse sur les défenses, tout le monde redoutait un tir au canon sur le blindé, il n'en fut rien.

D'autres FFI bien protégés par la digue tiraient sans arrêt sur les créneaux allemands, la réplique était de plus en plus faible.

Tirant toujours le blindé atteignit le pont ; des hommes se précipitèrent, les grilles antichars, dégoupillées furent repoussées sur le coté ; en face ça ne tirait plus, les casemates et les positions derrière les créneaux étaient vides, les allemands étaient partis…

Tout le monde déferla sur le pont derrière le blindé ; René Lacoste découvrit le premier les fils qui reliaient les charges destinées à faire sauter les deux ponts et le viaduc et les sectionna.

C'était miraculeux… Quelques secondes après le troisième pont, celui par lequel la voie ferrée franchissait la route sautait en même temps que l'immeuble dit des « Jeunes de Langon » juste en face du pont routier et où les allemands étaient installés depuis le début.

Grace à René Lacoste, les deux ponts étaient intacts, mais il s'en était fallu de très peu que le pont ne saute avec le blindé, ses occupants et la masse qui suivait derrière…

Comme moi, beaucoup de Macariens s'étaient rués à la suite des soldats ; un épais nuage de poussière qui n'en finissait pas de se dissiper recouvrait la place du pont. Il arrivait du monde de partout, une femme cria : « Vite ! Vite, il faut dégager l'entrée de la cave ! Ils y ont enfermé des prisonniers ! »

Déjà tout un tas de gens s'activaient, tirant sur les planches et les poutres qui émergeaient des décombres ; l'entrée de la cave fut rapidement dégagée, mais on ne trouva personne à l'intérieur.

TENTATIVE DE LYNCHAGE

D'autres voix et des cris s'élevèrent d'un remous dans la foule : « A l'eau ! Il faut le foutre à l'eau, le noyer comme un rat, le salaud, le mouchard, le collabo ! Tuez-le nom de Dieu ! Tuez-le ! »

Devant l'église un groupe d'excités trainait un homme en direction de la murette qui surplombe la Garonne ; des coups de pieds, des coups de poings pleuvaient… L'homme trébuchait, se courbait, vite relevé par un autre coup ; je m'approchai et reconnus le triste héros de l'épisode, c'était L——.

La foule hurlait toujours : « A mort ! A l'eau le mouchard ! »

Des curieux bien intentionnés qui ne le connaissaient pas et ne l'avaient jamais vu de leur vie, demandaient : « Qui c'est ce type ? Qu'est-ce qu'il a fait ? »

« C'était un ami des boches, un mouchard ! »

Les nouveaux arrivés joignaient leurs cris et leurs menaces à ceux de la foule : « Il faut lui crever la paillasse ! »

Plaqué dans l'angle de la murette, devant l'église, L—— était pâle comme un mort malgré les traces de coups et le sang qui maculait sa chemise ; je ne sais pas ce qu'il avait fait, mais je ne pouvais m'empêcher d'avoir de la pitié de lui. Je n'y pouvais rien, c'était plus fort que moi.

« Non, disait-il d'une voix tremblante, je vous jure que je n'ai jamais trahi ; j'ai travaillé pour eux de mon métier c'est vrai, mais je n'ai jamais dénoncé personne ! »

Un FFI passa lentement une grenade quadrillée devant le visage sanguinolent : « Tu vois, dit le soldat, je sors la goupille, je mets la grenade dans ta poche et je te fous au fond... Ca fera « pan » en arrivant en bas, et comme ça tu auras sauté deux fois ! »

Ceux qui étaient à coté s'esclaffaient et excitaient le soldat : « Oui, oui ! La grenade, et fous le au fond ! Qu'il crève le salaud ! »

La mâchoire tremblante, livide, L—— visiblement à bout, déclara d'une voix éteinte : « Ça m'est égal... Je préfère sauter de suite et en finir... »

Un lieutenant arriva avec trois ou quatre soldats et fit reculer la foule : « Embarquez moi celui-là avec les autres ! »

Les soldats empoignèrent L—— et l'emmenèrent sous les huées de la foule ; j'eus un instant l'impression que les huées s'adressaient plutôt au lieutenant qui venait de priver l'assistance d'un spectacle dont le dernier acte tout proche s'annonçait palpitant.

Je rencontrai mon père qui était venu lui aussi avec son copain Léonce ; ils partirent tous les deux chez ce dernier au fond de la rue Fabre fêter la libération.

LANGON LIBERE

Sur le cours des Fossés, devant l'ancienne Kommandantur occupée par les soldats, il y avait un grand nombre de FFI qui venait des maquis de la région de Grignols et d'autres coins perdus au plus profond de la Lande ; c'était eux qui avaient investi Langon par le sud.

Je m'approchai d'un petit groupe qui entourait un soldat armé d'une mitraillette à chargeur camembert. On lui tapait sur l'épaule, amicalement : « Alors camarade, tu es russe ? »

Le soldat, un peu désorienté par tout ce monde autour de lui, acquiesçait timidement : « Oui... Oui... Moi russe... »

On lui serrait la main, des femmes l'embrassaient : « Toi, notre camarade ! Notre frère ! »

Il souriait gentiment et approuvait d'un hochement de tête ; un de ceux qui étaient à coté de lui me dit : « Il est triste parce que son copain russe, prisonnier évadé avec lui a été tué dans l'attaque, à son coté ! »

Je le regardai ; c'était un garçon de vingt cinq ans à peu près, visiblement mal à l'aise au milieu de cette foule surchauffée. Ce n'était pas l'un des deux que j'avais aidés à passer la frontière, un matin gris où il pleuvait... Qu'étaient-ils devenus, ces deux-là...

Un FFI, vêtu de l'uniforme bleu foncé des « Compagnons de France » dont les stocks de vêtements avaient été récupérés par les maquisards, me fit un grand signe de la main. C'était Pierre Coma, un bon copain qui avait travaillé longtemps chez Marquille et qui s'y trouvait lors de l'assassinat du vacher. Menacé par l'appel de sa classe pour le travail en Allemagne, il avait jugé bon de changer d'air et avait rejoint le maquis de Grignols.

Nous trouvames de justesse de quoi nous asseoir à la terrasse d'un café et on parla ; il avait lui aussi vécu la hantise de la capture et avait vu arriver la fin avec soulagement, j'étais content de voir qu'il s'en était tiré, petit à petit on voyait quelques copains disparus sortir de l'ombre, seul René Lartigue n'avait pas donné signe de vie.

Pierrot, tout content me dit : « Je pense qu'on ne va pas traîner ici bien longtemps me dit-il ; on va foncer sur Bordeaux, les allemands ne veulent plus se battre ; mais je vais revenir rapidos car j'ai quelques comptes à régler... »

Je n'attachai pas d'importance ces paroles et je l'invitai à venir manger à la maison dès son retour. Nous regardions la foule ; l'ambiance de la libération de Langon était différente de celle de Saint Macaire ; ici il y avait eu combat, avec des blessés, des morts et des destructions, les habitants étaient restés terrés chez eux jusqu'à la fin.

Alors, aux explosions qui avaient annoncé la fin en détruisant le pont qui enjambait la route et l'immeuble des jeunes, avait succédé une explosion de joie et les Langonnais s'étaient répandus dans la ville, criant leur joie, acclamant et fêtant les maquisards vainqueurs.

L'émotion était grande et l'élan patriotique indéniable...

Il faut bien reconnaitre qu'à Saint Macaire ça n'avait pas été pareil ; les premiers « libérateurs », Letoubib et ses hommes n'inspiraient pas beaucoup de confiance, exception faite du commando des marins. L'abandon de la ville le premier soir, la panique, le passage du blindé, tout cela n'avait pas renforcé la crédibilité de la troupe... Ainsi la libération de Langon, éloignant définitivement le danger, fut aussi celle de Saint Macaire...

En rentrant chez nous je rencontrai René Lacoste qui allait à Mauhargat voir ses parents ; il avait quatre galons et commandait en chef un groupe important de FFI du coté d'Eymet. Je lui demandai s'il avait avec lui Pierre Thomas et les quelques survivants des combats de Mauriac et de Saint Léger ; il ne les avait pas avec lui, mais il savait que l'on avait rassemblé dans une unité spéciale ce qui restait des groupes détruits.

« De toute façon, me dit-il, c'est la fin, ils lâchent partout et d'ici quelques jours l'Allemagne aura capitulé, c'est la fin ! »

Je lui racontai ce qui était arrivé au réseau dont je faisais partie et lui avouai que je ne savais pas trop quoi faire... René m'apprit que dès le lendemain Langon serait sous commandement militaire et il me conseilla d'aller expliquer mon cas au commandant de la place dès qu'il serait installé.

Je m'arrêtai sur la place de l'Horloge où un groupe en majorité constitué de femmes palabrait à grand bruit ; l'une d'entr'elle vociférait... « Et les salopes ? Qu'est-ce qu'on attend pour aller ramasser les salopes, celles qui ont gagné de l'argent avec leur c... et bien bouffé en couchant avec les boches ! »

Les autres renchérissaient : « C'est vrai ! Et en plus elles se foutaient de nous ! »

Des noms étaient prononcés ; quelques soldats qui revenaient de Langon surpeuplé furent accrochés par les femmes.

« Venez avec nous ! Il faut ramasser les salopes ! »

Le spectacle commençait à devenir écœurant... La vue de ces harpies vengeresses et purificatrices qui, pour la plupart n'avaient jamais fauté parce que, trop moches, personne ne le leur avait jamais demandé, indisposait pas mal de gens qui, peu à peu, quittaient la place. Je fis comme eux et rentrai à la maison.

RETOUR DANS LA LEGALITE

Le lendemain matin, je ne m'attardai pas à Saint Macaire ; je voulais aller à la sous-préfecture de Langon me faire établir une carte d'identité en règle.

Pierre Coma m'avait raconté que ses copains et lui avaient arrêté un type qui était venu se joindre à eux, se prétendant réfractaire et muni de faux papiers ; il s'agissait en fait d'un milicien en cavale qui avait été reconnu et identifié par un maquisard qui avait eu affaire à lui. Le sort du faux réfractaire avait été réglé dans les minutes qui avaient suivi...

Ayant échappé aux allemands, je ne tenais pas a être la victime d'une erreur tragique, il était évident qu'a Saint Macaire et à Langon je ne risquais rien ; mais comme je voulais filer à Bordeaux dès que ce serait possible je voulais être absolument en règle.

Tous les anciens membres des formations Pétainistes et pro-allemandes allaient être traqués et arrêtés ; maintenant c'était eux qui devenaient des hors la loi. Il me tardait de me débarrasser de ma peau de clandestin aux papiers douteux...

A la sous-préfecture on me dit que le sous-préfet nommé par Vichy n'avait plus aucun pouvoir, mais le secrétaire principal m'assura que le commandant militaire de la place était en cours d'installation et que très vite il serait en mesure de remplacer le sous-préfet en attendant la nomination d'un nouveau.

Je revins à Saint Macaire où personne ne savait au juste combien de femmes avaient été arrêtées ; une quinzaine ou plus de vingt comme l'assuraient certains. Quelques unes, prévenues assez tôt, n'avaient pas attendu la rafle et s'étaient enfuies ; les autres avaient été rassemblées dans la salle du haut, au Café de l'Eldorado. Leurs interrogatoires étaient en cours, mené par Letoubib et ses officiers.

LE CAMARADE LABROUSSE

Je passai par le Thuron pour voir et embrasser ma mémé ; elle aussi vivait intensément la fin de l'occupation allemande, elle finissait par regretter le départ des P—— qu'elle aurait vu embarquer avec plaisir.

Non loin de chez elle habitait un cheminot du nom de Labrousse ; depuis que le danger était passé il menait grand tapage, insigne communiste à la boutonnière, il allait de l'un à l'autre, exaltant l'exemple de la glorieuse armée rouge et regrettant amèrement qu'elle n'ait pas chez nous quelques divisions pour remettre de l'ordre.

Les démonstrations faites par les ukrainiens et les mongols laissaient les gens plutôt septiques, mais il ne fallait pas généraliser et assimiler le comportement de quelques régiments félons à celui d'une armée qui venait de démolir l'armée allemande.

Jusque là on n'avait pas beaucoup vu le camarade Labrousse ; je n'aimais pas beaucoup ce personnage qui était parmi ceux qui avaient approuvé B—— quand il nous avait virés de son établissement Jeannot et moi, ce qui ne l'avait pas empêché d'être à la tête des gueulards qui étaient partis arrêter le même B——.

Je lui étais tombé dessus à la barrière, un jour où il était entrain de congratuler les allemands ; devant mon air sans équivoque il m'avait lancé : « Ce sont des travailleurs comme nous ! » Je n'avais pas répondu et avais continué ma route…

Il avait un fils qui avait rejoint le maquis quelque temps avant ; le malheureux s'était fait descendre dès son arrivée, laissant une jeune veuve et un bébé. Le père Labrousse se servait outrancièrement de ce malheur pour s'imposer et se mettre en vedette ; il avait commencé à rassembler un certain nombre de personnes communistes ou autres pour mettre sur pied un comité de libération destiné à se substituer à la municipalité en place.

J'avais attendu impatiemment le moment où je pourrai arpenter à nouveau les rues du vieux Saint Macaire sans me cacher comme un voleur ; ce moment était arrivé, mais la hargne la haine qui surgissaient un peu partout ternissaient la joie de la liberté retrouvée.

RETOUR DANS LES VIGNES

Mon père s'apprêtait à partir à l'Ardillat avec le bœuf et la charrette pour couper du fourrage ; je partis avec lui, ça me faisait du bien de me retrouver dans nos vignes dont certaines parties avaient été plantées par mon grand-père. Je regardais le paysage, le vignoble à flanc de coteau, les petites cabanes en bois ou en pierre, posées par-ci par-là…

Tout à coup, à quelques centaines de mètres, je vis une jeune fille sortir d'un rang de vigne et s'engouffrer dans l'une d'elles ; je la reconnus sans peine, c'était une copine de toujours une brave et bonne fille qui, au début de l'occupation avait eu une aventure avec un soldat allemand. Prise de peur et craignant d'être arrêtée elle avait cherché refuge dans cette cabane au milieu des vignes.

Mon père, occupé à faucher le fourrage, n'avait rien vu...

Et puis, au fait, moi non plus je n'avais rien vu ; elle pouvait rester peinarde dans sa cabane et laisser passer l'ouragan... !

L'après-midi je revins faire un tour devant le café où une cinquantaine de personnes attendaient les événements. Une femme qui avait l'air d'être au courant de la situation déclara : « Il ne doit plus en rester beaucoup, là en haut ! Il y en a déjà pas mal qui se sont démerdées et ont foutu le camp par la porte de derrière ! »

« Té, dit une vieille, en voilà une autre ! »

Je vis en effet arriver une fille que je connaissais ; elle aussi était une copine de toujours...

Qu'avait-elle fait ? Ni plus ni moins que beaucoup d'autres... En tout cas rien de bien grave, comparé au travail des indicateurs et des mouchards qui opéraient dans le secret ; rares étaient ceux qui se laissaient repérer.

Sa mère lui donnait le bras ; la petite était pâle comme une morte et n'en menait pas large. En passa devant moi, la mère me dit : « Nous sortons la tête haute ! »

Je n'avais rien à répondre et ne répondis rien ; mais derrière moi un homme ricana doucement... Je me retournai et le reconnus ; c'était l'un de ceux qui venaient régulièrement lécher le derrière aux douaniers pour pouvoir passer de la marchandise qui s'échangeait ou se vendait très cher en zone occupée. Mon regard dût traduire mon sentiment car le « brave commerçant » remballa son petit rire et s'éloigna discrètement.

Labrousse arriva sur la place, à vélo ; il parcourait les rues de Saint Macaire, l'air farouche, ayant l'air de chercher ou de traquer un ennemi invisible. Il s'était procuré une mitraillette qu'il trimballait et exhibait dans tous les coins de la commune ; il y eut quelques réflexions à son passage... Je me rendis compte que je n'étais pas le seul à ne pouvoir le sentir...

DEFILE DES FEMMES TONDUES

Je partis retrouver mon père qui attachait de jeunes pêchers à leur tuteur dans notre petite vigne, à coté de Mauhargat ; il y avait beaucoup plus de travail que prévu, il fut décidé de revenir le lendemain après-midi, les matinées, plus fraîches, étant réservées au travail de la vigne. Le temps était beau, les raisins gonflaient doucement la vendange s'annonçait belle.

Le lendemain après-midi nous avions repris l'installation des jeunes pêchers ;

nous étions en plein boulot et depuis un moment nous entendions une sorte de brouhaha confus qui semblait venir de la place.

Il devait être un peu plus de quatre heures lorsqu'une voisine nous héla depuis la petite place, devant chez Charritte : « Venez vite ! On promène les femmes tondues ! »

Par la rue de la Sainte nous atteignîmes la route en même temps que le « cortège » qui avait fait demi-tour et remontait vers les Allées. Les quatre filles qui avaient été tondues marchaient cote à cote, surveillées par deux FFI mitraillette au poing ; deux d'entr'elles pleuraient et cachaient de leurs mains leur visage ruisselant de larmes, les deux autres avançaient, droites et froides, comme absentes.

Des enfants leur tournaient autour en riant, avec des insultes ou des quolibets, se baissant parfois pour ramasser sur la route quelque saleté qu'ils leurs lançaient à la figure. Leur crâne rasé les rendait méconnaissables mais leur nom était sur toute les lèvres ; je ne les citerai pas parce que ce jour là elles furent victimes d'une infamie. La honte ne fut pas pour elles ; elle le fut pour tous ceux qui s'acharnèrent sur ces pauvres filles et s'avilirent en les persécutant.

Les FFI les surveillaient comme s'il s'était agi de criminelles redoutables ; ils étaient en tout une vingtaine sous les ordres de « La Bourgeoisie », flanquant la cohorte des harpies déchaînées qui avaient suscité l'opération. C'était les mêmes qui, tous ensemble, quelques jours avant fuyaient droit devant eux, crevant de trouille, en compagnie de Letoubib et ses officiers, guère plus rassurés.

En les voyant parader avec leurs armes inutiles je ne pouvais m'empêcher de penser au pauvre Raphaël Souan qui s'était battu à mains nues jusqu'à la mort et à Maxime Lafourcade et ses copains qui avaient vendu très cher une peau dont ils avaient déjà fait le sacrifice, luttant jusqu'à la dernière cartouche dans un combat sans espoir.

Tout ça n'était pas beau à voir…

La détresse de ces malheureuses fit mal à plus d'un ; mon père eut un sursaut en voyant ce spectacle : « C'est écœurant ! » dit-il.

A coté de nous d'autres personnes approuvèrent ; on entendait des murmures, des réflexions ; on sentait que tout le monde désapprouvait cette exhibition.

Quelqu'un demanda : « Mais… Ou sont donc les autres ? Pourquoi ces quatre là sont elle seules a payé, en admettant qu'elles aient fait quelque chose de mal… Pourquoi elles et pas les autres ? »

Mimile Brouch, le plâtrier, était à coté de nous, il répondit : « Les autres ? Elles s'en sont sorties parce que des gens bien placés sont intervenus en leur faveur ! C'est le cas d'une telle, et d'une telle… » Il citait des noms…

« C'est vrai ! approuvèrent certains ; celle-là, c'était la poule de l'interprète, et on l'a relâchée ! »

Le vent avait tourné… La quasi-totalité des personnes présentes avait pitié de ces quatre malheureuses qui, n'ayant eu personne pour les défendre, avaient polarisé sur elles la vindicte et le sadisme de quelques enragés.

Des FFI marchaient en serre file de part et d'autres du « cortège » ; le capitaine La Bourgeoisie surveillait le tout, la main sur la crosse de son pistolet ; il entendit Mimile qui s'indignait et défendait les quatres filles tondues, il fit demi-tour et revint vers lui : « Dites-donc, vous, au lieu de gueuler comme un con pour défendre ces salopes vous feriez mieux de prendre les armes et vous joindre à nous pour chasser l'ennemi ! »

Mimile toisa La Bourgeoisie et laissa tomber froidement, en détachant les mots : « Monsieur, j'étais à Dunkerque sous les bombes des Stukas... Avec les copains nous nous sommes battus jusqu'au bout, justement pour empêcher l'ennemi de passer... J'ai beau vous regarder, je ne me souviens pas vous y avoir vu... ! »

La Bourgeoisie tourna les talons pendant que quelques rires se faisaient entendre...

On devait apprendre par la suite que les filles avaient été « interrogées » entièrement nues, et, on disait aussi que l'une d'elles qui avait répondu à Letoubib avait eu les seins brûlés à la cigarette par ce dernier.

Le dit Letoubib voyait son petit groupe se renforcer avec l'arrivée de jeunes volontaires attirés par l'aventure et rassurés par le départ des troupes d'occupation.

Voyant que les allemands lâchaient partout et qu'ils avaient même évacué Paris, tout le monde croyait que la fin était proche. Une fois de plus tout le monde se trompait...

Un des jeunes qui venaient de rallier Letoubib et paradait avec l'inévitable Sten à l'épaule m'interpella : « Tu attends que le boulot soit fini ? C'est maintenant qu'il faut y aller ! »

Je savais que le jouvenceau avait fait l'objet de plaintes pour différents larcins et que sa soudaine et tardive ardeur patriotique était plutôt motivée par le souci de changer d'air... Je répondis : « Je ne pars pas, j'arrive... Moi, les gendarmes ne me recherchent plus... »

L'IDENTITE RETROUVEE

Les autorités militaires avaient été installées dans l'immeuble qui, depuis, est devenu la mairie de Langon ; je m'y présentai et demandai à parler au commandant de la place.

Un lieutenant transmit ma requête et je fus reçu quelques minutes après.

Le commandant était un homme de quarante cinq ans environ, aux cheveux grisonnants ; celui là, c'était un officier de carrière, ça se voyait ; le lieutenant lui parlait avec déférence, au garde à vous. Pour la première fois je me trouvais enfin devant la véritable hiérarchie militaire ; en quelques phrases je définis ma situation.

Tout de suite le commandant me demanda si, avant la guerre, j'avais contracté un engagement par devancement d'appel, ou à défaut, si j'avais fait de la préparation militaire. Dans les deux cas ma réponse fut négative, je ne savais rien du métier des armes.

Sans hésiter le commandant me dit : « Alors attendez chez vous ; des mesures de mobilisation échelonnée par classes et par catégories vont être prises. Nous sommes pour le moment encombrés par des volontaires que nous sommes incapables d'encadrer et d'équiper ; il nous faut en premier lieu rétablir l'ordre et la légalité, arrêter certains excès, voici un arrêté (il me montra un papier) qui va être affiché dans toutes les communes interdisant la tonte et l'exhibition des femmes ; en certains endroits elles ont été promenées nues… Tout cela doit cesser, l'ordre est indispensable ! Allez à la sous-préfecture avec ça (il écrivit quelques mots sur une feuille de papiers), on vous établira une carte d'identité que vous reviendrez faire légaliser et signer ici. »

A la sous-préfecture on m'établit sans difficulté une carte d'identité à la vue du papier. Je revins au commandement de la place où le lieutenant prit la carte et me la rapporta aussitôt dûment signée et légalisée par de superbes coups de tampon de l'autorité militaire, sans aucune équivoque. Avec ça j'étais paré, je pouvais aller partout…

Le lieutenant me tapota amicalement l'épaule et me dit : « Cela ne va pas trainer, la fin est imminente, leurs défenses sont partout enfoncées… Bientôt, il va falloir du monde pour occuper l'Allemagne ! »

En repassant à Saint Macaire je trouvai un petit groupe devant la Mairie ; Labrousse et quelques autres essayaient de mettre en place un comité de libération destiné à se substituer à la municipalité en place. La politique reprenait tous ses droits, et pas toujours dans le bon sens… Après tout, c'était pourtant ça la démocratie…

VISITE CHEZ LAFOURCADE

Il me restait encore deux choses à faire, que je n'aurais omises pour rien au monde. Aller à Saint Pierre chez madame Lafourcade et ensuite à Saint Exupéry voir la pauvre madame Souan ; mais pour cette dernière, il était convenu que Marcel et moi irions ensemble.

Lorsque j'arrivai au petit café des Lafourcade, j'eus la bonne surprise d'y trouver Paulette, la veuve de Max. Nous nous connaissions depuis notre plus tendre enfance, nous nous étions élevés ensemble avec son frère Pierrot et notre amitié était cimentée par tous nos souvenirs d'enfance. Je n'avais pas besoin de faire de grandes phrases ; j'embrassai les deux femmes et on parla…

Paulette connaissait ma planque à Blasimon ; lorsque Maxime était venu à Puch chez les Thibaud il y avait quelques jours que j'étais parti, mais très vite il avait su par Pierre Thomas que j'avais trouvé une planque « en or ».

Elle me confirma qu'il avait l'intention de nous récupérer Jeannot et moi pour la phase finale, après le parachutage d'armes. C'était bien lui qui, avec quelques hommes, avait rendu visite a « Wally » la coiffeuse.

« Il est venu me voir le lendemain, me dit-elle, et il m'a apporté un joli poudrier ; il avait sur lui le veston noir de monsieur Nègre... »

Nous étions dans la cuisine, madame Lafourcade allait de temps en temps jeter un coup d'œil dans la salle où quelques habitués devisaient devant une bière.

« J'ai rencontré là-bas votre cousin, celui qui a des lunettes et un grand nez, dis-je, il m'a raconté qu'il était avec Maxime et qu'il s'en était tiré de justesse. »

Paulette sourit : « Il était appelé pour le travail en Allemagne, alors il a rejoint le groupe deux ou trois jours avant l'arrestation du buraliste ; lorsqu'ils sont revenus avec leur prisonnier, le cousin a demandé à Maxime ce qu'ils allaient en faire.

« Tu vas voir ! »

Ils ont amené le buraliste au pied d'un arbre et ils lui ont annoncé qu'il devait creuser sa tombe avant d'être pendu ; il s'est mis à trembler et à supplier... Il parait que ce n'était pas beau à voir... »

« Je sais, dis-je, Pierre Thomas m'a raconté. »

« Le cousin était bouleversé, continua Paulette ; « Mais vous n'allez pas faire ça, nom de Dieu ! Il ne faut pas ! Les autres se sont mis à l'engueuler et à se moquer de lui ; il répétait sans cesse : « Je ne peux pas ! Je ne peux pas voir ça ! Je préfère m'en aller ! » « Et fous le camp ! » ont dit les autres. C'est Maxime qui a mis fin à tout ça en exécutant le buraliste ; le cousin est parti et ils ne l'ont pas revu. »

Puis on parla de l'affaire du réseau de La Réole, de l'arrestation de Jeannot et des autres, de la mort de Raphaël Souan ; c'était grâce à lui et à son père qui m'avaient recommandé de quitter ma planque avant la rafle que j'avais échappé à la capture et à la mort.

« Les allemands ont fouillé la maison de fond en comble, les gens fuyaient vers la Garonne et tous les bateaux disponible faisaient l'aller et le retour vers l'autre rive à toute vitesse... Ici, ils ont tout mis sens dessus-dessous, sans rien trouver... Et pourtant ! Il y a dans la chambre un vide qui provient d'une cheminée qui a été transformée ; dans cette cache il y avait un parachute, un magnifique parachute vert ! Les boches ne l'ont pas trouvé... Nous savons de source sure que tous ceux qui ont été arrêtés en même temps que Jeannot ont été sortis du Fort du Hâ et embarqués dans un train rempli de prisonniers comme eux ; on n'a pas pu savoir si Alain Nibaut était avec eux depuis, nous n'avons pas d'autres nouvelles... »

Je n'avais pas su que Nibaut avait été arrêté ; c'était un garçon charmant qui habitait avec sa famille une vaste demeure au bord de la Garonne, tout près du port de Saint Pierre. Il y avait en lui un coté aristocrate qu'il devait à son appartenance familiale ; né au bord du fleuve, il était toujours sur l'eau, de jour ou de nuit, dans son kayak. Lui aussi avait été arrêté et ne reviendrait peut-être jamais...

Madame Lafourcade continua : « Les allemands sont revenus pour savoir où était Maxime ; ils avaient une photo de lui qui avait été prise lorsqu'il avait commencé à vouloir jouer au rugby à Langon. C'était une photo d'amateur ; il y en avait eu très peu, comment et par qui l'avaient ils eue ? Je ne sais pas… Mais il y a eu quelqu'un d'assez triste pour la leur donner.

« La dernière fois ils sont arrivés le lendemain de sa mort : « Où est votre fils ? » m'a demandé l'interprète.

« Vous le savez bien, puisqu'il a été tué hier ! »

« L'interprète est resté sans parole, visiblement très surpris puisqu'il s'est exclamé : « Mort ! Le chef Lafourcade est mort ! » Il a conversé en allemand avec les autres, puis m'a demandé où et quand ça s'était passé ; visiblement, ceux de Langon n'avaient pas participé à l'opération. »

Les deux femmes me racontèrent aussi qu'une expédition avait été montée pour aller chercher en bateau une vingtaine de mitraillettes, de nuit, pas très loin de La Réole. Le signal de reconnaissance pour ceux qui attendaient sur la berge était une allumette enflammée et aussitôt éteinte ; il n'y avait pas eu d'incident, et le chargement était arrivé à bon port, les armes furent cachées dans une cabane, au milieu des vignes. Le plus piquant de l'histoire, c'est que le bateau appartenait à un ardent pétainiste qui ne sut jamais à quoi sa barque avait servi cette nuit là…

Cela concordait avec le moment où j'étais allé chez Souan aider Raphaël à charger les caisses de munitions ; la distribution et le stockage des armes dans les caches avait dû se faire dans cette période… Pour rien… Mais que de morts depuis….

Avant de les quitter je leur fis part de mon projet de rendre visite à madame Souan. Le même malheur les ayant frappées, elles me chargèrent de lui transmettre toute leur sympathie, et de lui dire…

Lui dire… Il allait falloir trouver les mots, et ça n'allait pas être commode ; j'aimais autant que Marcel soit avec moi.

Nous avions aussi parlé du Grand Pierre ; elles ne savaient pas où il se trouvait, de mon coté je leur dis que tous ceux que j'avais interrogé à son sujet ne savaient rien. On ne l'avait vu ni à Saint Macaire, ni à Langon. Les deux femmes n'avaient pas l'air de le tenir en grande estime. Je les comprenais, car il ne m'avait jamais inspiré confiance à moi non plus…

LES REQUISITIONS

Un camion marqué FFI et une voiture avec plusieurs hommes armés s'arrêta devant le portail de nos voisins, Pierre Coma les guidait. « Nous venons réquisitionner du vin ! Vous êtes taxés de quatre barriques ! »

Quatre barriques, c'était gros ; les voisins essayèrent de discuter, de protester, de transiger, rien n'y fit ; Pierrot s'avéra intraitable. « Allez hop ! On charge et pas d'histoires… De toute façon on va vous donner un bon de paiement. »

Sans illusion sur la valeur du bon en question, nos voisins furent obligés d'y passer ; la mort dans l'âme, ils regardèrent les FFI gouter toutes les barriques et charger les quatre meilleures.

Pierrot vint chez nous et mon père lui demanda pourquoi il était venu directement à coté chercher du vin alors qu'il ne manquait pas de grosses propriétés pour qui la perte aurait été insignifiante.

Il répondit : « Ils m'ont engueulé un jour parce que j'avais laissé les vaches aller dans leur pré ; ils m'ont traité indignement et menacé d'avertir le patron, il y a longtemps que j'ai ça en travers, tant pis pour eux… Maintenant on va chez chez Andrën en chercher d'autre ! »

« Bon Dieu ! dit mon père, il ne faut pas faire ça, ce sont des métayers qui arrivent tout juste à joindre les deux bouts, ce sont des amis, de braves gens qui ont fait passer du monde, des prisonniers, des soldats du poste français, des lettres… Crois moi, laisses-les tranquilles ! »

Pierrot, magnanime, répondit : « Je sais… Mais on en tient compte, deux barriques seulement… Eux aussi m'avaient engueulé ! »

En fait, les Andrën eurent de la chance, il n'y avait place que pour une barrique dans le petit camion.

VISITE CHEZ SOUAN

J'allai chercher Marcel et lorsque nous arrivâmes chez les Seuve, à Saint Exupéry, toute la famille était là et nous fûmes accueillis très aimablement. Nous cherchions des yeux madame Souan, et ce fut elle qui s'avança vers nous ; vêtue de noir, ce n'était plus que l'ombre d'elle-même, vieillie, tassée, amenuisée, elle était méconnaissable.

Nous essayâmes de lui dire que la guerre allait finir, qu'il ne fallait pas désespérer puisque son mari, Rigoulet, Lafourcade et les autres avaient été envoyés en Allemagne au lieu d'être fusillés, qu'ils allaient revenir, et peut-être plus tôt que l'on ne pensait.

Elle nous répondit d'une voix éteinte : « Les autres… Peut-être… Ils sont jeunes… Mais Louis est trop vieux, il ne pourra pas supporter… Et puis, il a vu, pour Raphaël… » Des larmes apparurent au coin de ses yeux ; son regard était empreint d'une tristesse infinie…

Roger Seuve nous raccompagna. « Elle est finie, brisée, et ne remontera jamais la pente ; son fils est mort, et elle sait que son mari ne reviendra pas, nous faisons ce que nous pouvons pour la réconforter et adoucir sa peine, mais hélas… ! »

La petite vallée de la Vignague était ce jour la magnifique...

ESCAPADE A BORDEAUX AVEC JEAN

Mon cousin Gérard nous fit la surprise de venir à vélo depuis Bordeaux nous porter des nouvelles de la famille. Tout le monde allait bien, les derniers allemands avaient évacué Bordeaux sans combats mais pas sans dommages.

La ville entière fêtait sa libération à grand tapage ; l'allégresse était générale, mais les dégâts étaient énormes, il y avait des épaves partout dans le fleuve et dans le chenal en face de Lagrange ; les allemands avaient sabordé une dizaine de gros forceurs de blocus. De ce fait le port était inaccessible et n'était pas près de voir aborder les cargos américains ; des troupes allemandes, puissamment armées, s'étaient repliées sur la Pointe de Grave, bien à l'abri dans les bunkers du mur de l'Atlantique.

En ville ou la chasse aux collaborateurs des deux sexes avait démarré en trombe, des miliciens et des agents de la gestapo s'étaient terrés dans les égouts et des abris souterrains préparés à cet effet ; certains d'entr'eux avaient même tiré sur la foule depuis le sommet de la colonne des Girondins.

La ville grouillait de FFI venus de partout, on avait inlassablement sonné toutes les cloches, à tel point que le battant de la plus grosse, « La grosse cloche » s'était décroché et avait tué ou blessé plusieurs personnes.

Gérard voulait que je reparte avec lui, il me dit que son frère Jean m'attendait et qu'avec les copains ils s'en donnaient à cœur joie. Je le crus sans peine, mais je ne pouvais pas faire cette route à vélo, les pneus à bout de souffle auraient rendu l'âme après quelques kilomètres ; ce n'était pourtant pas l'envie qui me manquait...

Le camion de l'épicerie Duprat partait justement le lendemain matin aux Capucins pour tenter de ramasser un peu de ravitaillement, c'était l'occasion rêvée ; il partait très tôt pour être sur place dès l'ouverture du marché, les premiers arrivés étant souvent les premiers servis, et parfois les seuls.

Plusieurs personnes profitèrent comme moi de l'occasion ; un espagnol s'était joint à nous, c'était un ancien de l'armée Républicaine qui allait à Bordeaux prendre contact avec des compatriotes qui recrutaient des hommes pour former des commandos destinés à harceler les troupes de Franco en attendant que les Alliés viennent lui régler son compte dès qu'ils en auraient fini avec Hitler. Pour lui, ça ne faisait aucun doute et il était plein d'espoir et de confiance en l'avenir.

On devait savoir beaucoup plus tard que, de tous ceux qui étaient passés en Espagne dans ce but aucun n'avait survécu ; cueillis dès le franchissement de la frontière ils étaient jugés et fusillés de suite. La police de Franco était très bien faite en France...

La famille Baudet habitait une ancienne résidence bourgeoise appartenant à une riche famille de colons Algériens, dont ils étaient en même temps les gardiens et les occupants ; en plus de l'habitation et des vastes dépendances, il y avait un parc superbe qui allait de la rue du Professeur Bergonié au boulevard Albert 1er.

Mon oncle René y exerçait son métier de tonnelier et s'était spécialisé dans la petite tonnellerie d'art ; il faisait autorité en la matière et avait décroché le titre de meilleur ouvrier de France. Il gagnait très bien sa vie et mon cousin Jean avait laissé son emploi à la gare pour travailler avec lui.

La famille avait traversé la période noire sans dommage, mais non sans privations, ils n'étaient pas les seuls...

J'étais surtout content de retrouver mon cousin Jean qui, tel que je le connaissais n'avait pas dû être le dernier à participer aux opérations et réjouissances diverses qui avaient suivi le départ des allemands. Cela avait du être gratiné... Lui aussi attendait ma venue avec impatience. Nous avions tout juste trois mois de différence.

« Cet après-midi, me dit-il, on va aller en ville ; tu verras, ça vaut le bol, tous les maquis du Sud-Ouest sont là ; les militaires essaient de les regrouper et les enrégimenter, ils ne veulent rien entendre et tout ça vadrouille en ville avec armes et bagages. Avec les copains on a fait la tournée des gonzesses qui ont frayé avec les fritz... Qu'est-ce qu'on a pu se marrer, elles étaient prêtes à tout pour qu'on leur foute la paix ; tous ceux qui ont voulu en ont profité ! »

BORDEAUX A LA LIBERATION

Je revivais ; il y avait longtemps que je n'avais pas remis les pieds à Bordeaux, mises à part les courtes visites pendant l'occupation. Mais le Bordeaux de cette époque, silencieux et triste n'était pas le vrai Bordeaux ; c'était celui la que j'étais venu voir revivre, avec les coups de gueule des marchandes aux Capucins, la faune marginale et cosmopolite du vieux quartier Mériadeck, la cour des miracles des bordelais. J'aimais les quais, les ruelles tortueuses du quartier Saint Pierre... Bref, j'ai toujours aimé le vieux Bordeaux, le vrai Bordeaux...

Jean m'arracha à ma rêverie : « Viens ! On a le temps d'aller boire l'apéro au Congo. »

Le « Congo » était (et est toujours) un bar qui se trouvait à l'angle de la rue de Bègles et du boulevard et avait été de tous temps le point de ralliement des copains du quartier et Jean m'avait avoué qu'il avait une liaison avec la patronne.

Avant de partir il tira de dessous l'escalier une paire de bottes allemandes. « Regarde ça... J'ai commencé à m'équiper pour aller à la chasse ! »

Il soupesait les bottes en riant. « C'était au printemps ; j'étais resté tard au Congo avec un copain, l'heure du couvre feu approchait, les gens sortaient du cinéma. Tout d'un coup on a entendu hurler une femme, puis un type s'est mis à appeler à l'aide ; avec mon copain nous avons jeté un coup d'œil, sur le trottoir d'en face il y avait une femme pétrifiée par la peur et un homme qui se battait avec un allemand.

« Au secours, criait le type, aidez-moi ! Je tiens son arme ! Vite, venez m'aider ! »

« Les gens qui sortaient du cinéma ont foutu le camp ; en un rien de temps il n'y avait plus personne... Avec le copain on a traversé, les arbres du boulevard avaient été ébranchés pendant l'hiver et le bois, scié à un mètre était entassé de loin en loin ; on a ramassé chacun une barre...

« L'allemand avait sorti sa baïonnette et le type lui avait pris le bras en essayant de se protéger ; le boche était fou furieux et gueulait lui aussi pour appeler la garde...

« C'est le copain qui lui a foutu le premier coup, en pleine poire ! Il a lâché le type et s'est retourné vers nous, alors on lui a foutu une dérouillée à coups de « barrots » et il est tombé, assommé.

« Le type nous a dit merci et a commencé à nous raconter que le boche qui était bourré s'en était pris à sa femme et que tout de suite il avait sorti son « coupe chou ».

« Mon copain l'a interrompu : « Mais foutez le camp, nom de Dieu ! Vous préférez attendre qu'une patrouille arrive ? »

« Le type ne se l'est pas fait dire deux fois et il s'est tiré avec sa gonzesse...

« Le copain a fouillé le boche et lui a fauché sa montre et son portefeuille ; moi, j'avais repéré ses bottes qui étaient impec... Je les ai planquées sous l'escalier avec un tas de saloperies. »

« Malheureux ! dis-je, tu n'as jamais vu comment ils font une perquisition ! Si pour une raison quelconque leur police ou la Milice avaient fouillé le quartier, c'en était fait de vous tous ! »

Moins exposés que nous, ils n'avaient pas notre expérience de frontaliers ou de hors la loi et n'avaient pas vu le danger.

Là aussi le repas de midi était devenu une formalité, quelques patates dans la soupe et un petit « extra » déniché par ma tante sur le carreau du vieux marché des Capucins. Cela ne me dérangeait pas de changer un peu de régime, sans oublier pour autant les véritables festins auxquels j'avais participé pendant ma clandestinité. La sécurité était revenue, le rationnement aussi...

Les antiques tramways, « le tram » comme disaient les bordelais, desservaient un vaste réseau qui englobait la ville, la totalité des quais et la majeure partie de la banlieue. Le tram était bon marché, rapide et commode ; nous descendîmes place de la Victoire pour remonter à pied la rue Sainte Catherine.

Les pavés étaient jonchés de livres, de journaux, de publications allemandes ou Pétainistes provenant des librairies largement approvisionnées par la « Propaganda Staffel », qui avaient été saccagées et pillées. D'autres magasins, tailleurs, restaurants ou autres travaillant avec les allemands avaient subi le même sort ;

le verre des vitrines brisées s'étalait sur le trottoir.

La rue était animée par la masse d'une foule bruyante et bigarrée qui déambulait sur le pavé ; la majeure partie des FFI était habillée avec les fringues provenant des stocks allemands, ou des formations du gouvernement de Vichy : Jeunes des chantiers (vert), Compagnons de France (bleu marine), Equipes nationales (bleu roi), et j'en oublie…

Tout cela donnait des mélanges assez surprenant : Veste noire des Panzers sur un pantalon bleu clair, ou l'inverse au gout du client, le tout agrémenté d'une profusion de foulards multicolores taillés dans de la soie de parachute ; les cocardes, les galons et décorations étincelaient au soleil.

La majorité des chefs de maquis s'étaient promus eux-mêmes officiers, exception faite de ceux qui, provenant de l'armée avaient conservé leur grade. Pour les autres, ça allait du lieutenant au colonel ; on racontait que l'un d'entr'eux portant six galons aux pattes d'épaules se prétendait « colonel-chef ».

Tout ce monde était armé ; il y avait beaucoup de mitraillettes Sten, mais aussi des armes allemandes trouvées sur les prisonniers ou dans les dépôts qui n'avaient pas été détruits. Des pistolets de toutes nationalités et de tous calibres ornaient les ceinturons, attachés à un cordon de parachute.

De loin en loin des camelots vendaient des cocardes, des drapeaux et des portraits de grands chefs alliés, militaires ou politiques.

Un grand noir squelettique criait d'une voix suraiguë : « Digol ! Digol ! Qui ci qui veut li photo di ziniral Digol ! Tout li monde li faut li photo di ziniral Digol ! »

Au carrefour de la rue Porte Dijeaux, des filles vendaient le journal « Les Nouvelles du Sud-Ouest » ; au dessus d'elles un haut parleur accroché au dessus de l'entrée de « La Galerie Bordelaise » diffusait sans arrêt de la propagande et le programme du Parti communiste.

Plus haut, d'autres vendeuses non moins jolies, pour d'autres partis ou mouvements, animaient le bout de la rue, coté Intendance.

La place de la Comédie était elle aussi noire de monde ; des filles riaient et poussaient des cris, cramponnées à des soldats, les mêmes cris et les mêmes rires qu'a la dernière foire de Mars avec les italiens. Les mêmes filles ?... Probablement !

Nous rencontrâmes des copains de Jean, qui eux aussi, participaient activement à la fiesta. « Il parait qu'on va être regroupés en caserne, affirma l'un d'eux ; ils vont nous instruire militairement et nous équiper pour aller sur la Pointe de Grave, on doit toucher de nouvelles fringues et de l'armement américain ! »

« Merde ! dit Jean ; il ne faut pas se faire voir sinon on va se faire boucler et on sera coincés derrière les murs, comme des cons ! C'est pas juste, on se marre trop ! Vous venez au Phénix, ce soir ? »

« Sûr ! approuvèrent les copains, à ce soir ! »

LE PORT

Nous descendîmes les Quinconces ; le port était encombré de débris et d'épaves de bateaux sabordés par les allemands. Devant les colonnes Rostrales un gros forceur de blocus était couché sur le flanc, aux trois quarts immergé ; tout le long du quai on voyait sortir de l'eau des bouts de mâts ou des cheminées. Au beau milieu du fleuve les superstructures d'un torpilleur émergeaient de l'eau sale…

J'eus un pincement au cœur en voyant que le ponton où accostaient les « Gondoles » était détruit. Les « Gondoles » de Bordeaux n'avaient aucun rapport avec celles de Venise ; il s'agissait de petits bateaux mouche à vapeur, fins et élégants sur l'eau, qui servaient au transport des passagers. Une ligne remontait jusqu'à Langoiran, une autre descendait après Lormont jusqu'à Bassens ; les traversées d'une rive à l'autre avaient lieu plusieurs fois par jour, en divers point du fleuve.

J'étais tout jeune lorsque mon oncle Roland Mauriac, habitait Lormont, et chaque fois que nous allions chez lui nous prenions la Gondole ; cette partie du voyage sur l'eau m'enchantais toujours, il restait encore à cette époque des grands voiliers qui ramenaient d'Afrique noire de l'arachide pour les huileries, des caboteurs dont un avait encore des roues à aubes sur le coté et des paquebots qui faisaient l'Afrique et le Nouveau Continent.

Bordeaux était un port extrêmement actif ; les grosses billes de bois exotiques, les fûts de rhum, tous les produits coloniaux s'amoncelaient sur les quais.

Une nuit, ma tante Odette, nous avait réveillés ma cousine Eliane et moi pour nous montrer le « Massilia » qui arrivait d'Amérique tous feux allumés, illuminé jusqu'à la pointe des mâts. J'ai toujours le souvenir de cette vision, presque féérique…

Je restai muet devant les débris calcinés du ponton ; les gondoles avaient toutes été coulées ou incendiées… C'était une partie de l'âme du vieux Bordeaux qui avait disparu…

On ne pouvait pas encore accéder aux « terrasses », situées sur les hangars, que les services de l'organisation Todt avaient recouvertes d'une couche de un mètre cinquante de béton, mais depuis le bord du quai on pouvait voir la boucle du fleuve jusqu'à Lormont.

Du coté des bassins à flot, il ne paraissait pas rester grand-chose des quartiers bombardés sans répit en même temps que la base sous marine. Vers le Pont de Pierre, là aussi les dégâts étaient énormes ; le magnifique ensemble de la Bourse était détruit, il ne restait debout que le mur de façade avec ses ouvertures béantes, qui menaçait de s'écrouler à tout instant.

« Demain, me dit Jean, on ira voir la base sous marine, avec mon brassard FFI, on passera. »

Toujours par le tram, nous primes le chemin du retour.

« LA GRENOUILLE »

Le « Phénix » était un dancing qui se trouvait sur le boulevard Albert 1er, un peu après la barrière de Bègles ; le bar du Congo et le Phénix étaient tout proche l'un de l'autre. Je connaissais bien l'endroit pour l'avoir fréquenté avant la guerre en compagnie de mes cousins et de leurs copains. Plutôt qu'un dancing, c'était un bal populaire très classique ; une vaste salle décorée de guirlandes, une estrade pour l'orchestre, un bar buvette dans un coin. Les bals étant interdits pendant la guerre, l'établissement tournait comme une sorte de café-concert animé par des artistes locaux et des amateurs.

Il passait de tout au Phénix... En dehors des numéros classiques dont la plupart s'étaient rodés aux tournées Tichadel, il y en avait de très originaux et le plus célèbre d'entr'eux était « La Grenouille ». J'avais vu « La Grenouille » faire son numéro non pas au Phénix, mais aussi au « Congo » et dans d'autres bars.

Il était venu une fois au Café des Arts, à Saint Macaire, où personne ne le connaissait ; avant son passage devant le public nous avions bu un verre ensemble et évoqué son circuit habituel dans les bars et les établissements de Bordeaux et de sa banlieue.

« Tu vois, m'avait-il dit, s'il n'y avait pas eu cette con de guerre je serai allé en Amérique où j'aurai gagné une fortune... ! Ils sont bien forts, les américains, mais des numéros comme le mien ils n'en ont jamais vu ! »

C'était sûrement vrai... Parce que ça, il fallait vraiment l'avoir vu...

La Grenouille arrivait sur scène avec un seau d'eau et deux mystérieux bocaux ; il commençait par faire un petit laïus dans lequel il expliquait que la nature l'ayant doté de deux estomacs (il faisait circuler dans l'assistance un dossier médical avec radios et rapports de médecins spécialistes), il pouvait boire d'un trait plusieurs litres d'eau, transformer l'un de ses estomacs en aquarium et récupérer ensuite le contenu. Au moyen d'un gobelet d'un demi-litre il puisait dans le seau et buvait ; il extrayait de ses bocaux des grenouilles et des poissons rouges. De l'eau, une grenouille, de l'eau, un poisson...

Tout y passait ; le seau d'eau, une douzaine de grenouilles et autant de poissons rouges ; l'assistance regardait, médusée, la Grenouille refaisait un autre petit laïus par lequel il affirmait contrôler l'évolution des poissons et des grenouilles dans son estomac.

Il allait de table en table. « Toi, colles ton oreille contre mon bide... » Il parait qu'on entendait, à défaut du chant des grenouilles, un gargouillis significatif.

Puis il revenait sur scène où il commençait par se tortiller et à balancer deux ou trois rots retentissants. « Pour évacuer l'air ! » disait-il. Dans un hoquet, il commençait à rejeter l'eau dans le seau et la première grenouille apparaissait dans sa bouche ; il la cueillait délicatement par une patte et la reposait avec sollicitude dans le bocal. L'opération se poursuivait jusqu'à la récupération totale des pensionnaires de « L'aquarium humain ».

Il faut bien reconnaître que, dans le spectacle présenté par « La Grenouille », le répugnant l'emportait d'assez loin sur l'artistique... Mais c'était marrant, la grenouille était le copain de tout le monde et buvait le coup après son passage avec tous ceux qui l'invitaient.

Il n'y avait qu'une chose... La Grenouille avait horreur de l'eau...

Lorsque les américains arrivèrent enfin à Bordeaux, le pauvre « La Grenouille » avait quitté ce bas monde ; son estomac était à toute épreuve, mais son foie n'avait pas tenu le coup...

LE « PHENIX »

Au « Phénix », le bal était déjà bien lancé et la salle comble ; c'était un spectacle extraordinaire et un vacarme indescriptible, la plupart des danseurs évoluant avec une arme en bandoulière dans un fond sonore de ferraille entrechoquée.

Un petit gars haut comme trois pommes, le visage encadré d'une paire de rouflaquettes impressionnantes, passa devant nous ; il portait à l'épaule une mitraillette Sten et à la ceinture un pistolet avec l'inévitable cordon de parachute.

Jean l'appela : « Ho ! Pardaillan ! Combien t'en as tué ? Rien qu'en te regardant on a déjà la trouille ! »

Le petit se retourna, l'œil mauvais, et répondit d'une voix sèche : « Ah te voilà, toi ! Dion, si tu vois mes vieux, dis-leur que je suis de permanence au siège du parti, et qu'ils ne se fassent pas de mouron pour mézigue... ! »

Le jeune combattant portant bien en évidence sur sa mâle poitrine une étoile rouge avec faucille et marteau, j'en conclus sans trop chercher qu'il devait être communiste.

« C'est donc ça, dit Jean, qu'on ne te voyait plus dans le quartier ? »

« Ouais... lâcha le petit, mais j'étais sur la place de la Comédie quand on nous a dit que des salauds de miliciens étaient entrain de tirer sur la foule depuis la colonne des Girondins. On est arrivés en courant mais ces fumiers s'étaient barrés par les égouts, ça tiraillait de tous les cotés... Avec les copains, comme on ne voyait pas sur quoi tirer, on a aligné les statues du Grand Théâtre, tu sais, celles qui sont en rang au dessus de la colonnade. A chaque giclée on voyait sauter les morceaux de pierre ! »

« C'est complètement con ! » affirma Jean.

Le petit se détourna et s'éloigna, traînant sa mitraillette, vexé, grommelant une injure.

Quelqu'un me prit le coude ; c'était une fille de Toulenne que je connaissais bien ; elle me raconta qu'elle était chez des parents pour quelques jours, pas très loin, dans le quartier. Elle était venue voir mais elle était sur le point de s'en aller, effrayée par la cohue lorsqu'elle m'avait reconnu. Cela m'arrangeait moi aussi ; comme il n'était pas possible de danser j'emmenai ma copine dans un coin moins encombré et peu plus surélevé d'où l'on voyait mieux la salle.

Un musicien se leva et après de grands gestes et de vains efforts pour réclamer le silence, finit par amener sur l'estrade une grosse femme vêtue d'une robe rouge. Elle poussa deux ou trois vocalises, tout à fait dans l'aigu ; du coup, le vacarme s'arrêta et la femme assez jolie d'ailleurs, annonça qu'elle allait interpréter quelques chants patriotiques en l'honneur des valeureux combattants des Forces françaises de l'intérieur.

Accompagnée par l'orchestre elle attaqua la « Marche Lorraine », reprise en chœur par la salle entière ; elle avait une voix remarquable et lorsqu'elle chanta « le rêve passe », ce fut du délire... Elle atteignit le sommet avec le « Chant des Partisans » ; les FFI déchaînés braillant à tue-tête.

C'était un spectacle sublime, mais intenable... Je tirai ma compagne à l'extérieur ; d'autres couples faisaient comme nous et cherchaient un endroit plus calme.

Le bar du Congo, tout proche, était la position de repli idéal ; assis à la terrasse nous regardions dans la pénombre le mouvement devant le Phénix, agrémenté de temps en temps par une rafale de mitraillette ou des coups de pistolets tirés en l'air par des FFI survoltés. Je partis raccompagner la copine ; ce n'était pas très loin, le temps était au beau et la promenade agréable...

LA CHASSE AUX MILICIENS

Je revins au Phénix où je retrouvai Jean qui lui aussi en avait marre ; avant de rentrer chez nous il me montra une maison basse, quelques dizaines de mètres plus haut, vers le pont.

« Tu vois, me dit-il, c'est la maison de Langeron ; c'était là, dans le sous sol qu'il écrivait ses articles, le salaud ! On jetait quelquefois un coup d'œil par le soupirail, en sortant du cinéma... Il était toujours devant sa machine a écrire, il a fait chier tout le monde dans le coin, il a mouchardé, menacé, dénoncé... Ils ont fini quand même par l'avoir, et ça a été un soulagement pour tout le monde ; mon père te racontera, il a tout vu. »

On entendait encore la voix de la femme en rouge, décidément intarissable, chantant « La Marseillaise » dans le lointain...

Le lendemain matin mon oncle partit faire quelques achats dans une quincaillerie qui se trouvait à Bègles, à la Ferrade, tout près du boulevard. Il en revint bouleversé : « Bon Dieu ! nous dit-il ; je viens d'assister à une drôle de cérémonie ! J'étais presque arrivé à la quincaillerie quand j'ai vu devant une maison un petit groupe de personnes entourant une femme qui gesticulait et qui criait :

« Il est là ! Je vous dis qu'il est là ! Il est revenu se cacher chez sa mère ! Il faut le ramasser, ce petit salaud, cette ordure de milicien, et le fusiller tout de suite ! »

« Les gens attirés par les hurlements de la femme étaient de plus en plus nombreux. « On est allé chercher les FFI, » a dit un homme.

« Deux voitures avec des soldats armés sont arrivés presque aussitôt ; à coups d'épaule ils ont ouvert la porte ; la femme et d'autres types sont entrés derrière les soldats. On a tout de suite entendu des éclats de voix, des cris, des bruits de coups, de bagarre ; les soldats sont ressortis trainant un jeune homme, le milicien, il avait la figure massacrée, le sang coulait sur ses vêtements...

« Aussitôt dehors, d'autres voisins, hommes et femmes, se sont jetés sur lui, à coups de poings, à coups de pieds, d'autres lui crachaient à la figure. Il avait déjà pris une belle raclée avant de sortir de chez lui, mais là, ils étaient entrain de l'achever... Les soldats ont eu toutes les peines du monde à leur arracher des mains et à l'embarquer dans une voiture ; ils sont partis, accompagnés par les cris de mort de la foule... Il avait à peine vingt ans... C'était plutôt pénible à regarder, mais il avait dû en faire assez pour mériter son sort ! »

C'était vrai ; il y avait toujours des miliciens avec les allemands ; il y en avait pour l'affaire du réseau de La Réole et ils étaient aussi chez Souan, il y en avait quand Maxime Lafourcade avait été tué, il y en avait aussi à Blasimon avec les SS ; ils étaient de toutes les sales expéditions. Ils avaient mal choisi leur camp et le vent avait tourné... Maintenant il fallait payer la note...

LA FIN DE LANGERON

« Racontes-lui l'exécution de Langeron, » demanda Jean à son père.

« Ah... Langeron... ! Il était presque midi ; j'étais dans la rue, la devant, quand j'ai entendu claquer des coups de révolver ; j'ai vite couru à l'angle de la rue Aupérie et je me suis trouvé nez à nez avec un jeune homme à vélo. Quand il m'a vu il s'est embarqué dans l'impasse qui bute sur la ligne d'Arcachon ; calmement il a fait demi-tour et s'est mêlé à un groupe de cycliste qui rentraient du travail, il a disparu avec eux.

« A vingt mètres de moi, au coin de la cité de la Bombe, il y avait quelques personnes autour d'un homme étendu à terre, au bord du trottoir. Le sang sortait de sa bouche, il avait encore quelques spasmes.

« Qui c'est ? » demanda une femme.

« Quelqu'un répondit à voix basse : « C'est Langeron... ! »

« La femme glapit en s'échappant : « C'est Langeron ! Qu'il crève ! »

« Les autres ont approuvé sans trop faire de bruit et ont commencé à se défiler... J'ai fait comme eux. »

Jean enchaina : « Lorsque je suis allé faire mon petit tour au Congo, l'après-midi, la patronne m'a dit tout doucement : « J'ai loué une chambre à un jeune homme, ce matin, et je crois que c'est lui qui a tué Langeron ; il me tardait que tu arrives... Viens avec moi, on va aller l'avertir car la police et la Gestapo vont contrôler tous les hôtels. »

« Nous sommes montés au premier ; le type était assis sur le lit, torse nu ; c'était un gars de vingt deux ou vingt trois ans.

« Excusez-nous, monsieur, mais un collabo a été abattu à midi dans le quartier et la police va sûrement fouiller partout, en commençant par les hôtels ; si vous n'êtes pas tout à fait en règle, il vaudrait mieux ne pas vous attarder ici. »

« Le type n'a pas posé de question et nous a tendu son portefeuille. « Je suis cheminot et je suis arrivé ce matin de Nantes avec une locomotive haut le pied ; voici mes papiers, mon ordre de route, je suis en règle. J'ai pris cette chambre car il faut que je dorme avant de repartir, ne vous inquiétez pas... Merci. »

« Un moment après il est descendu et est sorti ; il n'est pas revenu. »

« C'est bien celui que j'ai vu, dit mon oncle ; la police n'a rien trouvé, et tout le coin de la barrière de Bègles est débarrassée du mouchard. »

BASE SOUS MARINE ET BASSINS A FLOT

Nous avions convenu d'aller l'après-midi du coté des bassins à flot et de la base sous marine ; je voulais voir de près ces installations, véritable repaire pour les sous-marins, qui avait été bombardé sans relâche par l'aviation alliée. Les maisons des alentours avaient écopé et pas mal de braves gens étaient morts sous les bombes ; Gaston Pareau, un camarade d'école qui avait été requis pour travailler à la construction de la base, y était lui aussi resté.

La ligne de tramways qui desservait les quais partait de la gare ; ça m'arrangeait car je voulais savoir si quelques trains avaient recommencé à circuler, tout au moins jusqu'à Langon, sinon, il allait falloir trouver une combine pour rentrer à Saint Macaire, camions ou autres.

Pour aller à la gare à pied par la rue Amédée Saint-Germain c'était une promenade ; la rue était toute droite et la gare Saint Jean était au bout. Tout d'un coup, mon cousin me prit le bras et m'entraina dans une rue transversale. « Merde ! Le type qui « bade » devant sa porte... Je préfère ne pas lui passer devant ! »

Il riait tout seul en remontant la ruelle. « Viens, viens... Par là on rejoint aussi la gare. »

Tout en marchant, il racontait : « C'était quand il y avait la pagaille et que les allemands étaient entrain de quitter la ville ; nous étions partis mon copain et moi voir s'il n'y avait rien à récupérer à l'économat des chemins de fer, il n'y avait pas beaucoup de monde et on était là au coin quand un type nous a appelé. »

« Venez vite ! Essayez de faire quelque chose ! Ils sont entrain de barbotter nos vélos ! »

« Il y avait deux boches sur le trottoir ; les deux vélos étaient appuyés au mur et le plus vieux des soldats, un genou à terre, regonflait une roue, le deuxième était debout à coté et le regardait faire ; c'était un tout jeune, un des derniers appelés, un de ceux qu'on appelait « les juniors ou J3 ».

« Mon copain et moi, c'était avec lui que nous avions dérouillé le boche sur le boulevard avec les barres de bois, avions chacun un pistolet et les brassards FFI ; nous nous sommes approchés, sans dire un mot, le copain a appuyé le canon de son arme sur les cotes du gonfleur et lui a lâché deux pruneaux dans le buffet.

« Il a piqué du nez sans un cri ; le jeune a levé les mains, il a cru que nous allions le descendre lui aussi, il fallait faire vite, heureusement la rue était déserte.

« Vous avez une cave ? »

« Oui, la trappe est là, dans le couloir. »

« On a tout de suite balancé le mort au fond ; on a ensuite ficelé le jeune dans une couverture, les bras collés au corps, bien serré, comme un saucisson, on ne voyait que sa tête et ses bottes ; on l'a bouclé dans la cave avec son copain.

« Le type et la femme commençaient à réagir et à paniquer : « Qu'est-ce qu'on va faire ! disait la femme en se tordant les mains ; Mon Dieu ! Pourvu qu'il n'en arrive pas d'autres ! »

« Rentrez vos vélos, fermez votre porte et ne sortez pas ; on va revenir avec des copains et une voiture pour vous en débarrasser...

« On a foutu le camp... A l'économat de la gare tout avait déjà été pillé ; il ne restait qu'une sirène à main que j'ai ramenée pour me faire un ventilateur de forge.

« Evidemment on n'est jamais revenu chez le gonze aux vélos... Comment il s'est démerdé pour évacuer le mort et le junior, je n'en sais rien... C'est pour ça que je préfère passer au large ! »

Une bombe avait détruit le bar Clavel, devant la gare, mais sur les voies ça travaillait dur et la desserte de Langon était assurée. Je décidai de rentrer chez moi le lendemain.

Le cheminement du tramway qui tirait laborieusement deux wagons sur la ligne des quais n'était pas très rapide et l'on avait le temps de regarder.

La population, étouffée et brimée par quatre ans d'une occupation sévère, s'en donnait à cœur-joie ; chacun racontait son histoire, avec un vocabulaire illustré par tout le répertoire des vieilles expressions bordelaises. A chaque arrêt, ça recommençait avec de nouveaux arrivants ; mais, devant les ruines de la Bourse, le silence se fit, le cœur serré, les gens regardaient la plus cruelle blessure infligée à leur ville.

Certes, des destructions il y en avait eu d'autres plus vastes encore dans les quartiers autour de la base, l'aéroport, la gare... Mais la Bourse, c'était avec le Palais Rohan et le Grand Théâtre un des ensembles architecturaux les plus beaux de la ville.

« C'était si beau... dit une femme, jamais on ne pourra reconstruire tout ça... »

« Peut-être que si, dit une autre, la façade est encore debout, et si on peut l'empêcher de s'écrouler... Mais il y aura beaucoup de travail, long et difficile, pour remettre tout ça en état ! »

Déjà les équipes de déblaiement étaient à pied d'œuvre ; on commençait à redresser le cargo coulé devant les quinconces, mais, plus on approchait des bassins à flot, plus le champ de ruines apparaissait immense. En voulant neutraliser la base sous marine, les alliés avaient anéanti tout ce qui était autour, sur un kilomètre de rayon et parfois plus. Il n'y avait pas trace de vie dans cet amoncellement de décombres.

Nous descendîmes du tram juste avant les bassins ; les allemands avaient fait de ce secteur une zone interdite et un camp retranché, l'ensemble était bouclé et entouré de défenses faites de blockhaus gros et petits, eux-mêmes protégés par un épais rideau de fils de fer barbelés sur des pieux métalliques et des chevaux de frise.

L'entrée de la base, sur les quais, était flanquée de part et d'autre d'ouvrages en béton, à la fois blockhaus et poste de garde ; il y avait une chicane, et juste devant, coté ville, les allemands avaient placé un vieux char Renault, vestige de la guerre précédente, sans même se donner la peine de le repeindre à leurs couleurs. L'avaient-ils mis là par dérision, ou simplement pour utiliser éventuellement le petit canon court qui sortait de la tourelle, mystère... En tout cas la vue de ce vieux char français avec sa cocarde tricolore gardant l'entrée de l'une des bases sous-marines les plus redoutables était pour le moins insolite et surprenante.

La chicane franchie, un homme armé d'un Mauser sortit du blockhaus : « Eh là ! Où allez-vous ? »

« On va faire un tour pour voir la base de près. »

Jean montra son brassard FFI ; ma carte d'identité toute neuve avec les tampons d'un commandement militaire fit merveille.

« Vous pouvez vous balader, dit le soldat, mais faites gaffe, avant de partir ils ont fait sauter toute la DCA, il y a des obus partout, regardez bien où vous mettez les pieds. N'entrez pas dans la base, on attend le déminage pour pénétrer à l'intérieur, c'est probablement miné et piégé ; alors allez voir, mais faites gaffe ! »

On rassura la sentinelle, on allait juste faire un petit tour ; en effet, c'était à voir...

Tout le secteur était protégé par une DCA puissante ; les pièces étaient nombreuses, et chaque canon était au centre d'une fosse bétonnée profonde de deux mètres en forme de pentagone dont chaque coté était l'entrée de la réserve souterraine d'obus. Au centre était un canon à tir rapide pivotant dans toutes les directions avec le siège du pointeur ; les servants protégés des éclats de bombes par la profondeur de la fosse approvisionnaient la pièce sans arrêt. La cadence de tir et la puissance de feu assuraient une défense efficace ; pas mal d'avions étaient touchés et disparaissaient en mer, mais le grand nombre d'appareils faisait que chaque fois la périphérie était écrasée par une grande quantité de bombes de plus en grosses.

Les allemands avaient avant de partir fait monter les ballons de barrage le plus haut possible en déroulant les filins jusqu'au bout, puis les avaient abattus à la mitrailleuse. Nous marchions sur les morceaux déchiquetés des ballons mêlés aux filins enchevêtrés, sur un sol jonché de débris de toutes sortes, et ça s'étendait sur plusieurs hectares.

Tout près de la base, en bordure des bassins, deux trains complets avec leurs locomotives étaient chargés et prêts à partir ; ces deux trains transportaient sur de grandes plates-formes tout le matériel roulant qui assurait la desserte intérieure de la base. Petits locotracteurs, wagonnets spéciaux servant au transport des mines et des torpilles, la logistique qui assurait le bon fonctionnement de l'ensemble, toute, même les rails, avait été démontée, chargée et soigneusement arrimée. Les allemands n'avaient pas eu le temps, à défaut de les acheminer, de faire sauter les deux trains.

Un homme suivait les wagons l'un après l'autre et notait sur un document le détail du matériel chargé sur les wagons. Il était vêtu d'un costume noir et coiffé d'un chapeau mou de même teinte ; occupé par son travail il ne fit pas attention à nous.

Au milieu du champ de ruines la masse de la base était intacte ; aucune bombe n'avait entamé l'épaisseur du béton. Mêmes les grosses bombes spéciales à effet souterrain n'avaient rien fait ; on disait que l'une d'elles qui n'avait pas éclaté était entière, au fond d'un puits de vingt mètres qui peu à peu s'était rempli de boue et d'eau.

On ne voyait pas grand-chose par les entées béantes des abris des sous-marins ; seul, le reflet de l'eau glauque et huileuse révélait la présence des formes sombres du matériel de service gisant dans les bassins ; les sous-marins eux, étaient partis.

Toutes sortes de débris informes flottaient un peu partout dans les bassins à flot d'où émergeaient des superstructures de bateaux coulés.

Nous revînmes vers notre point de départ à travers le champ de décombres jalonné par les canons inutilisables restés braqués vers le ciel, il y en avait partout !

Au poste de garde une nouvelle sentinelle avait relevé celle qui nous avait laissé entrer. Le FFI s'avança vers nous et de nouveau il nous fallut montrer patte blanche.

« Ca va ! dit le soldat ; alors vous êtes venus voir le bordel ? On attend des prisonniers boches pour nettoyer tout ça… Ca va les occuper un bout de temps ! »

Tout d'un coup, il aperçut le quidam qui faisait l'inventaire du matériel chargé sur les trains, et qui se trouvait à peu près à trois cent mètres de nous. « Qu'est-ce qu'il branle, celui-là, contre les trains ! Il a toute la gueule d'un espion ! Attendez un peu… Vous allez voir ! »

Posément, il visa le wagon, tout près de l'homme qui sursauta au coup de fusil ; il leva les bras en agitant ses papiers blancs.

« Amènes-toi un peu, que je voie ta tronche ! » cria le soldat.

L'homme vint vers nous à pas rapides en agitant ses papiers blancs sans arrêt.

« Plus vite ! Gueula le soldat ; monsieur a intérêt à se démerder ! Allez, on court ! » Ostensiblement, il manœuvra la culasse et remit une balle dans le canon de son fusil.

L'homme arriva, époumoné : « Vous n'êtes pas malade ? Demanda-t'il au FFI ; je suis chargé par le ministère de la guerre de faire l'inventaire du matériel allemand. Voici mes papiers, mon ordre de mission ; vous avez au poste une note de service avec mes coordonnées et les jours et heures de ma présence sur la base. Je vous engage à bien lire les papiers lorsque vous et les autres prenez votre tour de garde, et dites le bien à vos copains ; je ne veux plus de ce genre d'incidents, j'ai autre chose à faire que de courir ici à chaque relève, faites en sorte que cela ne se reproduise pas ! »

L'homme parlait sec et contenait tout juste sa colère ; le soldat, lui, était beaucoup plus calme. « D'accord... D'accord... Y'a pas de quoi en faire un drame... »

Cela ne nous regardait pas ; nous repassâmes devant le vieux char Renault ; le tramway qui nous ramena avait à peu près le même âge...

La gare de Bordeaux portait elle aussi les stigmates des bombardements alliés ; un peu partout on voyait des impacts de bombes. Dans la gare même des équipes de cheminots travaillaient jour et nuit à réparer et consolider les voies ; la verrière béante témoignait de la violence et de la précision des bombardements.

Les rames de wagons dispersés sur les voies de triage étaient suivies par des cheminots, un pot de peinture blanche et un pinceau à la main, qui marquaient sur tout le matériel roulant de la « Deutsche Reichbanh » la phrase suivante : « Prise de guerre FFI, ne doit pas sortir de France ».

Sage précaution, car le matériel usé ou détruit par cinq ans de guerre, faisait cruellement défaut ; la campagne de Russie à elle seule avait engloutie une énorme quantité de wagons et de locomotives, sans compter ce qui avait été détruit par les sabotages ou les bombardements.

Le seul fait de pouvoir monter dans un train comme au bon vieux temps, sans « kontrol » ni « ausweis » était déjà un rude soulagement ; je regardais et écoutais les voyageurs, car la aussi quelque chose avait changé... Ils parlaient, volubiles, défoulés, délivrés.

Avant, tout le monde se taisait, la crainte des mouchards avait rendu les gens muets ; certes, ils étaient toujours aussi maigres, toujours aussi entassés dans des wagons minables et puants, mais leurs visages étaient comme éclairés par la joie d'avoir retrouvé quelque chose dont on avait presque oublié le nom : La liberté...

Bien après la gare les abords de la voie ferrée étaient jonché d'épaves de wagons détruits, hâtivement poussés sur les cotés pour dégager les rails ; on voyait partout des équipes au travail. A Langon aussi il y avait eu de la casse, une formation de Mosquitos avait bombardé la gare ; un certain nombre de maisons proches avait aussi écopé.

C'est cette formation qui, continuant sur sa lancée, avait mitraillé la gare de Saint Macaire où deux rames de wagons citernes vides étaient alignés sur les voies de garage ; la vieille lanterne à pétrole qui était censée éclairer l'accès au quai gardait sur son réflecteur la trace d'une balle de mitrailleuse lourde qui était passée là sans causer d'autres dégâts.

La réussite avait été l'attaque d'un train chargé d'obus et de munitions diverses qui avait stoppé dans la tranchée de Saint Martin pour se mettre à l'abri ; pris en enfilade avec bombes et roquettes, le train avait explosé et était entièrement détruit.

La seule maison du voisinage, protégée des éclats par la profondeur de la tranchée avait eu la charpente balayée par le souffle ; c'était curieux à voir, rien n'avait été brisé, les voliges étaient nettes et propres, prêtes à recevoir des tuiles neuves, ce qui fut fait peu de temps après.

Là aussi, on poussa les débris du train sur les cotés de la voie ; on ne trouva pas trace des hommes, militaires ou civils qui accompagnaient le convoi.

DESTRUCTION DU PONT ROUTIER A CASSEUIL

Pendant ma courte absence, une autre explosion imprévue et absurde, mais lourde de conséquences s'était produite non loin de là. Le pont routier qui enjambait la voie ferrée à Casseuil avait sauté et était entièrement détruit ; mais là, les allemands n'y étaient pour rien, comme beaucoup d'autres le pont avait miné, c'était un point stratégique intéressant car, gros ouvrage en pierre de taille, ce pont voute détruit coupait à la fois la route et la voie ferrée.

Pour quelle raison les allemands ne l'avaient il pas fait sauter ? Attendaient ils que d'autres convois passent et remontent vers Bordeaux ? Mystère... Mais le pont était intact.

Un FFI déambulant sur le bord de la voie ferrée trouva dans l'herbe une curieuse boite portant une manette de laquelle partait un fil. Il tourna et retourna la boite dans tous les sens sans trouver le mode d'emploi, et finalement tira sur la manette. Il y eut un grand bruit, et le pont ne fut plus qu'un gros tas de pierres en travers des rails.

LE RAVITAILLEMENT DE BORDEAUX

Le ravitaillement de Bordeaux posait de sérieux problèmes ; la présence des allemands à l'entrée de l'estuaire et la paralysie du port barré par la douzaine de forceurs de blocus coulés dans le chenal ruinait tout espoir de ravitaillement par mer.

Dans les premiers jours qui suivirent le départ des allemands, nous avions vu passer sur la route des troupeaux de bœufs et de vaches acheminés à pied jusqu'aux abattoirs de Bordeaux. C'était horrible ; les bêtes, les onglons usés, arrachés, les pieds en sang, se couchaient épuisées et ne voulaient plus se lever, les hurlements des convoyeurs, les coups de trique ou d'aiguillon n'y faisaient rien. Beaucoup d'animaux crevèrent en route et les survivants arrivèrent à Bordeaux dans un tel état que « l'expérience » ne fut pas renouvelée.

Mais la route garda longtemps les traces de sang séché et noirci des troupeaux du Lot-et-Garonne...

LA MORT DE RENE LARTIGUE

Chez les Lartigue on était toujours sans nouvelles de René ; avec la pagaille qui avait régné un peu partout ce silence pouvait s'expliquer. On savait que l'unité dont il faisait partie évoluait dans un secteur semi-désertique au cœur des forêts qui bordent l'Aveyron.

Le père Lartigue partit à Montauban pour tacher de savoir quelque chose, il en revint avec une terrible nouvelle : René était mort.

Quelques semaines avant la libération, les maquisards qui se trouvaient à ce moment là dans les environs de Penne avaient été prévenus par un indicateur de l'imminence d'une opération déclenchée contre eux par les allemands et la Milice. La majeure partie du groupe se replia à l'abri au plus profond du Causse ; cinq hommes dont René restèrent en arrière dans une fermette isolée pour finir de ramasser le matériel, les avaient on avertit de cette opération ?

L'attaque fut rapide et brutale et le dénouement foudroyant : Encerclés sans bruit, toujours de la même manière, grenades par les fenêtres, lance-flammes... On ne retrouva dans les décombres de la maison incendiée que quelques ossements calcinés, inidentifiables ; c'était tout ce qu'il restait des cinq hommes...

« C'était du charbon, un petit tas de charbon qui aurait tenu dans un panier à vendange, » nous raconta le père Lartigue.

Jeannot était revenu et avait appris la nouvelle en même temps que moi, et l'annonce de la mort tragique de notre copain avait été pour nous une rude secousse ; nous pouvions tous les deux mesurer la chance que nous avions eue, et moi un peu plus que lui, de nous tirer vivants de cette aventure.

J'avais repris mes anciennes habitudes et j'allais souvent à Saint Pierre où il y avait des bals très animés ; mais je faisais toujours une petite halte au café de madame Lafourcade. Elle m'annonça un jour que l'on allait bientôt transférer le corps de Maxime à Saint Pierre dans le caveau de famille ; aucune nouvelle de son deuxième fils, Jeannot, embarqué pour l'Allemagne avec le père Souan,

Rigoulet et les autres. On ne savait pas s'ils étaient encore vivants... Elle n'avait aucune idée de ce qu'était devenu le Grand Pierre que personne n'avait revu dans les environs.

Quelques jours après, la famille Calderon recevait l'avis de la mort d'André, tué au combat dans une opération contre une poche allemande sur la Manche. Nous avions juste le même âge... Ca faisait un copain de plus qui y avait laissé la peau...

LE RETOUR DE LA LIBERTE

On fit les vendanges avec une ambiance, une impression bizarre ; il nous semblait presque anormal de ne plus voir passer de camions allemands, de ne plus rencontrer les douaniers planqués dans les buissons ou patrouillant dans les vignes, ou d'entendre défiler une troupe qui chantait le « Horst Wessel Lied » ou « Halli Hallo ».

Nous étions encore imprégnés par cette atmosphère dans laquelle nous avions vécu pendant plus de quatre ans ; mais cette fois ce n'était plus un rêve, les allemands étaient bien partis !

Nos voisins italiens venaient vendanger avec nous chaque fois qu'ils le pouvaient ; nous avions aussi les filles Michaud qui venaient pendant leurs congés.

Les succès de l'armée rouge qui exterminait par dizaines les divisions allemandes les enthousiasmait ; mais elles cachaient au plus profond d'elles mêmes un sentiment de déception teinté de mélancolie, les russes ne viendraient pas chez nous...

C'est que les choses allaient très vite dans cette deuxième moitié de l'année 44 ; les allemands partis, des comités de libération se substituaient un peu partout aux conseils municipaux. Dans certaines localités des chefs de maquis avaient pris carrément la place du Maire qu'ils avaient arrêté et parfois exécuté séance tenante sous prétexte de collaboration. Personne n'avait osé s'opposer à eux, tous ces personnages, soutenus par leurs hommes maintenant bien armés, étaient de véritables despotes qui faisaient régner la loi à leur façon, souvent comme des bandits.

Le journal « Sud-Ouest » dans un éditorial intulé « Les rois nègres », dénonçait cet état de choses et demandait avec véhémence au pouvoir central de faire cesser cette situation.

Ce n'était pas facile, il était hors de question de les réduire par la manière forte ; alors on trouva un autre moyen, on commença par recenser les groupes armés et à traiter leurs chefs avec beaucoup de déférence et de considération. On fit en sorte de les séparer doucement de leurs hommes ; baladés de réceptions officielles en prises d'armes, vantés, décorés, honorés ils furent envoyés dans une école militaire spéciale, en vue d'une homologation de leurs grades après examen terminal.

La plupart d'entre eux, pratiquement incultes, ânonnant sur des textes ou peinant sur des données hors de leur portée, sortirent de ces stages avec le grade d'aspirant ; ils furent affectés dans des régiments divers, petits officiers subalternes sans commandement, ils furent enfin hors d'état de nuire. Pendant ce temps leurs hommes avaient été incorporés et dispersés dans l'armée régulière ; peu à peu, l'ordre revenait.

LES OBSEQUES DU LIEUTENANT MAX

Ce fut une foule innombrable, véritable mer humaine qui se rassembla pour accompagner Maxime Lafourcade à sa dernière demeure ; nous n'avions pas cherché à nous approcher de la maison pour saluer ce qui restait du pauvre Lieutenant Max, et nous étions restés, Jeannot Chavaneau, Robert Thomas et moi sur le trottoir, en face de l'église. Les Lafourcade et les Vimeney n'étant pas croyants, l'enterrement ne comportait pas de cérémonie religieuse et le cortège gagnait directement le cimetière.

Il arrivait toujours du monde, surtout des FFI, aux uniformes disparates ; tout à coup un petit mouvement dans la foule et un homme de haute taille, une silhouette que je connaissais bien traversa la route ; il avait toujours sa tenue kaki, et était suivi de six hommes portant l'uniforme bleu des anciens « compagnons de France ».

C'était le Grand Pierre ; je ne l'avais pas revu depuis nos rencontres chez Souan, exception faite du jour où je l'avais reconnu dans une voiture sur la petite route de Blasimon. Il pénétra dans le café suivi de ses hommes ; on conduisit le pauvre Maxime au cimetière où une bonne partie de l'assistance ne put entrer, on entendit des phrases élogieuses, des bribes de discours…

Mais moi, je revoyais ce matin du onze juillet où le soleil s'était levé dans un ciel bleu qui annonçait une journée magnifique, qui avait été pour lui et ses copains l'enfer avant la mort.

La foule ressortit du cimetière ; le Grand Pierre s'éloigna suivi de ses hommes, c'était la dernière fois que je le voyais, je ne savais pas et lui non plus qu'il ne lui restait que peu de temps à vivre…

RETOUR A BLASIMON

Je m'arrangeais pour revenir de temps en temps à Blasimon ; j'en profitais pour donner un petit coup de main et rattraper le travail en retard.

Il y avait toujours une virée de prévue lorsque j'arrivais ; les fêtes et les bals ne manquaient pas, les gens, jeunes ou vieux, couraient partout et la joie de vivre explosait après le cauchemar.

Je passais trois ou quatre jours et je rentrais chez moi ; il faut dire qu'entre temps j'avais amorcé un flirt avec une jeune fille de Saint Pierre, mais, pour rien au monde, je n'aurais laissé tomber mes copines italiennes car je leur devais trop… Si je n'avais pas trouvé refuge chez elles je serai allé rejoindre Maxime, et il ne fait aucun doute que je serais revenu au pays natal de la même manière que lui.

C'est ainsi qu'un jour, en arrivant chez la mamma Campaner j'eus la surprise de trouver sa fille Adèle et son mari, Henri Laforesterie dit « Lou Boudinn ». Il était pâle et amaigri ; sa blessure au pied n'était pas guérie mais on l'avait laissé sortir de l'hôpital avec obligation d'y revenir.

Il me raconta que lorsqu'il avait été blessé et arrêté, les allemands l'avaient bouclé illico sans s'occuper de sa plaie ; on l'avait mis en cellule avec un jeune communiste de Barie, lui aussi blessé et et arrêté, mais pour lui ça avait été plus grave, il avait du être amputé.

Il s'appelait Liarçou ; je connaissais quelques jeunes de Barie, mais ce nom ne me disait rien.

Son amputation avait été exécutée de façon tout à fait sommaire, et ce pauvre bougre avait été jeté en prison, son moignon sanguinolent recouvert d'un pansement rudimentaire ; les deux blessés s'étaient retrouvés dans la même cellule, « bénéficiant » des mêmes soins.

La libération leur sauva la vie à tous les deux ; on les tira de leur cellule dans un bien triste état, leurs plaies gangrénées dégageant une odeur infecte. On les hospitalisa in-extrémis ; le pauvre Liarçou fut amputé une deuxième fois, on recoupa plus haut, au dessus de la plaie infectée, on fit tout ce qu'il fallait, il s'en tira.

Henri, lui, avait eu d'autres problèmes ; bien que sa blessure soit peu grave, son organisme ravagé par l'alcool ne facilitait pas la cicatrisation de la plaie qui, malgré les soins, était toujours infectée et ne se refermait pas.

Il vidait verre sur verre en racontant ses malheurs ; sa femme l'écoutait, beaucoup plus tranquille qu'avant, dans l'état où il était il ne risquait pas de lui taper dessus et allait très vite repartir à l'hôpital. Il soliloquait devant la bouteille ; l'une après l'autre les femmes avaient quitté la table, insensibles à son monologue, lui aussi regrettait l'absence des russes, seule chance, d'après lui, pour la France de se débarrasser des curés et des calotins, des foireux et des cons.

Je devais revoir Henri Laforesterie encore une fois, la dernière ; quelques semaines après je vis arriver sa femme et deux des filles à la maison : « Henri est à l'hôpital de Langon ! Il était allé voir son copain Liarçou, à Barie ; il parait qu'il est tombé en buvant, à la terrasse d'un café, il vomissait du sang… »

Je partis avec elles à l'hôpital. Il était dans son lit, adossé à des coussins ; il avait un tuyau dans le nez et ses yeux perdus dans le vague, étaient déjà vitreux.

Une jeune infirmière que je connaissais me dit : « C'est fini... Un jour ou deux peut-être, il n'ira pas plus loin... »

On enterra Henri dans la même semaine.

Quarante ans après, j'eus la surprise de trouver son nom et celui de Liarçou dans le troisième volume de la « saga » écrite par Régine Deforges, « la bicyclette bleue », avec une auréole de résistant héroïque qui, pour lui tout au moins était aussi méritée qu'une couronne de fleurs d'oranger à une vieille tapineuse... Liarçou, lui, était un maquisard authentique.

1945

La fin de l'année arriva ; Noël, le premier de l'an furent fêtés dans la liberté retrouvée, sans couvre feu, sans « verboten », mais avec une pénurie alimentaire presque aussi dure qu'avant. Seule la viande était revenue en quantité suffisante ; pour tout le reste le rationnement était toujours très strict.

La majeure partie des gens était déçue et déconcerté, la guerre que tout le monde voyait finir avant la fin de l'année 44 continuait, encore plus acharnée. Les allemands à l'est comme à l'ouest se défendaient pied à pied, lançant dès qu'ils le pouvaient des contre attaques meurtrières ; tous les anciens de la dernière guerre étaient au combat, encadrant des très jeunes, jetés dans la bataille à partir de douze ans.

Cela avait jeté un froid parmi les nombreux engagés du mois de septembre qui pensaient participer à une ruée triomphale et sans danger à travers l'Allemagne. L'un d'entre eux, un jeune du canton, qui s'était débrouillé par relations à se faire incorporer dans l'armée De Lattre se retrouva en Alsace sous un feu d'enfer ; regrettant amèrement d'être venu se fourrer dans ce guêpier et cherchant désespérément le moyen de s'en tirer. Atteint d'une malformation au bas-ventre, il se dépêcha de passer devant le conseil de réforme et fut renvoyé chez lui profondément soulagé...

LES REFUGIES DU VERDON

Quant aux autres, la majeure partie d'entr'eux regroupés et encadrés, hâtivement dégrossis en caserne, ils constituèrent la « Brigade Carnot » qui fut chargée du bouclage de la Pointe de Grave. En conservant cette pointe et Royan qui était en face, les allemands avaient réussi un joli coup en interdisant l'accès au port de Bordeaux qui aurait pourtant été bien utile tant sur le plan civil que militaire.

Au début, la poche allemande du Médoc formait un triangle dont la base allait de la rive de l'estuaire à Montalivet, le Verdon au sommet était un point d'appui fortifié et redoutable ; un certain nombre de localités se trouvaient isolées à l'intérieur de la poche du Médoc.

C'est ainsi qu'à la suite d'un accord entre les autorités françaises et le commandement allemand, l'évacuation de la population civile de la pointe du Médoc fut décidée. On vit alors arriver chez nous une nouvelle vague de réfugiés, Girondins réfugiés en Gironde, au moment où les populations du nord et de l'est de la France s'apprêtaient à rentrer chez elles.

A Saint Macaire, c'était des familles de pêcheurs et d'ostréiculteurs qui avaient « jeté l'ancre » ; dans les environs on avait casé une majorité de paysans, éleveurs ou vignerons. Mis à part le coté matériel qu'il fallait assurer, il n'était pas question d'adaptation, leur manière de vivre, leurs qualités et leurs défauts, étant les mêmes que les nôtres, leur intégration fut immédiate.

Il eut tout de suite deux personnages qui émergèrent du lot et que l'on voyait toujours ensemble ; marinière bleue, tricot rayé et casquette de marin, ils déambulaient de café en bistrot quand ils n'étaient pas sur le quai regardant avec nostalgie filer vers la mer le courant du fleuve.

Le plus grand des deux se nommait Carré ; il allait roulant les épaules, marchant d'un pas mal assuré, ses grands pieds ayant toujours l'air de chercher un plat-bord ou un tillac invisibles. Il était arrivé avec femme et enfants qui s'étaient liés d'amitié avec les Régonesi, le tout ensemble étant bien loin d'engendrer la mélancolie. Au coté de Carré trottinait un petit être rondelet que l'on n'avait jamais entendu appeler autrement que « Bouboule ».

Carré et Bouboule étaient toujours ensemble. Vivants symbole de l'exode médocain, adoptés d'emblée par la « gentry » locale qui gravitait au bord de la Garonne et qui se retrouvait au bistrot, les deux copains étant devenus les amis de tous. Rincés en permanence au vin blanc, leur détresse s'était transformée en une fiesta itinérante qui allait de Langon à Saint Pierre, jalonné de haltes et de cuites mémorables.

Lorsque la Pointe de Grave fut enfin dégagée, ils quittèrent Saint Macaire après une apothéose au bistrot, sublime et éthylique, jurant en pleurs qu'ils reviendraient un jour avec un bateau d'huîtres pour remercier la population et les copains de leur accueil.

Ils tirent parole, et un beau jour on vit aborder au quai une antique et vaste yole à fond rond, chargée à ras bord de casiers d'huîtres. Carré et Bouboule avaient profité d'une forte marée et avaient remonté avec le flux, gardant le cap à la godille, sans le moindre moteur.

Tout Saint Macaire dégusta les huîtres du Verdon vendues à un prix défiant toute concurrence ; les deux matelots restèrent une semaine, reçus et fêtés par les copains, puis, utilisant une marée descendante repartirent vers le bout de l'estuaire. Le bateau était vide ; eux, pas tout à fait…

DES NOUVELLES DE « L'AMERICAIN »

J'étais revenu me faire couper les cheveux chez Lucien Guillaume, le coiffeur de la place Tourny ; Lucien et sa femme était des amis et nous nous étions retrouvés avec plaisir.

Les mêmes têtes à l'intérieur, et sur la porte, on voyait encore la trace du carton qui portait le nom et les coordonnées du grand SS Totenkopf.

Un samedi après-midi, en sortant du salon, je me trouvai presque nez à nez avec une jeune fille qui marchait sur le trottoir en tenant son vélo à la main ; en dehors du fait que c'était un beau spécimen et qu'elle avait tout ce qu'il fallait pour justifier un coup d'œil appuyé, je l'aurai laissée passer sans réagir.

C'est le petit drapeau américain fixé sur la potence du guidon qui fut le déclic ; je l'arrêtai d'un geste, elle me regarda, se demandant ce que je lui voulais : « Excusez-moi mademoiselle, mais je ne pense pas faire erreur... Vous devez être Mildred Arnato, la sœur de Paul ? »

Son visage s'éclaira d'un sourire. « Oui, je suis bien la sœur de Paul... Mais je ne comprends pas... Comment le connaissez-vous ? »

Elle parlait comme son frère, avec cette élocution lente et parfois hésitante qui avait si bien éveillée la méfiance et la suspicion des Mandin.

En quelques phrases je la mis au courant de notre situation et je lui demandai où était Paul.

« Il a été incorporé dans l'armée US et doit être maintenant en Belgique, peut-être en Allemagne ; je dois lui écrire et je lui parlerai de notre rencontre. Mais il n'est pas pour revenir ici ; dès que la guerre sera terminée il rentrera à New York chez notre oncle Sam Arnato. »

Je lui donnai mon nom et la chargeai de transmettre à son frère mon amical souvenir.

« Moi aussi je vais partir, me dit-elle, je cherche un appartement à Bordeaux, mais c'est difficile et je ne connais personne... »

Je lui donnai l'adresse de mon cousin Jean, en l'assurant qu'il ferait tout son possible pour l'aider.

Quelques jours plus tard ce dernier vit s'arrêter devant sa porte une luxueuse voiture US ; à l'intérieur il y avait un officier supérieur dont on voyait briller les galons. La belle Mildred sortit de la voiture ; elle cherchait toujours un appartement, mais avait déjà trouvé comment égayer sa solitude...

A mon grand regret je n'ai jamais su ce qu'était devenu Paul Arnato, « l'américain des Cordeliers » ; mais je suis sûr qu'il n'a jamais oublié ce soir d'hiver où nous nous étions rencontrés, alors que les frères Mandin qui l'avaient pris pour un allemand étaient prêt à lui faire un mauvais sort.

LA BOUCHERIE COOPERATIVE

A Saint Macaire, comme partout, un comité de libération avait été formé et tout de suite il avait pris en mains le ravitaillement de la commune. A la tête on trouvait l'inévitable Labrousse et d'autres communistes, parfaitement honorables d'ailleurs, puis des personnages divers dont le zèle était motivés par le désir d'être utiles certes, mais aussi le souci de bien se placer pour les prochaines élections municipales qui allaient avoir lieu dans un avenir assez proche.

Un premier achat de porcs dans le Gers fit apparaître la fragilité du système ; lorsque les membres du comité se furent servis, il ne restait plus grand-chose à répartir entre les habitants de Saint Macaire. Une coopérative de boucherie fut alors créée ; on l'installa dans un magasin désaffecté du haut du cours de la République, un boucher fut engagé et arriva avec sa femme ; le couple s'installa et la vente commença.

Au début, ce fut ni meilleur, ni pire qu'ailleurs ; le boucher, un garçon de vingt huit à trente ans plutôt froid et distant avec la clientèle assurait son service de façon efficace. Cela commença à coincer lorsque les clients s'aperçurent que dans l'arrière boutique plusieurs membres du comité de libération qui étaient en même temps administrateurs de la coopérative, s'empiffraient joyeusement autour d'une table bien garnie. Parfois un administrateur intervenait pour imposer à une cliente un plat de cote provenant de morceaux invendus, quelques peu noircis dans le fond de la glacière, au nom de l'esprit coopératif.

Discrètement la clientèle revint vers le commerce traditionnel et il ne venait déjà plus grand monde lorsqu'un beau matin les gendarmes embarquèrent le boucher et sa femme ; lui était un milicien en cavale qui avait trouvé cette place pour se planquer sous une fausse identité loin du théâtre de ses exploits ; sa femme avait elle aussi la conscience assez chargée.

Cet épisode n'arrangea pas les affaires de la coopérative dont le chiffre d'affaires se rapprochait de plus en plus du zéro ; un nouveau boucher fut engagé, un enfant de la commune celui là, c'était Charles Sainsevin dit « Mahéou ». La coopérative fut transformée en gérance libre et fonctionna encore quelques temps jusqu'à la liquidation définitive.

La politique recommençait à agiter la population ; des affiches aux slogans évocateurs apparaissaient un peu partout vantant les mérites de tel parti ou de tel mouvement. Le Parti communiste paraissait être le mieux placé dans la compétition ; les succès de l'armée rouge, le nombre élevé de militants fusillés ou déportés étayaient une argumentation qui séduisait les couches laborieuses. Tout laissait présager un triomphe communiste aux prochaines élections.

Je fus topé un soir au Café des Arts par un jeune Macarien que son âge avait protégé du STO ; sa classe bien que recensée et prête au départ n'avais pas eu le temps d'être appelée. Il me révéla qu'il avait pris ses dispositions pour entrer dans la résistance, mais pas n' importe où et avec n'importe qui.

Je l'écoutais parler ; il s'expliquait très bien et étalait ses arguments avec foi, conviction et sincérité, il disait qu'il fallait serrer les rangs devant la poussée communiste et qu'il avait adhéré à un nouveau mouvement qui était en plein essor et qui était connu sous le vocable de « IVème République ».

Le jeune parlait bien et continuait à développer son argumentation avec la maîtrise d'un politicien chevronné ; il avait déjà une responsabilité au sein de son mouvement et aspirait manifestement à monter en grade. Il me dit qu'il avait déjà recruté des adhérents et plaça son estocade : « Veux-tu être des nôtres ? »

Je le regardai bien gentiment en souriant : « Non ! »

Il resta bouche bée, sans comprendre. « Et pourquoi ? » demanda-t'il enfin. « Parce que je m'en fous... »

Il se leva sans ajouter un mot et partit ; il avait cru la partie gagnée, mais c'était bien vrai que je m'en foutais ; j'en avais trop vu ramper et lécher les bottes pour marcher dans leurs combines.

Peu de temps après on arrêtait le président du mouvement pour faits de collaboration ; à peu près au même moment Letoubib et ses proches eurent aussi à rendre des comptes...

Mais les plus malins avaient su retourner leur veste assez tôt et s'habiller en résistants héroïques pour pouvoir profiter impunément du bien mal acquis ; car il y en avait de plus en plus, de ces combattants qui se révélaient au fur et à mesure que la guerre s'éloignait. Dans tous les bistrots on trouvait toujours un de ces matamores entrain de raconter ses exploits.

SERVICE MILITAIRE A LIBOURNE

Je reçus mon ordre d'appel sous les drapeaux au moment où la guerre touchait à sa fin ; je fus incorporé à Bordeaux puis affecté au 1er Génie à Libourne, dans lequel étaient rassemblés les anciens réfractaires et les évadés d'Allemagne des classes 40, 41 et 42. On nous donnait une instruction portant surtout sur les mines, pièges et explosifs ; il fallait former des démineurs en abondance mais, comme je n'avais pas la vocation, je me fis affecter à une unité de pontonniers qui manœuvraient sur la Dordogne.

Dans la caserne il y avait un contingent de prisonniers allemands dont les conditions de détention n'étaient pas à la gloire de l'armée française. Maigres, sous alimenté, il n'était pas rare d'en voir certains aller gratter dans un tas d'ordures où nous jetions les restes de nos repas (essentiellement des nouilles) pour trouver quelque chose à manger.

Je fus le témoin d'une scène révoltante. Du haut d'une fenêtre un troufion demanda à un prisonnier s'il voulait du pain : « Ia ! Ia ! » répondit le pauvre bougre. Le militaire lui jeta alors une tranche de pain, celle-ci enduite d'excréments ; nous vîmes alors l'allemand sortir son couteau et, sans dire un mot, racler la merde sous les ricanements de l'autre imbécile toujours à sa fenêtre. Nous fume plusieurs à le traiter de pauvre con…

Toutefois, toujours bien commandés et disciplinés, les prisonniers allemands manœuvraient tous les jours sous les ordres d'un feldwebel ; ils portaient au calot une plaque de métal où était inscrit leur ville d'origine. J'en interrogeais plusieurs, mais aucun n'avait été en garnison chez nous, pas de SS non plus, ils étaient tous de l'armée régulière.

J'étais chez moi toutes les fins de semaine puis, ma compagnie fut envoyée et moi avec à Agen pour calmer une rébellion de soldats annamites qui ne demandaient qu'à rentrer chez eux. Ce fut pour la France la première vague d'une tempête qui ne cessa qu'à Dien-Bien-Phu.

Le temps aux bureaux militaires d'examiner la situation de chacun et de faire le tri, tous les réfractaires pouvant justifier leur refus du STO et prouver une appartenance à un groupe ou réseau de résistance furent renvoyés chez eux ; je fus donc démobilisé après trois mois de séjour à l'armée.

Le suicide d'Hitler et la fin du IIIème Reich ne déchaînèrent pas le même enthousiasme que la libération qui avait délivré le pays de la main de fer qui l'étreignait.

RETOUR DES PRISONNIERS DE 40

Les prisonniers de 40 rentrèrent enfin, surpris et dépaysés, ne reconnaissants pas dans les adolescents qui venaient vers eux les petits qu'ils avaient laissés ; ils découvraient en retrouvant leurs compagnes des femmes nouvelles qui parlaient et agissaient en chefs de famille lucides et organisés. Ils commençaient à se rendre compte que pendant leur absence tout avait changé et qu'il allait falloir apprendre et comprendre beaucoup de choses.

Les jeunes qui avaient été requis pour travailler dans les usines allemandes rentrèrent aussi ; pour ces catégories il y eut très peu de manquants.

Il n'en fut pas de même pour les autres, résistants, réfractaires, maquisards et politiques qui avaient été internés dans des camps dont personne ne soupçonnait l'horreur ; ceux qui avaient survécu aux mauvais traitements, au froid, à la famine, au typhus et aux exécutions sommaires revinrent minés par la tuberculose et le scorbut, leur délabrement organique fut souvent irréparable.

Quant aux juifs, on apprit avec stupeur que c'était par millions qu'ils avaient été exterminés ; tout le monde était horrifié… Personne ne savait.

LE RETOUR DE JEANNOT LAFOURCADE

Un jour, on apprit que Jeannot Lafourcade était vivant et allait arriver sous peu, on ne parlait de personne d'autre ; lorsque je le vis, il était squelettique, le crane rasé, la bouche édentée par le scorbut, il portait tatoué sur l'avant bras son matricule de prisonnier.

Il me raconta qu'il avait vu le père Souan quelques jours après leur arrivée au camp de Dachau ; il avait essayé de lui parler, de se faire reconnaître, le pauvre, prostré, n'avait pas réagi, ayant manifestement perdu la raison.

« Il était très mal en point et a du mourir assez vite dans l'état où il était ; je ne l'ai jamais revu, » conclut Jeannot Lafourcade.

Il était lui aussi sévèrement touché ; atteint de tuberculose, il fut envoyé peu de temps après en sanatorium où il eut la chance de bénéficier du tout nouveau traitement de cette maladie découvert par les américains ; il s'en tira.

Le pauvre Rigoulet revint lui aussi, mais dans un tel état qu'il ne survécut que quelques jours ; personne ne sut jamais ce qu'était devenu Alain Nibaut, comme beaucoup d'autres il avait disparu dans la tourmente.

Mais j'aurai toujours devant les yeux l'image de Raphaël et de son père, ardents, pleins de foi et de confiance en l'avenir, riant de mes craintes… Il y avait aussi la silhouette d'une pauvre femme vêtue de noir qui n'avait plus rien à attendre que la mort…

LA MORT DU « GRAND PIERRE »

« Le Grand Pierre est mort ! On vient de me prévenir, il parait qu'il s'est tué en voiture ! » C'est madame Lafourcade qui m'avait appris la nouvelle, un après-midi où je m'étais arrêté au café.

Ce n'est que bien plus tard que l'un des rares survivants du groupe, celui là même qui était avec Teillet lorsque ce dernier avait été rattrapé et pendu, me révéla que le Grand Pierre avait été exécuté par ceux qui ne lui avaient jamais pardonné d'avoir abandonné Maxime et les autres, et d'avoir envoyé Lehmann et Boscariol à la mort. Mon informateur étant le propre beau-frère de ce dernier, je ne doutai pas une seconde qu'il avait du voir de très près la fin du Grand Pierre.

CHASSE INTERDITE

Depuis quelque temps nous avions projeté avec Marcel et Guy le boiteux de revenir faire une partie de chasse au furet dans les rocailles qui bordent la vallée de la Vignague.

Quelque chose nous manquait ; nous avions fini par nous avouer que nous regrettions la vie de marginaux et de hors la loi qui avait été la nôtre, une forme de liberté que nous ne retrouverions certainement jamais.

Malgré le danger et la menace permanente qui planait au dessus de nos têtes, la chasse au furet, la boucherie clandestine avec le saucisson de vache maigre, le trafic du tabac avec l'essai des cigares maison, tout cela nous avait fait passer de sacrés bons moments… Nous évoquions nos souvenirs avec une pointe de nostalgie en arrivant sur les lieux de chasse lorsque nous fûmes accostés par un homme qui commença par nous traiter de tous les noms, menaça de nous dénoncer pour braconnage et d'appeler les gendarmes.

Ses fils arrivaient en courant pour nous coincer ; il nous fallut trouver le salut dans une fuite éperdue à travers bois, poursuivis un bon bout de temps par le propriétaire, ses fils et leurs chien.

Sans nous en rendre compte et sans penser à mal nous étions devenus des délinquants et des braconniers. C'était fini… Les temps avaient changé et il nous fallait bon gré, mal gré réintégrer le système et la légalité.

« Dura lex, Sed lex… »

LES ELECTIONS MUNICIPALES

Les élections municipales furent les premières de l'après guerre, avec une campagne électorale menée à grand tapage par les anciens partis renaissants et les mouvements nouvellement éclos. Le gouvernement du général de Gaulle accorda enfin aux femmes ce que le Front populaire leur avait refusé en trente-six, le droit de vote.

A Saint Macaire, le maire Fernand Montet, avait en face de lui une liste socialo communiste conduite par l'un de ses anciens conseillers, Jean Thomas. Tout le monde savait déjà que la liste Montet serait balayée.

« Tu viendras m'accompagner, me dit ma mémé, ce sera probablement la première et la dernière fois, mais je veux voter ! »

Nous gravîmes tous les deux, bras dessus, bras dessous le bel escalier de pierre de la Mairie. Tous ceux qui étaient là connaissaient ma grand-mère et s'avancèrent pour l'embrasser ou lui serrer la main.

« Bravo, Mathilde ! C'est très bien d'être venu voter ! »

Elle se redressa… « J'ai vu trois guerres, soixante-dix, quatorze et celle-ci ; comme beaucoup d'autres femmes j'ai connu le malheur, les grèves, la misère… Maintenant toute ma vie est derrière moi… Je n'en profiterai pas longtemps mais croyez moi, les femmes ont bien mérité leur droit de vote ! »

Nous rentrâmes chez nous à pas lents, par les Allées ; en cheminant, je ne pouvais m'empêcher d'évoquer ces premiers jours de septembre 39 où tout commença : La foule rassemblée et inquiète, la longue file des chevaux réquisitionnés, les convois de troupes, les prédictions optimistes de « ceux qui savaient »…

« Nous vaincrons, parce que nous sommes les plus forts !... »

Et en moins d'un an après la grande bannière noire des SS « Totenkopf » pendait au balcon de la Mairie…

Des jeunes gens, des jeunes filles passèrent près de nous en riant ; les enfants de 39 étaient maintenant des adultes…

Brusquement, je me rendis compte que, moi aussi, j'avais déjà une partie de ma vie derrière moi, celle qui aurait dû être la plus belle et qui était passée sans que je m'en sois aperçu…

Ma jeunesse…

Le Bas Pian
Saint Macaire
Décembre 1987–Mai 1991

Documents

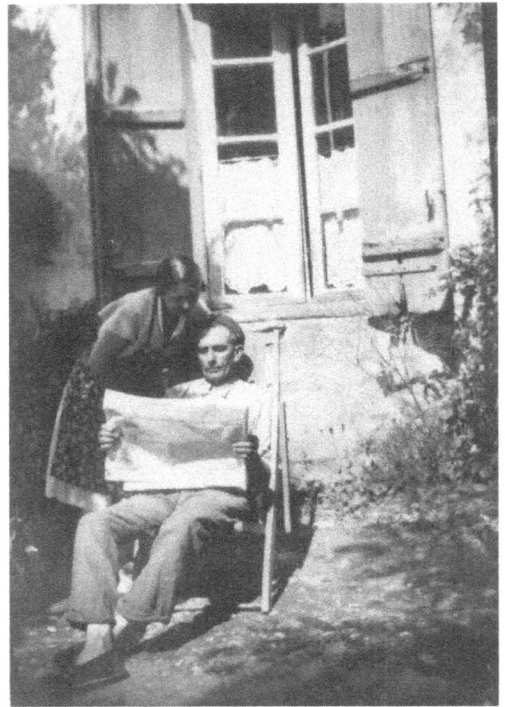

1939. Juliette et Marcel Baudet.
Parents de Roland.

Les Bleuets de St Pierre d'Aurillac (société de gymnastique locale).
Roland Baudet avec une croix.

1936. Roland Baudet (17 ans).
Au bord de la Garonne.

1939. Roland Baudet, 18 ans. Arrivée du boeuf sur la propriété.

1940. Les copains (de gauche à droite): René Lartigue (tué au maquis), Jean Chavaneau, Roger Liotard.

1940 juillet. Les jeunes habitants du Bas Pian avec de jeunes réfugiés du nord da la France. De gauche à droite: Joseph Chavaneau tenant Jacky Belloc au cou, René Lartigue, Jeannette Castaing, Jean Chavaneau, Loulou Guet (Paris), Marie Louise Castaing, Roland Baudet, Maxime Dorian (cousin des Chavaneau). Parmi les enfants, devant on voit Yves Chavaneau la main nu sur les yeux avec son frère Michel devant lui, Arlette Belloc, les autres sont Mauricette et Nicole Castaing et des petits réfugiés du Nord.

1940 juillet. Ligne de démarcation. Barrière allemande avec le drapeau Nazi.

Personnage avec le beret: Robert Descos dit « Cacao le coiffeur des pauvres » avec Marcelle Boré, Colette Azeric, et Jean Paul, le fils de Simone Boré.

1941. Les copains: Roger Liotard, réfugié d'Hirson (Meurthe-et-Moselle), Jean Chavaneau, Roland Baudet (en haut).

1941 printemps. Ligne de démarcation. La barrière allemande. Livraison des camions militaires français. Le militaire allemand avec les culottes de cheval est le douanier Schipa.

1943, 20 décembre. Roland Baudet. Photo destinée aux faux papiers d'identité pour la clandestinité sous le nom de Roland Bonnet.

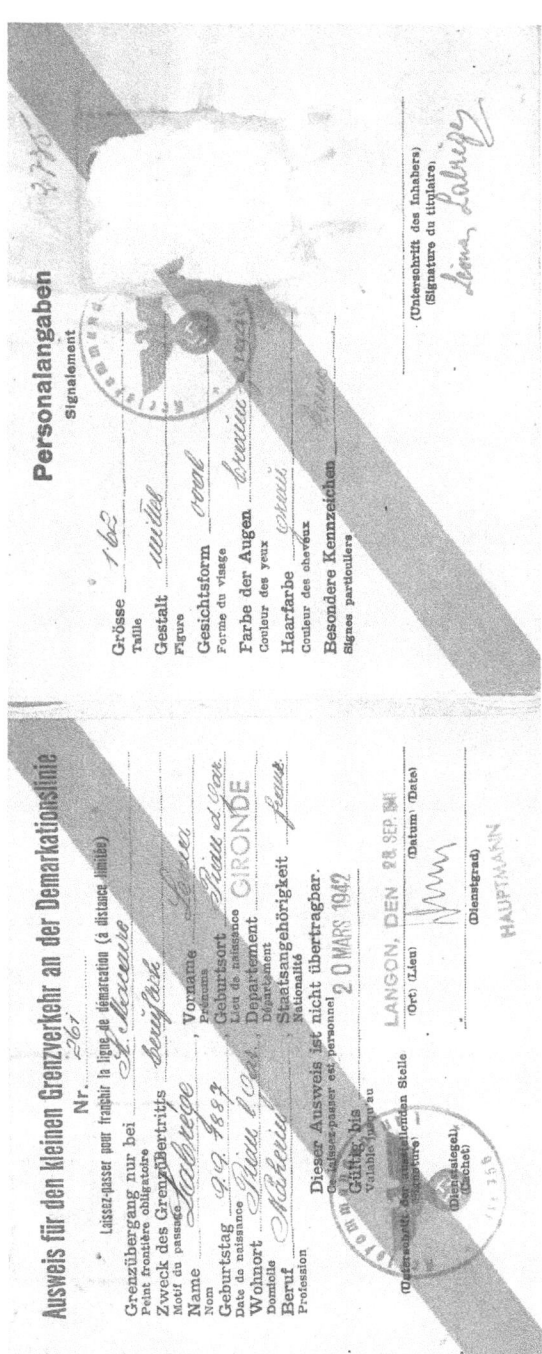

Exemplaire d'ausweis daté du 28 septembre 1941. Papier indispensable pour traverser la ligne de démarcation.

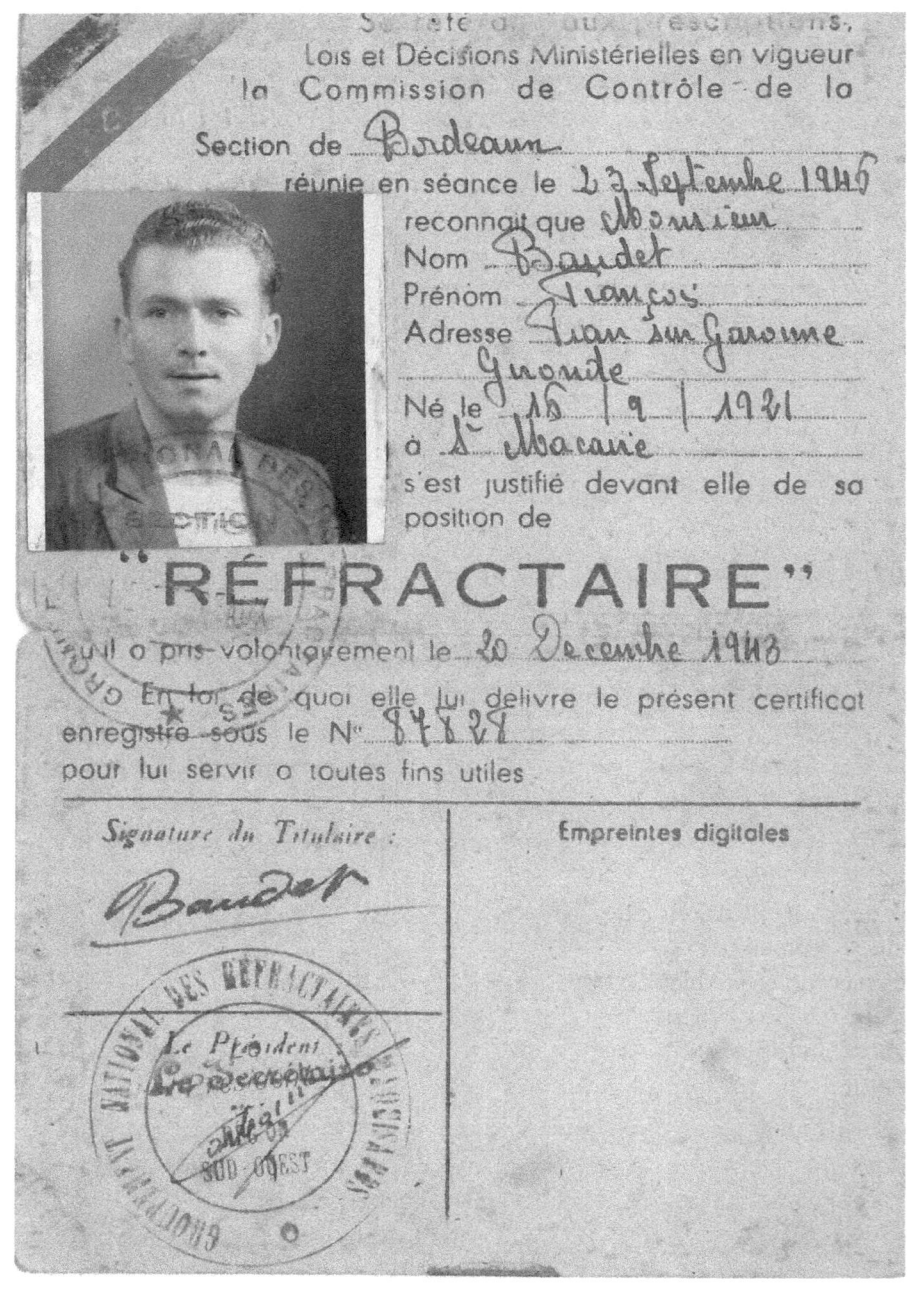

GROUPEMENT NATIONAL DES REFRACTAIRES
Section de LANGON

BAUDET FRANCOIS

Habitant PIAN S. Gne

né le 16-9-1921 à St. Macaire

Employé

MOTIFS DE L'ADMISSION

Requis pour le travail en Allemagne au titre du S.T.O ne s'est pas rendu aux convocations.
A successivement travaillé illégalement chez Marcel GUIRINET   St. Laurent du Plan
      du 22-12-1943 au 1-3-1944
Julien LAUZEILLE   le Puch   Gde
      du 1-3-1944 au 6-6-1944
Louise CAMPANER   Blasimon   Gde
      du 6-6-1944 au 24-8-1944

PIECES DA L'APPUI

Certificat du maire de Pian S.Gne attestant que BUDET François a été requis pour le travail en Allemagne et s'est soustrait aux divers appels qui lui ont été envoyé.
Certificat d'hébergement de M. GUIRINET
    "   "   " M. LAUZEILLE
    "   "   " Mme CAMPANER

MAIRIE
de
PIAN-SUR-GARONNE
(Gironde)

Le 10 mars 1945

Le maire de Piay en Garonne
certifie que Bourret François était
absent de son domicile lorsqu'il
a été requis par le S.T.O. A ce
moment là, il était réfractaire,
et ne s'est pas rendu davantage
aux convocations suivantes.
La première convocation remontant
au 20-12-43.

Le Maire
[signature]

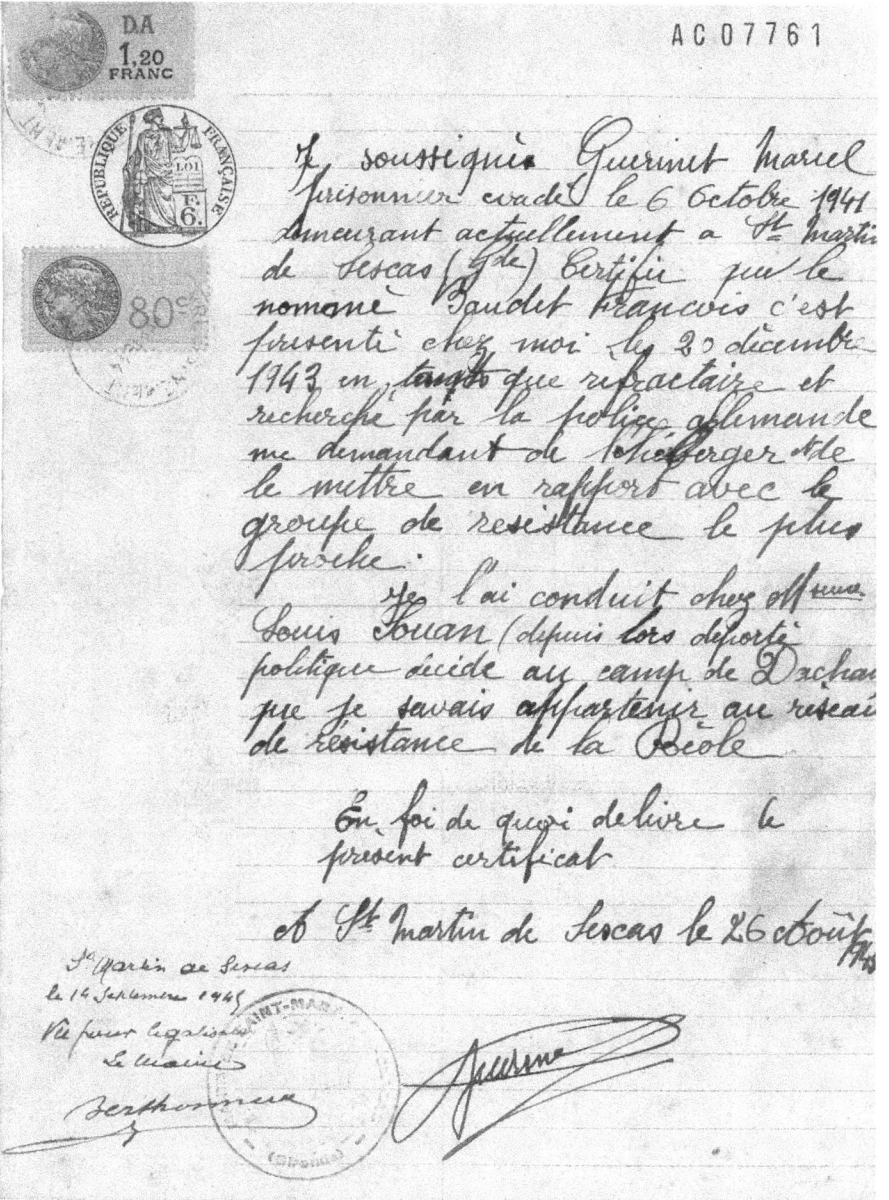

Je soussigné Guerinet Marcel prisonnier évadé le 6 Octobre 1941 demeurant actuellement à St Martin de Sescas (Gde) certifie que le nommé Baudet François c'est présenté chez moi le 20 décembre 1943 en tant que réfractaire et recherché par la police allemande me demandant de l'héberger et de le mettre en rapport avec le groupe de résistance le plus proche.

Je l'ai conduit chez M. Louis Jouan (depuis lors déporté politique décédé au camp de Dachau) que je savais appartenir au réseau de résistance de la Réole.

En foi de quoi délivre le présent certificat

à St Martin de Sescas le 26 août 1945

St Martin de Sescas
le 14 Septembre 1945
Vu pour légalisation
Le Maire
Berthoumieu

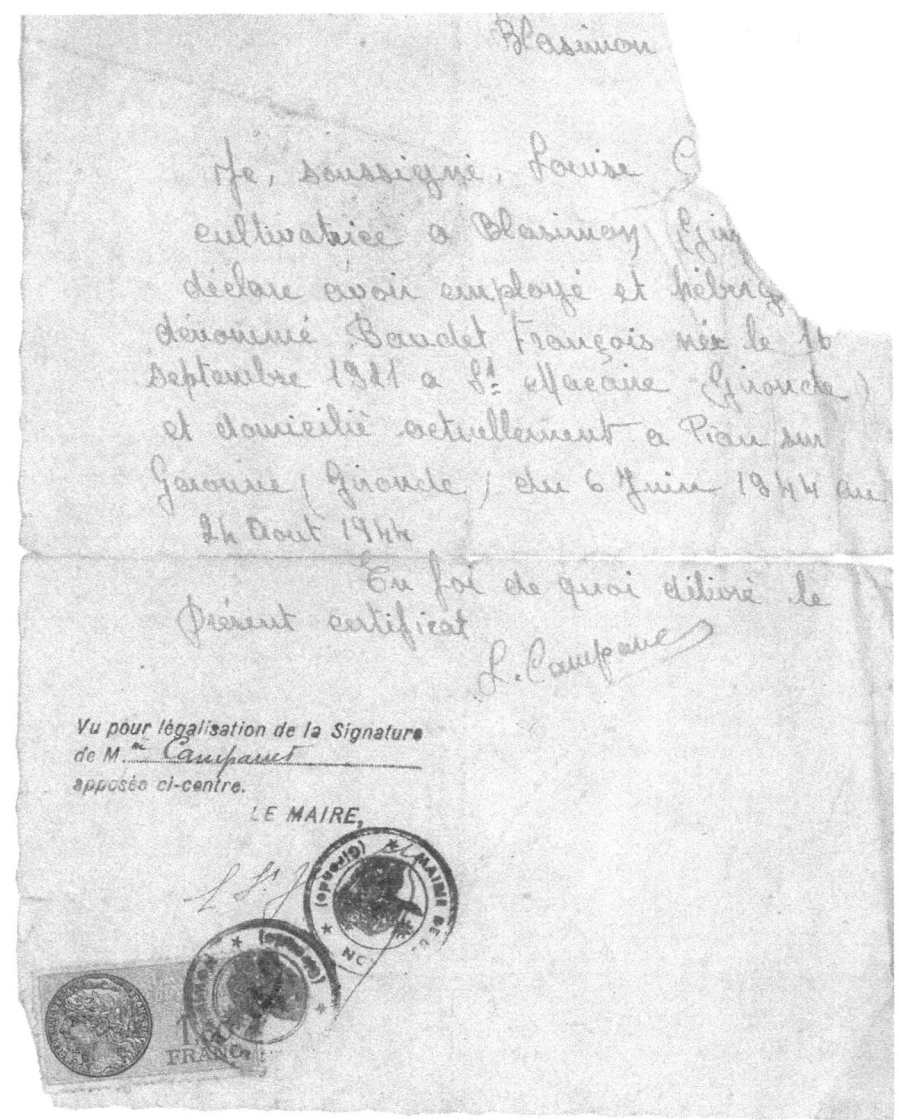

DÉPARTEMENT
de
la Gironde

ARRONDISSEMENT
de
Langon

République Française

MAIRIE DE SAINT-EXUPÉRY

Attestation

Le 26 Août 1945

Je soussigné, Roger Seuve, adjoint au maire de Saint-Exupéry certifie que M. Daudet François, né le 16-9-1921 à Piau-sur-Garonne (Gironde) a été camouflé chez M. Guérinet Marcel dans la Commune voisine de Saint-Laurent-du-Plan du 20-12-1943 au 25-8-1944. et que M. Souan Louis, chef de la Résistance régionale domicilié alors à Saint-Exupéry et aujourd'hui décédé en déportation lui a procuré des fausses pièces d'identité au nom de M. Bonnet Roland, ainsi que les cartes d'alimentation jusqu'au jour de son arrestation.

En foi de quoi nous avons délivré la présente attestation pour servir et valoir ce que de droit.

R. Seuve
adjoint au maire

Je soussigné Lafourcade Jean, déporté politique au camp de Dachau (N° 78278) pour parachutages dépôt d'armes et organisation de secteur (Groupe La Réole) certifie que Beaudet François fut réfractaire au STO le 20 Décembre 1943 et aussitôt camouflé se mit en relation pour résistance avec Mr Sonan déporté politique pour les faits suscités et mort à Dachau. Je déclare entre autres que Beaudet s'occupait de camoufler les armes reçues lors des parachutages et cela jusqu'à la libération de la région.

St Pierre d'Aurillac le 26-8-45

Lafourcade

Vu pour la légalisation de la signature de Mr Lafourcade apposée ci-dessus
St Pierre d'Ac le 26/8/45
Le maire

DÉPARTEMENT
DE LA GIRONDE

ARRONDISSEMENT
DE LANGON

MAIRIE
DE
SAINT-LAURENT-DU-PLAN

RÉPUBLIQUE FRANÇAISE

Le 6 Septembre 1960

Je soussigné, Guet Jacques, Maire de St Laurent du Plan (Gironde), certifie que Monsieur Baudet François, né le 16 Septembre 1921 à Pian sur Garonne (Gironde) a bien été hébergé chez Monsieur Guennet Marcel en tant que réfractaire et qu'il est en possession de certificats en faisant foi.

Fait à St Laurent du Plan
le 6 Septembre 1960.

Maire

DÉPARTEMENT DE
La Gironde

ARRONDISSEMENT DE
LANGON

CANTON DE
Sauveterre-de-Guyenne

MAIRIE DE BLASIMON

CERTIFICAT

de _____

Nous, Maire de la Commune de BLASIMON

Certifions que M. François BAUDET né le 16.9.1921 à S. Macaire (Gironde) réfractaire, a été hébergé par Mme Vve Campanette du 6 juin au 24 août 1944.
Cette attestation est confirmée par MM LATTE Gilbert et JOUSSEAUME Marc qui ont bien connu ce réfractaire.

En foi de quoi est délivré le présent certificat

BLASIMON, le 5 Septembre 1960
Le Maire,

Certifié exact

www.ingramcontent.com/pod-product-compliance
Lightning Source LLC
Chambersburg PA
CBHW072001150426
43194CB00008B/953